Oldenbourg Grundriß der Geschichte

herausgegeben von
Jochen Bleicken
Lothar Gall
Hermann Jakobs
Johannes Kunisch

Band 7

Kirchenreform und Hochmittelalter 1046–1215

von Hermann Jakobs

R. Oldenbourg Verlag München Wien 1984

CIP-Kurztitelaufnahme der Deutschen Bibliothek

Oldenbourg-Grundriss der Geschichte / hrsg.
von Jochen Bleicken . . . – München ; Wien :
Oldenbourg
NE: Bleicken, Jochen [Hrsg.]; Grundriss der
Geschichte
Bd. 7. → Jakobs, Hermann: Kirchenreform und
Hochmittelalter 1046–1215

Jakobs, Hermann:
Kirchenreform und Hochmittelalter 1046–1215 /
von Hermann Jakobs. – München ; Wien : Oldenbourg,
1984.
(Oldenbourg-Grundriss der Geschichte ; Bd. 7)
ISBN 3-486-49711-1 brosch.
ISBN 3-486-48821-X geb.

Satz: Setzerei Robert Hurler GmbH, Notzingen
Druck: grafik + druck, München
Bindearbeiten: R. Oldenbourg Graphische Betriebe GmbH, München

ISBN 3-486-**48821**-X geb.
ISBN 3-486-**49711**-1 brosch.

VORWORT DER HERAUSGEBER

Die Reihe verfolgt mehrere Ziele, unter ihnen auch solche, die von vergleichbaren Unternehmungen in Deutschland bislang nicht angestrebt wurden. Einmal will sie – und dies teilt sie mit manchen anderen Reihen – eine gut lesbare Darstellung des historischen Geschehens liefern, die, von qualifizierten Fachgelehrten geschrieben, gleichzeitig eine Summe des heutigen Forschungsstandes bietet. Die Reihe umfaßt die alte, mittlere und neuere Geschichte und behandelt durchgängig nicht nur die deutsche Geschichte, obwohl sie sinngemäß in manchem Band im Vordergrund steht, schließt vielmehr den europäischen und, in den späteren Bänden, den weltpolitischen Vergleich immer ein. Unsere Reihe hebt sich von anderen jedoch vor allem dadurch ab, daß sie in gesonderten Abschnitten, die in der Regel ein Drittel des Gesamtumfangs ausmachen, den Forschungsstand ausführlich bespricht. Die Herausgeber gingen davon aus, daß dem nacharbeitenden Historiker, insbesondere dem Studenten und Lehrer, ein Hilfsmittel fehlt, das ihn unmittelbar an die Forschungsprobleme heranführt. Diesem Mangel kann in einem zusammenfassenden Werk, das sich an einen breiten Leserkreis wendet, weder durch erläuternde Anmerkungen noch durch eine kommentierende Bibliographie abgeholfen werden, sondern nur durch eine Darstellung und Erörterung der Forschungslage. Es versteht sich, daß dabei – schon um der wünschenswerten Vertiefung willen – jeweils nur die wichtigsten Probleme vorgestellt werden können, weniger bedeutsame Fragen hintangestellt werden müssen. Schließlich erschien es den Herausgebern sinnvoll und erforderlich, dem Leser ein nicht zu knapp bemessenes Literaturverzeichnis an die Hand zu geben, durch das er, von dem Forschungsteil geleitet, tiefer in die Materie eindringen kannn.

Mit ihrem Ziel, sowohl Wissen zu vermitteln als auch zu selbständigen Studien und zu eigenen Arbeiten anzuleiten, wendet sich die Reihe in erster Linie an Studenten und Lehrer der Geschichte. Die Autoren der Bände haben sich darüber hinaus bemüht, ihre Darstellung so zu gestalten, daß auch der Nichtfachmann, etwa der Germanist, Jurist oder Wirtschaftswissenschaftler, sie mit Gewinn benutzen kann.

Die Herausgeber beabsichtigen, die Reihe stets auf dem laufenden Forschungsstand zu halten und so die Brauchbarkeit als Arbeitsinstrument über eine längere Zeit zu sichern. Deshalb sollen die einzelnen Bände von ihrem Autor oder einem anderen Fachgelehrten in gewissen Abständen überarbeitet werden. Der Zeitpunkt der Überarbeitung hängt davon ab, in welchem Ausmaß sich die allgemeine Situation der Forschung gewandelt hat.

Jochen Bleicken   Lothar Gall   Hermann Jakobs   Johannes Kunisch

Dem Gedächtnis meines Vaters
Franz Jakobs 1901–1982

Für
Ekkehard und Grada
Dörthe
Eva

INHALT

Vorbemerkung XI

I. Darstellung 1

A. Hochmittelalter 1

1. Die Welt in der Ecclesia 1
2. Weltwirtschaftliche Perspektiven 3
3. Friede und Recht im Wandel der Gesellschaft 5
4. Neue Wissenschaft und Kultur 9

B. Kirchenreform und Investiturstreit 15

1. Das salische Imperium unter Heinrich III. (1039–1056) . . . 15
2. Frühreform – Die deutschen Päpste (1046–1057) 18
3. Orientierung des Universalepiskopats (1053/54–1075) 20
4. Gregor VII. (1073–1085) 25
5. Urban II. (1088–1099) 29
6. „Konkordate" und Krise der Reformpapsttums 32

C. Die Hof- und Staatenwelt des 12 Jh. 36

1. Die drei Italien: Kirchenstaat – Städte – Sizilien 36
2. Das Wahlkönigtum in Deutschland 1125–1152 41
3. Frankreich und die Kapetinger 1108–1180 45
4. Das normannisch-angevinische England 1100–1189 49
5. Die Königreiche der Pyrenäenhalbinsel 52
6. Ungarn, Rußland und Polen 54
7. Die dynastischen Entwicklungen in Skandinavien 58
8. Das Imperium Friedrichs I. Barbarossa (1152–1190) 60

D. Byzanz und das Abendland um 1200 67

1. Der dritte Kreuzzug 67
2. Das staufische Imperium unter Heinrich VI. (1190–1197) . . 68
3. Innozenz III. und die europäischen Konflikte (1198–1215) . . 72
4. Kreuzzug, Albigenserkrieg und Reconquista 77
5. Die Kirche des vierten Laterankonzils 81

II. Grundprobleme und Tendenzen der Forschung 87

A. Ausweitung und Differenzierung der Wirtschaftswelt 87

1. Zur Stellung des Hochmittelalters in der Agrar- und Wirtschaftsgeschichte 87
2. Raumgeschichte 88
3. Demographie und Technikgeschichte 89
4. Land und Stadt 90
5. Weltwirtschaftliche Perspektiven 93

B. Gesellschaftliche Prozesse 96

1. Themen und Intentionen neuerer sozialgeschichtlicher Richtungen 96
2. Bewegungen 100
   a) Gottes-, Stadt- und Landfrieden 101
   b) Kreuzzüge 102
   c) Pauperes Christi 104
   d) Katharer und Waldenser 106
   e) Joachim – Dominicus – Franciscus 108
   f) Reform 108
3. Gemeinschaft und Gemeinde 112
   a) Gemeinschaften 112
   b) Ritter – Bauer – Bürger 115

C. Neue Wissenschaft und Kulturwandel 120

1. Legisten und Dekretisten 121
2. Frühscholastik und Mönchstheologie 121
3. „Die Renaissance des 12. Jh." 123

D. Herrschaft und Staatlichkeit 127

1. Zum Problem 127
2. Weltliche und geistliche Gewalt 129
   a) Investiturstreit 129
   b) Reichsidee und Papalsystem 134
3. Hof und Land 138
   a) Problemstellung und vergleichende Forschung 138
   b) England 142
   c) König von Frankreich 144
   d) Sizilien 145
   e) Kaiserhof 146
   f) Die oberitalischen Kommunen 149
   g) Zum „Dritten Stand" im 12. Jh. 149
   h) Die Römische Kurie 150
4. Erbreichsplan und Testament Heinrichs VI. (1195/97) und das Hervortreten von Kurfürsten im deutschen Thronstreit . . 152

5. Trends der Verfassungsentwicklung – Auswirkungen in Deutschland 154
a) Fiskalismus, Feudalismus, Territorialisierung 155
b) Der Prozeß gegen Heinrich den Löwen 157
c) Reichsfürst und Land 158
6. Staatlichkeit und Recht 159
a) Neues Recht 159
b) Die Rolle der Juristen 162

III. Quellen und Literatur 165

Quellen 165

1. Allgemeine Quellenkunde 165
2. Autoren (Historiographie, Traktate, Dichtung u. a.) 166
3. Quellensammlungen 170
a) Sammlungen zu ausgewählten Themen 170
b) Regesten, Register, Urkunden und Briefe 171
c) Rechtsgeschichtliche Quellen 174
c 1: Römisches Recht – Kirchenrecht – Lehnrecht 174
c 2: Länder – Städte 174

Literatur 176

Handbücher und übergreifende Literatur 176

A. Hochmittelalter 178

1. Die Welt in der Ecclesia 178
2. Ausweitung und Differenzierung der Wirtschaftswelt 180
a) Raum – Bevölkerung – Technik – Zentralisierung 180
b) Weltwirtschaftliche Perspektiven 183
3. Friede und Recht im Wandel der Gesellschaft 185
a) Sozialgeschichtsschreibung 185
b) Mönche, Eremiten, Kanoniker 186
c) Religiöse Bewegungen 187
d) Gottes-, Stadt- und Landfrieden 188
e) Pilgerfahrt – Kreuzzüge – Nichtchristen 188
f) Häresie 190
g) Freiheit 191
h) Adel und Rittertum 191
i) Gemeinschaften und Gemeinden 192
k) Der „Staat" des Mittelalters 196
l) Vom Lehnswesen zur Verwaltung 198
m) Ständische Bewegung 198
n) Neues Recht (vgl. auch unter 4b) 199

4. Neue Wissenschaft und Kulturwandel 201
a) Schule und Gesellschaft 201
b) Kirchenrecht 202
c) Frühscholastik und Mönchstheologie 202
d) Rezeption/Übersetzung 204
e) Gesellschaft und Literatur 204
f) Bau- und bildende Kunst 207

B. Kirchenreform und Investiturstreit 208

1. Frühreform, Ostkirche und Normannen 208
2. Salier 209
3. Universalepiskopat 210
4. Investiturstreit 211

C. Die Hof- und Staatenwelt des 12. Jh. 212

1. Die drei Italien 212
a) Allgemeine Literatur 212
b) Rom und Kirchenstaat 213
c) Kommunen 214
d) Sizilien 215
2. Deutschland 1125–1152 216
3. Frankreich 217
4. England 218
5. Spanien 219
6. Osteuropa 220
7. Ostseeraum 221
8. Das Imperium Friedrichs I. 221

D. Byzanz und das Abendland um 1200 223

1. Heinrich VI. 223
2. Dritter und vierter Kreuzzug – Albigenser 223
3. Innozenz III. und die europäischen Konflikte 224
4. Die Kirche des 4. Laterankonzils 225

Anhang: 227
Siglen 227
Stammtafeln 229
Zeittafel 240
Autorenverzeichnis 244
Personen- und Sachregister 256

VORBEMERKUNG

Vor 51 Jahren legte Karl Hampe († 1936 in Heidelberg) das Buch vor, dem der Begriff Hochmittelalter eine universalgeschichtliche Geläufigkeit verdankt. Nichts liegt mir ferner als das Selbstbewußtsein der Zwerge, die – *gigantum humeris insidentes* – ein wenig weiter zu sehen hofften. Der neue „Grundriß" ist jedenfalls in diesem Band ein eher unpersönliches Werk, um die Perspektiven anderer Forscher bemüht, ohne freilich eine eigene zu verleugnen.

Ich muß an dieser exponierten Stelle noch auf unsere historischen Kartenwerke hinweisen (wie z. B. auf den „Großen Historischen Weltatlas", II. Teil: Mittelalter. Redaktion J. Engel, 2. Aufl. München 1979) ohne die das Buch nicht gelesen werden kann. Auf eine (zu) allgemeine Übersichtskarte als Beilage wurde bewußt verzichtet.

In die salvierende Klage über den knappen Raum, auf dem ein Zeitalter darzustellen war, würde ich mit den Autoren unserer Reihe einstimmen, hielte den Mitherausgeber nicht das Maß der wachsenden Reihe zurück. Ihre Zielsetzung hat sich inzwischen bewähren können. Allen Autoren und dem Verlag für die geduldige Arbeit zu danken, ist mir liebe Pflicht.

Wie der „Grundriß" insgesamt, so ist dieser Band programmatisch vielen Forschern verpflichtet; doch könnte ich am wenigsten die unmittelbare Hilfe vergessen, die meine Heidelberger Kollegen und Mitarbeiter mit Zuspruch und Rat leisteten – nicht zuletzt, indem sie mir Zeit schenkten. Daß Joachim Dahlhaus und Norbert Martin jeweils Teile des Manuskripts überprüft haben, Folker Reichert alle Namen für die beiden Register erfaßt und bestimmt hat, Arnold Bühler die Zeittafel und Norbert Martin die Stammtafeln entworfen haben, will ich ausdrücklich festhalten, wenngleich mich dies nicht aus der Verantwortung entlassen soll.

Sie alle wie auch die unermüdlichen Hilfen im Alltag, die studentischen Hilfskräfte Wolfgang Dörsch, Heimo Prokop, Sabine Reichenbach und Philipp Schwahn, bewahrten mich vor Schaden. Frau Christa Lang hat sich um die Reinschriften verdient gemacht. Ich weiß, daß mein Dank Anzahlung auf die nächste Hilfsbereitschaft ist.

Den Dank und die Zuneigung, die aus der Widmung sprechen, kann ich noch vertiefen: meine Frau und ich übergeben dieses Buch gemeinsam *unseren* Studenten.

Heidelberg, im Oktober 1983 H. J.

I. Darstellung

A. HOCHMITTELALTER

1. Die Welt in der Ecclesia

Die Ausgrenzung der anderthalb Jahrhunderte von der Synode in Sutri (1046) bis zum 4. Laterankonzil (1215) als Hochmittelalter folgt der Idee, daß die Reform der abendländischen Kirche geistige Mitte des Mittleren Zeitalters ist. In vielen Konzilien, insbesondere aber 1179 und 1215 im Lateran, hatte das Papsttum seine Idee von Libertas in zivilisatorische Impulse umgesetzt. Der historische Abstand wird insoweit am Aufstieg des Papsttums und am Niedergang des Kaisertums bemessen, als Innozenz III. ein Zeitalter päpstlicher Vorherrschaft eröffnete, das Imperium nun als abgeleitet galt und die kaiserliche Kirchenvogtei mit einem kirchlichen Wahlamt verglichen wurde. Das europäische Staatensystem erwies sich in den Schismen des 12. Jh. bereits als kirchen- und papstbezogen. Unter der „Utopie der machtfreien Herrschaft geistiger Autorität" [Th. Schieffer] bot der Hl. Petrus den Fürsten des Erdkreises Freiheit in seinem Schutz, wurde die Christenheit als Kirche institutionalisiert und unter päpstlichen Primat gestellt, der ausschließende Wirkung gegen unbotmäßige Bischöfe und Patriarchen zeigte, das Recht der Fürstenabsetzung beanspruchte und die „Neue Wissenschaft" der Kanonistik in seinen Dienst zog. Europa ist zwar keine mittelalterliche Einheitsidee, jedoch in der Ecclesia, in der Sprache ihres Glaubens, ihrer Liturgie und ihres Rechts vorgeprägt.

Papst und Kaiser, Kirche und Königreiche

Unsere Eckdaten für die gemeinsame Geschichte der lateinischen und griechischen Christenheit sind die Jahre 1054 (Beurkundung eines latenten Schismas) und 1204 (Eroberung Konstantinopels durch die Kreuzfahrer und Errichtung eines lateinischen Kaiserreichs). Diese Phase sehr intensiver wirtschaftlicher, dynastischer und kultureller Kontakte ist zugleich eine Geschichte der forcierten politischen wie kirchlichen Entfremdung, obgleich sie von einem gemeinsamen Feind, dem Islam diktiert ist. Von Turkestan aus hatten Seldschuken Persien und den Irak überrannt. 1055 wandelten sie den abbassidischen Kalifensitz von Bagdad in ein seldschukisches Sultanat um. Dann richteten sie – selber Vertreter der sunnitischen Lehre des Islams – den Angriff gegen die schiitischen Fâtimiden in Ägypten, und darüber fiel ihnen der kleinasiatische Teil des byzantinischen Reiches zum Opfer. Das rumseldschukische Sultanat, das um 1100 Kleinasien

Morgen- und Abendland

überdeckte, konnte zwar von Ägäis und Schwarzem Meer abgedrängt werden, blieb aber im Sultanat Iconium ein beherrschender Faktor. Nach dem Ansturm der „Franken“ im ersten Kreuzzug, der Eroberung Jerusalems (1099) und der Ausbreitung ihrer Herrschaft über syrische und palästinensische Küstenstädte sammelte der Islam seine Kräfte (Fall Edessas 1144/46) und führte sie in einem Gegenzug von Kairo aus zum Sieg. Der Sultan Saladin löste 1171 die Fâtimiden ab, gründete die Dynastie der Ejjubiden, erhob den sunnitischen Islam auch in Ägypten zur Staatsreligion, schlug 1187 bei Hattin (nordwestlich Tiberias) ein großes Kreuzfahrerheer und nahm Jerusalem ein.

Trotz seiner Schrumpfung blieb Byzanz in ungebrochener staatlicher und römischrechtlicher Tradition bis zum vierten Kreuzzug (1198–1204) für Europa ein Schild und politischer Träger des Patriarchats Konstantinopel, dessen „Gebiet“ noch weiter reichte als das Imperium: von Süditalien und Sizilien bis an die Ostküste des Schwarzen Meeres und von Kreta bis Kiev. Das erklärte Ziel der römischen Reformkirche, die Kirchenunion, rückte mit jedem Kreuzzug ferner. An der Entfremdung trugen allerdings die maritimen Aktionen des normannischen Sizilien und der italischen Seerepubliken mit Schuld.

Voraussetzung für die hochmittelalterliche Entfaltung Europas war vor allem die Sicherheit des Kontinents nach außen. Die Völkerwanderungen eines halben Jahrtausends, die zuletzt als konzentrische Vorstöße von Normannen, Ungarn, Sarazenen abzuwehren waren, liefen mit dem 10. Jh. aus, die Tataren wurden erst im 13. Jh. zu einer neuen Gefahr. Auf Kosten der Byzantiner, aber in Abwehr der Araber, kam es in Süditalien und Sizilien allerdings noch einmal zu einer dauernden Herrschaftsbildung durch Normannen. Sie agierten hier und erst recht als Eroberer Englands von der Normandie aus (1066) zwar nicht mehr als nach Europa eingedrungene Fremdkörper, korrumpierten aber dennoch die auf das Doppelkaisertum von Rom und Byzanz bezogenen politischen Systeme. Dynastiegeschichtlicher Zufall vermittelte dann den Staufern den Anspruch auf das normannische Königreich Sizilien, die es seit 1191 als neue imperiale Basis einsetzten.

Sicherheit Europas nach außen – interne Machtverschiebungen

Mission und Staatenbildung

Nach dem Zusammenbruch der kurzfristigen Großmachtbildungen Knuts d. Gr. von Dänemark († 1035), Boleslaws des Tapferen von Polen († 1025) und insbesondere Almanzors († 1002) im Kalifat von Córdoba wurde die Glaubensausbreitung noch einmal zu einem Ferment neuer Staatenbildung.

Skandinavien und Ostseeraum

Die bis in die Zeit Olafs des Heiligen († 1030) hauptsächlich von Angelsachsen getragene Mission des skandinavischen Nordens wurde im 11. Jh. von dem (immer beteiligten) Erzbistum Hamburg-Bremen zum Abschluß gebracht. Die reichskirchlichen Ansprüche konnten später nicht ohne Konflikte abgelöst werden. Von den Volksgruppen zwischen Elbe und Oder abgesehen, kam die Mission der Slaven und der Völkerschaften im Baltikum (Gründung Rigas 1201) erst im 13. Jh. mit dem Wirken des Schwertbrüder- und des Deutschen Ordens zum Abschluß.

Spanien

Der erste hochmittelalterliche Schauplatz für Heidenkriege wurde im maurischen Spanien eröffnet; er diente zugleich als Siedlungsraum der Christenheit. Die christliche Erneuerung der seit dem 8. Jh. von islamischer Kultur überformten, vordem von den Westgoten beherrschten iberischen Halbinsel begann mit der politischen Zusammenführung der nördlichen Randstaaten durch Sancho den Älteren von Pamplona († 1035), dessen Söhne die Stammväter der drei Königreiche wurden, die die Reconquista in eine neue Phase überführten: Kastilien-León, Pamplona (später Navarra genannt) und Aragón. Die Anteilnahme des Reformpapsttums konkretisierte sich seit den 1060er Jahren (Alexander II.). Das in eine Reihe von Herrschaften gegliederte islamische Spanien wurde im 12. Jh. ein Annex Nordafrikas, nachdem die Dynastie der Abbadiden von Sevilla (1023–91) den zu Hilfe gerufenen Almoraviden Platz machen mußte, die aber den ersten großen Ansturm der Reconquista zum Stehen brachten. Die Almoraviden erlagen ihrerseits 1147 in einer neuen innerislamischen Bewegung aus der Wüste den Almohaden, die das arabische Spanien zwar rasch auf eine letzte wirtschaftliche und kulturelle Höhe führten, dann aber den Endkampf gegen die Reconquista zu tragen hatten.

2. Weltwirtschaftliche Perspektiven

Ökonomische Revolution

Es ist üblich geworden, ein erstes von einem zweiten, durch eine „ökonomische Revolution" abgehobenen Feudalzeitalter zu unterscheiden [M. Bloch]. Nach den Hauptsymptomen ist der Ansatz zur Zeitenwende für die Mitte des 11. Jh. diagnostiziert: 1. als Expansion; 2. als Neugliederung der bewirtschafteten Erde (Ökumene).

Expansion

Die Expansion vollzieht sich als Heidenkrieg, als landerschließende Siedelbewegung im „Inneren" (Cornwall, Wales, Schottland, Irland, Languedoc, Marschen, Alpen, Schwarzwald) wie über politische Grenzen hinaus („Drang nach Osten" über Elbe und Oder, Donau und Theiß; Zug der Schweden nach Finnland; Königreich Jerusalem) und nicht zuletzt als Abwanderung vom Land in die Stadt. Eine neue Hierarchie zentraler Orte entsteht, in der sich Tradition wie Neuanfang mit dem Gewicht ihrer Märkte und Gewerbe durchsetzen müssen. Der Urbanisierungswelle, die aus der Belebung sowohl des antiken Stadtsystems als auch der frühmittelalterlichen Handelsplätze Nordeuropas in Gang kommt, läuft eine „Verdorfung" als Auflockerung oder Auflösung der grundherrlichen Ordnung parallel.

Demographische und technologische Befunde

In den genannten Faktoren stecken auch Indizien für den Bevölkerungszuwachs. Er kann nur unsicher in absoluten Zahlen, wohl aber in ungefähren Zuwachsraten (10–25%) und in einigen Begleiterscheinungen, wie der Verschiebung in den Geschlechter- und Altersrelationen, ins sozialökonomische Kalkül genommen werden. Der Aufbruch ließe sich mit Hinweisen auf technische Erfindungen und Verbesserungen im Agrar-, Wirtschafts- und Verkehrssektor (Kummet, Wasser- und Windmühlen u. a.), auf steigende Lebensmittel- und

Handwerksproduktion (unter industrieller Spezialisierung, insbesondere im Tuchgewerbe) und die enorme Belebung der Märkte veranschaulichen.

Wirtschaftszonen und ihre Verbindung über Handelszentren

Weltwirtschaftlich betrachtet rücken drei Befunde in den Vordergrund: 1.) Die im Frühmittelalter über das Reich von Kiev laufenden Anschlüsse Mittel- und Nordeuropas an den byzantinischen und arabischen Handel Vorderasiens wurden auf das Mittelmeer verlagert (vgl. S. 56). 2.) Der Handel über die Alpenpässe (gegen Ende des 12. Jh. zusätzlich über den Gotthard), das Rhônetal und die Pyrenäen wurde erheblich intensiviert, die Champagne-Messen wurden zur Drehscheibe für den Nord-Süd-Austausch. 3.) Der alte Ost-West-Verbund der Skandinavier geriet unter mitteleuropäischen Konkurrenzdruck und erhielt insbesondere in Lübeck und Gotland von Deutschen beherrschte Umschlagplätze.

Interessenzonen der Seerepubliken

Die Expansion des Handels – im 10. Jh. mit der Sicherung der italobyzantinischen (Venedig, Neapel, Amalfi) und toskanisch-lombardischen Häfen (Pisa, Genua) und deren Schiffahrt gegen die Piraterie der Araber eröffnet – ging seit dem 11. Jh. in alle Richtungen. Die neue Schlüsselstellung, die Italien im Mittelmeer gewann, ist undenkbar ohne die Kaiserpolitik der Ottonen und Salier und ohne die gregorianische Kirchenreform. Das System konkurrierender Wirtschaftsträger, das um 1100 noch auf zwei Kaiserreiche und die Fâtimiden- und Almoravidenkalifate bezogen war, wurde am Ende des 12. Jh. von den lateinischen Anrainern beherrscht. Nach Eliminierung der wichtigsten islamischen Inselpositionen durch die Normannen und die Seerepubliken errichteten insbesondere französische Herren Kreuzfahrerstaaten als europäische Stützpunkte in Kleinasien. Die Kommunen reagierten rasch mit Geleitschutz und Transporthilfe. Die Zerstörung der ägyptischen Flotte vor Askalon (1123) durch die Venezianer, eine genuesische Konvention mit dem Grafen von Barcelona (1127), die genuesisch-pisanischen Aktionen gegen die Balearen (1113/15; 1135), die genuesische, mit Alfons von Kastilien und León verbündete Flotte in Almería (1146/47), dem Haupthafen an der spanischen Mittelmeerküste, deuten die aufziehende venezianische Vorherrschaft im östlichen und die – nach 1200 auch gegen Pisa durchgesetzte – genuesische Hegemonie im westlichen Mittelmeer an. Die normannischen Erfolge an der afrikanischen Küste waren nicht von Dauer (S. 39), die Genuesen gewannen hier durch Verträge (1161) mehr. Dauernd angegriffen war nun auch Byzanz. Venedig ist nicht zuletzt als Bündnispartner der Griechen gegen normannischen Imperialismus hochgekommen (Chrysobull von 1082; vgl. S. 30). In den 1190er Jahren schien die venezianische Vormacht den Staufern zuzufallen (vgl. S. 71), die im Bunde mit dem immer kaisertreuen Pisa und dem eher gezwungenen Genua Sizilien eroberten, am Übergriff auf Konstantinopel aber durch den Tod Heinrichs VI. gehindert wurden.

Exportindustrien – Höfische Wirtschaftslenkung

In Europa wurden die Toskana, die Lombardei und Flandern zuerst exportfähig und zugleich von Rohstoffen abhängig. Der Okzident war im 11. Jh. also längst nicht mehr der bloße Importeur für Kirche und Hof aus der russischen, byzantinischen wie islamischen Welt. Córdoba war mit mehr als einer Million

Einwohnern nach Konstantinopel die zweitgrößte Stadt der Erde, und die Berührung mit der Wirtschaft des Islam intensivierte sich rund um das Mittelmeer durch die Kreuzzüge. Im Innern Europas darf man den Anteil fürstlicher Wirtschaftspolitik nicht unterschätzen, jedenfalls nicht nur an Befunden wie der Errichtung aller möglichen „Banalitäten", der Abschöpfung von Gewinnen durch Steuer und Zoll und dem korrumpierenden Einsatz von politischen Subsidien und Hauptinteressen an Söldnern messen. Ohne herrschaftliche Initiative oder Förderung sind der Silberabbau (Goslar, Ungarn), die Champagne-Messen, Donau- und Ostseehandel, flandrische Tuch- und sizilianische Seidenindustrie nicht denkbar. Hinzuzunehmen sind die Boomwirkungen höfischer Baulust, die vermutlich der städtischen gleichkamen. Das Europa des (späten) 11. bis 13. Jh. war eine Großbaustelle für Burgen, Kirchen, Stadtmauern, Stadthäuser und Brücken. Finanzpolitische Vorreiter vor der Römischen Kurie waren mit Abstand die Höfe weltlicher Fürsten. Das Geld des Handelsbooms war – unter vielfältiger Umgehung der kirchlichen Zinsverbote – notwendig auch der Kredit oder die Warenbuchung; erst auf der Schwelle zum 13. Jh. prägte das Abendland höherwertige Münzen als den Pfennig/Denar. Die Gipfellinie, die im 13. Jh. von oberitalienischen Banken, venezianischen Handelsmonopolen, Champagne-Messen, deutschen Hansekaufleuten und dem Aufstieg Brügges zum Mittelpunkt des Seehandels Nordwesteuropas gezogen wird, hat im 11. Jh. ihren Ansatz.

3. Friede und Recht im Wandel der Gesellschaft

Gottes-, Stadt- und Landfrieden

Der Zeitenwende im Feudalismus ist die Labilität des inneren Friedens zuzuordnen, die das Gemeinschaftsleben belastete. Am frühesten reagierten die ökonomisch weiter entwickelten Zonen des Westens und Südens. Seit der Jahrtausendwende ging eine von Kirche und Volk getragene Friedensbewegung die Rechtsunsicherheit in Eigenhilfe an. Nach den tragenden Rechtsgemeinschaften lassen sich Gottes-, Stadt- und Landfrieden unterscheiden. Mit einem zeitlichen Gefälle entfalteten sie von West nach Ost über ein Jahrhundert hin ihre Wirkung mit Hilfe von Einung und Satzung, gerichtlichen Instanzenwegen und dem Einsatz von Friedensmilizen, bis die Friedenswahrung auf neue „staatliche" Grundlagen gestellt wurde. In der Stadt konnte die Fehde generell verboten werden, die Kommune wurde selber zur fehdeberechtigten Korporation, verfügte über Gemeinbesitz und nannte ihr Recht eine *pax*, die in Oberitalien buchstäblich auch ein zwischen den städtischen Ober- und Unterschichten geschlossener sozialer Friede war. Hingegen konnten die Gottes- und Landfrieden die Fehde nur gesetzlichen Bestimmungen unterwerfen: einer *pax*, die schutzwürdige Personen (Geistliche, Frauen, wehrlose „Bauern", Kaufleute, Juden) und Sachen (Kirchen, Fruchtträger, Gerät der genannten Personen) den Fehdeangriffen als Objekte entzog; einer *treuga* als befristetem Fehdeverbot aus der Achtung vor den heiligen Tagen und Wochen der Liturgie, die zwei Drittel des Jahres erfassen konnte; schließlich – und spät – strengeren förmlichen Regeln der Fehdeführung.

Soziale Mobilität

Der ansteigende Anspruch auf Rechtsfähigkeit tritt in neuen Sozialtypen hervor, die trotz der Vielfalt lokaler Bedingungen europaweiten Zusammenhang zeigen. Oft ist Zensualenrecht die Brücke. Der „Ritter" *(ministerialis)* wird rechtsfähig, wird *serviens personatus* und sogar waffen- und lehnsfähig; der „Bürger" *(burgensis)* erwirbt eine *hereditas* (ein Areal) in der Stadt; der „Bauer" *(rusticus)* ist nicht mehr *servus* oder *mancipium*. Die Tendenz der Friedensbewegung, „Bauern" generell das Waffenrecht zu nehmen, bezeugt die anhaltende Rechtsunsicherheit über das 12. Jh. hin. Vorreiter in der sozialen Bewegung waren die zur Durchsetzung von Burgherrschaft von ihren Herren privilegierten, aus der Gottesfriedensbewegung und dann aus dem Heidenkrieg legitimierten *milites (nobiles)* des französischen Südens, aber auch die *valvassores* (After-/Untervasallen unter den Capitanen) der oberitalischen Städte. In den nördlichen Zonen extensiverer grundherrlicher Überlagerung suchte man Zulassung vor die hochrichterlichen Grafen-, Immunitäts- und Stadtgerichte, denen Streit über Grundeigentum und Freiheit vorbehalten war. In der Konsequenz dieses Anspruchs lag aber zugleich ein Anspruch auf (oder eben Anmaßung von) Fehderecht zur Durchsetzung von Recht. Mit der Indizierung unberechtigter Fehdeführung verweist die Bewegung doch wohl weithin auf sozialgeschichtliche Ursachen des Unfriedens.

Neuer Adel

Die Überführung der sozialen Tendenzen in Recht ist dann ein eigenes Thema, das die neuen „Berufsclassen" (G. Waitz) unter Einschluß des Adels als des Kriegerstandes tangiert. Wenn man die *nobilitas* der Karolingerzeit Adel nennt, muß man – trotz der vielfach nachgewiesenen blutsmäßigen Kontinuität zur frühmittelalterlichen *nobilitas* – von der Entstehung eines neuen Adels im 11. Jh. sprechen. Er speiste sein Selbstbewußtsein aus der ritterlichen Bewegung, entwickelte charismatisch verstärkten Kastengeist und den Anspruch auf lineare erbliche Verfügungsgewalt, um sich dann als ein vom Herzog bis zum Edelfreien gegliederter Geburtsstand über allen anderen Ständen, auch gegenüber den ritterlichen Aufsteigern, allmählich abzuschließen.

Libertas ecclesiae

Das 11./12. Jh. brachte einen bemerkenswerten Zuwachs an personaler und genossenschaftlicher Freiheit. Über der Hierarchie der Freiheiten eine höchste Freiheit zu beanspruchen, blieb der Kirche vorbehalten. *Libertas ecclesiae* ist Teilhabe am mystischen Leib Christi und als solche absolut, und da jede Partikularkirche die universale Kirche repräsentiert, erhält auch ihre Freiheit eine große Erhabenheit [G. Tellenbach]. *Libertas Romana* hieß die Freiheit im Schutze des Hl. Petrus; vom König geschützte Freiheit war die traditionsreiche *immunitas*. Von den Libertas-Systemen wurde europaweit das Verhältnis des Adels zu seinen kirchlichen Stiftungen bestimmt, weshalb sich in der Reform notwendig die Gewichte gegen den Königsschutz zugunsten des Hl. Petrus verschoben. Die Kirche kämpfte zielbewußt gegen die Traditionen römischen

Staatskirchentums und gegen alle auf Stifterrecht gegründeten Ansprüche auf Kirchen (Eigenkirchenrecht; das Kirchenrecht des 12./13. Jh. überwand es im Patronatsrecht). Besonders symptomatisch für den Kampf der Systeme ist die parolenhafte Verurteilung der Simonie. Königliche Mitwirkung bei der Besetzung kirchlicher Stellen störte nun das freie Wirken des Hl. Geistes.

Heilsgewißheit und Emanzipation

Mit der Friedensbewegung, die auf ihrem Höhepunkt eine Bußbewegung war und das Millennium der Passion Christi feierte, sind absolut neuartige Triebkräfte in die europäische Geschichte gekommen: die „religiösen Bewegungen", d. h. der Impetus von religiös bewegten Gruppen, ja Massen. Die Pataria, die sich um 1050 in der Lombardei – insbesondere in Mailand – formierte, war politisch radikal, aber dennoch Teil der Friedensbewegung wie der Frühreform der Kirche selber. Ebenso widersprüchlich war auch das Verhalten in den vielen Judenpogromen seit dem 1. Kreuzzug. Als humanes Beispiel für die wie immer motivierte Sehnsucht von Massen steht am ehesten das Pilgerwesen mit den Hauptzielen Jerusalem, Rom und Santiago de Compostela. Materiell trug es den Ausbau eines europäischen Versorgungsnetzes, spirituell band es eine Grundstimmung, die eine Ahnung davon vermitteln kann, wie die Freiungsbewegungen in Stadt und Land mit dem Zeitgeist der Kirchenreform zusammenhängen. In diesem allgemeingeschichtlichen Konnex steht auch die sozialgeschichtlich überaus wichtige Ausbreitung bruderschaftlicher Hilfe. Letztlich wurzelte im Reformwillen der Christenheit aber noch der Gedanke, daß die Nachfolge Christi gegen die Kirche zu verwirklichen sei, die als „Sieger" nach dem Investiturstreit weithin nicht nach ihrem Auftrag lebte. Der *pauper Christus* wurde zum gesellschaftlichen Thema, als die Kirche sich zunehmend auf die neuen Wirtschaftswelten einstellte.

Mönchische, eremitische und Religiosenbewegung

In einer Gesellschaft, in der sich Freiheit absolut als Gottunterworfenheit bestimmte, konnten die mönchischen Bewegungen, insbes. der Cluniazenser, die alle politischen Grenzen überschritten, und die oberitalischen Eremitengemeinschaften (Camaldoli, Vallombrosa und Fonte Avellana) einen geistigen Grund für die Erneuerung der Christenheit legen. Geradezu öffentlich und erregt wurde die Teilnahme an den Konversionen, das Institut der Laienbrüder (Konversen) vergrößerte den Personenkreis der mönchisch lebenden Brüder in den Orden erheblich, und Urban II. anerkannte den Zusammenschluß *ad formam primitivae ecclesiae* auch außerhalb der Klostermauern – Beginn eines Semireligiosentums, in dem Frauen den Ton angeben konnten. Für die allgemeine Kirchenreform erwiesen sich die Kanoniker (Chorherren) an Kathedral- und Kollegiatstiften als mindestens so wichtig wie die Mönche. Gleichzeitig entstanden als Spitze der Armutsbewegung neue Orden. Einige frühe Stiftungen gingen auf Wanderprediger zurück. Robert von Arbrissel (Bretagne) gründete das Doppelkloster Fontevrault bei Poitiers. Die (benediktinischen) Zisterzienser (Robert von Molesme, 1098) und die (augustinischen) Prämonstratenserchorherren (Norbert von Xanten, 1120) sowie die Grammontenser (Grandmont in der Auvergne) kehren das Ideal apostolischer Armut offen gegen das bestehende

Mönchtum, die Kartäuser (Bruno, 1084; Consuetudines 1127 von Guigo verfaßt) lebten es in vielen Eremitagen, vor allem in Frankreich. Die adlige Exklusivität in den Konventen war aufgelockert, die traditionelle Oblation von Kindern, zumindest zur Versorgung, verpönt. Spannungen zu Lokalkirchen bildeten sich in den Laienbruderschaften aus. Seit etwa 1170 waren dem Klerus die Beginenhöfe des nordfranzösisch-niederländischen Raums zwielichtig, in denen Frauen – ohne ein Gelübde abgelegt zu haben – ein klosterartiges Leben aufnahmen, um sich der Krankenpflege (Leprosen) zu widmen. Ihren Unterhalt bestritten sie aus eigenem Vermögen. Zur Armutsbewegung sind auch die Humiliaten zu rechnen, die aus Bußbruderschaften hervorgingen, als Konventikel mit eigenen Predigern 1184 von Lucius III. aber in einem Atemzug mit anderen Ketzern verdammt wurden. Sie scheinen zur wirtschaftlichen Selbstbehauptung gegen das in der Weberei aufziehende Manufakturwesen beigetragen zu haben. Innozenz III. anerkannte und regulierte sie gleich den Hospitalitern. Die Humiliatenregel kennt erstmals den Anschluß nicht im Kloster lebender Religiosen (Terziaren-Institut). Häretische Varianten der Armutsbewegung wurden weitgehend durch die Bettelorden in die Kirche zurückgelenkt.

Häresien

Die ersten Sektierer waren vielleicht noch Randfiguren der Gottesfrieden und der Reform, so daß sich die Wende eigentlich in der Reaktion auf ihre Lehre ankündigt: die Hinrichtung (u. a. 1022 in Orléans durch den König Robert und 1051 in Goslar durch den Kaiser Heinrich) war ein Novum in der Geschichte der Christenheit. Bald folgten erste Opfer, die aus der Bewegung moralischer Erneuerung des Klerus selber kamen. Eine Häresie im vollen Sinne ist der Kirche des Hochmittelalters erstmals in den Katharern entgegengetreten. Selber nannten sie sich *christiani* und *boni homines*, denen *perfecti* die Geisttaufe (gemäß Apg. 8, 17) durch den Tröster spendeten, das *consolamentum*. Mit den Rigorosa ihrer Ethik, in der ein tief pessimistisches Weltbild steckte, wurde man in Europa durch den bogomilischen Bischof Nicetas um 1160/70 bekannt. Großen Einfluß gewannen die Waldenser. Sie hatten in dem Lyoner Kaufmann Peter Valdes einen Stifter, der dem Kardinal Heinrich von Albano noch 1180 in Lyon ein rechtgläubiges Bekenntnis ablegte. Stein des Anstoßes wurde in dieser Bewegung die Predigt. Das Ketzerdekret Lucius' III. von 1184 [in: 75c] zählte dann bereits namentlich „Katharer, Patarener und die, die sich lügnerisch die Humiliaten oder die Armen von Lyon nennen, die Passaginer, Josephiner und Arnaldisten" auf, die alle dem Bann verfielen. Waldenser (Arme von Lyon) und Humiliaten, die beide in Treue zur Kirche, ja als Gegner der Katharer begonnen hatten, finden sich nun den Ketzern zugerechnet. Seit etwa 1200 entfalteten sich die Waldenser besonders radikal in den oberitalischen Städten. Ein Teil – die „Katholischen Armen" – fand wieder Anschluß an die Kirche; ihr erster *praepositus* war Durandus de Osca [24]. Die Ketzergesetzgebung verschärfte sich seit dem 3. Lateranum (1179) schrittweise, zuerst 1184 in der Absprache Lucius' III. mit Barbarossa, daß die Exkommunikation automatisch die Reichsacht nach sich ziehen sollte.

Hof und Herrschaft

Von den oberitalischen Kommunen abgesehen, deren Verfassung aber auch auf „Höfe" orientiert war, lenkten Fürsten die europäische Entwicklung in „staatliche Bahnen", die auf Straffung von Herrschaft durch Ämter, Gericht, Kanzlei und Kammer gerichtet wurden. *Curia* heißt das neue Zentrum der Herrschaftsübung. Sie ist ein schillerndes Gebilde: Sozialkörper, Verfassungselement, Trägerin politischer Entscheidungen und Instrument der Verwaltung und Justiz. Die sozialgeschichtlichen Dimensionen sind weit. Gemeinschaftsgefühl formierte sich neu oder um, auch wo es sich „ethnisch" verstand, wurde es in einem auf Höfe bezogenen Sinne „national", und es blieb regional oder lokal in dem Maße, in dem die *curiae* die höhere Bindung negierten. Diesen Prozeß mobilisierten gentile, soziale und ökonomische Faktoren, zur integrierenden Kraft aber wurde vor allem die politische Aktion der Höfe. Gesellschaftskritik war Invektive gegen Höfe, häretische Opposition erstarkte, wo Höfe zu ihrem Hort wurden, sonst blieb sie unpolitisch oder anarchisch.

Neue Staatlichkeit

Ganz allgemein unterlagen die „Personenverbände", in denen frühmittelalterliche Staatlichkeit die Befehlsgewalt der Herrscher und den Konsens des Adels nach haus- (land-) und lehnrechtlichen Grundsätzen aufeinander bezogen hatte, einem vielgestaltigen Prozeß der Veränderung. Als Haupttendenzen zeigt sie die Umwandlung der alten, an Wahlrechte und Kur von Königsmachern gebundenen Königshäuser in Erbdynastien mit absolutistischen Tendenzen, Ausweitung und Intensivierung ihrer Herrschaft durch Feudalismus und Fiskalismus und Eingliederung freigewordener Schichten durch Territorialisierung und genossenschaftlichen Zusammenschluß. Die Abstraktion von Staatlichkeit steckt in Ansätzen, von den physischen Trägern wird der „Staat" noch am weitesten abgehoben in den Symbolen von Krone und Thron sowie im Anspruch auf die Unveräußerlichkeit von Thronrechten.

Neues Recht

Die Friedensbewegung eröffnete eine rechtsschöpferische Tätigkeit, die im 12. Jh. auf allen Ebenen religiöser, politischer und sozialer Ambitionen und Rivalitäten durchschlug und sie in neue Ordnungen des Hof-, Kirchen-, Lehn-, Stadt- und Landrechts überführte. Kommunen und Kronjuristen revitalisierten das justinianische Gerechtigkeitsideal des „Gemeinen Nutz"; fürstliche Gesetzgeber nutzten das im Kaiserrecht vorliegende Denkangebot vom *princeps conditor et interpres legum*.

4. Neue Wissenschaft und Kultur

Von den Stadt-, Kloster- und Domschulen zu Universitäten

Eine originäre Schöpfung der lateinischen Welt des 12. Jh. ist die Universität. Ihre Entstehung kann nicht nach dem genauen Hergang, wohl aber in vielen Einzelheiten der Gemeinschafts-, Schul- und Rechtsbildung, in Kontroversen über Lehrinhalte und -formen, in überaus langen Studienzeiten, in gesellschaftlichen Implikationen wie Massenzulauf, wirtschaftlichen Dimensionen eines Studienlebens, Orientierung auf die Stadt, Bemessung des Nutzens an höfischen und städtischen Ämtern, insbesondere aber in gefeierten oder bekämpften Leistungen der im Brennpunkt stehenden Lehrer verfolgt werden. Die Medizin, bis ins 12. Jh. hinein nicht wert, im Kanon der Artes berücksichtigt zu werden, fand in Montpellier und in Salerno Zulauf wie die Logik (und Theologie) in Paris und die Jurisprudenz in Bologna. Der Vorsprung der romanischen Welt erklärt sich aus Nachwirkungen der Antike und der frühen geistigen Orientierung an der Kirchenreform, aber auch aus Kontakten mit dem Islam in Spanien. Das Studium formierte sich in relativ dichten und prosperierenden, nach allen Seiten auf Austausch angewiesenen Städtenetzen, denen zugleich ein Kranz von geistlichen und weltlichen Höfen zugeordnet war. Paris hob sich vollends in zeitlicher Parallele zum Aufstieg des Königshofes von den anderen Schulen ab.

Bologna: Irnerius – Gratian – Innozenz III.

Bologna mit seinen praxisnahen Artes- und Notarschulen, deren Ruf zuerst an Fürstenhöfen (insbes. der Markgräfin Mathilde von Tuszien, aber auch Heinrichs V.) etwas galt und dann auf die Kommune zurückstrahlte, nahm bereits im späten 11. Jh. eine Sonderstellung ein. Gegenstand der methodischen Übung war das *Corpus iuris civilis* [122] (daher Zivilisten oder auch Legisten) einschließlich der wiederentdeckten Digesten; die Arbeit war also durchaus nicht auf unmittelbare Rezeption Römischen Rechts gerichtet. Anders das Kirchenrecht, das geltendes Recht in jeder seiner verstreuten Überlieferungen war, sofern man sie kannte, anwandte und durchsetzte: Bibel, Canones der Konzilien, päpstliche Dekretalen, patristische Stellen, weltliches Recht. Die um 1140 in Bologna von dem Kamaldulensermönch Gratian angelegte *Concordia* oder *Concordantia discordantium canonum*, später *Decretum Gratiani* genannt, versuchte die Widersprüche in den gesammelten Texten aufzulösen. Das Werk – Keimzelle des *Corpus iuris canonici* [130] – wurde seit etwa 1150 in einer Schwesterdisziplin zur Zivilistik glossiert und so zur Grundlage einer eigenständigen kirchlichen Rechtswissenschaft, der Kanonistik. Höchste Sorgfalt wandte Innozenz III. dem Kirchenrecht zu. Er wies schlecht verbürgte Texte ab und beauftragte den Magister Petrus von Benevent mit der Sammlung seiner eigenen Dekretalen, die 1210 zum Gebrauch vor Gericht und in den Schulen nach Bologna gesandt und damit rezipiert wurden.

Paris

In Frankreich kündigte sich der Bildungswandel in einer allmählichen Verlagerung der Gewichte von den Kloster- auf die Kathedralschulen an, die auch als Preisgabe der *stabilitas loci* benediktinischer Gelehrtentradition und als Einbindung des Schulbetriebs in den städtischen Bereich verstanden wird. Zu den wichtigsten Schulen der Übergangszeit zählen Tours, Chartres, Orléans und Reims, Klöster wie Le Bec in der Normandie als Lehrstätte Anselms (vor 1093), St. Victor vor Paris, wo Wilhelm von Champeaux um 1110 die (öffentliche) Viktoriner-Schule begründete, der als berühmtester Lehrer Hugo († 1141) vorstehen wird, St. Denis als Refugium des Petrus Abaelard (1119) und seine Stiftung zum Paraklet bei Nogent (1121) sowie seine Studien- und Lehrstätten in Melun, Corbeil, Laon und auf dem Genovevaberg in Paris.

Erste Unruhe hatte die Abendmahlslehre gebracht, mit der Berengar von

Tours [17] ältere und zeitgenössische Vorstellungen von der Gegenwart Christi im Sakrament als ungeistigen Sensualismus kritisierte. Der Abendmahlsstreit, der sich über die Reformkonzilien von 1050 bis 1079 zog, war gleichsam ein ekklesiologischer Richtungsstreit unter den Neuerern in der Kirche. Es ist bemerkenswert, daß die Theologen der frühen Reformkirche (als Gegner Berengars trat führend Lanfranc von Le Bec hervor) dem zum Symbolismus tendierenden Reinigungseifer kein Verständnis entgegenbrachten. Die Realpräsenz Christi wurde bis zum 4. Lateranum noch mehrfach diskutiert.

Abendmahlsstreit

Der Schulbetrieb war unter die Spannung von *auctoritas (historia)* und *dialectica (logica)* geraten, das Leben der Gelehrten selber in die Diastase von Frömmigkeit und Erkenntnisdrang. Aus der Logik bezogen die *moderni* ihre Überzeugungskraft gegen die *antiqui* und forderten einen Geisteskampf heraus, in dem bis um die Mitte des 12. Jh. wesentliche neue Denkpositionen entwickelt waren. Traditionsbewußte Theologie blieb allerdings Teil der Scholastik, hielt in ihr traditionelle Wege der Erhebung zu Gott, der Kontemplation und Exegese, symbolistischer Interpretation und mystischer Unterweisung offen.

Frühscholastik und Mönchstheologie

An die Substanz des frühmittelalterlichen Lehrbetriebs ging die „formale" Verschiebung der Gewichte in den *Artes liberales*. Auf Kosten der Grammatik und der Rhetorik, d. h. der traditionellen Grundstudien an den Klassikern, überwucherte in Paris die Dialektik als eine das Trivium zusammenfassende Logik das Feld. Damit einher ging der aristotelische Einfluß auf die Diskussionen um die Natur der Erkenntnis. Das Organon wurde in allen Teilen rezipiert.

Aristotelesrezeption

In der Frühscholastik ist die nachantike europäische Philosophie grundgelegt. Der „Glaube, der nach Einsicht sucht", hatte die Gültigkeit der Logik vor Gott gerechtfertigt [16: Anselm von Canterbury]. Die Sprachlogik des Saeculums war insbesondere durch Ivo von Chartres [Prolog zu 128: *Panormia*] und Petrus Abaelard [11: *Sic et non*] geschärft und mit dem (Wissens-)Zweifel als Fortschrittsprinzip infiziert. *Sic et non* (um 1122) sollte die Unvereinbarkeiten in der Überlieferung nach den Konkordanzregeln historischer, philologischer und psychologischer Kritik eliminieren, ist aber auch als unfertiges Werk – als erste methodische Anleitung – ein Meilenstein in der Entfaltung der scholastischen Methode; die Regeln der Logik werden auch auf theologische Fragen angewandt, und nicht aufhebbare Widersprüche sind der Freiheit des Urteils überlassen. Abaelard hatte auch in den Universalienstreit eingegriffen und eine konzeptualistische Deutung der Allgemeinbegriffe vertreten. In die Ethik brachte er einen „gefährlichen" Intentionalismus ein *(nullam esse substantiam peccati)*. Die fundierteste Auseinandersetzung mit Petrus trug Gilbert (seit 1142 Bischof von Poitiers) und seine bis ins 13. Jh. hinein einflußreiche Schule der Porretaner. Sie problematisierte die Anwendung menschlicher Denkweisen auf Gott und die nur ihm eigenen *rationes theologicae* und eröffnete den Anlauf zu einer Sprachgrammatik von der Logik her (Petrus Helias). Gilbert bereicherte auch den Bibelkommentar des Anselm von Laon, der als eine maßgebende Leistung der Frühscholastik *(glossa ordinaria)* zu einem wichtigen exegetischen Handbuch wurde.

Anselm von Canterbury – Gilbert – Anselm von Laon

Theologenprozesse

In den 1140er Jahren ist die neue Wissenschaft bereits zu einem Problem verantwortlicher Lehre geworden. Von Bernhard von Clairvaux wurden Prozesse gegen Petrus Abaelard und Gilbert von Poitiers angestrengt.

Chartres – Viktoriner

Das „konservative" Lager war mit dem neuen Wissen gespeist. Die „platonische Schule von Chartres" vermittelte unter den Brüdern Bernhard († 1124/30) und Theoderich († um 1150) weiterhin zusammenhängende Kenntnis der antiken und patristischen Autoren, begleitet von kosmologischen und naturkundlichen Studien, in denen sich neben Theoderich Wilhelm von Conches († 1145) auszeichnete. Der propädeutische Stellenwert der Logik findet sich im *Didascalicon* Hugos von St. Victor [39] in der Hierarchie eines durchaus neuartigen Studiensystems von Theologie, Ethik, Mechanik und Logik wieder zurechtgerückt.

„Mönchstheologie" – Bernhard – Hildegard

Den Dialektikern feindlich war insbesondere die „Mönchstheologie". In Petrus Damiani [58] hatte sie einen Vorläufer, die bedeutsamsten Gefährten lebten in Deutschland: der Benediktiner Rupert von Deutz und der Augustinerchorherr Gerhoch von Reichersberg. Die „mystische Theologie" Bernhards von Clairvaux aber wurde als Theologie der Verähnlichung sogar ein neues Thema der Scholastik selber. Symptomatisch für die geistige Spannweite des mystischen und wissenschaftlichen Erkenntnisstrebens sind nicht zuletzt die Schriften der Äbtissin Hildegard auf dem Rupertsberg bei Bingen.

Rezeption arabischer, jüdischer, griechischer Literatur

Geistige Gründerzeit war die Frühscholastik nicht nur in ihren methodologischen Fragen und dem Vorstoß der Philosophie in die Theologie, sondern auch wegen der gewaltigen Wissensvermehrung. Allem Anschein nach waren die Großen aller Wissenschaften über Neuentdeckungen weithin rasch informiert.

Petrus Lombardus

Auf den umrissenen Grundlagen entfaltete sich eine im einzelnen kaum übersehbare wissenschaftliche Produktivität. Aus der breiten Literatur der Sentenzenmeister ragt ein Werk als hernach „klassisches" Handbuch heraus: die *Libri sententiarum* [59] des Petrus Lombardus († 1160 als Bischof von Paris). Petrus sammelte den Ertrag der scholastischen Theologie, sein Einfluß reichte bis in die Neuzeit. Das Sentenzenwerk mit seinen Lehren über Gott, Schöpfung, Sünde und Vergebung, vom 4. Lateranum auch in der zeitweise umstrittenen Trinitätslehre sanktioniert, ist wesentlich auf den Unterricht zugeschnitten. Es bezieht Buße und Priesterweihe in die Sakramente ein, deren Siebenzahl von Alexander III. als verbindlich übernommen worden ist.

Die Geschichtsphilosophie des Bischofs Otto von Freising

Die abendländische Historiographie des 9./10. Jh. war von Gegenwartsnähe beherrscht. Zu neuen universalgeschichtlichen Konzeptionen stimulierten die Erfahrungen des 11. Jh. [36: Hermann der Lahme; Sigebert von Gembloux: MGH SS VI], dann lenkte die Betroffenheit vom „Fluß der Zeit" auf prinzipielle Fragen. Zwischen dem 5. und 12. Jh. finden sich nur Formeln, die umschreiben, was *historia* ist. Erst Otto von Freising [56: *Gesta Friderici* I 4.5.55] ging methodisch vor, um die *mutabilitas tam naturae quam morae* in ihrem Wesen zu begreifen, die er als Historiker darzustellen hatte.

Die Frühscholastik wurde durch die Grundlegung der Wissenschaften zu einem neuen und eigenständigen Integrationsfaktor Europas. Durch Schulen, oft genug durch einzelne Persönlichkeiten sind mit den wissenschaftlichen Leistungen die künstlerisch-kulturellen verbunden, so daß der Wissenschafts- und Kunstbetrieb des 12. Jh. als konsistente, aus ganz Europa gespeiste und von „Sammelpunkten" zurückfließende Strömung erscheinen mag. In ihr gibt es ein „humanistisches", ein welt- und persönlichkeitsbezogenes Selbstverständnis (vgl. II C 3), den ersten Konflikt zwischen Liebe und Glaube [10: Heloïsa] und bemerkenswertes Wissen über Seele und Kosmos (Chartres; St. Victor) und den Wert der Freundschaft [12: Aelred von Rivaulx, OCist., inspiriert durch Cicero]. Der Begriff „Renaissance" kann freilich nur „Chiffre" für die Kultur des Zeitalters überhaupt sein. In der schöpferischen Erregung trat auch kein neues Medium neben die Kirche, die allerdings im 12. Jh. bemerkenswert offene Parodie und schärfste Invektiven (gegen Habgier, Bestechlichkeit und Hartherzigkeit) hinnahm. Auch die erste Kritik an der Reliquienverehrung [34: Guibert von Nogent] blieb von christlicher Glaubensüberzeugung geprägt.

Humanismus des 12. Jh.

Die sozialgeschichtlichen Durchbrüche des 12. Jh. haben auch ein Korrelat in neuartiger Literatur. In Stifterchroniken sangen Mönche das Lob auf ihre adligen Herren, Gelehrte der Hohen Schulen bildeten mit ihren *artes dictandi* das Formbewußtsein der Stadtmenschen. Wissenschaftliche Prosa (*Lucidarius* aus Braunschweig im Auftrag Heinrichs des Löwen) suchte die *wahrheit als es zu latine steit* in Volkssprache zu fassen. Höchste schöpferische Leistung aber erstand im 12. Jh. an den Höfen.

Gesellschaft und Literatur

In der Dichtung des Loire-Kreises um Hildebert von Lavardin, den Bischof von Le Mans (seit 1125 Erzbischof von Tours), kündigte sich der Wandel in Form und Empfindung zuerst an. Frühen Ruhm gewannen die *curiae* von Troyes, Blois, Poitiers und Gent. Ein Hauptumschlagplatz des phantastischen Arsenals keltischer und antiker, aber auch arabischer Sagenstoffe (Artus, Tristan, Alexander, Titurel, Floire und Blancheflor) war der Hof des Plantagenet Heinrich II. Alle Artusdichtung geht auf das „historische Material" zurück, das der Waliser und englische Bischof Geoffrey of Monmouth um 1137 in seiner *Historia regum Britanniae* [29] zusammentrug. Die Anverwandlung eines aus antiken und christlichen Elementen geformten Humanismus an die eigene Wirklichkeit führte dann zu völlig neuen Ausdrucksformen, formte eine neue Mentalität. Sie kommt mit volkssprachlicher Dichtung zum beherrschenden Durchbruch.

Höfische Dichtung

Gesellschaftliches Ideal der Dichtung ist ähnlich dem der Hohen Schulen in einem sehr allgemeinen Sinne *curialitas*. „Höfische Dichtung" (der Begriff ist Gelehrtenbildung wie „Höfische Liebe" auch) wird zunehmend von ritterlichen Idealen und Gefühlen getragen, zu einem Teil ist sie Dichtung der Kreuzzugszeit. Buchstäblich feudalisiert, d. h. vasallitischen Idealen unterworfen, wurde die Liebe. Man kannte den Ovid und seinen Satz, daß sich Liebe und Herrschaft ausschlössen [14: *De amore* des Andreas, *Francorum aulae regiae capellanus*, um 1180]. Die Strophenkunst des Minnesangs als zweite Welle der mit den Troba-

Ideal und Wirklichkeit

dors [65] anhebenden Lyrik ist kaum noch Liebesdichtung, sondern höfisches Seelenspiel, Verehrung eines weiblichen Ideals. Die Spruchdichtung ist unübertroffen in der persönlichen politisch-religiösen Lehrhaftigkeit Walthers von der Vogelweide [68]. Die Spannung zwischen Sein und Ideal in der ritterlichen Welt fand den Gipfel der Gestaltung im höfischen Epos. Jeder der großen Dichter tritt mit eigenen Anschauungen und Meinungen hervor, neuartig ist die introspektive Psychologie, sei es vor dem Thema Liebe [23: Chrétien de Troyes; 32: Gottfried von Straßburg] oder überhaupt vor dem Leben zwischen realistischem Detail und Idealwelt [72: Wolfram von Eschenbach]. Bald nach 1200 dichtete Gottfried von Straßburg sein Epos von „Tristan und Isolde". Der Stoff war mehrfach vor ihm präpariert, Gottfried gab ihm eine kühne gelehrte Deutung. Die Paradoxie des Glücks durch Leid und bannhafte Minne in „Tristan und Isolde" ist das sublimste Zeugnis für die gründliche Wandlung der abendländischen Psyche im 12. Jh.

Frühgotik

Das 11./12. Jh. zeigt sich auch in der Architekturgeschichte als Auf- und Umbruch. Gewiß sind Spolien eingesetzt und intensive Studien vor antiken Mustern betrieben worden, in der Architektur tragen dennoch neue Konstruktionsprinzipien den vorerst lokal begrenzten Übergang von „der" Romanik in „die" Gotik. Zur Architektur des 12. Jh. gehören das Kreuzgratgewölbe und die Zwerchgalerie von Speyer, das fünfschiffige Cluny mit doppeltem Querhaus, das byzantinische San Marco in Venedig, die Marmorinkrustationen an San Miniato in Florenz, der in Südfrankreich entstandene Portaltriumphbogen, der in Laon mustergebend wurde, die normannisch-arabisch-byzantinischen Mischformen in Palermo (Capella Palatina u. a.), die Kreuzrippengewölbe von Mont-St.-Michel, Zisterzienserarchitektur (Fontenay, Maulbronn, Eberbach, Fossanova, Chiaravalle), erste gotische Rosen, die norwegischen Stabkirchen, der Dom in Stavanger, aber auch die Skulptur des Gislebert in Autun (um 1130) und die Säulenfiguren der vielen neuen Portale. Von einem um die französische Krondomäne gravitierenden Raum aus (St. Denis 1137/44, Sens, Senlis, Laon, Chartres, Notre-Dame Paris) erreichte die frühe Gotik im 12. Jh. (nach 1174) nur noch England (Wells, Canterbury, Lincoln); dann 1220 Brabant (Brüssel), 1221 Spanien (Burgos), 1228 Italien (Assisi), 1236 Deutschland (Marburg).

Kosmos des Mittelalters [vgl. 710: W. von den Steinen]

Die Einzelelemente der Skelettarchitektur waren nahezu alle in der romanischen Architektur (insbesondere im „cluniazensischen" Burgund und in der Normandie) vorgebildet, deren Prachtentfaltung den Zisterziensern ein Ärgernis war. Die Bauherren, die insbesondere in Deutschland und Italien bis weit ins 13. Jh. hinein an der Monumentalität der hochromanischen Architektur festhielten, verbanden mit der künstlerischen Intention bewußt oder unbewußt eine traditionalistische Demonstration – erst mit dem Ende des Streits zwischen Kaiser und Papst lief nach 1250 die „Romanische Architektur" aus. Die Dimensionen der Fragestellung sind weit: sie reichen von den ökonomischen Mitteln über die Bauherren und Werkzeuge bis hin zur Mentalität der Architekten und ihrem Willen, den „Stil" ohne Rücksichten auf das Material durchzuhalten. Der

Humanitas waren neue Räume eröffnet: ein lichterfüllter Kosmos für Flora und Fauna und alle Mustergestalten des Guten und Bösen, des Himmels und der Erde.

B. KIRCHENREFORM UND INVESTITURSTREIT

1. Das salische Imperium unter Heinrich III. (1039–1056)

Heinrich III. trat unangefochten die Nachfolge seines Vaters in Deutschland, Burgund und Italien an. Zum Eingreifen in Italien gab Mailand den ersten Anlaß. Die Aussöhnung mit Erzbischof Aribert (1040) erfolgte auf der Basis des Lehnsgesetzes Konrads II. [89a: DK II 244] von 1037, dem Aribert bis dahin seine Zustimmung verweigert hatte. Das eigentliche Problem, die Aufsässigkeit der Mailänder Lehnskurie, konnte also nur noch durch Anerkennung der Erblichkeit aller Lehen gelöst werden. Vasallen und Aftervasallen wurden unter das eine Recht von *milites* gestellt, der Entzug ihrer Lehen blieb in letzter Instanz einem vor Lehnsgenossen verhandelten Königsurteil vorbehalten. Gegen den Erzbischof und seine „Ritter“ trat aber nun der Mailänder *populus* in Aufstand. Nach schweren Kämpfen zeichnete sich zum Jahre 1044 erstmals eine in religiösen Formen von den sozialen Gruppen eingegangene *pax* als städtische Rechts- und Friedensgemeinschaft ab. Mailand

Nach der Kaiserkrönung Heinrichs III. (B 2) unternahmen Kaiser und Papst gemeinsam einen Zug nach Capua (Februar 1047), um alte Ordnungen zu erneuern, die in Rivalitäten zwischen den byzantinischen Statthaltern (Katepanen) von Bari und den in langobardischer Tradition stehenden Fürstentümern Capua, Benevent und Salerno ruiniert worden waren. Die neue politische Kraft der Normannen wurde allem Anschein nach vom Kaiser falsch eingeschätzt. Der vasallitische Auftrag, den die normannischen Söldner seit 1028/29 in der Sarazenenabwehr übernommen hatten, war in den 1040er Jahren in „legale Eroberung“ umgeschlagen. Heinrich III. anerkannte Rainulf II. in Aversa und Drogo im westlichen Apulien als seine Vasallen und gab Benevent zum Angriff frei, weil das Fürstenhaus Unterwerfung unter das Reich verweigerte. Robert Guiscard (Schlaukopf) setzte 1050 zur Eroberung Kalabriens an. Süditalien

Der in den Jahren 1042/44 nach drei Feldzügen zur Sicherung des Reiches gegen Südosten errichtete Eckpfeiler im Reichsverband trug nicht mehr, als der ungarische König Peter I. (Orseolo), ein von Heinrich III. gestützter Neffe Stephans des Heiligen († 1038), der 1045 Vasall des deutschen Königs geworden war, bereits 1046 einer heidnischen Reaktion unter Führung des Andreas aus arpadischer Nebenlinie erlag. 1051/52 konnte nach Vermittlung des Abtes Hugo von Cluny und des Papstes Leo IX. persönlich ein Reichsaufgebot wenigstens Ungarn den Zusammenbruch der Kirchenorganisation, aber nicht mehr den Austritt Ungarns aus dem Bannkreis des Imperiums verhindern.

Lothringen und der Westen

Von Ungarn abgehalten wurde der Kaiser durch Ereignisse in und um Lothringen. Gottfried der Bärtige (Ardennerhaus) verteidigte die dynastische Position seines Vaters Gozelo I. († 1044) in Ober- und Niederlothringen, die Heinrich III. 1045 nach schweren Kämpfen auf das Herzogsamt in Oberlothringen beschnitten hatte. Gleichzeitige Aktionen des Kapetingers Heinrich I. und seiner Kronvasallen – Balduins V. von Flandern und Artois und Wilhelms von der Normandie – sowie des Grafen Dietrich IV. von Holland beruhten nur teilweise auf Bündnissen mit Gottfried, doch kam deren Wirkung einer Koalitionsbildung gleich.

Die lothringische Krise

Die lothringische Krise ist symptomatisch für den Schwund an gemeinsamer politischer Verantwortung in Ost- und Westfranken und für die Unterschiede in den „Staatsauffassungen"; denn der Kapetinger nahm die fürstlichen Positionen als rechtmäßig hin, der Salier hingegen verfolgte den königlichen Amtsauftrag der Herzöge und konnte sich in diesem Bestreben der reichskirchlichen Unterstützung sicher sein. Im Verhalten der lothringischen Prälaten und vor allem des „deutschen" Papstes Leo IX. (Brunos von Toul) war sie beispiellos. Im Jahre 1049 bereisten Kaiser und Papst gemeinsam das Land. Gottfried der Bärtige und Balduin wurden exkommuniziert; auf einer Reimser Synode verbot Leo IX. die geplante Ehe Wilhelms von der Normandie mit einer Tochter Balduins, ein Jahr später löste er das Bistum Langres aus der Verfügungsgewalt der Kapetinger. Das salisch-kapetingische Königstreffen 1056 am Grenzflüßchen Chiers ist das letzte für mehr als 100 Jahre. In Oberlothringen setzte sich das elsässische Haus Gerhards dauernd durch. Aus Niederlothringen wurde Gottfried der Bärtige auf 20 Jahre durch Luxemburger verdrängt. Gottfried sollte 1054 als Gemahl der Beatrix von Tuszien (Canossa) auf neuem Schauplatz auftauchen. Balduin V. von Flandern – Doppelvasall, d. h. Lehnsmann des französischen und des deutschen Königs – vergrößerte 1050/54 durch Zugewinn eines breiten östlichen Streifens (von den seeländischen Inseln über den Hennegau und die Markgrafschaft Valenciennes bis vor Cambrai) sein Lehen vom Reich.

Böhmen und Polen

Hatte Heinrich II. seinerzeit die Eingliederung Böhmens in Polen verhindert, so sicherte Heinrich III. den Polenherzog Kasimir I. in den 1040er Jahren gegen die gewalttätige Expansion Bretislaws von Böhmen, dessen Bischof Severus von Prag auch die Herauslösung seines Bistums aus dem Mainzer Metropolitanverband betrieb. 1054 wurde Kasimir gegen Tributzahlung an Böhmen von Heinrich III. Schlesien zugesprochen. Die kaiserliche Hoheit über Polen gestaltete sich von nun an sehr locker. Böhmen stand ihr positiver gegenüber, ist aber – gemessen an der dynastischen Position der Přemysliden – auch nicht mehr mit den Herzogtümern des Reiches zu vergleichen.

Sachsen, Hamburg-Bremen

Heinrich III. hat erhebliche Mittel aufgeboten, um die Billunger, die in Sachsen den Herzogtitel führten, von ihrer Mark jenseits der unteren Elbe abzuschnüren. Die Auswirkungen auf die Ost- und Nordpolitik (und die

Mission) waren nachhaltig. Als Gegenspieler der Billunger nutzten die Grafen von Northeim den planmäßigen, von großen Silberfunden im Harz getragenen Ausbau des Königslandes in Ostsachsen (Burgenpolitik, Zentrierung um Pfalz und Stift Goslar). Zum offenen Konflikt mit den Billungern trieb aber das Erzstift Hamburg-Bremen unter dem Erzbischof Adalbert (seit 1043). Die Einkreisung des Billunger Machtbereichs durch Güter-, Kirchen- und Grafschaftsverleihungen an Bremen, Hildesheim und Halberstadt brachte einen machtpolitischen Zug in die Reichskirchenpolitik, der beispiellos war.

Der skandinavische Norden

Adalbert intensivierte die Mission zwischen Elbe und Oder und vor allem in den weiten Räumen Dänemarks, Schwedens, Norwegens, der Orkney-Inseln, Islands, Grönlands und Finnlands, die nicht gleichmäßig von den königlichen Heidenbekehrern Olaf I. und Olaf II. (d. Hl.) von Norwegen durchdrungen worden waren. Zur politischen Belastung wurde jedoch die ungelöste kirchenrechtliche Organisation. In Norwegen behaupteten sich „autonome", von König Harald Hardrada unterstützte, zumeist englische Bischöfe, ebenso verweigerte der Schwedenkönig Edmund der Schlimme Adalbert die Anerkennung als Metropoliten. Sven II. Estridsson von Dänemark, Lehnsmann der Salier, strebte in Kontakten mit Rom und Bremen ein eigenes dänisches Erzbistum an. In dieser Zwangslage scheint Adalbert für sich einen Patriarchat über den künftigen Metropoliten konzipiert zu haben. Die Situation wurde 1053 mit Verleihung des päpstlichen Vikariats durch Leo IX. überbrückt.

Bayern, Schwaben, Kärnten

Heinrich III. hielt die süddeutschen Herzogtümer wie sein Vater zunächst in eigener Verfügung und gab sie schließlich an stammesfremde Familien. Die rheinischen Pfalzgrafen (Ezzonen) begriffen ihre Einsetzung in Bayern und Schwaben jedoch mit Recht als Ablenkung von den Interessen des Kölner Erzstiftes. Gefährliche Aufstände Konrads von Bayern in den Jahren 1053/55 fanden in Welf von Kärnten und Andreas von Ungarn Rückhalt und nicht minder bedrohliche Sympathie im Reich. Der Aufstand steigerte sich 1055 in konkrete Absetzungspläne und ezzonischen Thronanspruch. Zum Glück für den Kaiser starben Konrad und Welf (III.). Der Hausmacht der rheinischen Pfalzgrafen nahm sich Anno II. von Köln an; die Geschichte der Ezzonen ging in der nächsten Generation zu Ende. Das Erbe des söhnelosen welfischen Rebellen hoffte der Kaiser über das Kloster Weingarten der Reichskirche zuführen zu können. Die Welfen erhielten sich Weingarten aber in neuer Linie (Ehe einer Schwester Welfs III. mit Azzo II. von Este) als Hauskloster. Die dynastischen Verbindungen über die Alpen (vorerst der Welfen und der lothringischen Gottfriede) wurden zu einem neuen Faktor des Widerstandes.

Burgund – „Imperialismus" als literarisches Motiv

Völlig problemlos war Heinrichs III. Herrschaft über das von seinem Vater gesicherte Königreich Burgund. Eine „Tendenz zur Universalmonarchie" [E. Steindorff], die die Trias der Reiche Deutschland, Italien und Burgund überschritten hätte, gab es nicht. Die (zeitweilige) Reichshoheit über Dänemark, Polen und Ungarn war an sich kein kaiserlicher Anspruch. Allerdings haben höfische Literaten wie Wipo, Anselm von Besate, auch Bern von Reichenau den

Imperator an die Spitze der Menschheit gestellt. Mit dem Basileus von Byzanz und dem Papst hätten sie darüber nie disputieren können, wie auch die europäischen Völker den Kaiser am ehesten als den Schutzvogt der römischen Kirche ansahen. Auf sehr konservative Vorstellungen von der Macht des Kaisers über Rom läßt der Patriarchatsplan schließen, wenn Adalbert hoffte, Oberbischof über Erzbischöfe im Sinne Pseudoisidors werden zu können; denn einziger Patriarch des Abendlandes im Rechtssinne war der Papst.

2. Frühreform – Die deutschen Päpste (1046–1057)

Die Synoden des Jahres 1046: Pavia, Sutri, Rom

Als ein Schisma dreier Päpste deutete erstmals Otto von Freising [55: *Chron.* VI 32] die römischen Zustände des Jahres 1046. Es lebten in der Tat drei geweihte Päpste, von denen aber nur einer amtierte. Auf der ersten der drei Synoden des Jahres 1046, Ende Oktober in Pavia, hielt Heinrich III. eine Rede gegen die Simonisten, in der er Kaiser und Päpste als mitschuldig benannte. Dem in diesem Punkte angreifbaren Gregor VI. und Silvester III. sprach die Synode von Sutri (20. Dezember) unter Vorsitz des Königs die päpstliche Würde ab, drei Tage später in Rom wurde der noch einmal nicht erschienene Tusculaner Benedikt IX. verdammt. Die römische Synode schloß den Eingriff mit der Neuwahl eines Papstes ab. Clemens II. (Suidger von Bamberg) ist nach den Päpsten Ottos III. (Gregor V. und Silvester II.) wieder ein Nichtrömer. Er eröffnet die für die nächsten 100 Jahre dichte Reihe der Päpste, die sich nach einem frühchristlichen Vorbild als „Zweite“ benannten. Inthronisation des neuen Papstes und Krönung des Kaisers fielen auf einen Tag (Weihnachten 1046). Von den Römern ließ Heinrich III. sich und dem (zukünftigen) Sohne den Titel eines *patricius Romanorum* verleihen, mit dem er unklare Ansprüche des Kaisertums in der Stadtherrschaft und bei der Papstwahl konkretisierte. Er übte sein Recht noch dreimal, um Deutsche zu bestimmen.

Problematik des kaiserlichen Reformwerks

Mit dem Vorschreiten der Reform wurde „Sutri“ als problematisch empfunden, doch sind die zwei Gegenstimmen aus der ganz neuen Situation des Jahres 1048 – aus der Reichskirche die des Bischofs Wazo von Lüttich und aus Frankreich die eines Anonymus [716] – am ehesten darin symptomatisch, daß sie die kirchenrechtliche Rechtfertigung vermißten. Die letzte Steigerung theokratischer Kirchenhoheit fand zuerst Zustimmung, weil sie die universelle Reinigung der Kirche als eine Voraussetzung des Friedens einleitete.

Friedensbewegung, Mönchs- und Klerikerreform

Der Einbruch monastischer und eremitischer Reformideale in den allgemeinen Zeitgeist ist handgreiflich in den Friedensbewegungen. Die Klerikerreform, die jetzt neben die Mönchsreform rückte, als Kanonikerreform die Kathedral- und Kollegiatstifte anging, indirekt aber in weit höherem Maße als die Mönchsreform die Laienseelsorge betraf, sollte von vornherein unter erheblichen Druck der Öffentlichkeit geraten.

Die Geschichte des hochmittelalterlichen Papsttums beginnt mit Leo IX.

(Bruno aus dem elsässischen Grafenhaus von Egisheim, seit 1026 Bischof von Toul). Das Itinerar seiner wenigen Jahre deckt den Raum von der Champagne bis Ungarn, vom Niederrhein bis nach Unteritalien ab; insgesamt kaum länger als sechs Monate hat er sich in Rom aufgehalten. Er legte aber den Grund für eine Verwaltungsordnung und Zentralisation des kurialen Apparates (S. 150). Die Ausbildung des Kardinalskollegiums aus Bischöfen (7), Priestern (28) und Diakonen (18), die unter Leo IX. einsetzt und um 1100 zum Abschluß kommt (Zahlen des 12. Jh.), hat zwar weit zurückreichende stadtrömische Voraussetzungen im liturgischen Hebdomadardienst an den Hauptkirchen; seit Leo IX. bis zum Jahre 1130 wurden aber nur Nichtrömer (Hildebrand/Gregor VII. ist eine Ausnahme) berufen.

Leo IX. (1049–1054)

Die Reform wurde über 12 Synoden weitergetragen (die wichtigsten 1049 im Lateran, in Reims und Mainz, 1050 in Vercelli). Sie richteten sich primär auf Freiheit der kirchlichen Wahlen und moralische Erneuerung des Klerus und verbanden sie mit der Friedensbewegung. Leo bewahrte Maß in der Zölibatsforderung, klärte indessen das erbrechtliche Problem radikal, indem er die Frauen des römischen Klerus – und damit deren Kinder – als Hörige des Papstes ansah.

Reformsynoden

Ein Privileg für das salische Stift St. Simon und Judas in Goslar (1049) stellte neben den Schutz des Reiches den Papstschutz. Es ist also repräsentativ für den zwischen Leo IX. und Heinrich III. waltenden Geist der Einheit von Regnum und Sacerdotium, der aber keine Zukunft mehr hatte. Als folgenschwer sollte sich hingegen die Übertragung cluniazensischer Verfassungselemente auf das Reichsgebiet erweisen. Die Egisheimer Familienstiftung Heiligkreuz-Woffenheim wurde an den Heiligen Stuhl tradiert (S. 110), jedoch unter Zusicherung der Vogteigerechtsame an die Egisheimer; d. h. aber, daß die Stiftervogtei ohne die traditionelle Eingliederung laikaler Stiftung in den Reichskirchenverband anerkannt wurde.

Klosterpolitik

Eine frühe Denkschrift des als Eremitenprior wie (seit 1057) als Kardinal herausragenden Reformers Petrus Damiani [58], der *Liber Gomorrhianus* (1049), geißelte alle Formen der Unzucht. Erhebliche Unruhe trug die Diskussion über die Gültigkeit der von Simonisten gespendeten Priesterweihen in die Christenheit. Leo IX. hat unter dem Einfluß des radikalsten Mitarbeiters, Humberts von Moyenmoutier, seit 1050 Bischof von Silva Candida, Reordinationen vorgenommen, Petrus Damiani hingegen im *Liber gratissimus* (1051) ein Verbot solchen Rigorismus damit begründet, daß Christus selber die Sakramente spende.

Nikolaitismus und Simonie

Für die Zeitgenossen Leos IX. waren die zur Eroberung übergegangenen normannischen „Söldner“ die „neuen Sarazenen“. Eine Verpflichtung, die Leo IX. mit der Unterstellung der Stadt Benevent unter päpstlichen Schutz einging, führte sofort in die kriegerische Auseinandersetzung. Aus der eigenen Not kam aber von byzantinischer Seite das Angebot zu einem Zweikaiserbündnis. Unter dem letzten Makedonen, Konstantin IX. Monomachos, war das Kaiserreich dauernden Rebellionen ausgesetzt und kaum noch aktionsfähig. Seit 1048 zur Abwehr der Petschenegen aus dem Osten gezwungen, militärisch aber

Süditalien zwischen Byzanz und Rom

völlig ungerüstet, stand das Kaiserreich letztlich ohne Führung. Argyros, Statthalter über die italienischen Teile des byzantinischen Reiches, lateinisch orientiert und nicht ohne separatistische Neigungen, gewann Papst und Basileus, überspielte zunächst auch den Widerstand des Patriarchen Michael Kerullarios von Konstantinopel, der die Hauptstadt zum Aufruhr gegen diesen Pakt gebracht hatte. Weniger klar als beim Patriarchen, der sich Gewinne nur für den Westen und allenfalls für Argyros ausrechnete, sind die Motive für die Ablehnung der Normannenpolitik Leos IX. am deutschen Hof. Einer byzantinischen Schlappe bei Siponto folgte dann die päpstliche Niederlage von Civitate (18. Juni 1053). Leo IX. starb – kurze Zeit nach seiner Freilassung aus normannischer Gefangenschaft – am 19. April 1054 in Rom.

Normannenkrieg und Leos Ende

Das Schisma von 1054

Dem Unionsplan brachte die Not nach Civitate neuen Auftrieb. Konstantin IX. bot den Kirchenfrieden als Grundlage für einen politischen Vertrag an. Das diplomatische Feld wurde zwei radikalen Kirchenmännern überlassen: Michael Kerullarios und Humbert von Silva Candida. Sie rechneten in schroffem Ton rituelle, rechtliche und theologische Probleme auf. Humbert belastete den Disput mit der römischen Primatsforderung. Boykottiert wurde der Dialog dann von Kerullarios, um den sich in Wochen erregter öffentlicher Diskussion in Konstantinopel Klerus und Volk geschart hatten. Der Basileus war ausgeschaltet. Die erst in unseren Tagen aufgehobenen Bannbullen der Legaten (16. Juli) und der Synode unter Vorsitz des Kerullarios (24. Juli) waren formalrechtlich nie qualifiziert. Den Zeitgenossen ist die Tragweite der Groteske nicht annähernd bewußt geworden.

Venedig

Der Patriarch Dominicus Marango von Grado-Venedig, Anhänger der Reform und geradezu Genosse Humberts und Hildebrands, vertiefte indessen wie sein Doge die Beziehungen nach Byzanz. Symbol dafür wurde der eben eingeleitete Bau der Kreuzkuppelkirche von San Marco, die dem Vorbild der Apostelkirche in Konstantinopel folgt. Heinrich III. hatte der neuen Position Venedigs an der Adria – gegenüber den Normannen, zwischen Byzanz und Abendland – bereits 1050 Rechnung getragen, als er das ottonische Kaiserprivileg für Venedig erneuerte.

3. Orientierung des Universalepiskopats (1053/54–1075)

Ekklesiologie der Reform

Allgemein kennzeichnend für die Ekklesiologie der Frühreform ist die Besinnung auf die Erhabenheit der *mater* aller Kirchen als *caput* und *cardo* (Türangel), die mit eigenem Recht von Christus gegründet sei und von deren Zustand die Gesundheit der Gesamtkirche abhänge. Der hierarchische und universale Romgedanke wurde institutionell verankert. Voran gingen die Kardinäle. Petrus Damiani sah in ihnen *spiritales universalis ecclesiae senatores*, verglich sie mit dem irdischen Senat der *antiqua curia Romanorum*, parallelisierte beider Aufgabe, nämlich den ganzen Erdkreis der Herrschaft Roms, dem wahren Imperator Christus, zu gewinnen [58: *Opera* II 540].

Zwei berühmte Schriftstücke setzen die Eckdaten der Überschrift dieses Abschnitts: *De sancta Romana ecclesia* [40] des Kardinals Humbert aus den Verhandlungen mit Kerullarios (vgl. S. 20) und der *Dictatus papae* Gregors VII. vom März 1075 (vgl. S. 26). Aus den Texten der Zwischenzeit ragen Humberts drei Bücher „Wider die Simonisten" (1054/58) heraus.

Adversus simoniacos [74: Lib. de lite I 95 ff.]

Humbert gibt die Standortbestimmung eines radikalen Theoretikers, beschwört die Freiheit des Hl. Geistes und fordert die Eliminierung aller Störfaktoren. Diese sind häretisch und laikal, Priester verhält sich zu Laie wie Seele zu Körper, und die Investitur durch den König sinkt auf die Ebene der Laieninvestitur.

Dictatus papae [92: Reg. II 55 a]

Die 27 Sätze des *Dictatus papae*, die Gregor VII. über die einzigartige Erhabenheit der vom Herrn gegründeten und „unfehlbaren" Römischen Kirche und über die juristischen und spirituellen Prärogativen des persönlich heiligen *pontifex universalis* gegenüber Bischöfen zusammenstellte, sind nicht frei von „Umbiegungen" tradierter Rechtssätze (Absetzung von Bischöfen in Abwesenheit; Autorisation von Recht als kanonisch). Das Unicum ist nun dem Kaiser genommen und auf den Papst übertragen. Er ist Gesetzgeber (vgl. S. 163), ohne seine Berufung ist keine Synode *generalis*. Wer nicht einig geht mit der Römischen Kirche, ist nicht katholisch. Die Binde- und Lösegewalt des Papstes schließt die Untertaneneide ein. – Die Annahme, daß der Dictatus ein Index oder eine Kapitelzählung einer geplanten oder verlorenen Kirchenrechtssammlung sei, scheint das „Eigentlich-Gregorische" nicht erfassen zu können [H. FUHRMANN].

Politischer Aktualität entbehrten weder Humberts Schriften und die Opuscula des Petrus Damiani am Anfang noch die gregorianischen Leitsätze am Ende. Wie weit nach den Ideen gehandelt und wie umgekehrt das Kirchenverständnis unter den Anforderungen des Handelns abgeklärt wurde, bleibt eine stets präsente Frage, die aber nicht generell beantwortbar ist.

Regentschaft in Deutschland und Umschwung in Rom: Die lothringisch-tuszischen Päpste

Zur Abwehr des römischen Adels war die Reformkirche ohne Kaiser gezwungen, sich an den stärksten politischen Nachbarn anzulehnen; das war der von Heinrich III. aus Lothringen verdrängte Herzog Gottfried der Bärtige, Markgraf von Tuszien. Die von ihm geübte Schutzfunktion über Rom konnte nach Beilegung der Konflikte zwischen dem Haus Canossa und dem Reich unter Viktor II. als Reichsauftrag gelten.

Das Reich stand bis zur Schwertumgürtung Heinrichs IV. (1065) unter der Regentschaft der Kaiserin Agnes. *Rege ignorante* ist wenige Tage nach dem Tode Victors II. Stephan IX. (Friedrich, Abt von Monte Cassino, Bruder Gottfrieds des Bärtigen) erhoben worden. Kein Geringerer als Hildebrand hat die Übergehung des Designationsrechtes als in Rom gebotene Eile am deutschen Hof entschuldigt. Kaum acht Monate später überrumpelte die römische Faktion der Tusculaner dann ihrerseits die Reformer mit der Erhebung Benedikts X. Eine

Gruppe von Kardinälen floh vor den Umtrieben aus der Stadt, versicherte sich der Unterstützung des deutschen Hofes, wählte in Siena den Bischof Gerhard von Florenz zum Papst, führte ihn im Schutze Gottfrieds nach Rom und inthronisierte und – wohl zum erstenmal in der Geschichte des Papsttums – krönte ihn mit einer *regalis corona* am 24. Januar 1059 als Nikolaus II. (Mit der *corona* ist das *phrygium* gemeint, das sich seit dieser Zeit mit zwei Reifen der Form einer Krone näherte – Vorstufe der *tiara* mit den drei *circuli*.)

Das Papstwahldekret [732: Anh.]

Zur Vermeidung solcher Vorgänge wie der des Vorjahres verkündete der Papst nach Ostern auf der Lateransynode ein Dekret, das eine *sanior pars* für die Papstwahl institutionalisierte. Bei einer notwendigen Neuwahl sollten die Kardinalbischöfe beraten, die Kardinalkleriker hinzugezogen werden, Klerus und Volk beipflichten – dies alles unter Wahrung von *honor et reverentia* des Königs und zukünftigen Kaisers. Zum ersten (und einzigen) Mal wurde also ein Königsrecht bei der Papstwahl kanonisch sanktioniert. Der Passus wird (sicherlich bereits seit 1059) unterschiedlich interpretiert. Durch die Mitwirkung des Königs und der Kardinäle war Nikolaus II. dem Benedikt jedenfalls überlegen.

Kirchenreform und Mailänder Pataria

In einer Mailänder Legation des Petrus Damiani stand die Reformkirche noch 1059 vor einer entscheidenden Bewährungsprobe. Petrus stellte sich dem Hilferuf gemeinsam mit dem Bischof Anselm von Lucca, der als Mailänder mit den lokalen innerstädtischen Spannungen vertraut war. Das Erscheinungsbild der Pataria, die sich selber Gotteseinung *(placitum Dei)* nannte, ist äußerst gewalttätig. Ihre Angriffe richteten sich gegen den Erzbischof Wido, seinen Klerus und seinen Anhang in den Oberschichten. Die Reform war Sache der Stadtgemeinde geworden, Gegenstand ihrer sozialen Friedensschlüsse. Mit Vollmacht aus Rom ausgestattet, hatte der Anführer Ariald 1057 ein *iuramentum commune* gegen Priesterehe und Simonie durchgesetzt. Die ernsthafte Bedrohung, der sich die Legaten 1059 ausgesetzt sahen, ging also vom Klerus aus. Der Zeitgeist war jedoch gegen ihn; unter den Angriffen der Pataria auf Nikolaitismus und Simonie war die Metropole für Rom sturmreif geworden. Wido nahm seinen Bischofsring ein zweites Mal entgegen, diesmal vom Papst.

Primat – Liturgie – Pallium

Gegenüber der vornehmsten Metropole Italiens war der Primat behauptet, für seine weitere Durchsetzung eine gute Voraussetzung geschaffen. Das *catholicus haberi* des *Dictatus papae* – „niemand gilt als katholisch, der sich nicht in Übereinstimmung mit der römischen Kirche befindet" – wird sich bald auch gegen die ambrosianische, mozarabische und griechische Liturgie kehren. Neu war auch die Forderung, die erstmals an die Kaiserin Agnes gestellt wurde, als sie um Übersendung des Palliums für Siegfried von Mainz bat: daß nämlich dieses Ehrenzeichen der Metropoliten in Rom persönlich eingeholt werden müsse.

Päpstliche Belehnung der Normannenfürsten

Der Papst stand ohne politischen Schutz. Anders als seine Vorgänger lehnte Nikolaus II. es ab, die Entscheidung gegenüber den Normannen militärisch zu suchen und belehnte im August 1059 in Melfi Robert Guiscard und Richard von Capua mit ihren süditalischen Eroberungen. Der Vertrag brachte den petrusgläubigen Normannen Legitimation für ihre Eroberungen und dem Papst militärisch ernstzunehmende Vasallen ein. Im Lehnseid der neuen *duces* heißt der Herrenstand des Seniors *papatus Romanus* (einer der frühesten Belege des Wortes). Die Leistung von *auxilium et consilium* gewinnt einen spezifischen Akzent durch das Versprechen, bei einer Papstwahl den von den *meliores cardinales* sowie Klerus und Volk von Rom Gewiesenen zu unterstützen. Das Lehen ist die *terra s. Petri*, wie alle derzeitigen und zukünftigen Eroberungen in Süditalien und Sizilien bezeichnet werden; und Robert ist *dux Apulie et Calabrie et . . . futurus Sicilie*. Für die *terra* zahlt er eine jährliche *pensio*; und er leistet Beistand zur Wahrung und Rückerwerbung der *regalia s. Petri* (auch diese Formel ist neu).

Der Papst als Herrscher

Die Frage, mit welchem Recht der Papst über kaiserliche Gebiete verfügte, läßt sich zwar mit Hinweisen auf Rechtstitel einkreisen (Konstantinische Schenkung, Kaiserprivilegien seit Ludwig dem Frommen, kaiserlich-päpstliches Kondominat, Eintausch päpstlicher Rechtstitel in Deutschland gegen kaiserliche in den lombardischen Fürstentümern), aber diese vermögen nicht die Generalbereinigung zu erklären. St. Peter hatte ohne Abmachungen mit den Höfen die Nachfolge des östlichen und westlichen Kaisers angetreten, investierte die *duces* mit dem *vexillum*, der Fahnenlanze, nannte seine Rechte *regalia* und konzipierte das Lehnsgut insgesamt als seine *terra*. Ihre Herkunft aus Kaiserrecht ist nicht vergessen, aber Stellvertretung, ein Vikariat, ist die Lehnshoheit des Hl. Petrus beileibe nicht, auch kein Kondominat. Der Papst ist ein Herrscher geworden. Das kommt in Humberts Argumentation mit der Konstantinischen Schenkung gegenüber Kerullarios (vgl. S. 20), dem *regale sacerdotium* und der *imperialis potestas* des Papstes ebenso zum Ausdruck wie im Anspruch auf die *regalia* und die *terra s. Petri*, den die Normannen eidlich anerkannten.

Der Pontifikat Nikolaus' II. erscheint nicht zuletzt wegen der kurzen Dauer, in der sich die Entscheidungen drängten, als radikal; und darin, daß er den italischen Episkopat nahezu geschlossen um sich versammelte, gewann die Bewegung „nationalrömische" Züge. Dabei war Nikolaus ein unbedeutender, insbesondere von Humbert und Hildebrand geleiteter Mann.

Bruch zwischen Kurie und deutschem Hof 1061: das Schisma des Cadalus

Römische Politik und die des deutschen Hofes verloren unterdessen den Zusammenhang, und nach der undurchsichtigen Verurteilung Nikolaus' II. durch eine deutsche Synode bildete sich 1061 plötzlich ein feindseliges Verhältnis aus, das bei der nächsten Papstwahl in ein Schisma führte. Die Kardinäle hatten sich auf Anselm von Lucca (Alexander II.) als Nachfolger geeinigt. Erstmals wurde unter normannischem Schutz ein Papst inthronisiert. Der deutsche Hof aber bestätigte den von stadtrömischem Adel und reichsfreundlichem lombardischen Episkopat in Basel gewählten Bischof Cadalus von Parma (Honorius II.). Das Schisma wurde durch Synoden, zuletzt 1064 in Mantua, bereinigt, die das königliche Prestige dadurch wahrten, daß sich Alexander II. dem Urteil unterwarf.

Alexander II.; Ausbildung des Legatenwesens

Mit Alexander II. nahm die Ausbreitung der Reform und des primatialen Gedankens raschen Fortgang. Wie nie zuvor begegnen päpstliche Legaten überall in Europa, zumeist Kardinäle, aber auch Beauftragte im Lande, wie beispielsweise der Abt Hugo von Cluny.

Wilhelm der Eroberer und die englische Kirche

Weitreichende Folgen zeichnen sich zuerst in England ab. Der kinderlose Eduard der Bekenner hatte im Laufe der Jahre verschiedene Fürsten als Nachfolger benannt, auf dem Sterbebett zuletzt Harold (Godwineson) von Wessex. Dieser siegte gegen König Harald Hardrada von Norwegen (Schlacht bei Stamfordbridge im September 1066), erlag aber am 14. Oktober bei Hastings Wilhelm von der Normandie, der unter dem *vexillum s. Petri* focht; denn Alexander II. hielt England für eine der Inseln, die mit der Konstantinischen Schenkung der Römischen Kirche zugefallen waren, und er hat – vergeblich – an normannische Lehnsnahme gedacht.

Sizilien und Spanien

1071/72 kapitulierten Bari und Palermo, die Eroberung Siziliens durch den Grafen Roger, den Bruder Robert Guiscards, war seit 1061 im Gange; sie wurde von pisanischen Schiffen unterstützt. In Spanien bereiste der Kardinal Hugo Candidus die christlichen Reiche. Während Kastilien-León und Navarra vorerst mehr nach Cluny schauten, trat Sancho Ramirez von Aragon 1068 nach einem Rückschlag in der Reconquista in direkte Verhandlungen mit Alexander II., öffnete sein Reich der *fides Romana* und der römischen Liturgie.

Deutschland

Unter Führung des Bayernherzogs Otto von Northeim ging 1066 eine Gesandtschaft nach Rom, die zwar im Namen des Reiches verhandelte, letzten Endes aber eine Fürsteninitiative war. Seit 1069 wurden dann Simonieklagen und Zehntstreite nach Rom getragen oder vor päpstlichen Legaten verhandelt. Kein Geringerer als Petrus Damiani kam 1069 nach Deutschland, als Heinrich IV. und der Schwabenherzog Rudolf von Rheinfelden sich von ihren Gemahlinnen, den Schwestern Berta und Adelheid von Turin, trennen wollten. Die Neuorientierung gegenüber den Reformproblemen stand unter der moralischen Wirkung dieser Legation. In den 1070er Jahren setzte die Clunisierung des deutschen Mönchtums mit der Reform der Abteien Siegburg und St. Blasien ein, die aus dem piemontesischen Reformkloster Fruttuaria vermittelt wurde. Die jungcluniazensische Bewegung führte ihre Freiheitsidee 1075 in einen Kompromiß mit dem König (Hirsauer Formular mit *traditio Romana*, cluniazensischer Selbstinvestitur des Abtes und königlicher Leihe des Hochgerichtsbanns an den Klostervogt aus der Stifterfamilie; vgl. S. 19). In Sachsen kämpften die Billunger sowie Otto von Northeim (1070 als Herzog von Bayern abgesetzt) gegen den königlichen Ausbau am Harz. Darüber hinaus begründeten Fürsten allgemein ihr Fernbleiben vom Hof mit dem Vorwurf, daß der König ohnehin den Rat dienstmännischer Leute vorziehe, während Städte (Köln, Worms) das Interessenbündnis mit dem König suchten.

Mailand

„Dritte Kräfte“ für die aufziehenden Konflikte waren 1073 nicht minder stark in Italien formiert, denn Heinrich IV. hatte nun auch die Pataria zum Feind. In Mailand standen sich seit 1072 der vom König investierte Gottfried und der von Klerus und Volk gewollte Atto als Erzbischöfe gegenüber. Politische Implikation des Bannspruchs über die königlichen Räte, mit dem Alexander II. reagierte, konnte rasch die Amtsuntüchtigkeit des Königs selber sein, sofern er die Räte nicht fallen ließ.

4. Gregor VII. (1073–1085)

Der Pontifikat Gregors VII. wird von einem Briefwerk mit mehr als 400 Dokumenten begleitet, das zum größten Teil in einem Originalregister *(libri I–IX)* erhalten ist. Gregors VII. Korrespondenz der ersten Jahre [92]

Die Erhebung am Tage der Beisetzung Alexanders II. (22. April) war „tumultuarisch" verlaufen, dann aber von Kardinälen legalisiert worden (*I 1**). Ein *assensus* des deutschen Königs, des Patrizius, dessen Räte gebannt waren, wurde auf keinen Fall eingeholt. Der Brief aus dem September 1073 (*I 29a*), mit dem Heinrich IV. sich simonistischer Verfehlungen anklagte und Besserung versprach (Mailänder Frage), steht einsam im Umfeld der geschäftigen Korrespondenz des Registers. Der Kontakt mit dem deutschen König ist – von drei Schreiben *(II 30/31; III 3)* abgesehen – päpstlichen Legaten übertragen gewesen. Deutscher König

Von Anfang an liefen Simonievorwürfe gegen den König Philipp I. um. Gregor drohte mit Interdikt, Absetzung *(II 5)* und Bann (*II 18:* u. a. wegen Räubereien an italischen Kaufleuten). Frankreich

Robert Guiscard und Robert von Loritello wurden 1074/75 wegen ihrer Übergriffe gebannt *(I 85a; II 52a)*. Der vertragslose Zustand mit den Normannen währte bis 1080. Süditalien

In Spanien meldete Gregor die Oberhoheit des Hl. Petrus über die neu anlaufende Reconquista an *(I 7)* und verfolgte bei den Königen von Aragón, León und Navarra die Durchsetzung der römischen Liturgie und Lehre *(I 63.64.88; II 50; III 18; IV 28)*. Spanien

Die Ergebenheitsadresse des Kaisers Michael VII. und Gregors Dankschreiben (*I 18*; übermittelt vom Patriarchen Dominicus von Grado) sind Splitter aus Verhandlungen, die im Februar/März 1074 *(I 46.49)* zur Planung einer überseeischen Hilfsaktion für die konstantinopolitanischen Christen führten. Gregor wollte an der Spitze eines abendländischen Heeres Kleinasien von den Seldschuken befreien. Byzanz; Venedig

Auf die Konstantinische *(V 4)* und die Pippinische Schenkung beriefen sich die kurialen Ansprüche auf Sardinien und Korsika, die Gregor 1073 *(I 29)* mit Schreiben an die *iudices* der Städte, 1077 mit Ernennung des Bischofs von Pisa zum apostolischen Vikar in Korsika verfolgte *(V 2.4, VI 12)*. Sardinien und Korsika

Afrika *(III 19–21)* galt die päpstliche Sorge gleich dem Norden, dessen kirchliche Organisation noch offen war (*II 51.75* an Sven II. von Dänemark). Den Königen von Norwegen und Schweden gingen noch 1078 Rat und Forderungen zu *(VI 13; VIII 11; IX 14)*. Afrika–Skandinavien

Noch bevor der Papst im April 1074 *(I 70.71)* Glückwunschschreiben aus England beantworten konnte, hatte er seinerseits im November 1073 den England

Erzbischof Lanfranc von Canterbury für die Interessen des päpstlichen Schutzklosters St. Edmunds eingespannt *(I 31)*.

Böhmen–Ungarn

Demonstrativ sind Gregors Eingriffe in Angelegenheiten der östlichen Randländer des Deutschen Reiches. Der Mainzer Metropolit wurde ermahnt, nicht länger apostolische Urteile zu kritisieren *(I 60)*. 1073/75 liefen Korrespondenz und Legationen wegen eines Konflikts zwischen den Mainzer Suffraganen Prag und Olmütz am Reich vorbei; und der Herzog Wratislaw II. von Böhmen zahlte (zumindest einmal i. J. 1074) Zins in Höhe von 100 Mark Silber an den Hl. Petrus *(II 7)*. In einen ungarischen Thronstreit griff Gregor im März 1074 *(I 58)* zugunsten Gézas I. ein, wies den König Salomo zurück, weil er Lehnsmann des deutschen Königs geworden war *(II 13)*; Ungarn müsse in der Freiheit der Römischen Kirche verbleiben *(II 63)*.

Kiev – Polen

Im Vertrauen auf den Schutz des Apostels gegen seine Feinde nahm Jaropolk, Sohn des aus Kiev vertriebenen Großfürsten, das Reich als *donum s. Petri* entgegen *(II 74)*. Legaten, die 1075 in der Kiever und in Angelegenheiten der polnischen Kirche unterwegs waren *(II 73)*, eröffneten den Reformkurs im polnischen Episkopat, der aber von kurzer Dauer blieb.

Kroatien/Dalmatien

Zur Sicherung römischer Liturgie und Kirchenhoheit erhob die *auctoritas apostolica* im Jahre 1076 den kroatischen Ban Zvonimir-Demetrius zum König. Zvonimir war mit dem ungarischen Königshaus verschwägert. Auf einer von päpstlichen Legaten in Salona geleiteten Synode wurde er nach Wahl (Akklamation) durch Klerus und Volk wohl vom Legaten gesalbt, nach Übergabe von Schwert und Szepter gekrönt und mit der Fahnenlanze investiert. Der Treueid kam einer Lehnshuldigung gleich und bezog in auffallender Weise das Eherecht in der *parentela* und die Abschaffung des Sklavenhandels ein. Das Papsttum mußte erstmals 1079 *(VII 4)* seine Schutzverpflichtung zur Geltung bringen.

Gregor VII. und Heinrich IV.

Unbefangen war Gregors Verhältnis zum deutschen König von Anfang an nicht. Erste Bekundungen des Wohlwollens, in denen die gemeinsame Verantwortung von *sacerdotes* und *reges* in der Kirche beschworen wird, sind nicht zufällig an Gottfried den Buckligen, Beatrix und Mathilde von Tuszien und Rudolf von Rheinfelden adressiert *(I 9.11.19)*, dem König selber hat Gregor die Hand erst nach Empfang der erwähnten Ergebenheitsadresse *(I 29a)* entgegengestreckt. Heinrich stellte sich in der Osterwoche des Jahres 1074 in Nürnberg und Bamberg den Legaten als Büßer. Der Papst trieb die gemeinsame Sache, auf die das Regnum heilsgeschichtlich verpflichtet war, auf den Fastensynoden von 1074 und 1075 voran; sie wurden zu Tribunalen der Kirchenreform.

Dictatus papae

Zeitgeschichtliche Bezüge zu dem berühmten *Dictatus papae* vom März 1075 (vgl. S. 21) findet man im Kreuzzugsplan von 1074, näherhin in den Hoffnungen auf Kirchenunion, die mit dem Plan verbunden wurden; sodann im päpstlichen Umgang mit den Bischöfen (Rang der Römischen Kirche, papale Theorie, Adaption kaiserlicher Vorrechte, Primat und Synode); schließlich im Bannspruch über Robert Guiscard (Lösung vom Treueid gegenüber Sündern). In den „Niederungen" des Investiturrechts bewegt sich keiner der Sätze.

Nach 1073 waren 1075 auf der Fastensynode erneut königliche Räte gebannt worden. Abgesehen vom Umgang mit seinen Räten setzten spätestens die Investituren des Sommers 1075 in Mailand, Fermo und Spoleto den König in das Unrecht des Versagers. So sah es Gregor am Jahresende *(III 10)*; und wenngleich er immer noch Simonie und Priesterehe als *die* Ärgernisse hinstellte, drohte er doch mit dem Bann. Die Reichspolitik geriet nun unter den Einfluß eines von Gregors Methoden (vgl. *II 45*) schockierten Episkopats und wurde als Machtfrage behandelt.

Bannspruch über königliche Räte

Die Ereignisse des Jahres 1076 überstiegen rasch den Verständnishorizont der Zeitgenossen. Am 24. Januar 1076 versammelten sich 24 deutsche Bischöfe und die von Lausanne und Verona in *Worms*. Sie forderten Gregor VII. auf, von seinem Stuhl herabzusteigen, da er nie rechtmäßig Papst gewesen sei. Mitte Februar erging auf der Fastensynode in *Rom* ein Strafgericht über die Wormser Versammlung; der König wurde exkommuniziert, sein Primas, Siegfried von Mainz, wurde gleichermaßen exkommuniziert und suspendiert. Gregors Bannspruch über Heinrich IV. ist ein Gebet an den Hl. Petrus: mit Schriftworten vergegenwärtigt es die Vollmacht des Beters – dann untersagt es dem in *superbia* Verblendeten die Leitung des Reiches *(totius regni Teutonicorum et Italiae)*, löst alle Christen von ihrem Eidschwur und fesselt den mit dem Bande des Anathems, der seinen *honor* in der Minderung des *honor ecclesiae* eingebüßt habe *(III 10a)*. Der Bann zeigte Wirkung, Heinrichs Versuch, einen Gegenpapst aufzustellen, blieb im Anlauf stecken. Von den weltlichen Fürsten, insbesondere von Otto von Northeim und den süddeutschen Herzögen, drohte tödliche Gefahr für den König, auch weichte auf der Fürstenversammlung in *Tribur* (16./26. Oktober) das feste Bündnis mit dem Episkopat auf. Verhandlungen mit Heinrich, der in Oppenheim auf der anderen Rheinseite lagerte, standen unter dem Einfluß päpstlicher Legaten, die aber verhinderten, daß die Fürsten sofort einen neuen König wählten.

Bannspruch über Heinrich IV.

Bis in den September 1076 wies Gregor auf Buße als den Weg zur Lösung hin, dann drohte die Königsfrage Gegenstand eines Reichstages zu werden, der auf Februar 1077 nach Augsburg angesetzt wurde. Der Bußgang war von einem überaus harten Winter erschwert. Gregor VII., der das königliche Angebot einer Romfahrt abgelehnt hatte und seinerseits zur Reise nach Augsburg angetreten war, zog sich vor Heinrich IV. auf die Burg Canossa am Nordrand des Apennin zwischen Parma und Reggio, d. h. auf den sicheren Boden Mathildes von Tuszien, zurück. Unter dem Druck seiner Umgebung, in der sich Heinrichs Taufpate, der Abt Hugo von Cluny, aufhielt, vor allem aber nach eidlicher Verpflichtung des Königs, *iudicium* und *consilium* des Papstes im Streit mit den Fürsten anzuerkennen, nahm der Papst den Büßer nach drei Tagen (28. Januar) wieder in die Gemeinschaft der Kirche auf. Den Fürsten gab Gregor Kenntnis von dem Sicherheitseid des *rex*.

Gang nach Canossa

Daß über Heinrichs Königtum auf Canossa nicht verhandelt worden ist, bestätigen indirekt die Forchheimer Ereignisse, wenn sie mit der Absetzung des

Wahl des Gegenkönigs Rudolf

Königs durch die Fürsten eröffnet werden. Ort und Termin für einen Reichstag waren neu bestimmt worden. Diesmal konnten die päpstlichen Legaten die Neuwahl zwar nicht mehr verhindern, aber wenigstens noch die persönlichen Interessen aus den Wahlkapitulationen der Fürsten eliminieren.

Das Investiturverbot der Herbstsynode 1078

Römische Synoden der Jahre 1078 *(VI 56)* und 1080 *(VII 14a)* verfügten erstmals generelle Investiturverbote und rückten damit die Investitur als einen gleichwertigen Faktor neben Simonie und Nikolaitismus. Die Verbote wurden sogar mit einem päpstlichen Devolutionsrecht verbunden. Die Vorstellung von diesen politischen Implikationen der Reform hatte sich bei den schockierten Feinden allerdings früher konkretisiert als bei Gregor VII. selber, den erst die *mala consuetudo* bei den französischen *principes* zum letzten Schritt trieb, nämlich Kaiser, Könige und *laicae personae* auf eine Stufe zu stellen.

Bürgerkrieg in Deutschland

Mit dem Gegenkönigtum formierten sich Fronten des Bürgerkrieges, Bistümer und Herzogtümer wurden vielfach doppelt besetzt. Aufs Ganze gesehen blieben die Rheinlande und der Südosten heinrizianisch; am tiefsten gespalten war Schwaben, wo i. J. 1079 mit der Erhebung Friedrichs von Büren zum Herzog gegen den Rheinfeldener Berthold (Sohn Rudolfs) die Staufer in die große Geschichte eintraten. Sachsen trug in der Hauptsache das Gegenkönigtum.

Bis 1079 hat Gregor VII. mit einer Entscheidung im Thronstreit gezögert; als er sich zugunsten Rudolfs aussprach, hatte die Zeit längst für Heinrich gearbeitet. Erneut im Bann *(VII 14a)*, ließ dieser den „falschen Mönch Hildebrand" ein zweites Mal durch eine Synode (1080 in Brixen) zur Abdankung auffordern; und er nominierte mit dem Recht eines Patricius Wibert von Ravenna zum Papst. Gregor verstieg sich in Prophezeiungen und setzte das Fest Petri Kettenfeier (1. August) als Termin für den Untergang Heinrichs. Am 15. Oktober 1080 fiel jedoch der Gegenkönig Rudolf.

Ausgang des Machtkampfes zwischen Heinrich IV. und Gregor VII.

In Deutschland und Italien verlor der Gregorianismus durch Tod oder Bedeutungslosigkeit seiner politischen Führer an Boden, während in Frankreich mit dem Sturz Manasses von Reims durch den päpstlichen Legaten Hugo von Die (1080) der antirömische Widerstand zusammengebrochen war. Robert Guiscard, auf den Gregor mit großer Konzessionsbereitschaft nach einer Friedensvermittlung durch den Abt Desiderius von Monte Cassino gerechnet hatte, entfaltete sich im östlichen Mittelmeer. Die Römer hielten indessen zum Papst, bis Heinrich im Frühjahr 1083 die Eroberung wagte. Eine Friedenspartei bildete sich, 13 Kardinäle fielen von Gregor ab, der im März 1084 in der Engelsburg festsaß. Eine Synode setzte ihn ab, die Mehrheit der Kardinäle wählte Wibert, der sich – in deutlicher Erinnerung an den Papst von 1046 – Clemens III. nannte. Selber am Palmsonntag inthronisiert, krönte er Ostern Heinrich zum Kaiser und Berta zur Kaiserin. Robert Guiscard befreite nun Gregor VII., ließ die Stadt aber derart von seinen Normannen plündern, daß Gregor mit ihnen abziehen mußte. Der unmittelbare Machtkampf zwischen Kaiser und Papst war mit dem Tode Gregors am 25. Mai 1085 in Salerno entschieden.

Um so intensiver traten nun Wanderprediger, Publizisten und Kanonisten in den Ideenkampf ein. Behutsame Politik der Nachfolger Gregors und die „neue Wissenschaft“ sollten die Taten heiligen Zorns sublimieren. Das hierarchische Prinzip trug schon im 12. Jh., aber die Kirche hat den „Revolutionär“, der sich selber angesichts des Todes im Glück der Bekenner und Martyrer wußte, erst aus dem Geist der Gegenreformation heiliggesprochen (Paul V. im J. 1606).

5. Urban II. (1088–1099)

Heinrich IV.

Der Kaiser galt in Deutschland als Sieger. Auf der Mainzer Synode des Jahres 1085 stand auch die Reichskirche hinter ihm, die hier aber nichtkönigliche Initiativen zur Friedenswahrung weiterführte (1082/83 waren in Lüttich und Köln die ersten Gottesfrieden auf Reichsgebiet errichtet worden). Die clementinische Obödienz hatte auch in Ungarn, Kroatien und England zumindest Fuß fassen können. 1085 lohnte Heinrich IV. dem Herzog Wratislaw von Böhmen langjährige Hilfe, indem er ihn zum König erhob.

Urban II.

An der Kurie begann erst mit der übernächsten Wahl, der Wahl von Terracina 1088, eine neue Entwicklung. Der Gewählte, Kardinalbischof Oddo von Ostia, war acht Jahre zuvor als Prior mit Mönchen aus Cluny nach Rom gekommen. Sein Papstname, Urban II., erinnert an den Todestag Gregors VII., der u. a. ihn als Nachfolger vorgeschlagen hatte. Der Pontifikat war ein anhaltendes Ringen um allgemeine Anerkennung (Residenz in Rom seit 1093), zeigte Kompromißbereitschaft und erschwerte doch die Beilegung des Investiturstreites (Verbot der Mannschaftsleistung, des Homagiums, für Geistliche; Ungültigkeitserklärung wibertinischer Weihen); er förderte den Verwaltungsapparat der Kurie (vgl. S. 150) und unterstützte viele Mönchs- und Kanonikergemeinschaften mit Privilegien, die hinfort geradezu Massenware wurden; der Papst nahm positiv Stellung zu Laienbruderschaften oder ihrem Anschluß an Klöster als Laienbrüder und -schwestern, und in die letzten Jahre seines Pontifikats fiel die Gründung des ersten der neuen großen Orden (Cîteaux). Mit Urban II. rückte das Papsttum an die beanspruchte Spitze der Christenheit.

Kuriale Diplomatie

Urban förderte Reconquista und kirchliche Neuordnung in *Spanien*; Aragón-Navarra und Barcelona traten in Zins- und Schutzverhältnisse zum Apostolischen Stuhl. Der Normanne Roger I., der Bruder Robert Guiscards, schloß 1091 mit der Besetzung Notos die Rückeroberung *Siziliens* (1061 Messina, 1072 Palermo, 1088 Syracus) ab; 1091 wurde auch noch Malta gewonnen. Urban II. gewährte am 5. Juli 1098 das sensationelle Privileg, daß der Papst gegen den fürstlichen Willen keinen Legaten in Sizilien bestellen werde. (Die Auswirkungen der – seit dem 16. Jh. sog. – „Monarchia Sicula“ reichten bis 1864.) Wilhelm II. von *England* (1087–1100) hat im Streit mit Anselm von Canterbury (vgl. S. 33) vergeblich ähnliches zu erreichen versucht. Gegen das *Reich* führte Urban II. über eine hochpolitische Ehe (Welfs V. mit Mathilde von Tuszien) die süddeutschen und oberitalischen Königsgegner erneut zusammen (1089); dann formierte sich der lombardische Widerstand um Heinrichs Sohn Konrad, der sich in Mailand zum lombardischen König krönen ließ und Urban II. den Treueid leistete. In dieser Situation schlossen Mailand, Cremona, Lodi und Piacenza den ersten Städtebund der mittelalterlichen Geschichte. Der Kaiser, auf Venetien zurückgedrängt, verlor 1094/95 mit der Kontrolle über die Alpenpässe faktisch seine Herrschaft über Italien.

Welfen, Zähringer und Staufer

Als Heinrich IV. 1097 nach Deutschland zurückkehrte, mußte er zwar den Abfall von der wibertinischen Obödienz im Reichsepiskopat hinnehmen, aber der Ausgleich mit den süddeutschen Fürsten ermöglichte einen Neuanfang. Welf IV. (I. der Linie Welf-Este) war mit seinen Brüdern wegen des italischen Erbes zerstritten, und die Ehe des Sohnes mit der Markgräfin brach auseinander, als sie nicht mehr den Gewinn der Mathildischen Güter versprach. 1098 traten auch die Zähringer auf die salische Seite. Dem Herzog Berthold (Schwiegersohn Rudolfs von Rheinfelden) stand der vom König bereits 1079 eingesetzte Staufer Friedrich gegenüber. Der Kompromiß von 1098 überließ Berthold bestimmte Hoheitsrechte an einem alten Vorort im Stamm (Zürich), der Staufer erhielt die Verfügung über einen wichtigen Königshof (Ulm). Auch die Zähringer führten hinfort dauernd den Herzogstitel (vgl. S. 158).

Der erste Kreuzzug: Vorgeschichte und Ursachen

Ein herausragender Tag der Weltgeschichte ist der 27. November 1095. Zum Abschluß der Synode in Clermont hielt Urban II. vor großer Menschenmenge unter freiem Himmel eine Predigt. Sie wurde mit dem Ruf *Deus lo volt* aufgenommen, und viele ließen sich ein Stoffkreuz zum Zeichen der Nachfolge Christi (Matth. 10, 38) auf die Schulter heften. Das Abendland wurde von der Idee ergriffen, daß die Ecclesia ohne Dominium über das Grab des Herrn nicht frei sei; und insofern ist der erste Kreuzzug die Klimax der Kirchenreform und ihre Wende nach außen. Er hat freilich weitere und vielschichtige gesellschaftliche Voraussetzungen im Abendland selber (Übervölkerung von Landstrichen; Rezession durch Kriege; Mißernten; Probleme der Realteilung, Umstellung des Erbrechts; Verbindung von Adel und Kirche, insbesondere in Frankreich; Handelsorientierung im Mittelmeer; Wandel in der Einstellung zum Krieg), aber ebenso in der Entwicklung des Orients.

Byzanz und der Islam

Die Makedonen waren mit der Kaiserin Theodora 1056 ausgestorben. In den 25 Jahren bis zum Regierungsantritt des Komnenen Alexios (1081) gingen die italischen Positionen endgültig an die Normannen verloren, die überhaupt nur noch dank venezianischer Hilfe von der dalmatinischen Küste und aus Griechenland ferngehalten werden konnten (zum Chrysobull von 1082 vgl. S. 64). Die byzantinischen Kräfte wurden an den Kontaktstellen mit dem Islam gebunden. Tripolis war nördlicher Grenzpunkt des Reiches der schiitischen Kalifen von Kairo; Syrien und damit das Heilige Land lagen in ihrem Herrschaftsbereich. In Bagdad hingegen regierten die sunnitischen Abbassiden. Bis ins 11. Jh. blieb der Islam im wesentlichen arabisch beherrscht; neue Gefahr für das byzantinische

Reich brachte der Einbruch türkischer Stämme aus Mittelasien, die sich im 10. Jh. zum sunnitischen Islam bekehrt hatten. Seldschuken eroberten ein Riesenreich vom Aralsee über den Iran bis an den Persischen Golf und bis in den Kaukasus. Ihr Sultan Alp-Arslan besiegte 1071 bei Mantzikert (Vansee) die Byzantiner, unterwanderte die byzantinische Herrschaft in Anatolien und entriß 1070–1078 mit ganz Syrien Jerusalem dem fâtimidischen Kalifen von Kairo. Wenig später stieß das Turkvolk der Petschenegen in den Mündungsraum der Donau. Gemeinsam mit den Seldschuken nahmen sie Konstantinopel selber in die Zange. Diesen Angriff aber vermochte Alexios I. 1091 abzuwehren. Über Kleinasien herrschte hingegen um 1100 ein Sultanat mit dem Hauptsitz Iconium/Konya (Reich Rum), während sich die islamische Herrschaft über Syrien in eine Reihe kleinerer Emirate aufgliederte. Die Christen unter dem Islam genossen den Schutz seiner Gesetze. Auch blieb der Besuch der Hl. Stätten wie seit Jahrhunderten möglich.

Unionsverhandlungen Urbans mit der Ostkirche; die Synoden von Piacenza und Clermont 1095

Der politische Handel zwischen Ost und West ist durch Alexios I. in Gang gekommen, aber sein Ansinnen auf Gestellung von 500 Rittern war nicht an sich neuartig. Es überkreuzte sich mit Unionsverhandlungen, die Alexios förderte, nicht ohne seine Bitte um Truppen auf der ersten der berühmten Synoden des Jahres 1095, in Piacenza, erneut vortragen zu lassen. Urban II. ist dann von Piacenza aus nach Frankreich gezogen, hat sich dort mit dem Bischof Adhémar von Le Puy, der den Orient und Jerusalem kannte, besprochen, besuchte sein Konfeßkloster (damals weihte er den Hauptaltar der neuen Klosterkirche, „Cluny III") und eröffnete am 18. November die Synode in Clermont. Seine Rede vom 27. November unterstellte schwere Bedrückung der christlichen Kirchen des Ostens, rief zu kriegerischer Befreiung wie zu einer Wallfahrt um himmlischen Lohn auf und beschwor den Frieden im Abendland selber als Hoffnung. Das Land der Gottesfrieden und der Klosterreform begriff den ersten Kreuzzug als *Gesta Francorum* [30], ja als *Gesta Dei per Francos*. Teilweise entzog sich der Kreuzzugsgedanke herrschaftlicher Lenkung. Er förderte ein Klima, in dem viele jüdische Gemeinden im Seine-, Mosel-, Rhein- und Donautal, im Reich namentlich Worms, Mainz, Trier, Köln, Neuß, Xanten und Prag, vernichtet und 50 000–70 000 Bauernkreuzfahrer in den Untergang getrieben wurden (vgl. S. 104).

Vier Kontingente aus Lothringern, Franzosen, französischen und süditalischen Normannen waren bis Frühjahr 1097 in Konstantinopel eingetroffen. Die Tochter des Kaisers Alexios, Anna Komnena [15], hat diese erste große Begegnung zwischen Ost und West im Mittelalter mit kritischer Überlegenheit geschildert. Nach anfänglicher Uneinigkeit über die Kriegsziele besiegten die Franken, deren Fürsten dem Komnenen Lehnseide geleistet hatten, zusammen mit dem Basileus die Türken bei Doryläum südöstlich Nicaea (1. Juli 1097).

Kreuzfahrerstaaten

Dann begann die Errichtung von Kreuzfahrerfürstentümern entlang der syrischen Küste: *Edessa* durch Balduin von Boulogne Ende 1097 (es hielt nur bis 1146); *Antiochia* durch Boëmund im Juni 1098 (es bestand bis 1268); die

Grafschaft *Tripolis* (1102–1289), eine Gründung Raimunds von Toulouse; das Königreich *Jerusalem:* Nachdem sich die Angriffe in den Jahren 1097–98 verzettelt hatten, fand man sich 1099 noch einmal zu gemeinsamer Aktion. Die Eroberung der Heiligen Stadt gelang am 15. Juli, die Erregung mündete in Mord und Plünderung. In Jerusalem wurden ein lateinischer Patriarch und Gottfried von Bouillon als Vogt des Heiligen Grabes eingesetzt. Als Gottfried 1100 starb, nahm sein Bruder Balduin den Titel „König von Jerusalem" an. Die Stadt hat bis 1187 behauptet werden können, das Königreich in Resten noch 100 Jahre länger.

6. „Konkordate" und Krise des Reformpapsttums

Stagnation der Ausgleichsbemühungen Heinrichs IV.

Die formale Beilegung des Investiturstreites erfolgte in Absprachen und Verträgen über Wahl und Investitur der königsunmittelbaren Bischöfe und Äbte. Voraussetzung für die „Konkordate" (vgl. S. 131) war die Beendigung des Schismas. Nach dem Tode Clemens' III. (Sept. 1100) hat Heinrich IV. den Frieden gesucht und Paschalis II. (1099–1118) anerkennen wollen, der seinerseits aber den Kaiser erneut bannte. Heinrich kündigte am Epiphaniastage 1103 auf einem Mainzer Reichstag seine Wallfahrt zum Hl. Grabe an und gebot – in Überholung der Gottesfrieden – einen Reichsfrieden auf vier Jahre, der regional (als Landfrieden) weitergegeben werden mußte. Aus dem Kreuzzug wurde indessen nichts. Vergeblich suchte 1104 der 1099 in Aachen gekrönte Thronfolger Heinrich V. im Aufstand gegen den Vater den Ausgleich mit Paschalis. Der Verrat verhärtete die Fronten, während für Frankreich und bald auch für England Lösungen erreicht wurden.

Die Lösung des Investiturproblems in Frankreich

Beauvais in der Krondomäne war 1101 doppelt besetzt worden. Drei Jahre später wurde mit der Klärung dieses Falles ein modus vivendi gefunden, der dem König Philipp, aber mehr noch seinen Nachfolgern hinreichenden Spielraum ließ. Selbstverständlich war die kanonische Wahl, wie der König auch auf die symbolische Investitur mit Ring und Stab verzichtete, den Bischof jedoch in seine Güter einwies (von einem dafür gebrauchten Symbol ist nichts bekannt) und sich dafür *fidelitas* versprechen ließ: eine *concessio episcopatus* im Sinne Ivos, von der die Spiritualien nicht berührt wurden. Daß dem Bischof von Beauvais im Sinne des Verbots Urbans II. und Paschalis' II. 1104 das Hominium erlassen wurde, ist anzunehmen. Auf die Befunde des 12. Jh. geschaut, war die *fidelitas* aber keineswegs generell ein einfacher Treueid, der die Bischöfe von Vasallen zu Amtsträgern gemacht hätte (vgl. S. 132). 1107 wurde Paschalis von Philipp und dem Thronfolger Ludwig VI. in St.-Denis empfangen. Die Entwicklung der Folgezeit läßt den Rückschluß zu, daß die Synode in Troyes im selben Jahr die Investiturregelung gebilligt und für die kanonischen Wahlen das Einvernehmen mit dem König vorgesehen hat.

Im normannischen England hatte die kirchliche Hierarchie wesentlich zur Durchsetzung der Königsherrschaft und zur Befriedung des Landes beigetragen.

Erst unter Wilhelm II. († 1100) und Heinrich I. kam es zwischen König und Kirche zum offenen Konflikt, der allerdings weniger aus dem System als vielmehr aus der Desorientierung der Lehnstreue in dynastischen Bruderkriegen heraufbeschworen wurde. Erzbischof von Canterbury war – nach Absetzung Stigands – der Lombarde Lanfranc (1070–1089), zuvor Gründer und Leiter der blühenden Schule von Le Bec, zuletzt Abt in Caen. Lanfrancs Nachfolger war sein größerer Schüler: Anselm. Beide blieben durchaus auf Wahrung von Rechten gegenüber Rom bedacht, öffneten die englische Kirche aber dem geschärften Reformwillen und dem normannisch-fränkischen Geistesleben. Die Verdrängung des Angelsächsischen aus Rechtstexten und Historiographie ist schroff, erst im 14. Jh. steigt das Englische zur Literatursprache auf.

England: von der normannischen Eroberung zum Londoner Konkordat

Von Wilhelm I. war eine dauernde Trennung der normannischen Herzogswürde von der englischen Krone vorgesehen. Der Herzog Robert, genannt Kurzhose, verpfändete indessen die Normandie zur Finanzierung seiner Abenteuer an den königlichen Bruder, Wilhelm II., nach dessen Tod dann der dritte Bruder, Heinrich I., die Vereinung betrieb. Robert, der damals auf Kreuzfahrt war, wurde überspielt.

Dynastische Vereinung der Normandie mit England

Zur Konsolidierung der Monarchie hat Heinrich I. ein verfassungsrechtlich bedeutsames Krönungsgelöbnis abgelegt (vgl. S. 133). In den seit den 1090er Jahren schwelenden Konflikt mit Canterbury, der u. a. wegen rigoroser Nutzung des Spolienrechts und taktisch verlängerter Vakanz des Stuhles von königlicher Seite ausgebrochen, unter Heinrich I. wegen Verweigerung des Lehnseides von seiten Anselms verschärft worden war, griff Paschalis II. 1105 ein, indem er Ratgeber des Königs bannte. Damit war auch in England ein Investiturstreit ausgebrochen. Die Hoffnung auf Teilnahme des englischen Königs am „Kreuzzug" Boëmunds motivierte den Papst aber zum Einlenken. Im „Londoner Konkordat", mit dem eine Reichsversammlung 1107 den Frieden besiegelte, verzichtete Heinrich I. auf die Investitur mit Ring und Stab, behauptete aber – entgegen dem päpstlichen Verbot – die Leistung des Hominiums vor der Weihe. In der öffentlichen Beurteilung des Konkordats spielte auch der königliche Einfluß auf die Wahlen mit, der durch persönliche Beiwohnung gewahrt blieb.

Charta libertatum von 1100 und Vertrag von Westminster 1107

Am Jahresanfang 1106 wurde der aufständische Heinrich V. auf einem Mainzer Reichstag anerkannt. Hauptstützen Heinrichs IV. blieben der Herzog Heinrich I. von Niederlothringen (Limburg) sowie die Städte Lüttich und Köln. Der Kaiser starb aber am 7. August 1106 plötzlich in Lüttich. Heinrich V. war dann über Jahre in Kriegen an der Ostgrenze gebunden, den inneren Schwierigkeiten hatte er insbesondere durch Erhebung Lothars von Supplinburg zum Herzog von Sachsen (1106) eine Zeitlang begegnen können.

Endphase des Investiturstreits in Deutschland: Tod Heinrichs IV. (1106)

Bezeichnend für die Härte des letzten Saliers ist die Gefangensetzung des Papstes. Im deutschen Lager zu Ponte Mammolo vor Rom billigte Paschalis II. die alten Formen königlicher Investitur. Das Privileg darüber, das zwei Tage später (13. April) bei der Kaiserkrönung verlesen wurde, galt in kirchlichen Kreisen seit der Lateransynode von 1112 als „Schandurkunde". An Papstes Statt,

Pravilegium von Ponte Mammolo 1111 (132: Const. I 144)

aber mit dem bemerkenswerten Rückhalt der Patriarchate Konstantinopel und Jerusalem, bannte der päpstliche Legat Kuno von Praeneste den Kaiser bereits 1111; 1112 folgte die Exkommunikation durch Guido von Vienne. Der Skandal wurde im *orbis christianus* anrüchig. Alexios Komnenos bot seine Unterstützung an und stellte in Aussicht, „wie die alten Kaiser" die Krone vom Papst entgegenzunehmen.

König und Fürstentum

In Deutschland wurde das Ringen zwischen Regnum und Sacerdotium bis in die Endphase von Konflikten zwischen König und Fürsten mitbestimmt. An der Spitze der Königsgegner stand seit 1115 der Erzbischof Adalbert I. von Mainz. Der erste große Aufstand (1112) war unter Führung Lothars von Sachsen eröffnet, dann in einer Kölner *coniuratio* (1114) zu einer Schwurgenossenschaft der Großen des niederdeutschen Raumes und der Stadt Köln ausgeweitet worden. 1115 wurde das kaiserliche Heer am Welfesholz (bei Mansfeld) vernichtet. Seit 1116 weilte Heinrich V. wieder in Italien, brachte die „Mathildischen Güter" der 1115 gestorbenen Markgräfin in seine Gewalt, fand jedoch kein Verhältnis zu dem nur kurze Zeit amtierenden Gelasius II. (1118/19) und ließ auf Anstiften der Frangipani sogar einen (bedeutungslosen) Gegenpapst aufstellen.

Calixt II.; Reichstag zu Würzburg 1121 [132: Const. I 158]

Unter dem moralischen Druck der Reimser Synode (Oktober 1119), d. h. aber Europas, gewann die kaiserliche Bereitschaft, endlich mit der Kirche zum Frieden zu kommen, entschieden ehrlicheren Ausdruck, doch versuchte diesmal der neue Papst, Calixt II. (Erzbischof Guido von Vienne), den Salier zu erpressen. Nach neuen schweren Aufständen verpflichteten die Fürsten Heinrich V. auf dem Würzburger Reichstag zu Michaelis 1121 zur baldigen Aussöhnung mit dem Papst.

Das Wormser Konkordat [132: Const. I 159]

Der mit päpstlichen Legaten ausgehandelte und am 23. September 1122 in Worms verkündete Friede ist in zwei Urkunden gefaßt, ein *Pactum Heinrici* und ein – nur in Abschrift erhaltenes – *Pactum Calixti*. Mit seiner Urkunde verzichtet Heinrich auf jegliche Investitur *per anulum et baculum*, und er gesteht überall *canonicam electionem* und *liberam consecrationem* der Bischöfe zu. Der Römischen Kirche will Heinrich alle Besitzungen zurückgeben, die der deutsche König seit Ausbruch des Investiturstreites in Händen gehalten hat. Die Papsturkunde regelt die Wahl der Reichsbischöfe und -äbte des deutschen Reiches, die ohne Simonie und ohne Eingriffe in Gegenwart des Kaisers stattfinden soll, der bei strittigen Wahlen verpflichtet ist, nach Rat und Urteil des Metropoliten und der Diözesanbischöfe der *sanior pars* zum Ausschlag zu verhelfen. Der Erwählte soll durch das Szepter die Regalien empfangen und die daraus resultierenden Verpflichtungen erfüllen. Die päpstliche Zusage für die Bischöfe und Äbte *ex aliis partibus imperii*, also Italiens und Burgunds, sieht vor, daß der bereits Geweihte in der Frist von sechs Monaten die Regalien beim König einholt. Erstaunlich ist die kaiserliche Einflußnahme auf die Wahl, die das Calixtinum für das engere deutsche Reichsgebiet hinnimmt. Auch bleibt anerkannt, daß bestimmtes Kirchengut Italiens und Burgunds weiterhin Reichskirchengut ist. Die Sonderregelungen gewinnen nichtsdestoweniger „nationalgeschichtliches"

Gewicht (vgl. S. 130). Von Belehnung und Vasalleneid ist in der Urkunde nicht ausdrücklich die Rede, aber sie sagt expressis verbis, daß aus der Regalienverleihung eine Verpflichtung aller Reichsprälaten gegenüber dem Kaiser erwächst.

Das erste Laterankonzil

Im März 1123 hat das Konzil den Frieden gebilligt. Es war aber vor allem mit den seit Jahren diskutierten Problemen wie Simonie, Gottesfrieden, Kreuzzugsablaß, Schutz der Wallfahrer und ihrer Familien, Sakramentenspendung u. a. befaßt. Wie die Fastensynoden der Reformzeit vom Papst einberufen, greift das erste Lateranum noch nicht die Tradition der universalen Konzilien auf (es ist erst im 17. Jh. zum Rang einer ökumenischen Kirchenversammlung – nach Konstantinopel 869/70, die als die 8. gezählt wird – erhoben worden). Es ist eins von den vielen Papstkonzilien des 12. Jh., eine *synodus generalis* im Sinne des *Dictatus papae*, in der Ausdrucksweise des 12. Jh. ein *generale concilium*. Die Kirchen des Ostens waren auf dem ersten wie noch auf dem zweiten Lateranum gar nicht vertreten.

Das Schisma von 1130

Die Kirche der ersten drei Laterankonzilien (1123, 1139, 1179) hatte sieben Gegenpäpste abzuwehren, aber nicht jede der Doppelwahlen war von solchem Gewicht wie die der Jahre 1130 und 1159. Die Spaltung von 1130 kam aus der Kirche selber. Zwar agierten die Frangipani und Pierleoni im Hintergrund, gingen aber streckenweise sogar einig. Sie waren nun von den Kardinälen und ihren Päpsten aufgebotene Mächte, Faktionen in der Kirche also, wie die „Nationen" und Städte auch, die durch ihre Entscheidung einen Konflikt steuern sollten, der sich juristischem Urteil entzog.

Innozenz II. und Anaklet

In der Todesnacht Honorius' II. vom 13. auf den 14. Februar 1130 hatte der Kanzler Haimerich zusammen mit 20 Kardinälen vollendete Tatsachen zu schaffen versucht, indem er den Kardinaldiakon Gregor von Sant' Angelo zum Papst ausrief und im Lateran als Innozenz II. inthronisierte. Am selben Tage wurde Petrus aus der Familie der Pierleoni mit der Mehrheit von 22 Kardinälen gewählt und als Anaklet II. in St. Peter inthronisiert. Der „Papst aus dem Ghetto" – die Pierleoni waren jüdischer Abstammung, um die Mitte des 11. Jh. konvertiert und hochverdient um das Reformpapsttum – überragte seinen Gegenspieler vielleicht als Persönlichkeit. Anaklet verlor aber das Ringen um die innerkirchliche Oboedienz; denn außer den süditalienischen Normannen, den Mailändern (bis 1136), Aquitaniern und Schotten anerkannten die Lateiner den nach Frankreich entflohenen Innozenz. Seine Wähler hatten die besseren Beziehungen zu Bernhard von Clairvaux und Norbert von Magdeburg und den von ihnen angeführten Zisterziensern, Prämonstratensern und Regularkanonikern, aber auch zu Petrus Venerabilis von Cluny. Die Haimerichpartei vertrat den „neuen Kurs" positiven Ausgleichs mit dem deutschen König auf den Grundlagen des Wormser Konkordats, während die „Altgregorianer" um die Pierleoni immer noch einem „Sieg" nachjagten. Das von Haimerich betriebene Revirement im Kardinalskollegium war ungeachtet der Nähe zu den Reformorden episkopalistisch orientiert und steuerte Mißbräuchen im Exemtions- wie auch im Appellationswesen, die die Kurie mit Alltagsquerelen überlasteten.

Beilegung des Schismas 1139

Das „Schisma des Anaklet" wurde im November 1137 in Salerno von Gesandtschaften beider Päpste vor Roger II. wie vor einem Schiedsrichter verhandelt, konnte aber erst nach Anaklets Tod beigelegt werden. Im April 1139 sprach die „Plenarsynode" des 2. Laterankonzils den Epilog auf das gregorianische Zeitalter. Innozenz II. starb 1143 während des ersten großen Aufstands der römischen Kommune.

C. DIE HOF- UND STAATENWELT DES 12. JH.

1. Die drei Italien: Kirchenstaat – Städte – Sizilien

Italia settentrionale und Mezzogiorno

Der Dualismus von Nord- und Süditalien, dessen Voraussetzungen bis in die Völker- und Kirchengeschichte der Spätantike hinaufreichen, gewann feste Konturen, als der Süden im normannisch-sizilischen Königreich politisch geeint wurde und der Norden zu seinem Stadtstaatensystem fand. Die reichsrechtlich-imperialen Klammern lösten sich, während die politische Integrationskraft der Römischen Kurie schwach blieb. Zwar hat das Reformpapsttum Lehnshoheit über den Süden beansprucht und dem Norden Orientierung für die *libertas Italiae* gegeben, zugleich aber den Kirchenstaat zu beider Konkurrenten und bis ins 19. Jh. zu einem dritten Italien gemacht.

Curia Romana

Räumlich auf das *palatium* oder *patriarchium Lateranense* bezogen, heißt zum Jahre 1089 der päpstliche „Hofstaat" mit Kardinalskollegium und „Behörden" erstmals *curia*. Die Differenzierung in Verwaltungs-, Gerichts- und Finanzbehörden schritt im 12. Jh. fort (vgl. S. 150).

Die Stadt

Wie eine Bischofsstadt stand Rom bis in die 1140er Jahre unter der alles in allem respektierten Hoheit seines Bischofs. In seinem Namen amtierte der grafengleiche, vom Kaiser mit dem Gerichtsbann ausgestattete Stadtpräfekt. Seine Urteiler waren *consules*, die vom Papst aus den fluktuierenden adligen Schichten berufen wurden. Die Versammlung der nach Regionen gegliederten Milizen akklamierte bei wichtigen Ereignissen wie bei einer Präfekten- oder Papstwahl und einer Kaiserkrönung als *populus Romanus*. Über den Lehnshof des Papstes war der konsularische Stadtstaat mit der kurialen Herrschaft außerhalb der Mauern verfilzt. Den Hof bildeten die mit Kastellen belehnten *capitanei* des Stadt- wie Landadels (Tusculaner, Colonna, Crescentier, Frangipani, Pierleoni u. a.). Rom war eine instabile Oligarchie.

Gründung der Kommune

Ein Aufstand des Jahres 1143 stiftete die römische Kommune als eine eidliche Zwangsgemeinde aller Rechtsfähigen. Den neuen „Rat", der als *sacer senatus* mit Sitz auf dem Kapitol „wiederhergestellt" wurde, beherrschten die *milites*. Darin, sowie in einem der Anlässe für den Aufstand – Weigerung Innozenz' II., das eroberte Tivoli zur Zerstörung freizugeben – zeigt sich eine gewisse innere Einheit der römischen mit der allgemeinen Kommunebewegung. An der Spitze der Römer stand zeitweise – als Patricius – ein adliger Renegat, Jordan Pierleoni; und ein akademisch gebildeter Prediger der Armutsbewegung hängte sich der Kommune an: Arnold von Brescia. Die turbulenten Ereignisse, in denen Lucius II. 1145 beim Anmarsch gegen das Kapitol durch Steinwurf getötet wurde, waren von Verfassungsänderungen begleitet. Die ausübende Gewalt kam an einen immer nur kurzfristig amtierenden Senatsausschuß von *consiliatores*. Nach Verurteilung, Flucht und Rückkehr Arnolds und dreimaligem Exil des Papstes waren Stadt und Kirchenstaat zerrüttet. Der Senat ging unter dem Druck des Volkes mit Eugen III. einen Kompromiß ein: Senat und päpstliche Präfektur blieben über das 12. Jh. nebeneinander bestehen.

Kirchenstaat

Der römische Dukat, über den die Päpste seit dem frühen 8. Jh. eine faktische, hernach mit der Pippinischen Schenkung und vielen jüngeren Kaiserprivilegien bestätigte (gräfliche) Herrschaft übten, war ein Hoheitsgebiet, keineswegs ein geschlossener Besitz der Römischen Kirche. Die Ansprüche, die bis Parma und über Mantua und die Pomündung hinausreichten, ließen sich im 13. Jh. wenigstens in den östlichen Teilen (Herzogtum Spoleto, Mark Ancona, Pentapolis, Romagna, Exarchat Ravenna) durchsetzen. Der Kirchenstaat des 12. Jh. war aber im wesentlichen noch das „Patrimonium Petri", das im Norden – wenngleich ohne durchgehende Verbindung – mit dem Paß von Radicofani abgesichert war; im normannischen Süden konnte Benevent (als Exklave) behauptet werden. Die Ansprüche auf die Markgrafschaft Tuszien sowie die Inseln Elba, Korsika und Sardinien wurden um 1100 gegenüber Pisa und Genua als politische Druckmittel eingesetzt. Im Raum von Siena/Pisa waren die Forderungen mit dem Rechtstitel der „Mathildischen Güter" gekoppelt. Die Schenkungszusage der Markgräfin aus dem Jahre 1076 erstreckte sich aber hauptsächlich auf Güter in der Emilia; als Gemisch aus Allod und Reichslehen blieben sie das 12. Jh. hindurch ein Streitobjekt zwischen Kaiser, Papst und Kommunen.

Die oberitalienischen Stadtstaaten

Die Buntheit der spätmittelalterlichen Territorialkarte Oberitaliens ist das Abbild ihrer stadtstaatlichen Ordnung. Nur in den Randzonen haben sich ausgedehntere Territorien unter (mark-)gräflicher (Nizza, Saluzzo, Savoyen, Montferrat, Como, Tirol), erzbischöflicher (Aquileja) oder bischöflicher (Trient) Hoheit entfalten können. Als Territorien, die ihre Stellung zum Kaiser als reichsunmittelbar bestimmten, ihre gebietsmäßige Verwaltung im Innern ausbauten, das Recht ihrer Stände und ihr Verhältnis zum Fürsten als Landrecht konzipierten, sind sie nicht älter als die Kommunen, die ihrerseits weltliche Mächte vom Rang der Herzöge und Markgrafen wurden. Zentrum der städtischen Herrschaft und Verwaltung war wie in den Territorien eine *curia* (vgl. S. 149). Sie lenkte ursprünglich auch die gesellschaftliche Orientierung der Capitane und Valvassoren, die als Ritter der *plebs* gegenüberstanden, wie auch die Konsulate, die sich in vielerlei Gestalt durchsetzten, Verwaltung und Finanzwesen mit Hilfe gelehrter Juristen rationalisierten, letztlich am stadtherrlichen Hof entstanden sind. Mit der Eliminierung des salischen Systems wurde für die Städte wie für die Fürstentümer Territorialpolitik eine politische und wirtschaftliche Voraussetzung zum Überleben. Das der Stadt rechtlich zugeordnete Umland, der *comitatus*, wurde in der Regel unterworfen und blieb ohne Teilhabe am kommunalen Recht. Jede Stadt schuf sich überdies ihre Gegenspieler in anderen *civitates*. Als Barbarossa 1154 den ersten Italienzug antrat, warteten mehr Kommunen auf seine Hilfe als ihm feind waren. Otto von Freising notierte [56: *Gesta Friderici* II 14], daß die Städte ihre Nachbarn niederhielten, Zwang auf den Adel im Contado ausübten und die Ritterwürde und hohe Ämter an „junge Männer aus niedrigem Stand und sogar an Handwerker" vergäben.

Grundlagen der Herrschaft in Sizilien

Die Normannenherrschaft über Süditalien und Sizilien war ursprünglich dreischichtig. Der *dux* von Apulien, Kalabrien und Sizilien und der Fürst von Capua waren unmittelbare Vasallen des Papstes (vgl. S. 22), der Großgraf von Sizilien war jedoch ein Vasall des *dux* von Apulien. Das Haus Hauteville verdankte die Festigung seiner Herrschaft in der Hauptsache dem *dux* von Apulien Robert Guiscard. Im Unterschied zu ihm und seinem Sohn Boëmund, die die permanente Expansion (nach Griechenland) und transmaritime Herrschaft (Antiochia) suchten, haben sich Roberts Bruder Roger I. und sein gleichnamiger Sohn zunächst ganz auf ihre Eroberungen in Sizilien, Unteritalien und Malta konzentriert.

Voraussetzung für die normannische Machtentfaltung war die Befriedung des Völker- und Religionsgemischs durch eine gewisse Toleranz, rationale Administration und gesicherten ökonomischen Spielraum. Es hat auch in Sizilien nach dem Tod Rogers I. (1101) Aufstände gegeben, aber sie sind nicht annähernd vergleichbar mit den apulischen Insurrektionen gegen die Nachfahren Robert Guiscards. Der Eroberer Siziliens gewann ein positives Verhältnis zu den Städten. Landvergabe vermied er nahezu völlig. Monopole und indirekte Steuern sicherten dem Hof hohe Finanzaufkommen, die sicherlich schon in vornormannischer Zeit schriftlich erfaßt wurden. Die zu einem Gutteil von Griechen besorgte Verwaltung war die modernste des Abendlandes. Gegen Ende ihrer Regentschaft (1101–1112) verlegte Rogers I. Witwe Adelasia den Grafenhof von Messina nach Palermo ins Zentrum der mohammedanischen Wirtschaft.

Die Unierung des Erbes Hauteville

Bereits 1062 hatte Roger I. seinem Bruder Robert Guiscard einen Gutteil Kalabriens abgewonnen. Dem politischen Ehrgeiz Rogers II. auf Erwerb Apuliens und Kalabriens kam innerer Unfriede im Dukat zugute. Die Kurie mußte nicht nur auf die Expansion, sondern auch auf die rigorose Kirchenpolitik Rogers reagieren. Haupt der Kardinalsgruppe, die nach Abschuß des Wormser Konkordats alles auf den Frieden mit dem deutschen Reich setzte und die den Normannen zugewandte Politik der Reformzeit revidierte, war der Kanzler Haimerich (vgl. S. 35). Die Wahl Lamberts von Ostia, des Verhandlungsführers von Worms, zum neuen Papst (Honorius II.) lag auf dieser Linie. Beim Tode

Wilhelms von Apulien (1127) lehnte Honorius ein Erbfolgerecht Rogers II. ab. Als Oberlehnsherr verweigerte der Papst die Investitur und bannte den Usurpator Roger, der jedoch das Land gewann und sich wie einst Robert Guiscard in Reggio Calabria zum *dux* von Apulien und Kalabrien ausrufen ließ. Der dem *dux* 1128 in Benevent gewährte Lehnsvertrag kam einer Kapitulation der Kurie gleich. Capua, Neapel, Gaëta und das Marserland wurden nach und nach von Roger gewonnen. Abgesehen von der Stellung Benevents, spannte sich seit 1144 von Küste zu Küste, von Terracina bis Ascoli, eine dauernde Grenze zwischen dem neuen Königreich und dem Kirchenstaat (diesem das dem Papst erst 1198 endgültig sichere Herzogtum Spoleto und die Mark Ancona zugerechnet).

Erhebung Rogers II. zum König 1130

Die europäische Politik der 1130er Jahre drehte sich um das Schisma zwischen Anaklet II. und Innozenz II. (S. 35). Ein Pakt zwischen Pierleoni und Hautevilles brachte Anaklet II. eine sichere süditalische Oboedienz und Aktionsmöglichkeit in Rom, Roger II. aber ein Generalprivileg (27. Sept. 1130) und die Königskrönung (Weihnachten 1130 in Palermo) ein. Nichtsdestoweniger behielt der Bund, den nur zwei von 21 anakletischen Kardinälen mittrugen, dauernd einen konspirativen Charakter. Der König von Sizilien, selber ein vorrangig dem Papst verpflichteter Vasall *(homo ligius)*, hielt seinerseits die im Kirchenstaat in Bedrängnis geratenen pierleonischen Brüder und Verwandten als *homines ligii* und ihre Burgen als Offenhäuser.

Kriegerische Behauptung Rogers

Von einer großen Allianz, die Bernhard von Clairvaux unermüdlich betrieb (Innozenz II., Kaiser, Robert von Capua, apulische Barone, Neapel, Pisa, Genua), drohte dem pierleonischen Komplott ernste Gefahr. Nachdem aber Lothar III. bald nach der Kaiserkrönung (1133) Italien auf weitere vier Jahre sich selbst überlassen mußte, blieben die Pisaner die einzige Hoffnung Innozenz' II. Sie nahmen im Herbst 1133 den Papst und Robert von Capua auf, orientierten ihre Aktionen freilich primär an ihrem handelspolitischen Gegensatz zu Sizilien.

Im Jahre 1135 öffneten sich neue Perspektiven: der Ziride Hasan richtete einen Hilferuf an Roger II., zog damit aber den Anfang vom Ende auf sich und die Ziridendynastie; der Normanne eroberte zunächst die Insel Djerba. Gesandte des Basileus Johannes Komnenos forderten in Merseburg für Rogers Handlungsweise Verantwortung von Lothar III., beanspruchten Afrika für ihren Herrn; und 1136 verhandelte Byzanz mit Pisa, das seinerseits in zwei Überfällen 1135 und 1137 Amalfi zerstörte und 1137 Neapel für den Kaiser entsetzte. Die Pisaner trugen dann entschieden zu dem Erfolg bei, der Lothar III. und Heinrich den Stolzen im Sommer 1137 bis Bari und zur Eroberung Salernos geführt hat.

Friede von Mignano (nach Beilegung des Schismas)

Die Koalitionen zerfielen indessen rasch. Innozenz II. rückte selber an der Spitze eines Heeres nach Süden, stand am 22. Juli 1139 bei Mignano am Garigliano aber als Gefangener vor Roger. Das päpstliche „Generalprivileg" nahm nun faktisch die normannische Konzeption von einem Einheitsstaat hin.

Übergang zu europäischer und maritimer Politik

Als der König der Ziriden in den 1140er Jahren wegen offener Verpflichtungen gegenüber sizilischen Handelshäusern unter Druck gesetzt werden konnte, eroberte Roger die afrikanische Gegenküste. (Alle Positionen gingen allerdings nach 1160 an die Almohaden verloren.) Auf Vernichtung der Normannen zielte nun die imperiale Politik, die der neue Kaiser des byzantinischen Reiches, der Komnene Manuel I. (1143–1180) eröffnete. Seit 1135 zwischen Byzanz und Deutschland hin- und hergehende Gesandtschaften, denen welfisch-normannische Kontakte parallel liefen, hatten in ein neues Kaiserbündnis geführt: 1146 Ehe Manuels I. mit Berta von Sulzbach, einer Schwägerin Konrads III., die sich am griechischen Hof Irene nannte; 1148 Ehe des Babenbergers Heinrich Jasomirgott mit Theodora, einer Nichte Manuels. Die Normannen- und Mittelmeerpolitik geriet aber in den Sog des zweiten Kreuzzugs (1147/49), aus dem als einziger Gewinner Roger II. hervorging; denn die zeitweilig sehr konkrete Gefahr eines Doppelangriffs auf Sizilien war durch die Bindung der beiden Kaiser aufgehoben, und der Abzug byzantinischer Truppen aus Griechenland lud geradezu zur Eroberung ein. Roger II. konnte zwar die in Griechenland und auf Korfu in den Jahren 1147/48 erkämpften Positionen nicht dauernd halten, aber die für den Weltmarkt arbeitenden griechischen Seidenweber wurden in Sizilien angesiedelt. Der Triumph Rogers II. war vollkommen, als er sich von abendländischen Emotionen gegen die „Verräter" Manuel Komnenos, Konrad III. und Venedig an die Spitze einer normannisch-französischen Allianz getragen sah, der anfangs auch Eugen III., Welf VI. und Géza II. von Ungarn angehörten und der der Abt Suger von St. Denis Konstantinopel selber als Ziel für einen neuen Kreuzzug wies.

„Neue Politik" Barbarossas

Nachdem wider päpstlichen Willen Wilhelm I., der Sohn Rogers II., 1151 in Palermo zum Mitkönig gekrönt worden war, rückte die Kurie entschieden von den Normannen ab. In dieser Situation nahm Eugen III. Barbarossa das Gelöbnis ab, daß die Staufer nie ohne Zustimmung des Papstes einen Frieden mit Sizilien schließen würden (Konstanzer Vertrag von 1153; vgl. S. 61). Dennoch stand bereits Hadrian IV. den Normannen hilfloser gegenüber als 17 Jahre zuvor der gefangene Innozenz II. Wilhelm hatte sich gegen Übergriffe Manuels und die von ihm geschürte Rebellion in Apulien durchgesetzt; und nun huldigte er dem Stellvertreter Petri, der auf Einladung apulischer Barone und Städte nach Süden gezogen war. Der Oberadmiral *(ammiratus ammiratorum)* Majo von Bari und der Kanzler der Römischen Kirche Roland Bandinelli handelten einen bilateralen, von beiden Seiten in Privilegien gefaßten „Staatsvertrag" aus, mit dem die territorialen Fragen durch kleine Zugeständnisse und höheren Zins an Rom und die kirchenpolitischen durch maßvolle Reduktion des Legaten-Privilegs von 1098 auf Sizilien, jedoch unter Wahrung königlichen Zustimmungsrechts zu Bischofswahlen im ganzen Reich, vorläufig erledigt wurden.

Vertrag von Benevent [132: Const. I 588 ff.]

Die römisch-normannische Interessengemeinschaft überdauerte nun das Schisma (seit 1159) bis zum Frieden Alexanders III. mit Barbarossa im Vertrag von Venedig (1177), der seinerseits den normannisch-staufischen Ausgleich trug, den das Verlöbnis Heinrichs VI. mit Konstanze, der nachgeborenen Tochter Rogers II., besiegelte (1184). Die größeren Ziele des ersten Königs von Sizilien, Rogers II., die Verbindung der afrikanischen Küstenpositionen mit Herrschaft über Byzanz, wurden allerdings nicht erreicht, die letzten Chancen dazu in einem Ägyptenunternehmen 1174/76 vertan.

Reich und Kultur

Verfassungsrechtlich (vgl. S. 145) hob nach schweren Revolten 1168 die Ära der Familiarenherrschaft an. Personell waren in diesem Kollegium die höchsten Hofämter, das Großhofgericht (*Magna Curia*, seit 1156) und die Sekretie (*Magnum Secretum*) verfilzt. Das Großhofgericht übte seine Macht in Delegationsgerichtsbarkeit aus, viele Prozesse wurden vor den Provinzgerichten auf Anweisung des Hofes mittels eines Justizmandats eingeleitet, das jeder Kläger erwirken konnte. Mit der Sekretie, in der seit den 1170er Jahren alle Fäden der Finanz-, Lehns- und Krongutsverwaltung zusammenliefen (*duana de secretis* und *duana baronum*; vgl. S. 146) erreichte die Hofbürokratie die Provinzen, in denen Justiziar (Kriminaljustiz) und Kämmerer kollegial amteten. Die Lokalverwaltung war auf den allzuständigen *baiulus (stratigotus, catepanus,* κριτής, kaid) gestellt.

Die Königsherrschaft war unbezweifelbar erblich. Sie setzte ein integrierendes Recht (Assisen von Ariano, 1140; vgl. S. 161). Griechisch, Latein, Arabisch und Französisch (Normannisch) waren Landessprachen, aus den Urkunden verschwand das anfangs mindestens gleichberechtigte Griechisch erst nach Rogers II. Tod. Über Jahrzehnte nahm Roger II. persönlichen Anteil an der Aufnahme der Welt durch den Geographen Idrisi [41]. Wie die Baukunst des sizilischen Reiches spiegeln die staatlichen Institutionen eine besondere assimilatorische Begabung der Normannen. Herrschaftsvorstellungen und -methoden der Mittelmeerwelt, der Absolutismus des Basileus und seine Verwaltung wurden mit dem Treuevorbehalt des Lehnswesens, römische Rechtswissenschaft mit arabischer Finanztechnik fusioniert. Preisgabe der Toleranz gegenüber den Arabern kennzeichnet die Epigonen auf dem Thron Rogers II.

2. Das Wahlkönigtum in Deutschland 1125–1152

Hausrecht und Thronfolge: die Wahlen von 1125, 1138, 1152

Die Regierungen Lothars III. (1125–1138) und Konrads III. (–1152) erscheinen in mancher Hinsicht als eine Zwischenzeit oder als ein Vorspiel zu Barbarossa, bieten allerdings bereits alle großen Themen: Königswahl, „Fürstenpartikularismus", Ostpolitik, Stellung des *regnum Teutonicum* in der Kirche. Nach 101 Jahren mußte 1125 ein neues Königshaus begründet werden. Solche freie Wahl wiederholte sich 1138 in Koblenz und 1152 in Frankfurt. In freier Wahl waren zuletzt die Gegenkönige des Investiturstreits erhoben worden. Das im August 1125 in Mainz abgewickelte Verfahren weist Parallelen zur Forchheimer Wahl von 1077 auf und zeigt in der Einsetzung eines Vierziger-Ausschusses der vier Stämme einen Zug zur „Rationalisierung"; vor allem aber gewannen die Einzelstimmen der Fürsten (Kur) und Wahlversprechungen der Kandidaten wieder ein besonderes Gewicht. 1125 wurde der staufische Schwabenherzog, Sohn der

Electio Lotharii, MGH SS XII 510 ff.

Salierin Agnes, überspielt, 1138 Heinrich der Stolze, der welfische Schwiegersohn Lothars III. Konrad III. verdankte seine Wahl dem Kardinallegaten Dietwin und dem Wahlleiter Albero von Trier, die die Welfenfurcht Innozenz' II., der Kurie und der italischen Kommunen zur Geltung brachten. 1152 war das minderjährige Waisenkind Friedrich von Rothenburg, der Sohn Konrads III., nicht wählbar, wenngleich der Erzbischof Heinrich von Mainz doch wohl diese Lösung betrieben hat und sich mit seiner legitimistischen Haltung auf dem Niveau des dynastischen Denkens an Europas Höfen zeigte. Er selber wäre dann – wie 1147/49, als Konrad III. auf Kreuzfahrt war – *custos regni* [89a: DK III 316] geworden und hätte die fehlende Regentin ersetzt.

Hausmacht und Territorialpolitik

Gegen den immer noch zentralistischen Kurs der Krone schlugen nun unter fürstlicher Herrschaft überall die alten zentrifugalen Tendenzen der Regionen durch. Supplinburger, Welfen und Staufer rücken in der frühen Überlieferung nur deshalb in den Vordergrund, weil sie ihre Hausmacht in den Dienst von Thronansprüchen stellten.

Welfen

Die Welfen hatten ihr Zentrum in Ravensburg–Weingarten; von hier aus verfügten sie über Allod und Lehen in Schwaben, über Streubesitz in Rätien und über eine dichte Besitzkette am Lechrain. Die sächsische Machtstellung des Geschlechts wurde durch die Ehe Heinrichs des Schwarzen mit einer Billungerin begründet und durch die Ehe Heinrichs des Stolzen mit der Königstochter Gertrud (1127) gefestigt. Das welfische Hausbewußtsein [37] umfaßte die Herzogtümer Bayern (seit 1070) und Sachsen (seit 1137).

Staufer

Die Staufer waren als Grafen im Ries und im Rems-Fils-Gebiet hochgekommen, im Elsaß durch Einheirat (Friedrichs „von Büren") begütert. Sie waren bereits Herzöge von Schwaben (seit 1079), als sie in Lorch ihr Hauskloster und hernach auf dem (Hohen-)Staufen ihre namengebende Burg bauten. Der Herzog Friedrich I. war mit der Salierin Agnes, Tochter Heinrichs IV., vermählt. Heinrich V. setzte seine Neffen Friedrich II. von Schwaben und Konrad (den späteren König Konrad III.) gegen Mainz und Würzburg ein: Friedrich, der vom Elsaß aus agierte, als Reichsverweser im Rheintal, Konrad mit der neuen Würde eines Herzogs von Franken. Als Erben des salischen Hausguts kamen die Staufer in die rheinfränkische Ebene mit Worms- und Speyergau und in das Land am unteren Neckar.

Lothar III. und die Staufer

Lothar III. sah das salische Hausgut als Reichsgut an und forderte es ein. Das geschah zu einem Zeitpunkt, als die Staufer mit der Besetzung der Reichsburg Nürnberg wohl zu erkennen gaben, daß sie die Kontrolle über das süddeutsche Reichs- und das salische Hausgut insgesamt anstrebten. Die Staufer schritten zum äußersten, ließen Konrad zum Gegenkönig wählen (1127), dem – vom Mailänder *populus* als *rex naturalis* aufgenommen und vom Erzbischof in Monza gekrönt – offenbar die Mathildischen Güter die Hauptmittel liefern sollten. Lothar III. war nun bis 1135 zu ständiger Abwehr der Staufer gezwungen. Für sie hatte Konrad von Zähringen 1127 die hochbedeutsame Vertretung der nach Süden und Westen gerichteten Reichsinteressen in Burgund übernommen.

Staufer und Welfen

Als 1137 die supplinburgischen, northeimischen und brunonischen Elemente (mit Braunschweig) aus dem Hausgut Lothars III. an den welfischen Schwiegersohn (Heinrich den Stolzen) gekommen waren, der Gegenkönig von 1127/35 aber König wurde (Konrad III.), stand ein unvergleichlich härterer Kampf um die Entflechtung von Reichs- und Hausrechten bevor als im vergangenen Jahrzehnt. Heinrich der Stolze, Herzog von Bayern und Sachsen, Markgraf von Tuszien, nahm das von Konrad III. verfügte Prinzip, daß kein Herzog zwei Herzogtümer besitzen dürfe, nicht hin. Der Versuch, ihm unter Verhängung der Reichsacht Sachsen und Bayern zu entziehen, scheiterte. Nach seinem Tode (1139) übte Richenza, die Witwe Lothars III., für ihren kaum zehnjährigen Enkel Heinrich den Löwen die Regentschaft in Sachsen; in Bayern regierte Welf VI., der Bruder Heinrichs des Stolzen. Der Ausgleich kam 1142. Er ist insofern verfassungsgeschichtlich bemerkenswert, als eine ausgesprochen dynastisch gedachte weibliche Erbfolge anerkannt wurde. Die Herzogtümer gingen de facto an Heinrich des Löwen Mutter Gertrud über, die in zweiter Ehe mit dem Babenberger Heinrich Jasomirgott von Österreich vermählt war. Die von Konrad III. eigentlich verfolgte Politik, nämlich seinen Einfluß in Sachsen über den Babenberger zur Geltung zu bringen, scheiterte.

Hausmachtpolitik Konrads III.

Konrads III. Hauptleistung liegt dennoch in der Vermehrung staufischer Hausmacht. Die Verleihung der Pfalzgrafschaft bei Rhein 1142 an Hermann von Stahleck (Burg über Bacharach), seinen Schwager, und mehr noch der Ausbau um Nürnberg, Eger (bei Waldsassen) und Cham (am Regen), dann nach Norden um die thüringischen Reichszentren Tilleda und den Kyffhäuser, gewannen reichspolitisch hohe Bedeutung. Barbarossa wird von einem zwar schmalen, aber relativ geschlossenen Gürtel aus operieren können, der sich von Burgund jenseits des Jura über das Elsaß, den Rhein-Main-Raum in das oberelbische Kolonialgebiet erstreckte. Welfischer Druck lag auf dem sächsischen Reichsgut. Aller Reichspositionen entleert war allerdings der Westen nach Norden hin. Hier konnte die Königsgewalt nur noch durch Balancepolitik, hauptsächlich mittels Verwandtschaftsbeziehungen, zur Geltung gebracht werden.

Perspektiven der Ostpolitik

Seit seiner Herzogszeit hatte Lothar den Neubeginn der Siedlung und Mission gefördert, in den 1140er Jahren liefen sie ohne königliche Unterstützung weiter. Ausgangsposition war das alte Markensystem: die ehedem Billunger Mark und die Elbmark, die schon seit ottonischer Zeit dreigeteilt war in Nordmark, sächsische Ostmark (Lausitz) und Mark Meißen. Martialisch verlief der Wendenkreuzzug der sächsischen Fürsten (1147), der von Bernhard von Clairvaux und Eugen III. als Ersatzleistung im Heidenkrieg anerkannt worden war. Dänen, Polen und Mähren – damals alle unter der Hoheit des Reiches – konkurrierten. Der Angriff Albrechts des Bären auf die christlichen Pommern in Stettin verfolgte die besonderen askanischen Interessen. Der Wendenkreuzzug markiert eher einen mentalen Wandel denn eine kolonisatorische Leistung. Die Verschiebung der Grenzlinie des Reiches bis zur Peene, der Aufschwung Lübecks, die askanische Siedelbewegung, der welfische Aufbau in Mecklenburg und die Erneuerung der ottonischen Kirchenorganisation können beileibe nicht als Ergebnisse des Wendenkreuzzugs hingestellt werden.

Wettiner

Territorialpolitik aus den Marken heraus betrieb zuerst Konrad von Wettin (bei Halle), der 1123 in Meißen und 1136 in der Lausitz als Markgraf eingesetzt worden war. Den Schauenburgern als Grafen von Holstein und Stormarn (seit 1110/11) und der Wagriermission des Vizelin gab das Erzbistum Bremen-Hamburg kirchlichen Rückhalt (Gründung der Stifte Neumünster und Segeberg; 1160 Ablösung Oldenburgs als Bischofssitz durch Lübeck).

Schauenburger

Welfen/Mecklenburger

Mit Heinrich dem Löwen als herzoglichem Nachfolger in der Billunger Mark lag Bremen-Hamburg wegen der Suffragane in Ratzeburg (1154 neu erstanden) und Mecklenburg (1160 in Schwerin neu begründet) in Streit. Die neue Grafschaft Schwerin ausgenommen, erhielt 1167 der Obodritenfürst Pribislaw Mecklenburg als Lehen vom Herzog.

Askanier

Der Askanier Albrecht der Bär bekam 1134 die Nordmark in seine Hand, eroberte 1136 Prignitz und Havelland und trat um 1150 das Erbe des christlichen Hevellerfürsten Pribislaw in Brandenburg an.

Wollin/Havelberg/Brandenburg

Die Pommernmission Ottos von Bamberg (1120er Jahre) stand zwischen Magdeburger und Gnesener Ansprüchen und führte 1140 in ein exemtes Bistum Wollin, wohingegen mit der Neuerrichtung von (Prämonstratenser-)Domstiften in Havelberg und Brandenburg durch Norbert von Magdeburg und Anselm von Havelberg die alten Metropolitanrechte Magdeburgs auflebten.

Kirche und Papsttum

Nach der frühzeitigen Entscheidung des deutschen Episkopats für Innozenz II. im Schisma von 1130 (vgl. S. 35) blieb das Verhältnis zwischen Kirche und Königtum alles in allem über drei Jahrzehnte entspannt. Akzente lassen sich insofern setzen, als unter Lothar III. die Neuorientierung im Geiste der Kirchenreform, unter Konrad III. schon wieder eine stärkere Betonung der Reichsrechte den Gesamteindruck bestimmen. Für den Herrschaftsantritt Lothars III. ist vor allem der Verzicht auf den Handgang der Geistlichkeit bezeichnend, während sich Konrad III. nicht mit dem bloßen Treueid der Bischöfe und Reichsäbte begnügte. Lothar hat aber von Innozenz II. vor der Kaiserkrönung (4. Juni 1133) eine Zusatzerklärung zum Calixtinum des Wormser Konkordats erwirkt, die eine Inbesitznahme der Regalien verbot, solange sie nicht beim Kaiser persönlich eingeholt worden war. Eine wirklich problematische Regelung war Lothar hingegen mit der Anerkennung des päpstlichen Obereigentums über die Mathildischen Güter eingegangen, wenngleich sein Schwiegersohn, Heinrich der Stolze, die Lehen erhielt, das Rechtsverhältnis des Kaisers zum Papst also auch nicht für den besonderen Fall als vasallitisch ausgewiesen war.

Augustus

Konrad III. ist nie zum Romzug und zur Kaiserkrönung gekommen, führte ohne päpstliche Krönung die Ordnungszahl *secundus* (eben als Kaiserzählung) und – sogar 1129 schon – den Kaisertitel *(semper) augustus*. Die Spitze dieses Protokolls zielte auch auf Byzanz (vgl. S. 44/61). Das – vielleicht arnoldistische (vgl. S. 37) – Ansinnen des *sacer senatus* von 1149, die Kaiserkrone vom Römischen Volk anzunehmen, wurde von Konrad III. abgelehnt.

Am 4. März in Frankfurt gewählt, fünf Tage später in Aachen (vom Erzbischof von Köln) gekrönt, gab Friedrich Barbarossa sofort Nachricht an den Papst. Er verkündete einen epochalen Reichsfrieden, ernannte sein Mündel Friedrich von Rothenburg, den Sohn Konrads III., zum Herzog von Schwaben und griff rigoros in einen schwelenden Magdeburger Streit (Doppelbesetzung) ein, indem er gegen die beiden Rivalen einen Dritten bestimmte, Wichmann von Zeitz-Naumburg. Die königliche Kirchenhoheit war also nachhaltig demonstriert, auch in Mainz, Minden, Hildesheim, Eichstätt wurden in Barbarossas Frühzeit ausgesprochen königliche Kandidaten erhoben; 1153 gewann er für die Absetzung des politischen Widersachers, des Erzbischofs Heinrich I. von Mainz, sogar die Schützenhilfe des Legaten Bernhard. Der Wahlausgang von 1152 war von Staufern und Welfen durch Bereitschaft zum Ausgleich ermöglicht worden. Heinrich dem Löwen sprach Barbarossa das Investiturrecht für die Bistümer Oldenburg und Mecklenburg zu, allerdings als Handlung im Namen des Königs. Welf VI. wurde noch 1152 mit Tuszien, Spoleto und den Mathildischen Gütern belehnt, und den Streit um das Herzogtum Bayern entschied im Juni 1154 ein Reichstag zu Goslar für Heinrich den Löwen gegen Heinrich Jasomirgott.

Regierungsantritt Barbarossas (DD F I Nr. 5.25)

3. Frankreich und die Kapetinger 1108–1180

In der Regierungszeit Ludwigs VI. (1108–1137) und Ludwigs VII. (–1180) blieb die Krondomäne das schmale, etwa 200 km langgezogene Territorium um die Hauptorte Senlis, Paris, Étampes, Melun und Orléans. Philipp I. († 1108) hatte es im Orléanais um den östlich anschließenden Gâtinais, an der unteren Seine mit dem östlich der Epte gelegenen nichtnormannischen Teil des Vexin abrunden können. Zur Domäne rechnete auch die Exklave links der Seine um Evreux mit dem Südpunkt Dreux. Vorgeschobene Positionen in Nord (Abtei Corbie) und Süd (Bourges) deuteten kaum schon neue Ausgriffe an.

Die Krondomäne

Nicht allein, daß sich das kapetingische Territorium in das französische System mittlerer Prinzipate fügte, Ludwig VI. und Ludwig VII. waren sogar bemüht, dieses System auch gegen die Kronvasallen zu erhalten. Die Störung ging von England aus. Heinrich I. hatte die Personalunion des normannischen Herzogtums mit der englischen Krone gegen seinen Bruder, Robert Kurzhose, durchgesetzt (vgl. S. 33), als er seinem kapetingischen Lehnsherrn Ludwig VI. das Homagium verweigerte und 1109 ein Bündnis mit dem deutschen König einging (Verlobung der 7jährigen Tochter Mathilde mit Heinrich V.). In Flandern vermochte Ludwig VI. nach der Ermordung des Grafen Karl des Guten (1127; vgl. S. 150) wenigstens seine Lehnshoheit gegen die Koalition englischer Interessen mit der ständischen Bewegung in den flandrischen Städten durchzusetzen. Geradezu imperialistische Züge kamen in die westeuropäische Politik, unter deren Wirkung nun das territoriale Gefüge Frankreichs aus der Balance

Normannisch-angevinische Großmachtbildung

geriet. Heinrich I. von England betrieb die Thronfolge seiner seit 1125 verwitweten Tochter Mathilde und vermählte sie mit dem Grafensohn von Anjou und Touraine, Gottfried *plantagenista* (so benannt nach dem Ginsterbusch seiner Helmtarnung). Die Ehe von Le Mans (1128) führte indessen England zunächst in eine Krise („Anarchie" unter dem König Stephan von Blois, 1135–1154; vgl. S. 49).

Weichen der europäischen Geschichte wurden dann erst recht mit der Hochzeit von Bordeaux, mit der Scheidung der dort geschlossenen Ehe und der Neuvermählung der Frau gestellt: Wilhelm X. von Aquitanien gab 1137 seine Tochter und Alleinerbin Eleonore dem Königssohn Ludwig VII. Als *rex Francorum et dux Aquitanorum* beherrschte dieser zwar längst nicht den unter aquitanischer Lehnshoheit stehenden Süden Frankreichs, doch hätte er die sichere Hoheit, die er im Namen Eleonores über Poitou und Limousin, die Saintogne und die Gascogne übte, ausbauen können. Ludwig VII. ließ aber im Mai 1152 – zwei Monate nach seiner Scheidung – die Heirat Eleonores mit seinem Vasallen, dem Plantagenet Heinrich zu, dann dessen Krönung zum König von England (1154), der nun Herr über Anjou, Maine, Touraine, Poitou, Normandie, Guyenne und Gascogne war. Die englische Macht entfaltete sich weiter im Vexin (1160), in der Bretagne (1166) sowie in der Grafschaft La Marche (1177).

Nationalgefühl

Daß das kapetingische Königtum dennoch an Achtung gewann, hat viele Gründe. Über der Fluktuation der Bündnisse zwischen den Fürsten, die – anders als in Deutschland – die Interessenbindung eines Reichsfürstenstandes nicht kannten und nie darauf verfielen, ihrerseits das *regnum* Frankreich zu repräsentieren, festigte sich die oberlehnsherrliche Stellung des Monarchen kontinuierlich. Mindestens so wirksam wie die Lehnssuzeränität war die emotionale Anerkennung, die die Monarchie fand. Dies war erstmals 1124 zu spüren, als der deutsche Kaiser Heinrich V. im Bündnis mit seinem englischen Schwiegervater Heinrich I. seinen über Jahre aufgestauten Haß gegen Reims gekehrt und sich die französische Feudalelite (Burgund, Blois, Champagne, Nevers, Vermandois, Flandern) zusammen mit Ritterschaft und städtischen wie kirchlichen Milizen des Nordens unter dem Banner des hl. Dionysius gesammelt hatte. (Mit der *aurea flamma*, die wenig später als Fahne Karls des Großen galt, hielt der König den Vexin als Lehen von St. Denis.) Der Abt Suger von St. Denis, einflußreicher Berater der Krone, war Statthalter am Hofe während des zweiten Kreuzzuges, auf dem Fürsten und Ritterscharen, die vorher nie einen König von Frankreich gesehen hatten, mit dem jungen Ludwig VII. eng zusammenlebten. Als Autor der *Vita Ludovici grossi* und der Geschichte seiner Abtei [63 f.], der er seit 1137 ein neues Gotteshaus baute (vgl. S. 14/127), ist Suger Schöpfer eines französischen Königsmythos geworden.

Hof und Verwaltung

Die Administration des königlichen Territoriums und die Verwaltung am Hof standen in guter Entwicklung (vgl. S. 144), hatten mit den modernistischen Vorreitern an den Höfen von Rouen und Gent, Angers, Blois und Troyes jedenfalls mitgehalten. Seit dem 11. Jh. dämmten die Prévôtés *(praepositurae)* feudale Banngewalt und Burgherrschaft in der Domäne ein. Zum Jahre 1187 wird erstmals das Amt des Bailli *(ballivus)* erwähnt, dem die Prévots unterstellt wurden. Die Hofchargen waren seit einem Jahrhundert zunehmend aus kastellanischen und städtischen Herrenschichten besetzt worden, was sich bereits in den Konflikten mit den auf Erblichkeit erpichten Hofämtern, den Grands Officiers, insbesondere dem Seneschallat der Garlande unter Ludwig VI., als ein Machtgewinn des Königs erwiesen hatte.

Kapetinger und Plantagenets im Kräftespiel der Lehnsfürstentümer

Die Rückkehr der Fürsten an den Hof Ludwigs VII. wurde aus ihren eigenen Rivalitäten belebt, vorweg profitierte der König seit den 1160er Jahren von der Konkurrenz der Häuser Champagne und Flandern. Bis dahin blieb der kapetingische Prinzipat von den Höfen Blois und Troyes (Champagne) eingekreist, die aber – seit 130 Jahren bis 1152 unter dem Hause Blois vereint – Feinde des Hauses Anjou waren. Ludwig VII. fand zu einem zukunftsträchtigen Ausgleich mit Blois und Champagne durch die eigene (dritte) Ehe mit Adela von der Champagne und durch Eheverbindungen seiner Töchter. Der Kapetinger verlor allerdings schwere Kriege im Vexin (1167/72), und 1173 huldigte der Graf Raimund V. von Toulouse dem englischen Königssohn Richard.

Le roi thaumaturge

Die Kirche wies König und Fürsten ihre Richtung. Adelsethos war seit dem 11. Jh. an den Idealen der Kirchenreform, des Rittertums und des Kreuzzugsgedankens orientiert. Ein Ring von Kronbistümern unterstützte innerhalb wie außerhalb der Krondomäne die Kirchenhoheit des Königs (vgl. S. 132). Die monarchische Würde wurde durch die Salbung mit dem Öl der in Reims aufbewahrten hl. Ampulle auch liturgisch unterstrichen (8. Sakrament der Franzosen); Guibert von Nogent [33] bezeugt als erster den Glauben an die thaumaturgische Kraft der Monarchie (Skrofelheilung), der sogar die Revolution von 1789 überleben sollte. Suger von St. Denis stilisierte das traditionelle Bild vom *rex iustus* zu einem typisch kapetingischen. Die Primogenitur war in der französischen Geschichte seit 1027 ungeschriebenes, durch Gewohnheit und Mitregentschaft der Söhne eingespieltes Gesetz; die Kapetinger konnten (bis 1316) immer einen Dauphin stellen (le miracle capétien). Philipp II. August (1180–1223) ist der letzte französische König, der „gewählt" wurde.

Vom Gottes- zum Königsfrieden

Berühmte Kirchen ersuchten den König um Intervention. Cluny hatte sich und seine Priorate 1119 königlichem Condominium unterstellt; und 1166 wandte sich der Abt mit der Bitte an den König, er möge nach 200 Jahren nun persönlich ins Land kommen. Gegen fehdefreudige Burgherren wie gegen kommunale Rädelsführer hatte Ludwig VI. ziemlich bedenkenlos kirchliche Kampfmittel der Gottesfriedensbewegung und Kreuzzugspropaganda eingesetzt (Exkommunikation unter Aberkennung von Ritterwürden, Interdikt, Bußablaß für die königlichen Truppen, Einsatz von Parochialmilizen unter Übergehung der feudalen Hierarchie). Die Regentschaft Sugers während des zweiten Kreuzzugs war noch einmal mit Fehden ausgefüllt wie die Zeiten des burgenstürmenden Ludwig VI. Die Idee des von der Kirche in Selbsthilfe organisierten Gottesfriedens war indessen überholt, wurde zum Land- und Königsfrieden transformiert. Ludwig VII. erließ 1155 einen solchen Frieden auf einem *celebre concilium* in Soissons durch „Ordonnance" [105].

Kommunebewegung und Rittertum

Unter Ludwig VI. ist die Errichtung von Kommunen (vgl. S. 101) durchaus noch ein Teil der Pax-Bewegung. Soweit die bischöfliche Stadtherrschaft angegriffen wurde, war insbesondere der Kranz der königlichen Bistümer betroffen; denn darüber hinaus hatte sich in Frankreich der Typ des geistlichen Reichsfürsten und folglich auch der bischöfliche Stadtherr nicht entfalten können. Die Vorgänge müssen differenziert werden. Vielfach kam es zu gütlichen, teilweise vom König bestätigten Einungen (Beauvais 1099, eingeschränkt 1157, Noyon 1108/09, Amiens 1113, Soissons 1116/26, neue Konflikte in den 1180er Jahren, Sens 1176/90); der Fall Laon (1109/12, mit Bischofsmord) ist in seiner Brutalität einmalig, hier fand die *pax* 1128 königliche Zustimmung, die nach schweren Kämpfen 1189 erneuert wurde. In Amiens war die Stadtherrschaft zwischen dem Bischof und dem Grafen umstritten. 1140 unterdrückte Ludwig VII. die zwei Jahre zuvor gegen den Erzbischof und den Grafen der Champagne errichtete „Autonomie" der Gemeinde Reims, nachdem Innozenz II. dem König eine maßgebliche Rolle bei der Bischofswahl zugestanden hatte. Frieden brachte erst 1182 die *Charta Wilhelmiana* (des Erzbischofs seit 1182). Der Gesamteindruck positiver und zukunftsträchtiger Gestaltung einer Interessengemeinschaft von Königtum und Stadt wird von den Urkunden für kleinere Gemeinden und den Siedlungsprivilegien bestimmt (mustergebend die Charte de Lorris-en-Gâtinais um 1120 und das 1182 geschaffene Recht von Beaumont), die unter Ludwig VI. einsetzten, von den Nachfolgern bestätigt und – insbesondere von Philipp II. – erheblich vermehrt wurden. Die Offenheit für nachrückende Stände, die sich seit dem 11. Jh. in der Bistumsbesetzung wie in der Berufung in die königliche Umgebung bewährt hatte, scheint den Kapetingern nun vollends zum Glück ausgeschlagen zu sein. Über allem aber wirkte sich der breite gesellschaftliche Konsens zum Feudalstaat positiv aus (vgl. S. 155). Nachdem die Fürsten alles in allem über das 12. Jh. keine politischen Ansprüche an die *curia* gestellt hatten, bot der Lehnshof auch keine Ansätze mehr für korporativ-ständische Bewegungen. Die Kronvasallen standen nun einem unerwartet starken Königtum gegenüber: Philipp II. konnte den Hebel der Lehnsprozesse an das französische System ansetzen (vgl. S. 76).

Die christliche *Francia*

In einen Kausalnexus lassen sich all diese Elemente nicht pressen. Der Glanz der Kapetinger entzieht sich rationalem Zugriff, insoweit er auch Gloriole ist. Den Aufstieg förderte die Gunst der geoökonomischen Lage wie der geistesgeschichtlichen Stunde. Die *Francia* war ein prosperierendes Transitland und hatte auch eine geistige Führungsrolle in Europa übernommen. Nicht zuletzt vermittelte die Zuwendung der Päpste seit Urban II. dem Lande einen erhöhten Nimbus. Aus gesicherter Position verhandelten sie seit 1106 oft von Frankreich aus mit dem deutschen König und seinen Fürsten. Der Freundschaftsbund *(amicitia)* von St. Denis (1107) zwischen Paschalis II. und den Kapetingern prägte das Nationalbewußtsein mit. Ludwig VII. erfreute sich über Jahre der Unterstützung des nach Frankreich geflohenen Alexander III. Die Idee, daß es einen königlichen Auftrag für das ganze Reich gebe, festigte sich im Namen *Francia*, der bis dahin das Land der Franken nördlich der Loire bezeichnet hatte und den keimendes Nationalgefühl nun als „Land der Freien" deutete. In St. Denis hatte Paschalis II. die treuesten Söhne der Apostel an das Vorbild Karls des Großen erinnert. Der französische Karlskult war dem deutschen Kaiser feind.

4. Das normannisch-angevinische England 1100–1189

Die Nachfolge Heinrichs I. († 1135)

Die Herrschaft Heinrichs I. Beauclerc (des Gelehrten) war nach außen äußerst aggressiv (gegen die Kapetinger; vgl. S. 45), legte in Absprachen mit Kirche und Baronen und im Ausbau staatlicher Zentralverwaltung (vgl. S. 33, 142) aber die Grundlagen für verfassungsrechtliche Strukturen sehr langer Dauer. Unglücklich blieb sie in ihrem Thronfolgeprojekt (vgl. S. 46). Von den Bischöfen, der Stadt London und einigen Baronen wurde 1135 Stephan von Blois, ein Vetter der mit Gottfried Plantagenet vermählten Kaiserin Mathilde, gewählt. Von Innozenz II. als König bestätigt, billigte Stephan die freie Tätigkeit päpstlicher Legaten und die Bestellung des Erzbischofs von Canterbury zum ständigen Apostolischen Vikar. Bischöfliche Friedensinitiativen (Synode von London 1143) sind für England neuartige, freilich nur kurze Reflexe der Gottesfriedensbewegung. Konzessionen an die Lehnsbarone machten Mathilde und Stephan aber im gleichen Maße, insbesondere wenn sie Großlehen zu Herzogtümern erhoben. Daß baroniale Herrschaft landesherrliche Tendenzen entfaltete, war neuartig und bedenklich.

Heinrich II. (1154–1189)

Stephan blieb jedoch kinderlos und war zu einem Thronabkommen bereit, so daß Heinrich II. als Sohn der Mathilde das Erbe Heinrichs I. übernehmen konnte. Die politische Ordnung Englands lag zwar im Argen, aber die Fundamente der Erobererzeit und die Ämterordnung des Großvaters waren über die „Anarchie" hinweg intakt geblieben. Heinrich II., der einen zupackenden Herrschaftssinn mitbrachte, hob Verwaltung und Justiz bemerkenswert rasch.

Das „Empire" Heinrichs II.

Das Erbe seines 1151 verstorbenen Vaters Gottfried von Anjou, die Rechte seiner (von Ludwig VII. geschiedenen) Gemahlin Eleonore von Aquitanien (1152), aber auch die Lehnsnahme für die Normandie (1147) hatten Heinrich II. zum mächtigsten Kronvasallen des französischen Königs gemacht (vgl. S. 46). Die Ländermassen waren sehr inhomogen, so daß der König nur wenig mehr als 12 von den 35 Jahren seiner Herrschaft in England zubringen konnte. Nach energischer Pazifizierung wagte er 1159/61 eine Expedition bis Toulouse. 1166 sicherte er seinem Sohn Gottfried die Bretagne, setzte seine Lehnshoheit über Wales (1171) und Schottland (1175) durch und ging zur Eroberung Irlands über (Errichtung des Pale um Dublin 1171). Weitgespannt ist auch Heinrichs Familienpolitik. Die Ehen seiner Kinder begründeten Verbindungen mit den Häusern Kastilien, Sizilien, Savoyen, Welfen, Frankreich, Bretagne. Wie die 1165 für die Tochter Eleonore vereinbarte Ehe mit dem ältesten Sohn Barbarossas und die noch einmal 1185 geplante Verbindung Richards (Löwenherz) mit einer Tochter des Kaisers, begleiteten sie erfolgreiche und gescheiterte politische Aktivitäten. Das tragende Fundament der Königsherrschaft blieb aber England selber. Nur hier war Heinrichs Stellung so unbestritten, daß er sich über längere Zeit von einem *iustitiarius* (Robert, Earl of Leicester; Richard de Lucy; Ranulf de Glanvill) vertreten lassen konnte. Hier war allerdings zugleich ein Weg zum „Absolutismus" eingeschlagen, der Gegenkräfte auf den Plan rufen mußte.

Der Becket-Konflikt

Umstritten waren die Kompetenzen zwischen weltlicher und geistlicher Gerichtsbarkeit. Die Trennung war 1076 verfügt worden, seitdem war der Bischof also aus dem Grafengericht ausgeschieden, dem er in angelsächsischer Zeit zusammen mit dem Sheriff vorsitzen konnte. Eherecht, Eidbruch, Verleumdung, Beleidigung von Priestern u. a. wurden nun vor geistlichen Gerichten abgeurteilt. Unter König Stephan hatte die bischöfliche Jurisdiktion auch die Kriminal-, Schulden- und Meineidsklagen über Geistliche an sich gezogen. Heinrich II. versuchte zu einer generellen Revision zu kommen, indem er in einer Reihe von Fällen wegen zu milder Urteile vor den kirchlichen Gerichten erneut Klage vor seinem Gericht erhob.

Bester Vermittler in der Durchsetzung seiner Kirchenpolitik schien dem König seit 1155 sein Kanzler und Freund Thomas Becket zu sein, damals noch Archidiakon im Dienste des Erzbischofs Theobald von Canterbury. Zusammen mit seinem Erzbischof setzte er sich im Schisma zwischen Viktor IV. und Alexander III. (seit 1159) für Alexander ein und gewann ihm die Oboedienz Englands. Als der König im Mai 1162 Becket zum Nachfolger Theobalds von Canterbury erheben ließ, ergriff das geistliche Amt von Stund an die Person. Führender Gegenspieler Beckets im Episkopat und am Hof wurde Gilbert Foliot, ein großer Jurist, der seit 1163 Bischof von London war.

Die Konstitutionen von Clarendon 1164 (zu unterscheiden von den Assisen von Clarendon 1166, in denen Gericht über Mord, Raub, Brandstiftung und Fälschung ausdrücklich königlichen Richtern vorbehalten, den Sheriffs die Einleitung von Voruntersuchungen überlassen wurde) formulierten einen Kompromiß, zu dem auch der nach Frankreich ausgewichene Alexander III. geraten hatte: Achtung der königlichen Gerichtshoheit über die umstrittenen Fälle, die der König jedoch an die geistlichen Gerichte delegieren sollte, um nach dem Urteilsspruch den Delinquenten zur Bestrafung zu übernehmen. Außerdem wurden die Beziehungen der Bischöfe zum Papst an feste Kontrolle gebunden. Der Ausgleich unter dem Druck des Schismas hielt nicht lange. Thomas hatte den Konstitutionen zwar mündlich zugestimmt, weigerte sich aber, sie durch Besiegelung zu verewigen. Eine bischöflich-baroniale Delegation der *curia regis* stellte ihn in Northampton unter Anklage. Thomas wich nach Frankreich aus und traf in Sens mit Alexander III. zusammen. Heinrich II. drohte mit Übergang zum neuen Gegenpapst Paschalis III. Erst nach Jahren vermochten päpstliche Legaten einen Ausgleich zu vermitteln. Ende November 1170 kehrte Thomas nach Canterbury zurück. Von der Kanzel herab forderte er von seinen Gegnern im Episkopat den Loyalitätseid gegenüber Alexander III. als Bedingung für die Absolution vom Bann. In dieser verquälten Situation wurden zornige Äußerungen des Königs von vier Rittern seiner Umgebung als Bevollmächtigung zu gewaltsamem Vorgehen verstanden. Am 29. Dezember 1170 verhandelten sie mit Thomas und erschlugen ihn während der Vesper.

Über England wurde das Interdikt verhängt. Mit dem König galt auch Gilbert Foliot in der öffentlichen Meinung als mitschuldig am Mord in der Kathedrale. Heinrich unternahm 1171 seinen Eroberungszug gegen Irland als Sühnekreuzzug, leistete 1172 in Avranches einen Reinigungseid und gab in einem „Konkordat“ die Konstitutionen von Clarendon preis. Alexander III. kanonisierte Thomas bereits 1173. (Bei dieser Gelegenheit erklärte er die Heiligsprechung zum päpstlichen Reservatrecht.) Die Wallfahrt nach Canterbury gewann bald – und nicht nur unter Fürsten – einen ebenso hohen Rang wie die zum heiligen Jakob. Seinerseits leistete Heinrich II. am Thomasschrein im Juli 1174 öffentliche Kirchenbuße. Nichtsdestoweniger gingen die königlichen Gerichte weiterhin von der Vermutung aus, daß alle Güter der geistlichen Kronvasallen Lehen mit Ritterpflichten seien; und sie unterbanden die Entstehung geistlicher Territorien im Ansatz, indem sie Vogteien wie Counties behandelten und besetzten.

Probleme des angevinischen „Commonwealth“

Die Probleme der englischen Geschichte wurden seit etwa 1172 durch die Probleme auf dem Festland verschärft. Ihrer blieb Heinrich II. zwar alles in allem bis 1182 Herr, aber die immerhin möglich gewordene engere Bindung der Landesteile an die Krone (vgl. S. 142 f.) wurde von den Söhnen unmöglich gemacht. Seit 1173 rebellierten Heinrich, Richard (Löwenherz) und Johann (Ohneland) im Bunde mit ihrer Mutter Eleonore gegen den Vater oder führten Kriege untereinander, und am Ende paktierten sie mit Philipp II. August.

Eröffnung der Angriffe durch Philipp II.

Als der mit Margarethe von Frankreich vermählte älteste Sohn und gekrönte Thronfolger Heinrich im Krieg gegen seinen Bruder Richard 1183 fiel, fand Philipp II., der 1180 als 15jähriger den französischen Thron bestiegen hatte, erstmals Gelegenheit, die Schwäche des englischen Systems zu nutzen. Obwohl bald nach dem Fall Jerusalems (1187) Philipp II. und Heinrich II. das Kreuz genommen hatten, kam es zu einem englisch-französischen Krieg. Heinrich II. erlag dem Bund seines Lehnsherrn Philipp mit den eigenen Söhnen Richard und Johann. Den Friedensschluß vom Juli 1189 überlebte er nur um Tage.

Heinrich II.

Seine Person, Leistung und Nachwirkung sind nicht am Ausgang seines Lebens zu messen. Er hat Herrschaft, Justiz und Kultur in seinem „Imperium“ mit seinem Hof auf eine im damaligen Europa am ehesten mit Sizilien vergleichbare Höhe gehoben. Am englischen Hof, aber mit dem Blick auf die europäische Situation, konzipierte Johannes von Salisbury [43 ff.] im *Policraticus* (1159) eine neuartige und kritische Staatslehre (vgl. S. 131). Am Hofe traten viele neben und nach ihm in Erscheinung: der Lombarde Vacarius als Lehrer Römischen Rechts,

Gilbert Foliot [121] und Peter von Blois als Sekretäre Heinrichs II., die Historiker William of Malmesbury [69], Girald of Wales [31], William of Newburgh [70], die *barones de scaccario* Thomas Brown und Richard FitzNeal [60] und der „Spiegler" Glanvill [149]; der kritische Beobachter der Hofleute, selber auch der Autorschaft von ausschweifenden Vaganten- oder Goliardenversen verdächtige Archidiakon Walter Map [67]; sodann die Schwiegersöhne des Königs (Heinrich der Löwe, Alfons von Kastilien, Wilhelm II. von Sizilien) und sicherlich zeitweise – neben seiner Tätigkeit in Venedig und an den Höfen Guyenne und Palermo – der als Enkel des Königs geltende Rechtsgelehrte Gervasius von Tilbury; nicht zuletzt die Troubadoure um die Königin Eleonore († 1204 nach langjähriger Gefangenschaft in Salisbury).

5. Die Königreiche der Pyrenäenhalbinsel

Das System der cincos reinos de España

Hauptdaten der Dynastiegeschichte des christlichen Spanien im 11./12. Jh. sind: die Vereinigung Leóns und Kastiliens von 1037 bis 1157 (ausgenommen die Jahre 1065/72) sowie Navarras und Aragóns von 1076 bis 1134, der Anschluß Kataloniens (der Grafschaft Barcelona) an die aragonesische Krone 1137, der Aufstieg Portugals zum Königreich nach Abschüttelung der leonesisch-kastilischen Bindungen 1139. Der spanische Imperatortitel, der eine bis in die Zeiten Alfons des Großen von Asturien (um 900) hinaufreichende Tradition hatte, trug seit 1085 – der Rückeroberung Toledos, das Residenz des Hofes von León-Kastilien wurde – einen Hegemonialanspruch Alfons VI. von León-Kastilien über alle christlichen und moslemischen Reiche. 1135 wurde aber zum letztenmal ein Imperator ausgerufen: Alfons VII.

Der kirchliche Primat Toledos

Der Primat Toledos aus westgotischer Zeit lebte 1088 (Urkunden Urbans II. JL. 5366ff.) wieder auf. Dem Anspruch unterwarf sich 1143 der Bischof des 1104 wiederhergestellten „portugiesischen" Bistums Braga, der mit einer Kirchenprovinz belohnt wurde, zu der sogar das leonesische Zamora (am Duero) gehörte. Um diese Zeit (1147) wurde unter Führung des Königs von passierenden Kreuzfahrern Ulixbona (Lissabon) an der Mündung des Tejo erobert, und die Stadt kam ebenfalls unter Bragas Kirchenhoheit. Erst 1179 sprach Alexander III., der im Schisma von Portugal anerkannt worden war, Alfons I. Heinrich als König an.

Expansion Kataloniens

Zukunftsweisend wurde die Vereinigung Aragóns mit Katalonien (1137): Petronila von Aragón heiratete Raimund Berengar IV. von Barcelona (II. von Provence, † 1162). Er und seine Nachfolger, die als Grafen der Provence Lehnsmannen der Staufer waren, richteten ihre Politik auf die provenzalische Küste und erfaßten auch Teile des Languedoc und 1172 den Roussillon. Die katalanische Hegemonie zwischen Ebro und Rhône brach jedoch in den Albigenserkriegen (1209–29) zusammen (vgl. S. 80). Im 13./14. Jh. expandierte Katalonien ins Mittelmeer, die Balearen wurden zuerst (Mallorca 1229) erobert.

Fortgang der Reconquista

Die Reconquista konnte im 12. Jh. an die großen Erfolge anknüpfen, die in den Eroberungen Toledos durch Kastilien (1085) und Saragossas durch Aragón (1118) gipfelten. Dann festigte auch Alfons I. Heinrich von Portugal seine königliche Stellung mit einem Sieg über die Mauren (Schlacht bei Ourique am Jakobstag 1139). Die Heldenfigur der Frühphase ist el Campeador Cid (Herr), ein Ritter Alfons' VI. von León-Kastilien, der – 1081 in Ungnade gefallen und verbannt – auf die Seite maurischer Fürsten trat. Sein Treuekonflikt wurde zum Thema der Weltliteratur [19: *Cantar de mio Cid*, ca. 1140]. Der Cid hat 1094 die Valencia erobert, die sich nach seinem Tod 1099 bis 1238 als maurisches Königreich hielt und hernach – in Personalunion mit Aragón bis ins 18. Jh. – ihre Eigentradition wahrte. Die Almoraviden wurden seit 1147 durch die Almohaden abgelöst, so daß die Reconquista innerislamische Konflikte nutzen konnte. Vor anderen gab ihr Alfons VIII. von Kastilien (1158–1214) neue Impulse. Tajo (Kastilien) und Ebro (Aragón) wurden weit nach Süden überschritten, die neue Linie zog sich etwa von Lissabon hinüber nach Tortosa. Der weiteste Ausfall reichte bis Calatrava am Guadiana, wo man eine Festung errichtete. Diese Grenze blieb bis zu den großen Schlachten von 1195 und 1212 ziemlich fest (vgl. S. 80). Die spanischen Ritterorden des 12. Jh. sind die von Calatrava (unter zisterziensischer Aufsicht), Santiago und Alcántara.

Besonderheiten der Wirtschafts- und Sozialgeschichte

Die sozialökonomische Entwicklung der iberischen Halbinsel ist Korrelat zu ihrem Gemisch aus Völkern, Religionen und Kulturen, ihren städtischen Traditionen auf höchstem Niveau und den Entfaltungsmöglichkeiten in weiten Räumen. Mit Ausnahme von Katalonien hatten sich alle Reiche aus dem Währungsbereich des karolingischen Pfunds gelöst und das Dinarsystem angenommen. Der Anteil islamisierter Goten und Romanen, die unter der Wirkung von Steuerprivilegien und der überlegenen islamischen Lebensweise den christlichen Glauben aufgegeben hatten, war groß. Ihnen standen die Mozaraber gegenüber, wie man die christliche Bevölkerung nennt, die unter Bischöfen und Grafen in einer Art Ghetto lebten, Tribut zahlten, aber sonst frei blieben. Die Siedler im Gefolge der Reconquista brachten noch einmal Zufluß aus aller Welt. Mauren – das waren Araber, Berber, christliche Renegaten und islamisierte Sklaven – bildeten das Ferment in Wirtschaft, Kunst und Kultur; sie rückten zwar – wie auch die Juden – mehr und mehr in die Minderheit, der Charakter einer Kontaktkultur mit islamischen, christlichen und jüdischen Strömen blieb aber immer gewahrt.

Mit der Reconquista wurden Gemeinschaftsformen des Nordens ausgebreitet, aber mit den für Kriegerkasten und Siedler typischen Privilegien, vorweg des Angebots persönlicher Freiheit ohne Fragen nach der Herkunft. Im 12. Jh. war die soziale Differenzierung der Rechtsfähigen (Freien) in allen spanischen Königreichen noch nicht groß. Wenige Grafen und „Bürgermeister" *(ricos hombres)* hoben sich als Hofadel ab, es gab auch eine Zwischenschicht von Rittern *(infanzones)*, aber die darunter stehenden städtischen Ritter *(caballeros villanos)* waren die eigentlich Privilegierten im Lande. Bis zum Fluß Duero hatten sie mehr unter Leitung kirchlicher und weltlicher Herren als unter königlicher gesiedelt (11. Jh.); dies gilt cum grano salis noch einmal für den aragonesichen Küstenstreifen (13. Jh.). Jenseits des Duero wurden aber die königlichen Städte als Siedlungskörper, Zentren von Rechtskreisen (berühmt das „Stadtrecht", der *fuero* von Sepúlveda) und Pfeiler eines Schutzsystems bestimmend. Neue mediatisierte Zonen entstanden jenseits des Tajo unter der Hoheit der Ritterorden, insbesondere von Calatrava und Alcántara. Nach Süden (Südportugal, Andalusien, Murcia) war der Siedlerstrom nur noch dünn, demgemäß wurde hier extensiv mit Viehzucht gewirtschaftet. Schafzucht breitete sich aber auch sonst aus und kam im 13. Jh. auf das Niveau für Massenexporte von Wolle. Handel und Gewerbe gingen unter der Reconquista zurück. Das nie vom Islam überlagerte Katalonien (Barcelona) wurde Gewinner des von den Muslims an der spanischen Küste verlorenen Anteils am Mittelmeerhandel, allerdings nicht ohne Konkurrenz der provenzalischen Häfen, vor allem aber Genuas.

Die Cortes

Die ständische Mitsprache in *curiae* ist früh und auf eigentümliche Weise entwickelt worden (vgl. S. 150). Großes Gewicht hatten die Städte, ganz gleich ob ihre kommunale Entfaltung von militärischen Führungsschichten (wie in Kastilien) oder von einem Wirtschaftsbürgertum (wie insbesondere in Katalonien) getragen wurde. Alle Städte waren ritterlich repräsentiert und Stützen ihrer Kronen. Der Hof von Aragón anerkannte von vornherein die föderalistische Gliederung, demgemäß stark ist die Traditionsbildung in Aragonien, Katalonien und Valencia (nach 1238).

6. Ungarn, Rußland und Polen

Ungarn zwischen Ost und West

Die mittelalterliche Geschichte Ungarns wurde aus der Mittellage des Landes zwischen den beiden christlichen Welten bestimmt. Für die erste Annexion – Kroatiens und der dalmatinischen Küste um 1100 – berief sich das Königshaus auf seine Verschwägerung mit Zvonimir (vgl. S. 26). Paschalis II. nahm die Eroberung hin, die 1104 durch ein Bündnis mit Byzanz gesichert wurde. Mit dem Zugang zum Mittelmeer hat Ungarn aber die Feindschaft Venedigs auf sich gezogen. Mehr noch setzten die Gegensätze zwischen den Kirchen und wirtschaftspolitische Rivalitäten in der Adria den Hof unter dauernden Entscheidungszwang. Darin haben die Thronwirren, die sich aus dem 11. ins 12. Jh. fortsetzten, mitsamt den Hilfsangeboten aus Ost und West ihren tieferen Grund. Um die Mitte des Jahrhunderts wurden die westlichen Einflüsse mit dem Vordringen erster Prämonstratenser (1130 Nagyvárad/Großwardein/Oradea) und Zisterzienser stärker, vor allem unter dem Erzbischof Lucas von Gran/Esztergom (1158–81), der in Paris studiert hatte. Der griechische Ritus geriet in Abwehrstellung, das Königtum wurde in dynastischen Kämpfen geschwächt. Im abendländischen Schisma hielt der ungarische Primas zu Alexander III. Damit traf er sich mit dem Kaiser Manuel I., der im antistaufischen Bündnis mit

Alexander III., den Lombarden, Venedig und sogar Sizilien stand und nunmehr Ungarn in sein weltpolitisches Kalkül einfügte: der ungarische Thronfolger Bela III. sollte mit der Kaisertochter und präsumptiven Erbin des Kaiserreichs, Maria Komnena, vermählt und das Königreich ein festes Mitglied der byzantinischen Welt werden. Das Verlöbnis wurde aber – nach der nicht mehr erwarteten Geburt eines Prinzen – 1169 aufgelöst. Im gleichen Jahr ordnete ein päpstlicher Legat die Verhältnisse der mehr als 25 königlichen Kirchen und Klöster.

Nach dem Tode Stephans III. (1172 oder 1173) gelang es Manuel, seinen Günstling Béla III. durchzusetzen, der – wäre er nicht Zeitgenosse der Auflösung des Oströmischen Reiches geworden (nach Myriokephalon 1176) – wohl nie eine einseitige Angliederung an Westeuropa gesucht hätte. 1183 vereinigte er die Metropole der Griechen in Sirmion, Bács, mit dem lateinischen Bistum Kalocsa; und er begann mit der Latinisierung vieler Klöster. Der König Ladislaus I., der seinerseits 1083 Stephan I. und seinen Sohn Emmerich hatte kanonisieren lassen, wurde 1192 von Rom heiliggesprochen.

Besonderheiten der Sozial- und Verfassungsgeschichte Ungarns

Ein offenes Land ist Ungarn im 12. Jh. nicht zuletzt in seiner bemerkenswerten Siedlungspolitik. Es gab viele Volksgruppen: Slowenen und Italiener in den kroatisch-dalmatinischen Positionen, Slowaken in Nordungarn, Russen in den Karpaten, Juden und Bulgaren in allen Städten, Deutsche in den Städten des Westens: Preßburg, Eisenburg, Ödenburg, Raab u. a. Zum Schutz gegen Székler, Petschenegen und Chalizen hat Géza II. (1141–1161) Moselfranken und Flamen in Siebenbürgen angesiedelt; sie organisierten sich markgenossenschaftlich. Eine zweite Welle kam gegen Ende des Jahrhunderts aus Mitteldeutschland und Schlesien; sie zogen in die Zips. Als „Sachsen" wurden in ganz Südosteuropa zuerst die deutschen Bergleute bezeichnet, die wohl nicht vor dem 13. Jh. kamen. Durchgangsland ist Ungarn sodann für den Handel im Dreieck Kiev – Regensburg – Byzanz gewesen, und dreimal zogen im 12. Jh. große Kreuzzugskontingente wie vielfach Pilgerzüge durch. Der Transithandel mag lange vor der Gold- und Silberausbeute rangiert haben, jedenfalls kam der ungarische Hof bereits im 12. Jh. in den Ruf, daß seine Finanzaufkommen mit denen Siziliens, Frankreichs und Englands vergleichbar seien (vgl. S. 96).

Elemente aus Ost und West finden sich auch in der staatlichen Verwaltung, Lehnrecht aber fehlt. Der König verfügte im 12. Jh. durch seine ungebrochene Kirchenhoheit wie auch direkt über den weitaus größten Teil des in der Landnahme des 10. Jh. gewonnenen Bodens; kaum ein Drittel war einer Magnatenschicht zugefallen. Die königliche Gefolgschaft saß auf Königsland und leistete dafür persönliche Dienste. Außerdem wurden westliche Söldner und muselmanische Reiter gehalten. Béla III. war tendenziell ein absolutistischer Herrscher mit byzantinischer Orientierung, aber caesaropapistische Neigungen konnten nie durchdringen. Andreas II. (1205–35) forderte mit Landvergabung an Magnaten die ständerechtliche Bewegung der Komitatsleute heraus (Goldene Bulle von 1225 als Grundlegung der „Ungarischen Adelsnation").

Das Reich Kiev

Die Herrschaft der Rurikiden über ihr im frühen 10. Jh. geeintes Reich hatte ihre Zentren in Kiev und Novgorod. Als Metropole und Missionszentrum (Höhlenkloster) stand Kiev seit 1039 unter dem Patriarchen von Konstantinopel. Aufstieg und Verfall des Reiches gehören in die weiten Dimensionen des früh- und hochmittelalterlichen Welthandels (vgl. S. 4), der in einem wichtigen Teil über die aus Wasser- und Landrouten kombinierten „Wege von den Warägern zu den Griechen" lief. Kaum minder wichtig als die Dnjeprstraße zum Schwarzen Meer war die Wolgaverbindung zum Kaspischen Meer, die vielleicht schon zu Beginn des 11. Jh. unterbrochen wurde; sie scheint aber im 12. Jh. vom Fürstentum Suzdal'-Vladimir wieder genutzt worden zu sein.

Kiev war auch östlicher Endpunkt der Straße aus dem Deutschen Reich. Die Stadt galt mit ihren vielen Kirchen und Märkten fraglos als eine der reichsten Europas. Die Münzfunde arabischer, byzantinischer, böhmischer, dänischer, englischer, deutscher Provenienz in Rußland sind zeitlich sehr sicher, ökonomisch sehr schwer, auf keinen Fall aber als bloße Schatzbeuten zu klassifizieren. Die Reise durch Rußland war nur in Kriegergeleit möglich.

Zerfall des Kiever Reiches in Fürstentümer

Unter Jaroslav Mudry (dem Weisen, 1019–1054) kam das Reich auf den Höhepunkt seiner Macht und Kultur. Die Petschenegen im Süden konnten abgewehrt werden, jedoch rückten die Polowzer (Kumanen) nach. Den Aktionen dieses steppennomadischen Reitervolks, das 1061 erstmals den Dnjeprhandel störte, leistete die zunehmende innerdynastische Schwäche des Reiches Vorschub (vgl. S. 26). Jaroslavs Erbfolgeordnung hatte eine rurikidische Gesamtherrschaft mit dem Seniorat von Kiev-Novgorod über den Teilfürstentümern der Brüder, nach dem Tode des Kiever Großfürsten ein Nachrücken des jeweils ältesten Bruders vorgesehen. 1097 wurde den Teilfürsten eigene, wiederum nach Senioratsrecht mit Haupt- und Nebensitzen geordnete Erbfolge zuerkannt, wobei Kiev nach wie vor als Besitz der gesamten Dynastie galt. Unter Vladimir II. Monomach (1113–1125) gewann es zum letztenmal Vorherrschaft.

Ökonomische Neuorientierung: die Novgoroder Kommune

Der dynastische Unfriede hatte tiefere Ursachen. Mitbedingt war der Zerfall vom Nachlassen des skandinavischen Zuzugs in die fürstlichen Gefolgschaften, die überdies zu Bodenständigkeit neigten. Der innere Widerstand gegen die Last der fürstlichen Kriege formierte sich aus den Volksversammlungen (veče), die jeder Freie zusammenrufen konnte. In den schlimmsten Zeiten, gegen Mitte des 12. Jh., waren sie regional bestimmend; Novgorod machte sich 1136 weitgehend von seiner Fürstenherrschaft frei. Die Bevölkerung bestand aber keineswegs ausschließlich aus Kaufleuten und Gewerbetreibenden, es gab Adel mit bedeutendem Landbesitz im Hinterland, das wiederum Rohstoffbasis war. Als im 12. Jh. der Dnjeprhandel mehr und mehr unterbrochen wurde und sich der Levantehandel nach Europa über das Mittelmeer neu orientierte, berührte das Novgorod kaum noch. Die Stadt war zu einem Eckpfeiler eines sich neu einspielenden Handelssystems geworden. Flandrisches Tuch ist seit 1100 auf dem Novgoroder Markt bezeugt, skandinavische und deutsche Handelsniederlassungen gab es hier etwa seit der Mitte des 12. Jh.

Um Suzdal'-Vladimir, Twer und Moskau (1147 zuerst erwähnt), wo seit 1157 Andrei Bogoljubski, der Erbauer der Residenz in Vladimir an der Kljasma, herrschte, entstanden Klösterringe zum Landesausbau. Sie waren Zentren für eine intensive Herrschaftsentfaltung mit abhängiger Gefolgschaft. Zu einem neuen Zentrum entwickelte sich auch der Hof von Halitsch in Wolhynien. An ihm wurde der landbesitzende Altadel, das Bojarentum, bestimmend. Die Straße vom Westen nach Kiev, die durch Wolhynien lief, blieb bis 1240 (Eroberung durch die Tataren) offen. Im Memel-Düna-Raum wurde der Zusammenbruch des Kiever Reiches von den baltischen Litauern ausgenutzt, die am Anfang des 12. Jh. dem Großfürsten noch tributpflichtig waren. Autokratie in Susdal; Bojarenherrschaft in Wolhynien

Seit 1204 (Eroberung Konstantinopels durch die Lateiner) verlor auch die russische Kirche ihre Orientierung nach Byzanz.

Polens Verhältnis zu Böhmen, zum Deutschen Reich und zu Kiev hatte sich am Ende des 11. Jh. noch einmal positiv gestaltet. Der 1076 verliehene Königstitel ruhte wieder. Aber von den Söhnen Wladislaws I. setzte sich 1107 Boleslaw III. Schiefmund (1102–1138) gegen den salischen Schützling Zbigniew durch, wehrte den Aufmarsch Heinrichs V. zur Behauptung deutscher Lehnshoheit ab (1109), besiegte Böhmen, das 1111 auf Tribut für Schlesien verzichten mußte, und unterwarf Pommern zu einem Zeitpunkt (1121), als die Mission anlief (vgl. S. 43). Der deutsche König (Lothar III.) konnte eine gute Position im Oderraum wahren, als Boleslaw III. zur Lehnsnahme für Westpommern bereit war (1135). Das neue Bistum Lebus a. d. Oder war aber bereits unter Gnesen gestellt (1124/25), während Wollin (1140 gegründet, um 1176 nach Kammin verlegt) exemt blieb. Polen

Zum Problem des „Königreiches" Polen wurde wie für Kiev die erbrechtliche Realteilung, der auch Boleslaw III. mit einer Senioratserbordnung steuern wollte. Sie sah vier Gebiete vor: Schlesien mit Breslau, Masowien und Kujawien mit Płock, Großpolen mit Posen (und Gnesen?), Kleinpolen mit Sandomir. Zusätzlich zu seinem Erbteil sollte dem Ältesten das westliche Kleinpolen mit Krakau sowie eine Oberhoheit über Gnesen (?) und Pommern zufallen. Das System hat sich nie bewährt, führte vielmehr in ständige Kriege (Eingreifen der Staufer: 1146, 1157, 1163, 1184). Barbarossa zwang Boleslaw IV. Kraushaar (den Senior von 1146–1173), das widerrechtlich zu seinem Seniorat geschlagene Schlesien an die Söhne Wladislaws II. (des Vertriebenen, des Seniors von 1138–1146) herauszugeben. Für Pommern wurde 1180 (1181 Bestätigung durch Alexander III.) das Senioratsprinzip aufgehoben (Unterbrechung der Reichshoheit aber 1185–1227 durch Dänemark). Senioratserbordnung der Piasten

Die Idee der polnischen Einheit lebte insbesonders in Kirche und Adel. Sie wurden zu den eigentlichen Garanten inneren Friedens, indem sie das Land überhaupt erst erschlossen. Unterhalb der fürstlichen Lenkung stellten sie seit dem Ende des 12. Jh. den Hauptteil des Bodens für eine Siedelbewegung, die nun von Hospites getragen wurde und ein ganz anderes Gepräge als die ältere Siedlung (adlige) Freiensiedlung im Niemands- oder Herzogsland gewann. Die „Kolonisation“ lief noch über das ganze 13. Jh. in zwei getrennten nationalen Wellen. Sie wurde unter deutschem Einfluß zu einer Rechtsbewegung, die sich in Dorf- und Stadtgemeinden (unter Magdeburger und Sächsischem Recht) etablierte.

Ostseeraum

Expansiv blieben die Fürsten von Masowien, die in die Räume der heidnischen Pruzzen und Litauer tendierten. Die nach 1224 eröffnete Preußenmission ist schon Teil einer neuen Ostseepolitik, die der Deutschordensmeister Hermann von Salza vom Hofe Friedrichs II. aus einleitete. Sie hat viele Voraussetzungen in der Entwicklung rund um die Ostsee, primär in der expansiven Politik des Königreiches Dänemark im 12. Jh.

7. Die dynastischen Entwicklungen in Skandinavien

Allgemeine Voraussetzungen

Schiffahrtstechnische Überlegenheit begründete die ersten Dauerbindungen der skandinavischen zu den europäischen Völkern in Handels- und Raubzügen. Seit dem 9. Jh. wurde der geschichtliche Zusammenschluß durch Mission, seit dem 10. Jh. durch übergreifende Politik vorbereitet. Die Auswirkungen auf die inneren Ordnungen Dänemarks, Norwegens, Schwedens waren nachhaltig. Bauernkriegertum mit Wahlkönigen, in Norwegen und Schweden auch mit Jarlen (Heerführern, Kleinfürsten), wurden durch Feudalsysteme mit sakralem Königtum abgelöst. Die kirchliche Organisation war von Hamburg-Bremen grundgelegt worden, der Metropolitananspruch der Reichskirche wurde bis ins 12. Jh. hinein verteidigt (vgl. S. 62). Seit 1104 lenkte aber Lund die skandinavische Kirche, und zwar zunächst mit 23 Suffraganen für den Norden insgesamt. Zu neuen Erzstiften wurden erst 1152 Drontheim für Norwegen und 1164 Uppsala für Schweden erhoben.

Heilige Könige

In angelsächsischer Tradition standen die jungen Monarchien mit der Verehrung von Königen als Heiligen. Verehrt wurden in Norwegen Olaf II. († 1030), in Dänemark Knut II. († 1086; Kanonisation 1101) und Knut Laward (*dux* von Südjütland, den sein Sohn Waldemar der Große 1169 heiligsprechen ließ), in Schweden Erich IX. Jedvarsson, Förderer der Zisterzienser, Kreuzfahrer gegen Finnland (1160 von Dänen ermordet; Schrein in Uppsala). Für die Kirche war solche Heiligkeit allerdings zweischneidig, weil sie Ansprüche auf erbliche Herrschaft unterstützen sollte.

Entwicklung von Thronrecht als Voraussetzung staatlicher Arrondierung: Norwegen

In Norwegen war das Königtum zwischen unehelichen Söhnen und Enkeln Magnus' III. Barfuß († 1103) umstritten. 1162 (1164?) wurde zum erstenmal ein König gekrönt: der fünfjährige Magnus V. Erlingsson. Coronator war der Erzbischof von Drontheim. Ins Jahr 1163 gehören wahrscheinlich sowohl die ältesten kirchlichen Provinzialstatuten (*Canones Nidrosienses*) als auch die Königswahlgesetze, mit denen die Thronfolge auf eheliche Kinder eingeschränkt und Legitimität außerdem auf Idoneität und ein Lehnsverhältnis zum Hl. Olaf gestellt wurde. Swerker (Sverrir) Sigurdsson besiegte 1184 seinen Vetter

Magnus V. und bekämpfte die Gesetze auch noch, als Innozenz III. über sein Reich das Interdikt verhängt hatte. Mit Unterstützung seines Hofrats, der sozial breit gefächert war, behauptete Swerker nach Krönung durch ihm ergebene Bischöfe Erblichkeit in seiner Linie.

Dänemark

Der Wendepunkt der Entwicklung in Dänemark liegt unter Waldemar I. (dem Großen, 1157–82). Das Thronfolgerecht von 1170 sah die Erhebung des Nachfolgers zum Mitregenten, Krönung des Königs und Leistung eines Krönungseides vor. Waldemar hat nicht sich selber, wohl aber seinen Sohn Knut VI. († 1202) krönen lassen. Zustimmung des Adels und der Thinge zur Krönung wurde freilich auch weiterhin gesucht.

Schweden

Schweden fand im 12. Jh. noch nicht annähernd zu politischer Stabilität, stand ein Jahrhundert in dauerndem Thronstreit zwischen den Geschlechtern Swerkers I. († 1156) und Erichs des Heiligen. Das politische Gewicht der in Thingen vertretenen Landschaften blieb stark.

Begleitet wird der Prozeß „nationaler" Selbstfindung von einer einzigartigen Literatur: den *Gesta Danorum* des Saxo Grammaticus [62; um 1200, wohl am erzbischöflichen Hof von Lund]. Die Sammlungen der sogen. Lieder-Edda sind noch jünger, stammen aus dem erst von Hakon IV. von Norwegen (1217–1263) unterworfenen Island.

Kampf um die Ostsee

Rund um die Ostsee setzte im 12. Jh. ein Handelswettstreit ein. Kaufleute suchten als Gemeinschaften den politischen Schutz in Schleswig (1075), Roskilde (1133), Gotland (1134, 1161), Lübeck (1143), Rügen (1164), Novgorod (1165), Mälarsee (1170), Riga (1180), Polozk am Oberlauf der Düna (1184), Bergen, Åbo in Südfinnland (1188), Reval (1191). Mission war eine starke Triebkraft, Siedlungen als Kloster-, Dorf- und Städtegründungen, das sich abzeichnende Handelsnetz und die neuen politischen Herren lassen Rückschlüsse auf die Motive und Ziele zu, die diesen Prozeß in Gang gesetzt haben.

Gotland

Ruhender Pol in dem neuen „System" wurde Gotland; denn Visbys Bedeutung nahm in dem Maße zu, in dem der Handel ob seines steigenden Volumens die Insel als Umschlagplatz brauchte. Das galt verstärkt, nachdem 1187 heidnische Slaven Sigtuna im Mälarsee zerstört hatten. Im übrigen fehlte eine politische Hoheit auf Gotland. Eine alte Tributpflicht an den dänischen König scheint vergessen, schwedische Herrschaft noch nicht durchgesetzt gewesen zu sein, sie expandierte zuerst nach Südfinnland. Die Ortsgemeinde oder die Fahrtgenossenschaft der Gotländer grenzte ihre Rechte mit den genossenschaftlich organisierten Gotlandfahrern anderer „Nationen" oder deren Herren selber ab (1161 mit den Sachsen unter Garantie des Herzogs Heinrich des Löwen im Namen des Reiches; 1180 Gründung des gotländischen Olafshofes in Novgorod, den die Deutschen hinwiederum als Gäste nutzten). Um 1200 war Visby eine Doppelstadt mit zwei Gemeinden, einer skandinavischen und einer deutschen. Unter Wahrung eines Nationalitätenproporzes verschmolzen im 13. Jh. ihre zwei Räte zu einem Rat.

Deutsch-dänische Rivalität

Für die politischen Veränderungen wurde zunehmend die deutsch-dänische Rivalität verantwortlich, aber auch Polen spielte mit. Waldemar I. erneuerte die in salischer Tradition stehende Lehnshuldigung gegenüber den Staufern (1162) und schloß sich – zusammen mit seinem Bischof Absalon von Roskilde (1177–1201 Erzbischof von Lund) – Heinrich dem Löwen in der neuerlichen Wendenbekämpfung an. Mit der Eroberung des noch heidnischen Rügen (1168) ging Waldemar dann zur Expansion entlang der Ostseeküste über, stand allerdings nach dem Sturz Heinrichs des Löwen 1181 Friedrich Barbarossa vor Lübeck noch einmal bei. Knut VI. brachte 1184/85 die mecklenburgische Küste und Pommern, Waldemar II. 1203 Holstein mit Hamburg und Lübeck unter dänische Lehnshoheit; und 1214 willigte Friedrich II. in die Abtretung Transalbingiens an Dänemark ein. Die Expedition in den Finnischen Meerbusen (Gründung der Stadt Reval 1219) war die vorerst letzte unter dänischem Banner (Danebrog), dessen Vorherrschaft 1227 (Schlacht bei Bornhöved) dann auf einen Schlag zerstört wurde, noch bevor das „Wirtschaftsimperium" zum Tragen gekommen war. Rügen und Estland blieben aber dänisch, und für Lübeck änderte sich auf Anhieb noch nicht viel, weil die Stadt vorher auch Nutznießer der dänischen Expansion war. Die Lübecker „Reichsfreiheit", die 1226 von Friedrich II. beurkundet wurde, beweist aber mit der Zeugenunterschrift des Deutschordensmeisters Hermann von Salza, daß seine Ambitionen auf den Missions- und Handelsraum der Ostsee mit Lübecker Interessen koordiniert worden waren.

Lübeck

8. Das Imperium Friedrichs I. Barbarossa (1152–1190)

Der zweite Kreuzzug – Voraussetzungen im Hl. Land und im Islam

Die Kreuzfahrerstaaten (vgl. S. 31) mußten sich selbst behaupten. Seit den 1120er Jahren brachten die ersten Ritterorden, Templer und Johanniter, eine gewisse Hilfe. Die innerislamische Rivalität, die den Erfolg des ersten Kreuzzugs miterklärt, wurde durch gewaltsame Einung eliminiert. Der Großsultan des rumseldschukischen Reiches unterwarf die Emirate hinter der Linie der Kreuzfahrer mit Hilfe des Atabeg von Mosul: Aleppo 1128, Damaskus 1154 und Kairo 1169. Die Eroberung der christlichen Grafschaft und Stadt Edessa 1144/46 durch den Zengiden Nur ad-Din war nur Nebeneffekt der islamischen Bewegung, löste aber den zweiten Kreuzzug aus.

Fiasko des Kreuzzugs

Wider Willen des Papstes spielten nach erfolgreicher Kreuzzugspredigt Bernhards von Clairvaux die Deutschen die Hauptrolle. Ludwig VII. schlug die Einladung Rogers II. zu gemeinsamer Anfahrt über See ob ihrer antibyzantinischen Spitze aus und zog – wenig später als Konrad III. (Mai 1147) – ebenfalls über den Landweg des ersten Kreuzzugs. In gleichem Maße über die Heeresbewegungen am Bosporus wie über die Gefährdung eigener Ambitionen im Gebiet der Kreuzfahrerstaaten erbittert, ließ der Basileus, Manuel I. zu, daß die weiterziehenden Kontingente durch Seldschuken aufgerieben wurden (Niederlage

Konrads III. bei Doryläum) und schloß einen Friedensvertrag mit dem Großsultan. Die byzantinisch-staufische Allianz blieb erhalten, weil der Basileus den erkrankten deutschen König in seiner Hauptstadt pflegte und ihn hofierte. Nach endlicher Vereinigung der Restkontingente beschloß am 24. Juni 1148 der Kronrat von Jerusalem mit der Mehrheit der unerfahrenen deutschen und französischen Stimmen den Angriff auf das Emirat Damaskus, das seinerseits allein in Nur ad-Din seinen Feind sah. So schlimm die militärische Katastrophe war, der Vertrauensverlust der „Franken" bei den Moslems wog noch schwerer.

Allianzen

Als Konrad III. im Frühjahr 1149 zurückkehrte, war der seit Lothar III. bestehende antisizilische Bündnis- und Freundschaftsvertrag der Kaiserreiche erneuert (Vertrag von Thessalonike 1148). Darüber hinaus hatte Konrad Manuel I. die Zusage gegeben, daß *Italia* Mitgift der Irene (vgl. S. 40) sein sollte – gerade so, als könnte er von Reichs wegen dergleichen verfügen. Der Dritte im Bunde war de facto Venedig als Rivale der sizilischen Normannen. Die normannisch-kapetingische Gegenkoalition (vgl. S. 40) trug nicht, nachdem der Papst sich ihr entzogen hatte.

Zeitenwende

Der Krieg gegen die Feinde des Kreuzes hatte die Konflikte des Abendlandes an die Grenzen der Welt getragen. Nach dem Scheitern des Kreuzzugs, aber auch der „Wendenmission" (vgl. S. 43), kamen Zweifel an der Gottgefälligkeit der Unternehmungen auf. Die maritime Neuorientierung des Wirtschaftslebens rund um das Mittelmeer und die Ostsee brachte die Kommunikationsbedürfnisse der Städte in die große Politik ein. An den Höfen trat eine neue Garde an, die sich viel auf ihre höfischen Sitten und wissenschaftlichen Fähigkeiten einbildete. Politik wurde juridifiziert und kommerzialisiert; sie schuf neue Realitäten und ein neues Herrscherbewußtsein. Juristenpäpste lösten die lange vom Mönchtum geprägte, zuletzt bernhardinische Ära der Papstgeschichte ab und sicherten Einheit nun durch Recht. Vielleicht fand deshalb der Geist des Widerspruchs in Häresien nun breiteres Echo.

Konstanzer Vertrag vom 23. März 1153 [DD. 51. 52]

Verhandlungen zwischen Barbarossa und Eugen III. führten binnen Jahresfrist nach der Aachener Krönung (vgl. S. 45) zu sensationellen Abmachungen. Sie verboten den Friedensschluß mit der Stadt Rom, dem Königreich Sizilien und dem Kaiserreich Byzanz ohne Zustimmung des Papstes und verpflichteten Papst und König, dem *rex Grecorum* den Zutritt nach Italien zu verwehren. Die „neue Politik" wies also die zwischen Konrad III. und Manuel I. Komnenos wegen Italien getroffenen Absprachen ab (vgl. S. 40).

Kaiserkrönung am 18. Juni 1155 in St. Peter; Rückzug Barbarossas

Der neue Papst, Hadrian IV. (Nikolaus Breakspear), vollzog die Kaiserkrönung beinahe heimlich. Erstmals in der Kirchengeschichte war Rom selber mit dem Interdikt belegt. Die aufständische Stadt wurde von Heinrich dem Löwen niedergehalten, Kaiser und Papst ließen Arnold von Brescia hinrichten. Barbarossa beugte sich aber den Anforderungen der deutschen Politik und zog zur Enttäuschung Hadrians IV. ab. Die politische Situation, in der das Heer die Übernahme neuer Verpflichtungen verweigerte, war tatsächlich sehr undurchsichtig, nachdem direkte Verhandlungen mit den Griechen ergebnislos verlaufen waren und Papst und Basileus nolens volens paktierten, indem sie apulische Aufstände gegen Wilhelm I. von Sizilien unterstützten (byzantinische Eroberung eines weiten Gebiets um Brindisi und Bari 1155).

Abrücken der Kurie vom Konstanzer Vertrag: Konkordat von Benevent, Juni 1156

Ob aus grundsätzlichem Zweifel an der staufischen Orientierung oder mit eigenen Intentionen, der Vertrag von Benevent, den Hadrian IV. mit Sizilien schloß (vgl. S. 40), leitete eine Neuorientierung der Mächte im Mittelmeer ein. Noch im Verlauf des Jahres 1156 zeichneten sich die wichtigsten Bündnisse ab: zwischen Mailand und Piacenza; Genua, Mailand und Tortosa; Sizilien und Genua; Venedig und Pisa; Kurie und Florenz gegen Siena. Der König von Sizilien vermochte Hadrian IV. nach Rom zu führen. Zwei Jahre später vermittelte der Papst einen Frieden zwischen so natürlichen Feinden wie dem Basileus und dem Normannen auf dem sizilischen Thron.

Orientierung der staufischen Politik auf Italien; Reichstag von Besançon 1157 [132: Const. I 229 ff.]

In Deutschland fielen 1156/57 die Entscheidungen für eine neue Italienpolitik. Sie wurde allerdings im vorhinein mit einer Neuauflage des Grundsatzkampfes zwischen weltlicher und geistlicher Gewalt schwer belastet. Das geschah auf dem berühmten Reichstag von Besançon, auf dem u. a. die kaiserliche Geiselnahme (des Erzbischofs Eskil von Lund) zur Erpressung dänischer Loyalität in einem schwelenden Thronstreit und der kaiserliche Anspruch auf Genehmigung päpstlicher Legationen in Deutschland zur Debatte standen. Der Papst hat scharfe Waffen benutzt, als er durch seinen Kanzler Roland Bandinelli den Kaiser an die jüngst gewährten *beneficia* (Kaiserkrone) erinnerte. Rainald von Dassel, seit Mai d. J. 1156 Kanzler des Kaisers – übersetzte *beneficium* mit „Lehen", bestimmt nicht in naiver Unbefangenheit. Die Empörung im Episkopat wurde von Reichs wegen gründlich genutzt. Manifeste propagierten die Unabhängigkeit eines auf Gottes Gnaden und Fürstenwahl gestellten Kaisertums und die Kaiserkrone als ein *divinum beneficium*. Im Juni 1158 erklärten Hadrians Legaten in Augsburg den Sachverhalt so, daß *beneficium* als „Wohltat" und *conferre coronam* als „Krone aufsetzen" und nicht als „verleihen" zu verstehen seien.

Unterwerfung Mailands und Reichstag von Roncaglia 1158 (vgl. S. 135)

Das politische Thema des zweiten Italienzugs, den Barbarossa im Sommer 1158 antrat, war aber in der Hauptsache die Welt der Kommunen. Von den meisten wurde der Kaiser als Friedensgarant erwartet, von Mailand allerdings bekämpft. Barbarossa hatte 1155 die Acht über die Kommune verhängt. Am 1. September 1158 wurde Mailand besiegt. Zwei Monate später erfolgte die Feststellung aller Rechte des Reiches durch den Reichstag von Roncaglia. Formal wurden die Regalien durch Vertreter der Kirche, des Adels und von 14 Städten als Weistum gefunden, vier Bologneser *doctores* leisteten wissenschaftliche Hilfe. Mailand und Cremona traten zuerst in Aufstand, beide und bald auch Brescia und Piacenza verhandelten mit Hadrian IV., der seinerseits unter Androhung des Banns dem Kaiser eine Frist von 40 Tagen zum Einlenken setzte, darüber aber am 1. September 1159 gestorben ist.

Das Schisma von 1159: Alexander III. und Viktor IV.

„Sizilier" und „Kaiserliche" im Kardinalskollegium, aber auch der Kaiser selber, nahmen das Risiko einer Doppelwahl in Kauf. Der Sienese Roland Bandinelli, Kanzler und Berater Hadrians IV., und der Kardinalpresbyter Oktavian Monticello aus Tivoli standen sich nun als Alexander III. und Viktor IV. gegenüber. Beider Namenswahl war programmatisch. Alexanders Machtpotential bestand vorerst aus 25 Kardinälen und dem Apparat der Kurie, mit denen er in Richtung Sizilien geflohen war. Wie 29 Jahre zuvor wurde die Christenheit zum Schiedsrichter aufgerufen.

Formierung der Oboedienzen

Weder das Konzil von Pavia, das der Kaiser im Februar 1160 wie ein neuer Konstantin eröffnete, noch das Vorgehen gegenüber den unter sich verfeindeten, aber seit Juli 1160 im alexandrinischen Lager befindlichen Königen von England und Frankreich (Treffen mit Ludwig VII. bei St. Jean-de-Losne; Synode von Dôle, August 1162) brachten der Oboedienz Viktors IV. Zuwachs. Die Zerstörung Mailands im März 1162 und die Angriffsplanung gegen Sizilien in diesem Jahr (Privilegien Barbarossas für Pisa und Genua) leisteten der alexandrinischen Argumentation Vorschub, daß der Kaiser von seiner Hauptstadt Rom aus Weltherrschaft anstrebe. Alexander III. versöhnte die westeuropäischen Kronen, deren Klerus sich im März 1163 in Tours um ihn versammelte. An Einschnitten, die zur Wende hätten führen können, fehlte es nicht (Tod Viktors IV. am 20. April 1164; Becket-Konflikt seit 1164). Barbarossa wies Legaten Alexanders in Nürnberg 1163 und Susa 1164 ab und hieß die von Rainald von Dassel inszenierte Wahl Paschalis' III. nachträglich gut. Er verkannte, daß der englische König Heinrich II. den jüngst mit ihm eingegangenen Vertrag von Rouen nur als Druckmittel gegen Alexander III. zu nutzen dachte. Barbarossa setzte gegen die Zeichen des Zerfalls der kirchlichen Fronten (u. a. Nichtanerkennung Paschalis' III. durch Burgund; Überlauf Konrads von Mainz zu Alexander III.) die „vom Pfingsgeist eingegebenen" Eide des Reichstags von Würzburg und die Heiligsprechung Karls des Großen (1165); dann trat er den vierten Italienzug an.

DD. 356 f. 367

Katastrophe vor Rom 1167 und Abfall der Lombarden

Ein neugewählter Senat hatte 1165 Alexander III. die Rückkehr nach Rom ermöglicht. Manuel Komnenos kleidete seine Italienpläne in Schutz- und Unionsangebote. In diese Zeit gehört wohl sein Zahlungsversprechen für den Neubau der Mailänder Stadtmauer und der Treueid, den er den Konsuln dafür abnahm. Friedrich Barbarossa suchte die Entscheidung in Rom und gegen Sizilien, führte seine Brabanzonen an den Mächten des Veroneser Bundes (1164 unter Führung Venedigs geschlossen) vorbei. Die Eroberung der Stadt, von Rainald von Dassel mit eigenem Kontingent vorbereitet, gelang im Juli 1167. Die Kräfte Siziliens waren nach dem Tode Wilhelms I. (Mai 1166) noch in Regentschaftskämpfen gebunden, so daß die Generalbereinigung greifbar nahe schien. Eine schwere Malariaepidemie tötete aber an die 2000 Mann, unter ihnen Rainald von Dassel als einen von einem Dutzend Bischöfen und sieben Fürsten. Die Naturkatastrophe wurde vom Abfall der Lombarden begleitet, 22 Kommunen schlossen sich mit dem Veroneser Bund zur *Societas Lombardorum* zusammen. Die Liga errichtete 1168 an strategischem Punkt bei Tortona/Asti ihre neue Bundesfeste und nannte sie nach ihrem Papst Alessandria.

Der dritte Gegenpapst, Calixt III. (1168), wurde von Barbarossa nur noch halbherzig unterstützt. Es bleibt ein Grundbefund der folgenden Jahre, daß Kurie, Lombarden und Sizilien sich in keiner der vielen Verhandlungen auseinanderbringen ließen. Das alexandrinisch-lombardische Bündnis stand unter einer neuen politischen Idee, der *libertas Italiae*.

Concordia von Montebello, 16./17. April 1175 [132: Const. I 339 ff.]

Der Vorfriede von Montebello brachte die Parteien darin weiter, daß die Lombarden Bereitschaft zur Erhaltung des Reichsverbandes zeigten und Barbarossa den Bund als Verhandlungspartner hinnahm. Das Scheitern des letzten Versuchs zu militärischer Behauptung (Niederlage von Legnano) mag der Hilfsverweigerung Heinrichs des Löwen in dem sagenumwobenen Treffen von Chiavenna anzulasten sein, jedenfalls gebot auch der neuaufziehende welfisch-staufische Gegensatz den Friedensschluß in Italien.

Neuorientierung der Seemächte

An einem Ort wie Venedig gewann das Friedensbedürfnis dann höchste Überzeugungskraft aus der im letzten Jahrzehnt weltpolitisch verfahrenen Lage. Ein in sich faules sizilisch-byzantinisches Bündnis von 1166/67 war rasch zerfallen. Die 1169/70 erneuerten Handelsverträge mit Genua und Pisa, mit denen Manuel I. antistaufische Ziele verfolgte, hatten die Streitigkeiten der Seestädte untereinander und mit Venedig geschürt, das seinerseits im letzten Jahrzehnt als Transporteur auf der Adria-Achse zwischen Oberitalien (Tuchindustrie) und Sizilien (Getreide) in Konkurrenz zu den kaiserlich gebundenen Städten Pisa und Genua gute Geschäfte gemacht hatte. Mit Pisa hatte Wilhelm II. bereits 1169 zum Frieden kommen können.

Bruch der byzantinisch-venezianischen Handelsverträge

Bestimmend für das Geschehen im östlichen Mittelmeer waren seit nahezu 100 Jahren die byzantinisch-venezianischen Verträge gewesen [110]. Ihnen verdankte Venedig seine maritime Hegemonie, die der Republik aber von Manuel I. geneidet wurde. In einer auf einen Tag (12. März 1171) organisierten Aktion, mit der alle erreichbaren Venezianer verhaftet worden waren, hatte das Verhältnis Venedigs zu Ostrom einen Schlag erlitten, der nie mehr wettzumachen war. Seit 1172 steuerte Sebastiano Ziani die Republik, sein Unterhändler wurde Enrico Dandolo, und auf seinem Kurs war Venedig bereits 1173 aus der lombardischen Liga ausgeschert, um dem Erzbischof Christian von Mainz Flottenhilfe gegen den gefährlichen Konkurrenten Ancona, den verhaßten Partner Manuels, zu leisten. Seit 1175 auf die sich abzeichnende sizilische Hegemonie orientiert, hatte Enrico Dandolo dann mit Wilhelm II. einen Handelsvertrag abgeschlossen. Aller Interessen waren erneut von den Unsicherheiten im Königreich Jerusalem (unter dem aussätzigen König Balduin IV., 1174–85), dem Sturz der Fâtimiden von Kairo (1171) durch Saladin (vgl. S. 2), aber auch von der byzantinischen Ungarnpolitik (vgl. S. 55) betroffen. Demgegenüber blieben Barbarossas Beziehungen zu Saladin wie zu dem Großsultan Kilidsch Arslan von Iconium politisch sicherlich bedeutungslos. Aber sie passen in die Fronten. Kilidsch Arslan hatte 1175 mit Byzanz gebrochen und band seitdem die gesamte Landmacht Manuels. Sie wurde im September 1176 vor Myriokephalon vernichtet.

Barbarossas Diplomatie setzte beim Papst an. Die Verhandlungen in Anagni

(Oktober/November 1176) legten die Grundlagen für einen Frieden. In auffallender Weise wurde der *imperator Constantinopolitanus* neben dem König von Sizilien und den Lombarden in die Verträge eingeschlossen. Barbarossa hatte die Lombarden und Sizilien noch einmal ausnehmen wollen; erst im Kompromiß sagte er der Lombardei auf sechs Jahre und dem König von Sizilien auf fünfzehn Jahre Waffenruhe zu. Außerdem blieben dem Kaiser die Mathildischen Güter noch fünfzehn Jahre zur Nutzung.

Friede von Venedig 1177 [132: Const. I 349 ff. 360 ff.]

Barbarossa erweiterte 1177 das alte Pactum des Reiches mit den Venezianern, indem er ihnen alle Abgaben im Reich erließ. Der Gunsterweis des Papstes an Venedig fiel als Entscheidung in dem alten „Patriarchenstreit" zwischen Aquileja und Grado. Der seit 1156 in Venedig residierende Patriarch von Grado wurde 1180 als Metropolit für die adriatischen Inselbistümer und als Primas über dem Erzbischof von Zara (seit 1154) anerkannt.

Gunstbeweise an Venedig

Auf dem Heimweg von Venedig ging Barbarossa in Arles unter burgundischer Krone (30. Juli 1178) und brachte die Hoheit des Reiches gegen hier eingerissene Usurpation zur Geltung.

Burgund

Das in der Friedensakte von Venedig vorgesehene Konzil, das Alexander III. am 5. März 1179 eröffnete, wurde von etwa 300 Bischöfen (darunter erstmals zwei Iren) und ungezählten Äbten der lateinischen Kirche besucht. Gesandter der griechischen Kirche war Nektarius von Casula. Viele Höfe der Christenheit waren vertreten. Von den großen Köpfen der Zeit nahmen Wilhelm von Tyrus, Erzbischof und Kanzler des Königs von Jerusalem, Johannes von Salisbury als Bischof von Chartres und der Bologneser Dekretist Rufinus, Bischof von Assisi, teil. Zum drittenmal in diesem Jahrhundert bestätigte ein Generalkonzil den Friedensschluß zwischen Kirche und Fürsten. Mit dem Prinzip der Zweidrittelmehrheit für die Papstwahl erzielte das Majoritätsdenken einen ersten Einbruch in die europäische Wahlrechtsgeschichte. Weitere *capitula* betrafen die Ablösung von laikalem Eigenkirchenrecht durch Patronate, Schulgeldfreiheit für arme Schüler, Verbot von „Rüstungsgüterhandel" mit Arabern, Verbot der Haltung christlicher Sklaven durch Juden und Sarazenen und die Bekämpfung der Ketzer. Innozenz III. ausgenommen, sind von keinem Papst mehr persönliche Rechtsentscheidungen (Dekretalen) ins *Corpus iuris canonici* eingegangen als von Alexander III.

Das dritte Lateranum

In Deutschland lief alles auf Konfrontation mit Heinrich dem Löwen hin. Wie immer die Vorgänge von Chiavenna zu bewerten sind, das Streitobjekt Goslar läßt angesichts seiner finanz- und territorialpolitischen Bedeutung vermuten, daß der Welfe eine Teilung des Reiches in Interessenzonen verfolgte. Die Vettern Friedrich und Heinrich waren auch vor dem italienischen, oberpfälzischen und schwäbischen Erbe Welfs VI. zu Rivalen geworden. Die Art und Weise, in der sich Barbarossa seit 1173/74 an das Welfenerbe heranmachte, mußte den Löwen herausfordern, wie dieser den Kaiser dadurch reizte, daß er seinen Rang und seinen Reichtum in der Familie der Fürsten in Bauten und Herrschaftssymbolen herauskehrte.

Barbarossa und Heinrich der Löwe: Goslar und das Erbe Welfs VI.

Der Prozeß Heinrichs des Löwen

Der Welfe hatte die Feindschaft aller fürstlichen Nachbarn auf sich gezogen, so daß Barbarossa über den Parteien agieren und die Vernichtung des Rivalen den fürstlichen Standesgenossen überlassen konnte. Sie erfolgte in einem bemerkenswerten Prozeß (vgl. S. 157). Er wurde durch Klagen Heinrichs selber und Gegenklagen, insbesondere des Erzbischofs Philipp von Köln, in Gang gebracht. Das Verfahren lief nach dem „Landrecht" des Beklagten an und führte zum Achtspruch. Unterwerfung und Buße von 5000 Mark Silber, die der Kaiser zur Rechtswahrung und zur Vermittlung des Ausgleichs mit den Klägern fordern mußte, wurden von Heinrich abgelehnt. Jetzt lud ihn Barbarossa wegen Majestätsverletzung, die in der anhaltenden Mißachtung der Ladungen lag, auf den 13. Januar 1180 nach Würzburg. Im Hofgericht sollten nun die Reichsfürsten urteilen. Der Welfe wurde als „widerspenstig" (gegen die Ladung des Gerichts; *contumax*) verurteilt und seiner Herzogtümer und Lehen entkleidet.

Nutznießer wurden der Erzbischof Philipp von Köln „im Gebiet des Kölner und des gesamten Paderborner Bistums" und der Askanier Bernhard „im übrigen Teil des Herzogtums". Bayern kam am 16. September 1180 an den Wittelsbacher Otto, allerdings – nach 1156 – zum zweitenmal verkleinert, nun um die Steiermark. Der Ausfall der Welfen leistete vielen neuen Herrschaftsbildungen Vorschub. Die Askanier vermochten sich nur nach Osten und nicht im welfischen Bereich zur Geltung zu bringen. Dafür hatte der Erfurter Reichstag 1181 einen Grund gelegt, als er Heinrichs Wiederaufnahme in die landrechtliche Gemeinschaft durch Bußpilgerschaft eröffnete und dem Welfenhaus sein Allod erhielt. Die Herrschaften und Bistümer östlich der Elbe in Nordalbingien, Holstein und Mecklenburg wurden reichsunmittelbar, ihr Verhältnis zu Dänemark kam in eine Krise (vgl. S. 60).

Italienpolitik der 1180er Jahre

Dem nach sechs Jahren fälligen Frieden mit den Lombarden (Juni 1183 in Konstanz beurkundet) war eine symbolische Zerstörung und formelle Neugründung Alessandrias unter dem Namen Caesaria voraufgegangen. Mailand, Brescia, Piacenza, Bergamo, Verona, Vicenza, Padua, Treviso, Mantua, Faënza, Bologna, Modena, Reggio, Parma, Lodi, Novara und Vercelli wurden für 30 Jahre auf den Bund verpflichtet, der dadurch zu einer disziplinierenden Mittelinstanz werden konnte. Mailand tat sich im Streben nach Vorherrschaft nun als reichstreu hervor. Die Regelungen beinhalten im einzelnen: Bedingungen für die Überlassung der Regalien; Wahl der Konsuln bei Einholung kaiserlicher Investitur und Leistung des Treueids; allgemeiner Untertaneneid; kaiserliches Hofgericht als Appellationsinstanz über der städtischen Justiz; Leistung des Fodrums bei jeder Reichsheerfahrt.

6. Italienzug

Zur Lösung der in Venedig offengebliebenen Fragen traf sich Barbarossa im Herbst 1184 mit Lucius III. in Verona. Abgesehen von den kaiserlichen Zusagen zur Vorbereitung eines neuen Kreuzzugs und der „Charta der Inquisition", die kirchliches Urteil und weltlichen Strafvollzug erstmals parallelisierte (*Ad abolendam*; JL. 15109), blieb alles strittig; und die Verlobung Heinrichs VI. mit Konstanze von Sizilien war der Kurie ein Ärgernis.

Wie wenig ihr dieser neue Kurs zusagte, verrät die Papstwahl vom 26. November 1185 (am Todestag Lucius' III., was kirchenrechtlich verboten war); sie fiel auf den ärgsten Gegner Barbarossas, den Mailänder Erzbischof Humbert Crivelli (Urban III.). Die Mailänder Hochzeit Heinrichs VI., das Ansinnen auf seine Krönung zum König von Italien durch den überhaupt nicht zuständigen Patriarchen von Aquileja, Konspiration Urbans mit dem Kölner Erzbischof Philipp von Heinsberg (der seinerseits Fäden der Verschwörung nach England, Frankreich, Dänemark und zu Heinrich dem Löwen spann) und Stimmungsmache gegen das kaiserliche Spolienrecht, päpstliche Entscheidung in einem Trierer Streit zugunsten des Kandidaten, dem Barbarossa die Investitur verweigert hatte, darauf Befehl des Kaisers an seinen Sohn Heinrich, den Kirchenstaat zu besetzen – der neuerliche Bruch zwischen Papst und Kaiser schien unvermeidlich.

Urban III.

Weniger die Isolierung Philipps von Heinsberg (Gelnhäuser Reichstag 1186, staufisches Bündnis mit dem französischen König Philipp II. 1187) und der rasche Tod Urbans III. als vielmehr die Niederlage eines christlichen Heeres bei Hattin am See Genezareth, die den Fall von Akkon, Jaffa und Beirut nach sich zog, und die Eroberung Jerusalems am 2. Oktober 1187 zwangen zur Entspannung in Europa. Zwischen England und Frankreich war Krieg (vgl. S. 51), als sich der Kaiser am Sonntag Laetare 1188 in Mainz auf dem von Legaten geleiteten „Hoftag Christi" an die Spitze der Kreuzzugsbewegung stellte.

Fall Jerusalems 1187

In diesem Jahr schloß Clemens III. einen Vertrag mit dem römischen Senat, der dem Wanderpapsttum nach 52 Jahren wieder dauernde Residenz in Rom sicherte.

D. BYZANZ UND DAS ABENDLAND UM 1200

1. Der dritte Kreuzzug

Die Katastrophe in den phrygischen Gebirgspässen 1176 (S. 64) setzte der komnenischen „Erneuerung" des justinianischen Weltreiches ein Ende. Die militärischen Erfolge in Kilikien (1158), Ungarn (1164) und Serbien (1172) waren bedeutungslos geworden, die über Antiochia gewonnene Hegemonie (1158) verspielt, und die von den Türken bedrängten lateinischen Staaten standen ohne Beschützer. Die innere Spannung des Reiches entlud sich 1182 in einem Gewaltakt gegen die Lateiner. Er gab den Auftakt zur gleichermaßen adels- wie lateinerfeindlichen Regierung des Andronikos Komnenos, die an den ökonomischen Realitäten vorbeisah, gegen Wilhelm II. 1185 vor Thessalonike militärisch versagte, bald in inneren Terror führte und im Chaos der Straßen von Konstantinopel ihr Ende fand.

Krise des byzantinischen Reiches: Myriokephalon 1176

Angeloi

Die mit Isaak II. (1185–95) erhobene Dynastie der Angeloi repräsentierte die obsiegenden Adelsfamilien. Globale Klagen über Korruption der Beamtenschaft und Steuerlasten bezeugen die fortgeschrittene Feudalisierung, die in Byzanz beim Fehlen des Homagiums nie staatsfördernd sein konnte. Vielfach wurden Steuereinkünfte auf Staatsdiener übertragen (Pronoiasystem) und statthalterliche Gewalt durch grundherrliche Willkür ersetzt. Isaak gelang es zwar, zum Frieden mit Normannen, Ungarn und Bulgaren zu kommen; faktisch nahm er nach erfolglosem Feldzug 1190 aber das neue Bulgarenreich, damit den Verlust byzantinischer Vorherrschaft auf dem Balkan hin.

Fall Jerusalems 1187

Seit Oktober 1187 wurde Jerusalem von dem Ejjubiden Saladin (1171–1193) beherrscht, der vom Niltal aus seine Herrschaft an der syrischen Küste vorgeschoben und bei Hattin weit nördlich von Jerusalem die lateinischen Streitkräfte besiegt hatte. Immerhin konnten Antiochia, Tripolis und Tyrus als lateinische Küstenbastionen behauptet werden.

Der dritte Kreuzzug [47: *Itinerarium peregrinorum*]

Die Kreuzzugsenzyklika *Audita tremendi* Gregors VIII. [in: 75a] löste europaweites Echo aus. Als der Krieg zwischen Philipp II. von Frankreich und Heinrich II. von England im Sommer 1189 beigelegt war, durchzog Barbarossa mit einem Heer, für das hinreichender Schiffsraum nicht zu beschaffen war, bereits Ungarn.

109: Dölger, Reg. Nr. 1591

Isaak II., der in Verhandlungen mit Saladin Rückhalt gesucht hatte, wurde von Barbarossa gezwungen, die Überfahrt des Ritterheeres über den Bosporus zu sichern (Vertrag von Adrianopel 1190). Die Führung des Kreuzzugs ging dann doch auf die Könige von England und Frankreich über, als sie sich im August/September 1190 nach Messina übersetzen ließen; denn der Kaiser war am 10. Juni 1190 bei Seleukia im Fluß Saleph ums Leben gekommen.

Belagerung Akkons

An den Aktionen der französischen und englischen Kontingente, die im April und Juni 1191 Akkon zu Schiff anfuhren, beteiligte sich Herzog Friedrich von Schwaben mit einer kleinen Resttruppe, erlebte jedoch nicht mehr den Abschluß der Belagerung. Der Frieden zwischen Richard Löwenherz und Saladin (2. Sept. 1192) garantierte den Pilgern Zuzug zu den Heiligen Stätten. Das zweite Königreich Jerusalem sollte auf ein Jahrhundert aus dem Gebiet von Akkon bestehen. Das Königreich Guidos von Lusignan (Schwiegersohn Balduins IV. von Jerusalem) ging unter, der Nachfolger Konrad von Montferrat wurde ermordet. Abenteuerliche Verhältnisse herrschten auf Zypern.

2. Das staufische Imperium unter Heinrich VI. (1190–1197)

Der sizilische Erbfall

Der politische Auftrag, mit dem Barbarossa seinem Sohn bei Antritt der Kreuzfahrt die Reichsregentschaft überlassen hatte, war durch den Tod Wilhelms II. von Sizilien (18. November 1189) in kürzester Zeit überholt. Tancred von Lecce, ein Neffe der Konstanze, überspielte die auf Konstanze gestützten staufischen Erbansprüche. Er ließ sich von den sizilischen Großen zum König wählen und im Januar 1190 vom Erzbischof von Palermo krönen. Dies geschah mit Zustimmung des Oberlehnsherrn, des Papstes Clemens III. Bei der Überfahrt ins Hl. Land schloß Richard Löwenherz im November in Messina mit Tancred ein Schutz- und Trutzbündnis ab, das nach Lage der Dinge vor allem gegen Heinrich VI. gerichtet war, wohingegen Philipp II. eine von Tancred gewünschte normannisch-kapetingische Eheverbindung ausschlug. 108: Rymer, Foedera I 1, 21 f.

Stagnation der staufischen Politik

Heinrich VI. war bis zum Juli 1190 in Deutschland gebunden, u. a. durch Heinrich den Löwen, der in einem Kompromiß (Teilung der Lübecker Reichseinkünfte zwischen Welfen und Schauenburgern) zufriedengestellt wurde. Mit dem 19. Januar 1191 wird in und für Lodi die Reihe der Privilegien eröffnet, mit denen Heinrich die Hilfe oberitalischer Städte, Kirchen und Herren und insbesondere Flottenunterstützung durch Pisa und Genua für den Kampf um das Erbe seiner Frau erkaufte. Der neue Papst Coelestin III. krönte Heinrich (und Konstanze) am zweiten Ostertag 1191 zum Römischen Kaiser, blieb aber Gegner der bedrohlichen sizilischen Pläne. Vor Neapel scheiterte der kaiserliche Zug; Monte Cassino ausgenommen, war der von Coelestin anerkannte Tancred auch seiner Herrschaft in Süditalien sicher. 98: Baaken, Reg. Nr. 115 ff.

Konflikt um die Reichspositionen in den „Niederlanden"

Bei seiner Rückkehr nach Deutschland (Weihnachten 1191 in Hagenau) zählte die Wiederbesetzung von Bischofsstühlen zu den dringlichsten Aufgaben des Kaisers. Nirgends fiel eine Entscheidung, die nicht Kritik herausgefordert hätte, wegen Lüttich aber zog Heinrich VI. gefährlichen Widerstand auf sich. Als der von ihm unter Reichsacht gestellte und von Hennegau bekämpfte, von der Kurie aber bestätigte Lütticher Kandidat (Adalbert von Brabant) im November 1192 durch deutsche Ritter in Reims ermordet wurde, erhielt der „niederländische" Aufruhr sizilische, englische und kuriale Unterstützung.

Gefangensetzung Richard Löwenherz'

Der Herzog Leopold von Österreich machte nun Weltgeschichte, als er den vom Kreuzzug heimkehrenden Richard Löwenherz gefangen setzte. Die Sache war mit Heinrich VI. abgesprochen. Der Kaiser gab Nachricht an Philipp II., übernahm den englischen König am Dreikönigstag 1193 und setzte ihn auf dem Trifels in Gewahrsam.

Politische Auswirkungen: Deutschland

Unmittelbar wurde die deutsche Opposition ihres englischen Rückhalts beraubt. In die erneute Aussöhnung mit Heinrich dem Löwen (1194) schloß der Kaiser aber die ihm unliebsame Ehe der staufischen Prinzessin Agnes mit dem jungen Heinrich von Braunschweig ein, die dem Welfen die pfalzgräfliche Würde und das rheinpfälzische Allod einbringen sollte.

England und Frankreich

Der französische König hatte sich nach dem Tod des kinderlosen Grafen von Flandern (Philipp von Elsaß, 1191 auf dem Kreuzzug) die Städte Arras, Aire und St. Omer gesichert. Nachdem Artois, Amiénois und Vermandois bereits in den 1180er Jahren kapetingisch geworden waren und Valois unter anhaltendem Druck der Krone stand, zeigt der neuerliche Zugewinn System. Jetzt nutzte Philipp II. die Gefangenschaft Richards, aber auch die Throngelüste von dessen Bruder Johann (Ohneland), zum Einfall in die Normandie und zur Verständigung über die angevinischen Festlandspositionen. Auch wenn man für diese

Jahre das staufisch-kapetingische Bündnis noch nicht als stabilen politischen Faktor bewerten kann, hat der Kaiser in den Verhandlungen doch indirekt französische Interessen mitbefriedigt (allein schon durch die lange Gefangenhaltung); und auf der anderen Seite hat französischer Druck den angevinischen Schritt in die Vasallität des Kaisers unausweichlich gemacht. Das Homagium, das Richard dem Kaiser leistete, war eine betonte Verpflichtung auf Frieden. In nicht gerade kapetingerfreundlicher Absicht hatte Heinrich VI. zuvor eine dauernde Belehnung der englischen Krone mit dem Arelat erwogen.

Lösegeld

Als Richard im Februar 1194 freigelassen wurde, zeigte seine Bindung ans Reich insoweit Folgen, als Heinrich VI. dem französischen König wie dem englischen Usurpator Johann drohte, er werde seinen Vasallen Richard in der Eintreibung seiner Rechtstitel unterstützen. Zu Buche schlugen sodann die finanziellen Forderungen, die sich am Ende auf 100 000 Mark für den Kaiser und 50 000 Mark für Leopold beliefen – Summen, die trotz erbarmungsloser Schröpfung der englischen Kirchen nie aufgebracht wurden. Der überfällige Italienzug zur Gewinnung des sizilischen Erbes war allerdings finanziell gesichert.

Sizilien als neue Basis der Kaiserpolitik

Das Königreich Sizilien stand nach dem Tod Tancreds (20. Februar 1194) unter Regentschaft seiner Witwe. Die staufische Eroberung – wieder flankiert von einem genuesisch-pisanischen Flottenverband – war im November 1194 abgeschlossen. Zu Weihnachten fand die Krönung Heinrichs VI. in Palermo statt. Konstanze gebar am zweiten Weihnachtstag zu Jesi in den Marken den Thronfolger. Die sizilische und die italische Herrschaft wurden koordiniert, wichtige grundherrliche und öffentliche Positionen im Königreich mit hohen Reichsministerialen besetzt. Für Sizilien stand Konrad von Urslingen, seit Barbarossas Zeiten Herzog von Spoleto, der Regentin Konstanze als Statthalter zur Seite. Tuszien kam unter die Kontrolle des kaiserlichen Bruders Philipp (seit 1196 Herzog von Schwaben), die Mark Ancona und die Romagna wurden dem Reichstruchseß Markward von Annweiler als Erblehen anvertraut. In solchen Maßnahmen, die in Deutschland Parallelen hatten (Übertragung des süddeutschen Welfenerbes 1191 an Konrad, 1196 an den Herzog Philipp von Schwaben; Einbehaltung der Markgrafschaft Meißen durch den Kaiser), kündigten sich neuartige Ansprüche an. Alle *regna* sollten unter Kaiserrecht gestellt werden.

Nord- und Osteuropa

Konnte der Staufer in einer kompliziert gelagerten westeuropäischen Situation den Schiedsrichter spielen, so schwand der Einfluß des Reiches auf die nördlichen und östlichen Nachbarn völlig. Ungarn, das unter Bela III. anfangs noch ganz nach Byzanz orientiert war (vgl. S. 55), verfolgte seine Interessen zwischen Ost und West eigenständig. Auch Polen und vollends die Fürstentümer Altrußlands waren aus dem Gesichtskreis des Kaisers entrückt, der Norden ihm entwachsen, nachdem Barbarossa eine staufisch-dänische Verlobung 1187 hatte auflösen müssen.

Westliches Mittelmeer

Eine staufisch-kastilische Eheabsprache war ebenfalls geplatzt. Die mit der Ehe verfolgten politischen Ziele könnten sich gegen Aragón gerichtet haben und mit der Herrschaft im Arelat zusammenhängen; denn auf dem Throne Aragons saßen die Grafen von Barcelona (vgl. S. 53). 1195 spekulierte der Kaiser mit den Handelsinteressen Genuas, als er – statt seine für Flottenhilfe gegen Sizilien gegebenen Versprechungen einzulösen – den Konsuln kriegerische Unterstützung gegen den *rex Aragoniae* in Aussicht stellte.

Kreuznahme und Erbreichsplan

Die Kreuznahme des Kaisers am Karfreitag 1195 in Bari wurde in Absprache mit der Kurie als Geheimsache behandelt. Sie eröffnete eine Serie von Verhandlungen, die bis ins Frühjahr 1197 liefen und Gravamina wegen Behandlung des Kirchenguts, konkreter aber die Lehnsnahme für Sizilien und vor allem den „Erbreichsplan" betrafen. Dieser sah *distincta successio proximorum* (Gervasius von Tilbury; vgl. S. 154), d. h. nicht nur hausrechtliche Sohnes-, vielmehr dynastische Erbfolge auch in Seitenlinien vor, und dies für den römischen Kaiser, der die Unierung der Teilreiche im Imperium betrieb. Als Gegenleistung bot Heinrich VI. Erblichkeit der Reichslehen in männlicher und weiblicher Linie und Verzicht auf das Spolienrecht. Er scheiterte an einer Gruppe um den Erzbischof Adolf I. von Köln und an Coelestin III. In dramatischen Schlußverhandlungen ging der Kaiser so weit, das Erbprinzip durch Koppelung von Taufe und Königssalbung religiös verankern zu wollen; und er machte der Kurie ein „höchstes Angebot" – vielleicht die Lehnsnahme des Imperiums aus päpstlicher Hand (vgl. S. 152).

Jerusalem und Byzanz als Ziel der Weltherrschaft

In den letzten Plänen Heinrichs VI. verband sich das Erbe normannischer Orientpolitik mit Ansprüchen der westlichen Kaisertradition. Das Unternehmen war mit Lehnsnahmen vorbereitet (des Almohaden Al-Mansur für Tunis und Tripolis; Amalrichs von Lusignan für Zypern; Leos II. von Armenien). In Verhandlungen mit Byzanz wurden von staufischer Seite die normannischen Eroberungen der Jahre 1183/85 in Griechenland (von der Westküste bis nach Thessalonike) eingefordert, tatsächlich dann unter Kriegsdrohung die Zusicherung von Flottenunterstützung für einen Kreuzzug und die Zahlung gewaltiger Jahrestribute (16 Zentner Gold) erpreßt. Unvergessen blieb der Frevel des Usurpators Alexios III., des Bruders Isaaks II., der die Kaisergräber in der Apostelkirche ihres Schmuckes berauben ließ, weil die Tribute über neue Steuern *(alamanikon)* allein nicht aufzubringen waren. Das Machtvakuum im östlichen Kaiserreich versprach leichten Gewinn, zog allerdings auch die abendländischen Handelsrivalen in seinen Sog. Nach einem Jahrhundert lauernder Verdächtigungen drohte die Kreuzzugsideologie den Griechen nun wirklich gefährlich zu werden.

Ausgang Heinrichs VI.

Im Mai 1197 erzwang ein Aufstand in Sizilien Verschiebung der Abreise. Unter Einsatz von Kreuzfahrern (das Heer war allerdings eine kaiserliche Söldnertruppe) hat Heinrich VI. die Insurrektion niedergeschlagen. Die ersten Kontingente stellten dann im Oktober die Landverbindung zwischen dem Königreich Jerusalem und der Grafschaft Tripolis durch die Besetzung Sidons und Beiruts wieder her. Der Kaiser aber war am 28. September in Messina der Malaria erlegen.

3. Innozenz III. und die europäischen Konflikte 1198–1215

Ausbruch des Thronstreits in Deutschland: Legitimistische Handlungsweise Philipps

Philipp, Herzog von Schwaben und Tuszien, befand sich auf dem Weg nach Italien, um den jungen Friedrich (II.) nach Deutschland zu holen. Oberitalische Aufstände nach dem Tod Heinrichs VI. zwangen Philipp, ohne den Königsknaben zurückzukehren. Zu einer Wahl und dann zur Doppelwahl kam es wohl nur deshalb, weil der Erste unter den geistlichen Fürsten, der Erzbischof Konrad von Mainz, das Heft nicht in die Hand nehmen konnte; denn er befand sich auf dem Kreuzzug. Adolf von Köln berief nun an seiner Stelle Wahlversammlungen, die antistaufische Ziele verfolgten. Philipp, der einen Rechtsweg zur Erhaltung der Anwartschaft seines Neffen suchte, begegnete den Plänen, indem er sich selber zum König wählen ließ (8. März 1198 in Mühlhausen in Thüringen). Seine Wahl ging also der Wahl des Welfen Otto (9. Juni 1198) voran, der sich seinerseits – wenngleich mit der „falschen" Krone – nach Belagerung und Einnahme Aachens rasch und vom zuständigen Coronator am richtigen Ort krönen ließ (am 12. Juli; Philipp erst am 8. September in Mainz).

Die Welfen, Köln und England: Otto IV.

Otto IV., ein Sohn Heinrichs des Löwen aus seiner zweiten Ehe mit Mathilde von England, war am angevinischen Hof aufgewachsen und von seinem Oheim Richard Löwenherz zum Grafen von Poitou bestellt worden. Die Person des Gegenkönigs gibt Hinweise auf die politischen Ursachen des Thronstreites. Widerstand gegen die Gefangensetzung Richards Löwenherz und gegen den Erbreichsplan hatten den Erzbischof von Köln zum Führer im „Niederland" gemacht und den welfisch-kölnischen Gegensatz von 1180 in eine Koalition verwandelt. Im übrigen wurde die Wahl Ottos IV. von massiven Wirtschaftsinteressen des norddeutschen Raumes, der Stadt Köln und Englands diktiert und auch bereits mit einer Stilisierung der Welfen als alter Kämpfer für die Kirchenfreiheit legitimiert. Diesem Welfenmythos leistete ein Privileg Coelestins III. Vorschub, das Heinrich den Löwen und seine Söhne der Exkommunikation entzogen hatte, es sei denn der Papst selber spreche sie aus.

Der englisch-französische Gegensatz

Der Thronstreit wurde von Anfang an auch durch den englisch-französischen Krieg mitbestimmt. Hatte Heinrich VI. auf Philipp II. nach seinem Einfall in die Normandie (1193) noch mäßigend gewirkt, so gewann der Kapetinger gegenüber Johann Ohneland, dem Nachfolger Richards († 1199), vollen Spielraum. Drei

132: Const. II 1

Wochen nach der Wahl Ottos IV. sagte Philipp unter Berufung auf das staufisch-kapetingische Bündnis von 1187 seine Hilfe gegen die welfisch-englische Koalition zu.

Auflösung des Imperiums

Das zuletzt äußerst schwierige Verhältnis der Kurie zum Imperium löste sich schlagartig auf. Die Kaiserwitwe Konstanze nahm das Königreich Sizilien für sich und ihren – am 17. Mai 1198 in Palermo gekrönten – Sohn Friedrich vom Papst zu Lehen, bestimmte für den Fall ihres Todes den Papst zum Regenten und Vormund Friedrichs, verzichtete auf den römischen Königstitel und dachte nicht daran, Regentschaft in Deutschland zu übernehmen (vgl. S. 152 f.). Die bedrängende Vereinigung Siziliens mit dem Reich *(unio regni ad imperium)*, sogar die Personalunion zwischen dem Reich und Sizilien schien für alle Zeit aufgehoben; aus Deutschland gab Otto IV. noch 1198 diese Zusage.

Kuriale Rekuperationen

Der Doppelwahl im Reich stellte sich Innozenz III. vor Mai 1199 überhaupt nicht. Zum Greifen nahe lag jetzt die „Wiedergewinnung" der Rechte der Römischen Kirche in Italien: des Patrimoniums Petri, vorgeschoben bis auf den Paß von Radicofani, mit Ansprüchen auf die Toskana insgesamt; sodann selbstverständlich all das, was Otto I. 962 in Aussicht gestellt hatte, nun aber mehr als abgerundet: das Herzogtum Spoleto, die Marken (Ancona), Pentapolis, Romagna und Ravenna (vgl. S. 37/39). Die „Rekuperationen", die Lehnshoheit über Sizilien, auch die Politik gegenüber den tuszischen und lombardischen Kommunen, von denen Teile der Mathildischen Güter okkupiert worden waren, verwikkelten das Papsttum in langwierige Kämpfe.

Sizilien: Testament Heinrichs VI. (vgl. S. 152)

Wie ein König stand an der Spitze des Familiarenkollegs, das vor wie nach dem Tode Konstanzes (November 1198) die sizilische Herrschaft übte, der alte Vertraute und Kanzler Heinrichs VI. Walter von Pagliara, Bischof von Troia. Er paktierte mit dem kaiserlichen Truchseß Markward von Annweiler, so daß der junge Friedrich in die Gewalt Markwards († 1202) und staufischer Rottenführer geriet, die sich bis 1206 in ständigen Kämpfen, auch mit Truppen Innozenz' III., auf Sizilien halten konnten. Nach einem der zahlreichen Gefechte (bei Monreale Ende Juli 1200) hatten die Päpstlichen im Gepäck des damals in die Flucht geschlagenen Markward ein Testament Heinrichs VI. gefunden. Im entscheidenden Punkt, in dem es vom Papst *confirmatio imperii et regni (Romanorum)* für den unmündigen Friedrich erhoffte und dafür die kurialen Vorstellungen vom Kirchenstaat weitgehend erfüllen wollte, wäre es nun kein Verhandlungsgegenstand mehr gewesen.

Ausgang der päpstlichen Regentschaft 1208

Nach Eintritt in die Volljährigkeit wurde der vierzehnjährige Friedrich von Sizilien 1209 mit Konstanze von Aragón vermählt. Sie war die etwa 24jährige Witwe des Königs von Ungarn. Aragón, seit 1204 unter päpstlicher Lehnshoheit, sollte Hilfe zur Wiederherstellung der politischen Ordnung leisten.

Verlauf des Thronstreits in Deutschland: Speyerer Fürstenerklärung

In Deutschland fiel 1208 die Entscheidung im Thronstreit: der König Philipp wurde im Juni ermordet. Ein Jahrzehnt ging zu Ende, das dauernde Spuren in der Reichsgeschichte hinterlassen, aber auch erhebliche Auswirkungen auf die Geschichte des Papsttums und Europas zeitigen sollte. In der Ereigniskette nach der Doppelwahl ist die Erklärung deutscher Fürsten, die auf den 28. Mai aus Speyer datierte [RNI Nr. 14] und im August oder September 1199 Innozenz III. erreichte, das erste wesentliche Glied. Die Fürsten teilten die Erhebung Philipps zum König mit, bezeichneten die päpstlichen Rekuperationen als Unrecht, reklamierten Markwards Auftrag in Italien und Sizilien als den des *senescalcus imperialis aule* sowie den Anspruch des deutschen Königs auf Kaiserkrönung, auf die *imperatura Romani solii*, und kündigten die Romfahrt Philipps an.

Anlage des *Regestum super negotio imperii* [95: RNI]

In dieser mit einem Ultimatum belasteten Situation hat der Papst die Korrespondenz zusammenstellen lassen, die bislang in der Reichsangelegenheit angefallen war. Sukzessive, aber gruppenweise und nicht ohne Auswahl wurde das (nur in einem, bis 1209 reichenden Band erhaltene) Register weitergeführt, und insofern ist es ein nicht tendenzfreies, aber doch keineswegs ein manipuliertes Weißbuch.

Legitimistisches Verhalten des Erzbischofs von Mainz

Daß Innozenz III. den Kampf als einen Rechtsstreit bestehen wollte, zeigt sein Ansinnen an Konrad von Mainz, er möge ihm die im Thronstreit zu treffenden Entscheidungen überlassen. Konrad gab nach seiner Rückkehr aus dem Hl. Land im Juli 1199 Innozenz III. aber keineswegs freie Hand, scheiterte jedoch mit dem Versuch, Philipp und Otto IV. zum Verzicht zu bewegen, um die Anerkennung Friedrichs von Sizilien zu erreichen (vgl. S. 42).

Anerkennung kurialer Bedingungen durch Otto IV. [132: Const. II 20; RNI Nr. 11]

Bevollmächtigte Ottos IV. handelten in Rom (Mai 1199) einen sogenannten Innominationsvertrag aus (das ist ein Vertrag, der einklagbar ist, sobald ein Partner eine Vorleistung erbracht hat). Innozenz stellte dem Welfen den *favor apostolicus* in Aussicht, während dieser die Rekuperationen anerkannte, Unterstützung der Römischen Kirche in der Behauptung ihrer Rechte über Sizilien und gegenüber den tuszischen und lombardischen Städten versprach.

Deliberatio domini pape Innocentii super facto imperii de tribus electis [RNI Nr. 29]

Die internationale Lage entspannte sich i. J. 1200 unter dem Wirken päpstlicher Legaten. Der irrational anmutende Versuch des Papstes, Philipp II. von dem Staufer wegzuziehen und für Otto IV. zu gewinnen, war aber nicht nur Kalkül im Thronstreit, sondern auch Friedensstiftung für den Kreuzzug (vgl. S. 78). In Deutschland besserte sich für Innozenz und Otto die Lage durch den Tod Konrads von Mainz. Um die Jahreswende 1200/1201 schritt der Papst dann zur „Tat". Vor geheimem Konsistorium, d. h. vor der Versammlung der in Rom anwesenden Kardinäle, hielt der Papst eine Ansprache *(Deliberatio)* und erklärte, nun dem König Otto seine Gunst zuzuwenden (vgl. S. 138). Die Entscheidung für Otto wurde am 3. Juli in Köln publiziert, nachdem der Welfe seinerseits am 8. Juni 1201 in Neuß [RNI Nr. 77] seine Versprechungen wiederholt und zusätzlich seine Bereitschaft zum Frieden mit Frankreich erklärt hatte. Zu den welfischen Aktionen der Sammlung politischer Freunde zählte u. a. die Überlassung Holsteins (mit Lübeck) an den Dänenkönig.

Haller Protest vom Januar 1202 [RNI Nr. 61] und *Venerabilem* [Nr. 62]

Die staufische Partei legte dar, daß die päpstlichen Ansprüche mit dem Herkommen unvereinbar waren. Die Antwort *(Venerabilem)* war grundsätzlicher und taktischer Natur zugleich. Der Staufer erzwang neue Verhandlungen, und im Sommer brach – allen Friedensmahnungen zum Trotz – die englische Festlandsherrschaft unter den Angriffen Philipps II. von Frankreich zusammen.

Abfall im welfischen Lager; Konzession Philipps an das Wahlrecht

Unter dem Druck der Machtverhältnisse begann ein Jahr nach der päpstlichen Anerkennung der Abfall; im November 1204 wechselte der Königsmacher selber, der Erzbischof Adolf von Köln, das Lager, ohne die Stadt mitziehen zu können. Von Philipp wurde in bemerkenswerter Handlungsweise eine Konzession an die neue („kölnische") Wahlauffassung gemacht (vgl. S. 153): er dankte ab und ließ sich in einem formellen Wahlakt erneut wählen, dann – am Dreikönigstag 1205 – in Aachen vom Kölner Erzbischof auch krönen. Der Staufer unterwarf Thüringen, Böhmen, die Kölner und besiegte schließlich am 27. Juli 1206 bei Wassenberg, westlich von Köln, Otto IV.

Mit Aktionen in Italien zwang Philipp den Papst zu neuen Verhandlungen. Lösung aus dem Bann, Ehepläne für eine Tochter Philipps mit einem Neffen des Papstes, einer anderen Tochter mit Otto IV., Abfindungsprojekte für den Welfen (mit der schwäbischen Herzogs- oder gar der burgundischen Königswürde), vor allem aber die Aussichten auf einen staufischen Verzicht auf die Reichsansprüche über Sizilien – alles wurde hinfällig, als am 21. Juni 1208 Philipp vom bayrischen Pfalzgrafen Otto von Wittelsbach in Bamberg ermordet wurde. Der Wittelsbacher rächte die Auflösung seiner Verlobung mit der Tochter Philipps, die dem päpstlichen Neffen bestimmt worden war. Die europäische Situation ließ sich nicht länger durch päpstliche Friedensdiplomatie meistern.

Ermordung Philipps

Fürsten und Papst vergaben sich nichts, als sie nach dem Mord Otto IV. anerkannten. Er nannte sich König von Gottes und des Papstes Gnaden, sicherte in Speyer (22. März 1209) alles früher Versprochene erneut der Kurie zu, auch die Ausweitung des Kirchenstaates um Spoleto, Ancona und die Mathildischen Güter. Neu war die Beistandsverpflichtung zur Ketzerbekämpfung. Sobald Otto aber im August 1209 in der Lombardei stand, verlor er alles Maß. Die politischen Belastungen, unter denen er handelte, wuchsen unter den Auswirkungen des englisch-französischen Konflikts (vgl. S. 76). In persönlichem Treffen mit Innozenz zu Viterbo lehnte der König es ab, sich mit Philipp II. auszusöhnen. An den Neußer Eid (S. 74) ließ er sich nicht erinnern. Am 4. Oktober zum Kaiser gekrönt, tat er sofort alles, um den Kirchenstaat auf die Grenzen von 1197 zu reduzieren. Unheilbar wurde das Zerwürfnis durch den welfischen Übergriff nach Sizilien.

Welfischer Imperialismus

Friedrich II. war gerade mit sizilischen und kalabrischen Aufständen fertiggeworden, da versuchten die Apulier und der Hasardeur Diepold von Schweinspeunt, das Königreich „dem rechtmäßigen Herrn" – das soll nun schlechthin der Kaiser sein – in die Hände zu spielen. Sie huldigten ihm im November 1209 in Pisa. Diepold wurde dem Papst als Herzog von Spoleto vor die Haustür gesetzt. Im Herbst 1210 brach Otto von Apulien auf, eroberte – wenngleich exkommuniziert – das unteritalische Festland und setzte zum Sprung auf die sizilische Insel an. Dazu luden die Sarazenen ein, die mit den Pisanern paktierten, wohingegen die Barone erste Bedenken schon wieder in Schaukelpolitik umsetzten.

Otto IV. und Friedrich II.

„Es reut uns, den Menschen gemacht zu haben" (vgl. Gen. 6,6 und Samuel 15,11), bekannte der Papst. Er leitete die Wende ein und brachte zugleich das sichtbarste Opfer. Der Kapetinger hatte ihn zu überzeugen vermocht, daß kein anderer als Friedrich von Sizilien dem Welfen gewachsen sei. Im September 1211 wählten deutsche Fürsten in Nürnberg den Staufer zum Kaiser. Friedrich II. gelangte in abenteuerlichem Zug nach Konstanz. Im November 1212 traf er den französischen Thronfolger Ludwig als Gesandten des Vaters. Zum Freundschaftsbündnis kam die finanzielle Unterstützung (20 000 Silbermark).

Innozenz' Entscheidung für den Staufer

Die deutsche Thronfolge wurde zwischen England und Frankreich ausgekämpft. Ostern 1202 hatte der französische König Philipp II. seinen Kronvasal-

Der englisch-französische Krieg; Lehnsprozeß gegen Johann Ohneland

len Johann Ohneland vor das Gericht seiner *pares* nach Paris geladen und ihn schließlich wegen Widerspenstigkeit (*contumacia*; vgl. S. 66) zu Lehnsverlust (Commise) verurteilen lassen. Eine Intervention Innozenz' III. war von Philipp mit dem Argument abgewiesen worden, daß die päpstliche Jurisdiktionsgewalt Lehnssachen nicht einschließe. Auch hatte das Bündnis Johanns mit Otto IV. (Sept. 1202) den kapetingischen Angriff nicht zu hindern vermocht, der zur Eroberung der Normandie und der Grafschaften Maine, Anjou und Touraine führte. Nach 138 Jahren (1204) war dem freien Verkehr zwischen England und der Normandie ein Ende gesetzt worden.

Päpstliche Intervention in Canterbury (Durchsetzung Stephan Langtons 1213)

Innen- wie außenpolitisch war das englische Königtum bereits weitgehend isoliert gewesen, als im Jahre 1206 eine fällige Neubesetzung des Stuhles von Canterbury den Eingriff Innozenz' III. provoziert hatte. Nach leidigen Jahren (1208 Verhängung des Interdikts über England, gegen Ende 1209 Bannspruch über Johann) gab nun (1212) die sensationelle politische Koalition von Kurie, Staufern und Kapetingern dem Papst die Macht, Johann Ohneland vor die Alternative Kapitulation oder Untergang stellen zu können. Innozenz drohte mit dem Schicksal Ottos. Nicht ohne Hilfe auf dem Festland (im März 1213 huldigte der Graf Wilhelm von Holland für ein Rentenlehen von 400 Mark dem englischen König), aber durch Aufstände in Wales gebunden und von einer

England unter dem päpstlichen Schutz [108: RYMER, Foedera I 1, 57 ff.]

Invasion Philipps II. bedroht, dessen Sohn als Gegenkönig bereitstand, nahm Johann das päpstliche Ultimatum an. Am 15. Mai 1213 tradierte er sogar seine Königreiche England und Irland dem Apostolischen Stuhl und empfing sie gegen Jahreszins von 700 bzw. 300 Mark als päpstliche Lehen zurück.

Bouvines

Johann Ohneland glaubte aber nunmehr, dem Krieg gegen Philipp seinerseits nicht länger ausweichen zu sollen. Weil Philipp II. Flandern besetzt hatte, fand Johann auch die Freundschaft zum Grafen von Flandern und hatte großen Erfolg, als die zur Überfahrt rüstende französische Flotte im Zwin (der im 14./15. Jh. versandeten Seezufahrt Brügges) zerstört wurde. Englisches Geld, aber doch in höherem Maße ein England und die „Niederlande" umgreifendes, nunmehr auch auf englische Wolle und festländische Tuche gerichtetes Wirtschaftsinteresse, brachten eine stattliche Koalition zusammen: Otto IV., die Herzöge von Brabant und Limburg, die Grafen von Flandern, Boulogne und Holland, weitere Verbündete und ein englisches Kontingent bereiteten den Einfall nach Frankreich vor. In der Nähe von Tournai bei Bouvines stieß Philipp II. am 27. Juli 1214 auf das verbündete Heer und siegte entscheidend. Seitdem führte er den Beinamen Augustus.

Deutschland: Sieg Friedrichs II. im Thronstreit

Otto IV. mußte sich längere Zeit in Köln verbergen. 1218 ist er auf der Harzburg gestorben. Der Sieger auf dem Schlachtfeld, Philipp II. August, hatte den Reichsadler mit gebrochenen Schwingen erbeutet, ließ ihn reparieren und dem Staufer Friedrich zugehen. Ein Kanoniker vom Erfurter Petersberg berichtete dies mit der Bemerkung, daß seit dieser Zeit der Ruf der Deutschen bei den Welschen im Sinken sei.

Bouvines ist in der französischen Historiographie ein Symbol für den ersten

Frankreich: Feuerprobe der Monarchie

Sieg der Monarchie über die Regionalgewalten und für die nationale Einheit und hat eine bis in unser Jahrhundert reichende Wirkungsgeschichte. Unter der Oriflamme hatte in Bouvines auch eine Reihe städtischer Aufgebote gekämpft. Zu Buche schlug vor allem der Landgewinn. Johann Ohneland mußte seine Festlandslehen bis auf die Gascogne und Guyenne ausliefern.

England: *Magna charta libertatum* (vgl. S. 144)

Die Niederlage des Königs Johann vergrößerte in seinem Land einen angestauten Widerstandswillen gegen willkürliche Enteignungen, Ächtung, Ausweisung und Gefangensetzung. Die Träger der Opposition waren im Adel fast aller Regionen, aber auch in der Londoner Bürgerschaft und nicht zuletzt unter den Kirchenfürsten vertreten, die den „dritten Investiturstreit" in England unter Stephan Langton zu Ende gefochten hatten. Ein besonderer Streitpunkt waren die Steuern. Umstellung von Wehr- auf Steuerpflicht (unter Einschluß der geistlichen Lehen) und von Bodenzins auf Umsatzsteuer (in den Städten) kennzeichnen die Tendenzen des Hofes. Die militärische Katastrophe mündete in den inneren Aufruhr. In einer bewaffneten Erhebung wurde der König gezwungen, einer Reihe von Forderungen zuzustimmen, die ihm in Runnymeade, zwischen Staines und Windsor, auf einer langen Liste präsentiert wurde. Johann besiegelte die Urkunde am 19. Juni 1215. Sie garantiert für das *regnum Angliae* auf ewige Zeiten eine Reihe von *libertates*; man übersetzt am besten: Große Urkunde der Sonderrechte. Sie legt schriftlich fest, was ohnehin galt, konkretisiert aber in wichtigen Punkten, daß der König als Lehnsherr einem gemeinsamen Recht unterworfen ist. Er wird dadurch seinem theokratisch-absolutistischen Rang in bestimmten Belangen entzogen. Die lehnsrechtliche Anschauung bringt also das sonst nur theoretisch oder revolutionär zu gewinnende *pactum* zwischen „Herrscher" und „Untertan" mit, trägt die Apperzeption dessen, was wir das rechtsstaatliche Verfahren nennen, in sich. Berühmt ist das Schlußkapitel, mit dem ein Exekutivkommitee von 26 Baronen eingesetzt wird, das den König zur Einhaltung der Charta zwingen soll. In die Zukunft des Konstitutionalismus weisen auch die „Steuerparagraphen" (cc. 12. 14): Zustimmung des *commune consilium regni* zur Auferlegung von Schild- und Hilfsgeldern. Die bedeutendste Forderung der Barone steht in c. 39: Keine Gefangensetzung, Enteignung, Ächtung, Ausweisung eines Freien, es sei denn *per iudicium parium suorum vel per legem terrae*: Urteilsgrund der Rechtsgenossen (*pares*) soll also materialiter „Landrecht" (das werdende Common Law) sein.

4. Kreuzzug, Albigenserkrieg und Reconquista

Sorge um die Befreiung Jerusalems blieb die Hauptbelastung des Pontifikats Innozenz' III. Mit den letzten Posten der Christenheit in Akkon, Tripolis und Antiochia kam es zu Absprachen. Die eigentlichen Hindernisse erwuchsen im Abendland, wo der allgemeine Unfriede erhebliche Organisationsprobleme heraufbeschwor. Staatliche Besteuerungsversuche beschränkten sich bislang auf

England und Frankreich. Clemens III. hatte 1189 erste Zwangskollekten im Klerus durchgeführt. In Vorbereitung des vierten Kreuzzugs wurden alle geistlichen Einkünfte (Zisterzienser und Prämonstratenser mit Sonderrregelungen) mit einer Kreuzzugssteuer von 2½% belegt, die der Episkopat erheben sollte. Der Papst gewährte außerdem zum erstenmal den Ablaß für die Finanzierung des Unterhalts eines armen Kreuzfahrers.

Transportverträge mit Venedig; Eroberung Zaras

Um die Jahreswende 1201 zeichnete sich nach dem vom päpstlichen Legaten vermittelten Frieden zwischen Philipp II. und Johann Ohneland (Le Goulet; vgl. S. 74) eine hinreichende Beteiligung ab. Mit Vollmacht der Anführer – der Grafen Theobald von der Champagne, Balduin von Flandern und Ludwig von Blois – verhandelten Gesandte mit Venedig, vertreten durch den Dogen Enrico Dandolo. Die Partner einigten sich im Vertrag von Notis auf die Kosten für Überfahrt und Verpflegung von 33 500 Mann auf ein Jahr. Die Führung ging nach dem Tode Theobalds auf einen Kenner der Orientpolitik über, den italienischen Markgrafen Bonifaz von Montferrat, der aber weder den festgesetzten Termin im April 1202 einhalten noch einen einheitlichen Aufbruch sichern konnte. Der Doge bot den 10 000 Kreuzrittern, die den Vertrag mit Venedig einzulösen hatten, Stundung des Fehlenden unter der Bedingung an, daß sie den dalmatinischen Küstenstreifen zurückeroberten, der den Venezianern 1180 vom ungarischen König genommen worden war. So wurde die christliche Stadt Zara am 24. November 1202 eingenommen und geplündert.

Agonie des Oströmischen Reiches

Der Katastrophe im Oströmischen Reich leisteten dann die Angeloi selber Vorschub. Der Prinz Alexios (IV.) war 1201 im Abendland erschienen und hatte sicherlich seinen Schwager, Philipp von Schwaben, aber auch Bonifatius von Montferrat für die Lösung seiner Thronprobleme zu gewinnen versucht. Spätestens im November 1202 waren die vermutlich sehr vagen Pläne dem Papst bekannt, der sie kaum gebilligt haben kann und dennoch als möglichen Weg zur kirchlichen Union in der Schwebe hielt.

Einnahme Konstantinopels April 1204

Versprechungen des Prinzen Alexios, er werde nicht nur die Schulden der Kreuzfahrer an Venedig übernehmen, sondern auch die Kirchenspaltung aufheben, bewogen Bonifaz von Montferrat zu militärischer Unterstützung. Das innerdynastische Morden in Byzanz wurde dadurch aber nicht beendet. Der Doge von Venedig konzipierte nun eine Dauerlösung [1012: *Partitio terrarum imperii Romaniae*], und im April 1204 wurde Konstantinopel zur Eroberung freigegeben. Die Perspektiven der Beteiligten spiegeln sich in dem von Entsetzen über die Erbarmungslosigkeit der Westler gezeichneten Klagelied des Niketas Choniates [52] wie in den von naiver Freude getragenen Beuteberichten des Zisterziensers Gunther von Pairis [35] und des Marschalls der Champagne, Gottfried von Villehardouin [66]. Füllhörner geraubter Reliquien ergossen sich über das Abendland, Venedig entführte die Quadriga.

Lateinisches Kaiserreich

Ein Wahlkonzil von sechs Venezianern und sechs Franken bestimmte Balduin (I.) von Flandern zum neuen Kaiser. Gegen den Willen des Papstes fiel das Amt des neuen lateinischen Patriarchen einem Venezianer zu, Thomas Morosini. Die

Aufteilung des Oströmischen Reiches unterlag den Handelsinteressen. Venedig besetzte vorweg die Inseln der Ägäis. Küstenstützpunkte waren insbesondere Modon auf der Peloponnes, sodann Häfen am Hellespont (den Dardanellen) sowie am Marmarameer, schließlich drei Achtel der Stadt Konstantinopel mit der Hagia Sophia. Das lateinische Kaisertum verfügte über zwei Paläste in der Hauptstadt und ein Viertel des Reiches (beiderseits des Marmarameeres über Thrakien und das nordwestliche Kleinasien mit den vorgelagerten Inseln, insbes. Lesbos, Chios, Samos). Bonifaz von Montferrat herrschte als König von Thessalonike. Völlig vernichtet war das alte Reich aber noch nicht. In den Randgebieten entstanden griechische Nachfolgestaaten: im Westen ein Despotat Epirus, im pontischen Küstengebiet (am Südosteck des Schwarzen Meeres) das Kaiserreich Trapezunt und im westlichen Kleinasien das Kaiserreich Nicaea. Von Nicaea aus wurde 1261, nach Vertreibung der Lateiner aus Konstantinopel, ein neues, „spätbyzantinisches" Reich errichtet.

Auswirkungen auf die balkanische Staatenwelt

Der Verschiebung der staatenpolitischen Gewichte folgten kirchenpolitische Maßnahmen. Ungarn gewann Oberhoheit über Bosnien, wo sich ein eigenes Fürstentum halten konnte, weil es sich zum katholischen Glauben bekehrte und der bogomilischen Häresie absagte. Nicht zum Ziel führten die Unionsabsprachen mit Serben, Ruthenen und Bulgaren. Am Beispiel des „Zweiten Reichs" Bulgarien, das 1185 durch Abfall von Byzanz entstanden war, wird deutlich, daß die 1204 vom Papst mit einer Königskrone für Kalojan und dem Titel eines Primas für den Erzbischof der neuen Hauptstadt Trnovo honorierten Zusagen von Seiten der Bulgaren nichts als Mittel der Nationalbewegung gegen Byzanz waren. Ein Jahr nach dem Fall der Hauptstadt schlug der Bulgarenzar Kalojan die Lateiner bei Adrianopel und wehrte sie von Thrakien und Makedonien ab. Balduin I. starb in bulgarischer Gefangenschaft.

Albigenser

Gegen Ende des 12. Jh. hatten sich die Häresien im Abendland so sehr profiliert, daß der Kirche Spaltung drohte. Nach den häretischen Hochburgen im Languedoc wurde die Bezeichnung der Katharer, deren Bewegung erst seit den 1140er Jahren in den Landstrichen Europas klarer zu verfolgen ist (vgl. S. 00), als *Albigenses* üblich. Auf einer Synode in Saint-Félix-de-Caraman (bei Toulouse) planten sie 1167 ihre Organisation als Kirche [in: 75c]. Die südfranzösische Gruppe im Raum von Toulouse, Albi, Agen, Pamiers und Carcassonne war in Bistümern organisatorisch und „dogmatisch" fest geschlossen. Rückhalt fand sie in den Herrschaftsräumen der Könige von Navarra und Aragon, der Grafen von Foix, Toulouse und Saint-Gilles, Provence und Maurienne, aber auch des Königs von England in Aquitanien; und es waren alle gesellschaftlichen Schichten „befallen". Die Albigenser genossen politischen Schutz an den von Damen kultivierten Höfen (seit 1195 insbesondere des Grafen Raimund VI. von Toulouse und Saint-Gilles) und – nicht selten verwandtschaftlich motivierte – Duldung im Episkopat. Auch scheinen wirtschaftlicher Fortschritt und Unberührtheit von der Kirchenreform die Häresie gefördert zu haben.

Eingreifen Innozenz' III.

Gegen Raimund und die Ketzer hatte Innozenz III. wie seine Vorgänger Legaten, meist Zisterzienser, zur Predigt ausgesandt. (1206 versuchte Dominicus sein Heil unter den Albigensern; vgl. S. 83). Nachdem 1208 der päpstliche Legat Peter von Castelnau ermordet worden war, sanktionierte Innozenz den Albigenserkrieg als einen Kreuzzug und gewährte den Ablaß. Die Gesamtleitung lag bei dem Abt Arnald von Cîteaux als päpstlichem Legaten, die militärische Führung des bunten Ritterheeres unterstand aber einem Mann, der eigene Herrschaft anstrebte: Simon von Montfort.

Albigenserkriege

Im Sommer 1209 wurde die Bevölkerung von Béziers und Carcassonne vernichtet, der Kreuzzug dann weiterhin gegen Raimund VI. von Toulouse und seinen um diese Zeit ihm verbündeten Schwager Peter II. von Aragón geführt (vgl. S. 52). Peter fiel 1213 bei Miret (an der Garonne oberhalb Toulouse), die Positionen Aragóns in Südfrankreich waren seitdem zerrüttet. Innozenz III. nahm 1213 den Ablaß zurück, und auf dem Laterankonzil wäre er zur Verständigung mit Raimund von Toulouse und Raimund-Roger von Foix bereit gewesen, da sie (wie schon früher) ihre Rechtgläubigkeit beteuerten. Aber eine Mehrheit von 300 Bischöfen sprach für Simon von Montfort, dem die Güter der beiden Grafen bestätigt wurden. Am Ende fiel der territoriale Gewinn aber den Kapetingern zu (1229 Vertrag von Paris Ludwigs IX. mit Raimund VII. von Toulouse); und die provenzalische Kultur war zerstört.

Gefährdung der Reconquista durch die Almohaden

Bei anhaltendem Willen zur Verdrängung des Islam hatten die christlichen Königreiche Spaniens in der zweiten Hälfte des 12. Jh. doch mehr Kriege untereinander als gegen die Mauren ausgetragen. Diese waren ihrerseits seit den 1140er Jahren von Marokko aus ins Reich der Almohaden integriert und wurden seit den 1170er Jahren – von Córdoba aus – aggressiv. Züge des Hl. Kampfes nahm die Offensive unter ihrem Führer Al-Mansur an, dem sich Alfons VIII. von Kastilien 1195 bei Alarcos (Raum Ciudad Real) zwar stellte, von ihm aber zur Flucht hinter den Tajo nach Toledo gezwungen wurde. Coelestin III. mußte sogar zum Krieg gegen den Maurenfreund Alfons IX. von León aufrufen. Immerhin kündigte sich der neue Antrieb darin an, daß der Papst den Eroberern den zukünftigen Besitz der sarazenischen Gebiete versprach. Innozenz III. unterstützte seit 1210 die kastilischen Initiativen und nahm sich des hoffnungslosen Krieges erst recht nach dem Verlust des Hauptsitzes der Ritter von Calatrava an: Salvatierra war im Sept. 1211 nach Belagerung durch Al-Nasir, den Sohn Al-Mansurs, gefallen.

Las Navas de Tolosa und der Durchbruch der Reconquista

Auf die Pfingstoktav des europaweit schweren Jahres 1212 wurde die Sammlung des Kreuzheeres nach Toledo angesetzt. Der Vorstoß Alfons VIII. von Kastilien, Sanchos VII. (des Starken) von Navarra und Peters II. von Aragón wurde erst bei Las Navas de Tolosa weit im Süden (bei Jaén) nahe am Oberlauf des Guadalquivir geblockt. Am 16. Juli 1212 fiel die Entscheidung. Al-Nasir floh; seine Standarte wurde Innozenz III. übersandt, der in Rom eine Dankprozession abhielt. In den nächsten vierzig Jahren konnten die Almohaden auf Granada zurückgedrängt werden, ihre Hauptstadt Sevilla fiel 1248 an Kastilien, nur einige Küstenprovinzen hielten sich noch über 1260 hinaus.

Der Zug des Jahres 1212, der von den Ärmsten der Armen und in der Hauptsache gar nicht von Kindern durchgeführt wurde, bezeugt erneut eine schlimme Massenerregung. Hauptkontingente wurden – wie in den Bauern- und Judenkreuzzügen des Jahrhunderts zuvor – von den Rheinlanden und Niederlothringen gestellt. Die Aufrufe zu Gebet und Prozessionen, die wegen der Maurennot ergingen, mögen die Zusammenrottung gefördert haben. Unter der Leitung eines Kölner Knaben Nikolaus zogen die Pilger über die Alpen und sammelten sich, vielleicht 7000, in Genua, erhielten aber keinen Schiffsraum für ihr Ziel. Eine Gruppe scheint auf Sklavenmärkten verkauft worden zu sein.

Der Kinderkreuzzug von 1212

5. Die Kirche des vierten Laterankonzils

Der Papst im Brennpunkt der europäischen Politik hat Zeit seines Lebens zuvörderst um den Zustand der Kirche Sorge getragen. Sein in gleichem Maße universaler wie introvertierter Reformwille (vgl. S. 112) lastete die Hauptschuld am Unheil der Welt nicht den anderen, sondern der sichtbaren Kirche selber an. Ein allgemeines Konzil sollte die *reformatio universalis ecclesiae* einleiten. Dazu erging im April 1213 Einladung. In der Fassung für die Zisterzienser drängte sie auf unmittelbare Abstellung von Mißständen wie dem Bauernlegen und der Zehntmißbräuche, damit im Interesse des Ordens das Konzil mit solchen Problemen nicht mehr belastet werde. Bis zur feierlichen Eröffnung am 11. November 1215, aber auch zwischen den drei Hauptsitzungen (11./20./30. November), wurden in Generalkongregationen so kontroverse Angelegenheiten wie der Primatsanspruch von Toledo, die verfahrene englische Situation, das Treiben Simons von Montfort im Land der Albigenser, die Wahl Friedrichs II. zum Römischen Kaiser und die Besetzung des Patriarchenstuhls von Konstantinopel ventiliert. Innozenz verkündete einen Teil der Sprüche in der Schlußsitzung, dann wurden 70 Canones und die Kreuzzugskonstitution (c. 71: *Ad liberandam terram sanctam*) promulgiert.

Reform und Konzil

An die Spitze seiner Dekrete stellte das Konzil ein Glaubensbekenntnis (c. 1), das die dogmatischen Konstitutionen der Konzilien der frühen Kirche fortsetzt (Nicaea 325, Konstantinopel I 381) und mit der fortgeschrittenen Sakramententheologie verbindet. An dem erweiterten Symbolum sind alle Häresien zu messen (vgl. S. 107). Das Dogma von der *transsubstantiatio*, das auf der scholastischen Unterscheidung von Substanz und Akzidenz basiert, beendete den Abendmahlsstreit. Die Unterdrückung der Häresien durch die weltliche Gewalt nach dem Urteil der bischöflichen Gerichte (c. 3) wurde im einzelnen geregelt. Das Kloster Fiore (vgl. S. 108) wurde aber ausdrücklich anerkannt, nur Joachims Trinitätslehre verurteilt (c. 2), wohingegen das Konzil noch keinen Grund sah, auf seinen „Millenarismus“ (Apk. 20, 2f.) einzugehen, mit der den Bewegungen der Armut und Spiritualisierung im Mönchtum eine zukunftschwere heilsgeschichtliche Deutung gegeben war.

Die Canones

Der Reform wurde eine neue Gestalt geschaffen: Heilsordnung durch Recht, das jeden mit Interdikt und Suspension, Exkommunikation und Absetzung trifft, auf dessen Stirn nicht das *Tau* gezeichnet ist (vgl. Ez. 9, 6). Es geht um Zucht, Ausbildung, Pfründenwesen, Ordensrecht, Zehntwesen, Predigt, Privilegien, Grundregeln für Wahl- und Untersuchungsverfahren, Prozeßordnungen, das Verhältnis zu den Griechen . . . Die canones 39–41 wenden sich an den Beispielen umstrittenen Besitzes gegen mißbräuchliche Inanspruchnahme von Formalkriterien des weltlichen Rechts. Bleibende Bedeutung gewannen die Kirchengebote für jährliche Beichte vor dem *sacerdos proprius* (unter Einschärfung des Beichtgeheimnisses) und Osterkommunion (c. 21). Die Bußanweisungen des Priesters sollen mehr auf Heilung der Seele denn auf Strafe bemessen werden; und den Ärzten wird eingeschärft, daß Krankheit des Leibes bisweilen aus der Sünde komme und der Seelenarzt Vortritt habe (c. 22). Im Eherecht (cc. 50–52) werden die Vorschriften über Hindernisse der Blutsverwandtschaft und Schwägerschaft „entsprechend den veränderten Zeiten" gelockert, geheime Eheschließung aber verboten; sie soll wohl vor dem Priester geschehen (vgl. S. 114), jedenfalls wird das kirchliche Aufgebot der Eheleute zur Gemeindeangelegenheit. Die öffentliche Verehrung neu aufgefundener Reliquien wird von päpstlicher Zustimmung abhängig gemacht (c. 62). Viele Dekrete wirken den Versuchungen des bösen Geldes entgegen, die Schlußkapitel gehen Simonie, Habgier und Wucher in allen Ständen systematisch an. Sie leiten zu den Juden- und Heidendekreten (cc. 67–70) über, die das „Dahinschwinden der christlichen Vermögen" bremsen wollen. In pastoralem Eifer werden dann eine Kleiderordnung (zwecks Erschwerung intimer Beziehung zwischen den Gruppen), ein Ausgeh- und (Freuden-)Tanzverbot am Karfreitag und eine Ämtersperre für Juden und Heiden verfügt. Weiterführung der Reform trägt das Konzil den jährlich einzuberufenden Provinzialsynoden (c. 6) und den im Rhythmus von drei Jahren tagenden, nach dem Vorbild der Zisterzienser von allen Orden einzuführenden Generalkapiteln (c. 12) auf. Vor den Synoden und Kapiteln sollen hinfort Beauftragte (Visitatoren) berichten, was sie an Mängeln in der Provinz festgestellt haben.

Das Kreuzzugsdekret betraf Werbung und Privilegien (Plenarindulgenz für die Ausstattung von Kreuzfahrern; Befreiung von Zöllen und Steuern; Schuldenmoratorien, insbesondere gegenüber jüdischen Gläubigern), Finanzierung (30 000 Pfund als kurialer Beitrag; Besteuerung der geistlichen Einkünfte mit 5%, die der Kardinäle sogar mit 10%) und das Verhalten gegenüber dem Islam (Embargo für Waffen und Schiffsbaumaterialien; Handelsverbot auf vier Jahre). Die Finanzmaßnahmen sind symptomatisch für die neuen Dimensionen der europäischen Geldwirtschaft und die Anstrengung der Kurie, mit Geld Bewegungsfreiheit für das eigene Handeln zu gewinnen.

Repraesentatio der Primatskirche

Die Versammlung von rund 400 Bischöfen aus 81 Kirchenprovinzen, über 800 Äbten und Stiftsprälaten, vielen weltlichen Herren und Gesandten, die zur Eröffnung in der Johannesbasilika zusammentrat, war eine einzigartige *reprae-*

sentatio (das erste Lateranum hatte etwa 200 Teilnehmer insgesamt, das dritte aber immerhin schon 300 Bischöfe versammelt). Nachwirkungen des Thronstreits spiegelt die Anwesenheitsliste in der hohen Teilnehmerzahl aus dem Königreich Sizilien (93) und der relativ niedrigen aus Deutschland (26). Abgesehen von Skandinavien, das nur mit einem Bischof aus Dänemark vertreten war, fällt die Beteiligung der Randgebiete des „abendländischen Patriarchats“ auf: aus Irland waren 17, aus Schottland (immer noch York zugeordnet) 5, aus Spanien 26 Bischöfe erschienen, nach Zahl und Persönlichkeiten gewichtige Delegationen hatten auch Ungarn (8) und Polen (5) entsandt; die erstmals in Rom auftauchenden Missionsbischöfe von Estland und Livland wurden als exemt geführt.

Die Kirchenunion

Das vierte Lateranum stellte auf der Grundlage des Gewaltaktes von 1204 die Kirchenunion einfach fest (c. 4) und „erneuerte“ die Privilegien der Patriarchenstühle in der Rangfolge Konstantinopel, Alexandrien, Antiochien und Jerusalem nach der *mater et magistra* Rom, doch offenbart die Teilnehmerliste den Riß, der zwischen Anspruch und Wirklichkeit klaffte. Abgesehen vom Primas Jeremias der in den Libanon abgedrängten Maroniten, war der Episkopat des Orients nur mit (23) Lateinern vertreten. Die byzantinische Hierarchie saß in Nicaea beim Kaiser Theodor Laskaris im Exil.

Historischer Rang des *Corpus Lateranense*

Das Konzil Innozenz' III. ist mit 59 von seinen 70 Canones noch für den *Codex iuris canonici* von 1917 eine Hauptquelle geblieben (nach dem Tridentinum mit 273 Texten). Mit seinen Wirkungen auf den Zivilprozeß, das Eherecht und die Besitzlehre ist das Gesetzeswerk ein Zentralstück der zivilisatorischen Leistung des Hochmittelalters überhaupt. Der Zeitgeist ließ allerdings die Machtdemonstration mit Mitteln zu, die für Gegenwart und Zukunft auch das Versagen in sich trugen: Interdikt, Exkommunikation, Absetzung, Diskriminierung, Überstellung an die weltliche Gewalt – im Dienst des Jurisdiktionsprimats und des Kreuzzugs, zur Abwehr aller Verderbnis und allen Unglaubens: „Ich bins, der tötet und lebendig macht“ (Dt. 32, 39, zitiert in Innozenz' Eröffnungspredigt).

Die neuen Orden

C. 13 des Konzils verbot entschieden, „künftig einen neuen Orden zu erfinden“. Zwei neue Orden stellten sich auf die ihren Stiftern eigene Weise unter das Gebot.

Dominicus

Dominicus stammte aus kastilischem Adel (Guzmán), studierte in Palencia, trat als 25jähriger um 1195 ins Domstift zu Osma. Der Gedanke, daß mangelhafte Seelsorge Mitschuld am Umsichgreifen der Häresien trage und man gegen Waldenser und Katharer mit apostolischer Wanderpredigt aufklären müsse, wurde institutionell wohl zuerst um den Bischof Diego (Didacus) von Osma verfolgt, der ein Priorat in Prouille bei Toulouse gegründet hatte. Es wurde von frommen Frauen versorgt, war aber Station der von hier ausschwärmenden Prediger. Dominicus übernahm die Leitung dieses Hauses i. J. 1207, also zu dem Zeitpunkt, als sich die Albigenserfrage zuspitzte. Er handelte im Einvernehmen mit dem Bischof von Carcassonne und erhielt Unterstützung durch Simon von Monfort. 1215 erschien Dominicus in Rom und erbat eine Regel für sein in

Toulouse neu eingerichtetes Kloster, das Prediger ausbilden sollte. 1216 wurde die Regel von Honorius III. gewährt.

Franciscus

Giovanni Barnadone ist als Sohn eines Tuchhändlers aus Assisi von einer französischen Mutter geboren worden. Seine Schulbildung war wohl mittelmäßig, seine tiefe Weltkenntnis eher auf Handelsreisen erworben. Als 20jähriger hat er um 1202 am Städtekrieg zwischen Assisi und Perugia teilgenommen und den Aufstieg ins Rittertum gesucht. Die Umkehr erfolgte nach langer Krankheit, um die Jahre 1207/09 gab Franciscus sein Vermögen auf, ging unter die Armen und Aussätzigen, lebte einsiedlerisch mit Freunden, renovierte verfallene Kirchen. Seine Predigt suchte den Stil der Volksredner *(modus concionandi)*, aber Antiklerikalismus war ihm fremd. Er erschien 1210 mit seinen Genossen in Rom und bat um Bestätigung ihrer Lebensweise nach dem Evangelium und um Ermächtigung zur Wanderpredigt. Innozenz III. beließ es – und auch dies wohl nur auf Vermittlung eines Gönners – bei einer mündlichen Zustimmung, machte also die Entscheidung von der zukünftigen Entwicklung abhängig.

Das Regel-Problem

Dominicus hat 1215 mit seinen Brüdern die Regel des Hl. Augustinus gewählt (ihr folgten beispielsweise auch die Augustinerchorherren und Prämonstratenser; im 13. Jh. kommen neben den Ritterorden vor allem noch die Augustinereremiten hinzu). Die „Dominikaner", von Anfang an mit einem „2. Orden" der Dominikanerinnen, weiteten sich rasch weltweit aus. Sie suchten die Nähe zu Universitäten (Paris, Bologna); Pfingsten 1220 fand ihr erstes Generalkapitel in Bologna statt. Die „Franziskaner", unter Einschluß des „2. Ordens" der Clarissen (seit 1212) und verheirateter Laien in einem „3. Orden", haben das Regelproblem hingezogen und 1221/23 eine eigenständige *Regula* erhalten. Inzwischen war die Gemeinschaft durch innere Schwierigkeiten und Konflikte mit der politischen Welt in erhebliche Unruhe versetzt. 1221 fand das „Mattenkapitel" der 3000 Brüder unter freiem Himmel in Rom statt. Ein Jurist muß an der *Regula* mitgearbeitet haben, mit der Franciscus die hierarchische Gliederung und Eingliederung seiner Gemeinschaft gebilligt hat – das Problem der *interpretatio Romana* seines Willens wird das 13. Jh. durchziehen und den Orden spalten.

Mendikanten

Fratres minores (Matth. 25, 40) nannten sich die Gefährten des Franz von Assisi, *Ordo fratrum praedicatorum* ist der 1217 von Honorius III. anerkannte Name der Dominicusschüler. Bettelorden (Mendikanten) nennt man sie zusammen mit einigen jüngeren Gemeinschaftsbildungen, weil sie – anfänglich prinzipiell – nicht nur den persönlichen, sondern auch Gemeinschaftsbesitz ablehnten; die Brüder sollten vom Bettel leben, doch stand er bei den Franziskanern neben der Handarbeit. Die sozialgeschichtlichen Perspektiven sind weit. Gleichheit vor Gott ist eine neugelebte Verpflichtung. Die benediktinische Handarbeit als Teil der *imitatio Christi* erhielt als Existenzgrundlage der Mönche eben doch einen neuen Sinn; und sie hob die neue Arbeitswelt der Städte als Wert vom Arbeit verachtenden Adelsethos ab. Besitzlosigkeit ermöglichte die Preisgabe der *stabilitas loci*; entgegen dem c. 13 des Konzils wollten die neuen Mönche umherziehen, wollten versetzbar sein. Die Mendikanten haben nicht programmatisch, wohl aber unter dem Zwang ihres Auftrags der aufgezogenen Urbanität Rechnung getragen, in ihrem Radius ihre Konvente angesiedelt und nicht mehr in der Abgeschiedenheit der Höhen oder Täler, die freilich Orte der eremitischen Sammlung blieben. Von der zweiten Generation an sind die Orden ökonomisch der Stadt bereits in vielen Regionen Europas verbunden und zugleich zu ihrem religiösen Korrektiv geworden. Sie haben hohen Anteil an der Hebung des Stadtlebens zur Stadtkultur.

Was die heiligen Ordensstifter von der Verschärfung der Ketzerbekämpfung hielten, wissen wir nicht; und von der Scheidung der Geister, die sie selber bewirkten, haben sie nur noch wenig erlebt. Beide zogen schon zu ihren Lebzeiten Verehrung auf sich, in der das Syndrom heilbar wurde, das sich für die europäische Christenheit unter der spezifischen Spannung zwischen Überlieferung und Forderung des 12. Jh. ausgebildet hatte.

II. Grundprobleme und Tendenzen der Forschung

A. AUSWEITUNG UND DIFFERENZIERUNG DER WIRTSCHAFTSWELT

1. Zur Stellung des Hochmittelalters in der Agrar- und Wirtschaftsgeschichte

In I A 2 (oben S. 3) wurde M. Blochs [325] Stichwort von der „Révolution économique du second âge féodal" aufgenommen. Als Forscher steht Bloch mit den Vätern der „Annales" (M. Erbe, Zur neueren französischen Sozialgeschichtsforschung. Die Gruppe um die „Annales", Darmstadt 1979) nach oder neben K. Lamprecht, R. Kötzschke, H. Pirenne, A. Dopsch, H. Aubin u. a. in einer Ahnenreihe, die über ökonomische Geschichtslehren des 19. Jh. bis zur Zivilisationsgeschichtsschreibung der Aufklärung hinaufreicht. Ihre Erben wirken in wissenschaftlichen Schulen, die auf Landes- oder Regionalgeschichte aufbauen (I. Veit-Brause, The place of local and regional history in German and French historiography: some general reflections, in: Australian Journal of French Studies 16, 1979, 447 ff.), die Gleichwertigkeit historischer Methoden unterstellen und Synthese aller geschichtlichen Lebensgebiete zum Programm erheben.

Stadt und Land: Pirenne-Bloch

Die Bewertung des 11./12. Jh. als einer wirtschaftsgeschichtlichen Schwellenzeit wird damit begründet, daß der Anteil städtischer Bewohner an der Gesamtbevölkerung absolut wie relativ zu anderen Bevölkerungsgruppen vom 11. bis 13. Jh. angestiegen ist, daß agrarische Produkte wie Getreide, Wolle und Wein zu Großhandelswaren geworden, überregionale Wirtschaftssysteme formiert und damit Politik und Wirtschaft in ein neuartiges Verhältnis zueinander gerückt worden sind. Aus einer äußerst produktiven Gelehrtengeneration, die der Agrar- und Wirtschaftsgeschichte des Mittelalters ein neues Profil verliehen hat, ragen der Belgier H. Pirenne und der Franzose M. Bloch durch besondere Fähigkeit zur Synthese heraus. Pirenne entwickelte die Hauptlinien der Wirtschafts- und Sozialgeschichte des 11./12. Jh. [189] aus der „Renaissance du commerce" und dem „Renouveau de la vie urbaine" sowie den „Transformations de l'agriculture". In Blochs Verständnis des Mittelalters behielt hingegen die Agrargeschichte den Vorrang. Als einer der führenden Schüler Blochs erklärte

G. Duby [493] die genossenschaftlichen Bewegungen des Hochmittelalters primär aus der Bevölkerungsvermehrung auf dem Lande und der Neulandgewinnung und erst die Forcierung der Bewegungen aus den Veränderungen der Wirtschaftsgeschichte, die von den italischen Kommunen ausging. Dem Pirenneschen Primat des Fernhandels blieb hinwiederum R. S. Lopez verpflichtet, wenn er die Rolle der italischen Städte in der „Commercial revolution of 950–1350" [287] mit derjenigen der englischen Städte in der industriellen Revolution des 19. Jh. verglich. Als Anschauungsmaterial dienten Pirenne in der Hauptsache die flandrischen Städte. Die von Ch. Verlinden vertretene Auffassung [320], in Flandern habe die Einführung des mechanischen Webstuhls mit Pedalen den Aufschwung der Städte wesentlich mitgetragen, ergänzt die Pirennesche These.

Schlüsselbegriff der marxistischen Interpretation ist die „arbeitsteilige" Verbindung von Stadt und Hinterland, ohne die auch der Fernhandel keine Stadt hätte entstehen lassen; für Fragen der Sozialtopographie und des Städtebaus vgl. z. B. K. Junghanns [269]; dazu H.-D. Kahl, in HJb 82, 1963, 314 ff. Es werden also Lokalmarkt und Gewerbe, nicht der Fernhandel, als die primär zur Arbeitsteilung treibenden Faktoren angesetzt. Unter den vielen Stellungnahmen zu dieser Theorie ist die Kritik an ihrer Anwendung auf die Städte am Wasserweg „von den Warägern zu den Griechen" von besonderem Gewicht [H. Rüss in 946: Handb. d. Gesch. Rußlands I 376].

Neue Handbücher

Das erste deutschsprachige, unter der Leitung von H. Kellenbenz aber international erarbeitete „Handbuch der europäischen Wirtschafts- und Sozialgeschichte [187: HEWSG] ist in der Aufarbeitung der Fachliteratur gewiß vorbildlich, in der Darstellung großer Zusammenhänge allerdings oft naiv. Objektiv bleibt auch die Anordnung der Stoffülle als Summe von „nationalen" Wirtschaftsgeschichten ein Mangel. Immerhin zieht die Einleitung, mit der J. A. van Houtte als Herausgeber des Mittelalterbandes den Benutzer in die gesamte Materie einführt, Konturen der Gesamtentwicklung aus. Den einfacheren, freilich auf wenige Hauptthemen begrenzten und von aller Ereignisgeschichte abgehobenen Durchblick finden Nichtspezialisten in der von C. M. Cipolla betreuten Fontana Wirtschaftsgeschichte [188]. Der sehr persönliche Duktus prominenter Autoren vermittelt bezeichnende Einblicke in moderne Bemühungen, die mittelalterliche Gesellschaft als in sich zusammenhängende Struktur zu verstehen.

2. Raumgeschichte

Land und Unland

Ökumene ist die bewohnte und bewirtschaftete Erde, das Land im Gegensatz zur Wildnis, zum „Unland". Über „Land und Unland" im Weltbild des Mittelalters und als prägende Faktoren mittelalterlicher Mentalität handelt eine originelle Studie von W. Berges [233]. Der tiefste Eingriff in die europäische

Landschaft seit dem Neolithikum, die europaweite Attacke auf das „Unland" und die „Kolonisation" über alle Grenzen hinaus, hat auch das Denken über die Natur verändert. In BLOCHS Vorstellungen von der „Révolution économique" war diese „Expansion" fundamental.

Siedlung und Kolonisation

Handbuchartige Aufstellungen über die Landerschließung bietet der „Bevölkerungs-Ploetz" [234]. Hauptsächlich von der älteren deutschen Forschung gespeist, aber auf Europa und das Mittelalter insgesamt gerichtet ist der wohl erste Versuch zu einem Abriß über „Settlement and Colonization" des ehedem Breslauer, dann Jerusalemer Historikers R. KOEBNER [186: CEHE I]. In den aktuellen Stand der Forschung über die europäischen Siedlungsbewegungen führen zwei Sammelbände ein, von denen einer dem herausragenden französischen Siedlungshistoriker [241: CH. HIGOUNET], der andere dem Konstanzer Arbeitskreis für mittelalterliche Geschichte aus einer Initiative von W. SCHLESINGER [242] verdankt wird. Ein Musterbeispiel einer modernen Siedlungsgeschichte wurde von H. K. SCHULZE vorgelegt [871a: Mark Brandenburg].

Der Bogen der Bewegung spannt sich von den frühesten innerspanischen repoblaciones des 8./9. Jh. [D. CLAUDE in: 242] bis zur Siedlung des 13. Jh. im Baltikum. Die sozialen und rechtlichen Auswirkungen des Siedelns sind erheblich (vgl. unten Abschnitt 3). Vom Begriff der „ostdeutschen Kolonisation" der älteren, immer noch grundlegenden Forschung [243: R. KÖTZSCHKE – W. EBERT] ist die Nachkriegszeit abgerückt. Auf den Reichenautagungen der Jahre 1970/72 wurde die „Deutsche Ostsiedlung" vergleichend als ein „Problem der europäischen Geschichte" angegangen.

3. Demographie und Technikgeschichte

Bevölkerungsvermehrung und technische Erfindungen

Ausweitung und Neugestaltung der europäischen Kulturlandschaft werden in der Hauptsache aus der „Bevölkerungsexplosion", die Verbesserung der Lebensbedingungen wird aus neuen technischen Möglichkeiten erklärt. Auf dem Forschungsstand von 1941 gab es für R. KOEBNER [186: CEHE I 71] „no decisive evidence for the view that the age of great clearings was conditioned by an unusual growth of population, a révolution démographique"; und grundlegend verbessert hat sich die Quellenlage seitdem nicht. Es verbieten sich jedenfalls auch heute noch Verallgemeinerungen. Als Determinante der wirtschaftlichen Entwicklung ist die Bevölkerungsvermehrung am besten für England gesichert [247: E. MILLER – J. HATCHER]. Die Picardie ist ein Beispiel dafür, daß die Bevölkerungsvermehrung der Kolonisation erst folgte [248: R. FOSSIER]. Die demographische Erklärung des incastellamento im Kirchenstaat durch P. TOUBERT [826; dazu auch K. POMIAN in: 197, S. 529 ff.] wurde von H. HOFFMANN geradezu als Sinnlosigkeit verspottet, weil sie die Bevölkerungsvermehrung zu so etwas wie dem deus ex machina mache [QFIAB 57, 1977, 42].

Einführungen in die Probleme der Demographie und der Technikgeschichte bieten J. C. Russell und L. White jr. in der Fontana Wirtschaftsgeschichte [188; vgl. auch 234, insb. R. Fossier]. Russells Schätzungen für den europäischen Raum, der einschließlich des europäischen Rußland heute gegen 650 Millionen Menschen zählt, laufen für die Jahrtausendwende auf 38, für 1200 auf 60 und für 1340 auf 73 Millionen hinaus und rechnen dann mit einem Absinken nach der großen Pest auf etwa 50 Millionen (bis 1450). Gesicherte statistische Aufstellungen über das 11./12. Jh. sind nur für England möglich (vgl. S. 143). Mit 200 000 Neusiedlern jenseits von Elbe und Saale rechnet W. Kuhn [244] bereits für das 12. Jh.; damit könnten die Zahlen bei K. Blaschke [245] vereinbar sein. Die im Mittelalter höchste Dichte von 80 Menschen pro km^2 wurde in der Lombardei und in der Toskana erreicht [250: K. J. Beloch]. Genauere Einblicke in die Sozialstruktur einer Städtelandschaft nördlich der Alpen sind vor dem 13. Jh. nicht möglich; vgl. die von D. Nicholas [249] für Flandern vorgelegte Fallstudie. Über das ganze Mittelalter aber behielt die ländliche Bevölkerung einen Anteil von mehr als 80%. Im 11./12. Jh. scheint sich ein Übergewicht der Jugend herausgebildet [G. Duby, Les „jeunes" dans la société aristocratique, in: 332] und erstmals einen „Frauenüberschuß" im Gefolge gehabt zu haben. Es ist auch plausibel, daß sich mit der Bevölkerung die Armut vermehrte [L. K. Little, Evangelical poverty, the new money economy and violence, in: 364; auch 368]. Die technischen Erfindungen und Verbesserungen [236: L. White jr.] in ein Gesamtbild einzufügen, ist vielleicht am besten J. Le Goff gelungen [165: „Das Hochmittelalter", das sonst ein sehr subjektives Buch ist].

4. Land und Stadt

Territorialisierung, Urbanisierung und Verdorfung

Landgewinnung, Burgenbau, Dorfbildung, Stadtentwicklung und -gründung erscheinen als Elemente einer Herrschafts-, Siedlungs- und Wirtschaftskonzentration, die im Europa des 11./12. Jh. Züge einer innerlich zusammenhängenden Bewegung gewann. Diese Ära politischer Neugliederung Europas gestaltete sich zunehmend auch als ein Kampf um ökonomische Macht, der auf breiterem und niedrigerem sozialen Niveau freigesetzt worden war und Stabilität suchte. Neue Bezugssysteme entstanden zwischen Siedlungen mit überwiegend agrarischem (Dorf) und mehr gewerblich-händlerischem Charakter (Stadt). In diesem Prozeß wurde der Hof als herrschaftliche Größe weiterentwickelt. Vielfach war er ein Stadtzentrum, öfter noch entfaltete er sich von einem Kloster oder einer Burg aus, er hatte – auch als wandernder Hof – hinwiederum Pfalzen [281: C. Brühl, Fodrum; 282: J. Gardelles; 876: W. Schlesinger; F. Arens in: 170, Bd. III 129 ff.] bzw. Burgen als seine Dependenzen im Land.

Verdorfung

Die von der historischen Geographie herausgearbeiteten Vorgänge sind auf so einprägsame Begriffsungetüme wie Verdorfung, Vergetreidung und Vermarkung mit Verzelgung gebracht worden. Hinweise darauf finden sich in allen Handbüchern; in der deutschen Agrargeschichte konkurriert seit kurzem ein von einer

Stadthistorikerin (E. Ennen) und einem Siedlungsarchäologen (W. Janssen) verfaßter Abriß [238] mit den altbewährten Darstellungen von W. Abel [237]; vgl. auch M. Born [239]. Spiegel aktueller Forschung über die Organisation der Landwirtschaft (zwischen Loire und Rhein, Spätantike bis 13. Jh.) ist der Tagungsband „Villa-Curtis-Grangia" [239a]. Zu beachten ist, daß der in Frage stehende Prozeß weithin erst im 13. Jh. zu voller Wirkung gekommen ist, daß die Grangienwirtschaft der Zisterzienser anfangs Verdorfung hemmte, daß Großgrundbesitz – insbesondere geistlicher – sich mit dem Vordringen der Geldwirtschaft in ländliche Bereiche regenerieren konnte [251: D. Herlihy]. In vielen Landschaften sind Einzelhof und Weiler immer vorherrschend geblieben; und in manchen Zonen haben sie sich nach 1200 sogar vermehrt, in Deutschland insbes. im Norden westlich der Weser, im Münsterland, auf dem Schwarzwald, im Alpenraum [240: B. Huppertz]. Orientierung auf Siedlungen zeigen hinwiederum die Anlagen von Monokulturen, insbesondere als Wein- und Gemüsebau rund um die Städte Frankreichs [284: R. Dion] und Italiens [285: A. I. Pini], sowie die Rindviehzucht (Flandern).

Der Quellenmangel, der für die Erforschung des 13. Jh. anhält, darf nicht zum Argument gegen die Sache werden. Orts- und Flurnamen, archäologische, heute auch durch Luftbild ausgemachte Reste, Formen der Dörfer, Fluren und ländlichen Kirchen erlauben der Wüstungsforschung [Born wie oben; 255: Villages désertés; 257: M. W. Beresford; vgl. auch A. Haverkamp, HZ Sonderheft 7, 1980, 85 ff. betr. Italien; J. Ehlers, HZ Sonderheft 11, 1982, 215 ff. betr. Frankreich] Rückschlüsse für sonst quellenlose Zeiten [vgl. 254: W. Schlesinger; 492: Dorf der Eisenzeit; 256: W. Janssen]. Einzigartig nach seiner Überlieferung und demgemäß in der Forschung steht wiederum Domesday-England da [M. M. Postan in: 186 CEHE I 548 ff.; 246: R. Lennard]. Auf dem Kontinent vermitteln Urkundenüberlieferungen allerdings ebenfalls gute und z. T. viel weiter hinaufreichende siedlungs- und wirtschaftsgeschichtliche Erkenntnisse, beispielhaft so großer Abteien wie Farfa [826: P. Toubert], St. Gallen [252: U. May] oder St. Bavo in Gent [253: A. E. Verhulst].

Verstädterung: Allgemeine Hinweise zur Stadtgeschichtsforschung

Die Stadtgeschichtsforschung konnte sich bis heute für den überregionalen oder gar internationalen Vergleich kaum mehr als Anthologien schaffen [z. B. 82: F. Keutgen]; darüber und über die textkritischen Probleme vgl. B. Diestelkamp [in: 258]. Die Bemühungen der auf dem Internationalen Historikertag in Rom geschaffenen Kommission für Städtegeschichte erschöpfen sich noch im Zusammenbinden nationaler Quellensammlungen [81: Elenchus] und Bibliographien [Guide international d'histoire urbaine. I: Europe, ed. Ph. Wolff, Paris 1977]. In der deutschen Forschung haben das „Institut für vergleichende Städtegeschichte in Münster" und der „Südwestdeutsche Arbeitskreis für Stadtgeschichtsforschung" mit eigenen Publikationsreihen große Bedeutung gewonnen. Ein für alle Arbeit über deutsche Städte fundamentales Nachschlagewerk ist das von E. Keyser begründete, nach Landschaften bzw. Ländern geordnete, 1939 bis 1974 erschienene „Deutsche Städtebuch".

Städte-Atlanten und Stadttopographie

Historische Topographie ist ein Grundpfeiler stadtgeschichtlicher Forschung. In der Publikation eines nationalen Städteatlas dürfte England einen Vorsprung haben [274: M. D. LOBEL seit 1969]. Seit 1973 erscheinen Blätter des „Deutschen Städteatlas" [268] aus dem Münsteraner Institut, und besonders zügig schreitet (seit 1972) der „Rheinische Städteatlas" fort. Als Einführung in „Mittelalterliche Stadtgrundrisse" sind die „Übersicht der Entwicklung in Deutschland und Frankreich" von TH. HALL [262], die „Kleine Kunstgeschichte der deutschen Stadt" von C. MECKSEPER [270] und für Italien ein Band von E. GUIDONI [263] hilfreich. Neuere Beiträge zur Urbanistik der *civitas* in ihrer Entwicklung von der Spätantike zum Hochmittelalter bieten zwei Bände einer Spoleto-Tagung [259] und C. BRÜHL [260]. Im Vordergrund stehen bei BRÜHL die Sitze weltlicher und geistlicher Herren, und ihnen gilt auch eine Studie über „Königs-, Bischofs- und Stadtpfalz in den Städten des ‚Regnum Italiae' vom 9. bis zum 13. Jh." [261]. Wie die Stadtgründung selber [275: H. REINCKE] sind „Stadterweiterung und Vorstadt" [276] vom 11./12. Jh. an Anzeichen der „Expansion". VERF. reiht seine „Verfassungstopographischen Studien zur Kölner Stadtgeschichte des 10. bis 12. Jh." [in: 490] hier an.

Vor dem geschärften Blick für die historisch gewachsenen Organismen sind heute alle Schemata fragwürdig geworden [vgl. unten S. 119 über Stadtbegriffe; M. SCHAAB über Südwestdeutschland, in: 277]: es gibt stark befestigte Dörfer, Städte mit leibeigener Bevölkerung und freie Dörfer, Städte ohne Markt und Dörfer von ausgesprochener Marktbedeutung, Städte, die dem für Stadt und Land zuständigen Hochgericht unterstehen, und Dörfer, die ein eigenes Hochgericht haben und Verwaltungssitz sind.

„Zentralität als Problem der mittelalterlichen Stadtgeschichtsforschung" [277]

Ein allgemeines Kriterium, das einen sinnvollen Vergleich der Städte aller Zeiten erlaubt, scheint sich aber behaupten zu wollen. Mit der Aufstellung, daß die deutschen Städte in einem System zur Versorgung des Umlandes stünden, welches sich nach Radien von 4–8 Stunden abgrenze, hatte G. SCHMOLLER einer Theorie vorgearbeitet, die hernach in der Geographie für moderne Raumordnungspolitik präpariert [W. CHRISTALLER, 1932] und verfeinert [Zentralitätsforschung, hrsg. v. P. SCHÖLLER, W. d. F. 301, 1972] und dann in die Geschichtsforschung [278: M. MITTERAUER] übernommen wurde. Diese Richtung arbeitet insoweit mit einer „Central Place Theory" (London 1977), als sie zumindest den hierarchischen Systemen der Gegenwart Gesetzmäßigkeit unterstellt.

Das 11./12. Jh. gewinnt auch in der Zentralitätsforschung das Profil einer Schwellenzeit. Das Stadt-Land-Verhältnis änderte sich mit der rechtlichen Aussonderung von städtischen *districtus* aus den Grafschaften oder *civitates* tiefgreifend. Privilegienrechtlich war der Eingriff im Verband des Reiches auf Bischofsstädte konzentriert [H. JAKOBS, in: 537] und in der Hauptsache bereits ottonisch, während beispielsweise in England die rechtliche Aussonderung der Boroughs erst im 12. Jh. als Teil der nun allgemeineuropäischen kommunalen Bewegung begann [273: J. TAIT]. Den königlichen Anforderungen an die werdenden Städte ist für Deutschland zuletzt B. DIESTELKAMP nachgegangen [in: 486; dort S. 254 Hinweise auf „die Auflösung der frühmittelalterlichen Fronhofs- und Villikationsverfassung in Gebieten städtischer Verdichtung durch die Wechselwirkung mit dem zentralörtlichen Geschehen städtischer Marktorte“]. In Spanien gliederte sich das Städtewesen nach Bedürfnissen der Reconquista, aber auch als Etappensystem der Wallfahrtshospize an der Straße nach Santiago de Compostela [279: L. H. NELSON; 280: J. M. LACARRA]. Vergleichbares gilt für die Sauvetés des 11./12. Jh. im gaskonischen „Aufmarschgebiet“ vor den Pyrenäen [241: CH. HIGOUNET, S. 207 ff.]

5. Weltwirtschaftliche Perspektiven

Einführende Literatur

In der Wirtschaftsgeschichte des 11./12. Jh. ist die Ausformung von Wirtschaftszonen und ihre Verbindung über Handelszentren ein Hauptthema. Sich einen Einblick in das weite Forschungsfeld zu verschaffen, ist nicht leicht. Ein Abriß der wirtschaftlichen Entwicklung insgesamt von R.-H. BAUTIER [286] und PH. DOLLINGERS Hansegeschichte [298] halten die politische Geschichte am besten im Blick.

Das Mittelmeer

Für den Mittelmeerraum (vgl. S. 4) ergeben sich durch die „nationale“ Aufteilung des Stoffs (sechs Autoren) im neuen HEWSG II [187] besondere Schwierigkeiten. Die Kreuzfahrerstaaten werden allein mit dem Hinweis auf das – allerdings meisterhafte – Buch von J. PRAWER [295] bedacht; und die entlang der syrischen Küste, von S. Simeon bis Jaffa, eingerichteten Stapelplätze der italischen Seestädte wie die Positionen des Islams in Nordafrika und Kleinasien konnten immer nur gestreift werden. Ersatz bietet E. ASHTOR [296]. Für eine erste Orientierung in den „grands problèmes politiques et économiques de la Méditerranée médiévale“ empfehlen sich ein Vortrag von R.-H. BAUTIER [288], einschlägige Kapitel in F.-K. KIENITZ’ Buch „Das Mittelmeer“ [289] und die Quelleninterpretationen von R. S. LOPEZ und I. W. RAYMOND [86]. Das wissenschaftliche Fundament für alle Forschung über den hochmittelalterlichen Mittelmeerhandel bleiben aber die Bücher von A. SCHAUBE [290] und W. HEYD – F. RAINAUD [291; die deutsche Erstausgabe des Buches von 1879, die unlängst nachgedruckt wurde, ist unbrauchbar].

Intensivierung der Kommunikation – Handelsorganisation

Die Wege, auf denen sich die Kaufleute der „Renaissance du commerce“ – zuerst noch persönlich – zu Schiff und in Karawanen bewegten, sind zu Trassen intensiver Kommunikation geworden. F.-L. GANSHOF [161] hat die Kaufleute den „Courants réformateurs dans l’Eglise“ an die Seite gestellt. Wie die Differenzierung von Handel und Transport steckte auch die politische und rechtliche Absicherung der Handelsplätze noch in den Anfängen. Die für diese Phase einzige genauere Untersuchung der westlichen Niederlassungen im byzantinischen Reich von P. SCHREINER [293] erweist viele Einzelangaben der Quellen über die Bevölkerungsfluktuation als überzogen. Über die Organisation des

Handelsverkehrs in Mittel- und Nordeuropa sind aus dem 12. Jh. überhaupt nur wenige Anhaltspunkte vorhanden, während die in italischen Häfen und für den Landhandel üblichen, aus römischrechtlicher Tradition wieder belebten [301: J. H. PRYOR] Kontraktformen der *commenda (colleganza), compagna* u. a. (notarielle Beurkundung in Venedig seit den 1070er Jahren) und überhaupt die „Methoden und Werkzeuge der Handelsrevolution" [R. S. LOPEZ in: 187 HEWSG II 456 ff.] gut bekannt sind. Studien von H. C. KRUEGER [302] über die Assoziationsformen genuesischer Kaufleute und ihre Risiken sind sowohl methodisch als auch in ihren quantitativen Aufstellungen lehrreich. Eine Reihe von Befunden, die Band III der CEHE [186: Economic organization and policies, insbesondere in den Beiträgen von R. DE ROOVER (Organization of trade), O. VERLINDEN (Markets and fairs), E. MILLER, H. VAN WERVEKE, E. LÖNNROTH und C. M. CIPOLLA (Economic policies of governments) für die Frühzeit liefert, lassen vermuten, daß der Handelsaufschwung nicht unter politischer Kontrolle litt, diese eher auf Förderung denn auf rücksichtslose fiskalische Abschöpfung gerichtet war. Die Zollbelastungen „von Staats wegen" müssen vor dem 13. Jh. noch relativ niedrig gewesen sein [vgl. M. MOLLAT, Origines des douanes, in: 546]. Die Nachrichten über Brückenbau [285 a b: E. MASCHKE; M. N. BOYER] liefern auch Daten für die Geschichte der Fernstraßen.

Verbundsysteme

Auf die politische Lenkung des Wirtschaftslebens deuten vorweg die neuen Verbundsysteme hin. Ein Beispiel ist das englisch-flämische von Wollerzeugung und Tuchindustrie seit dem frühen 12. Jh. [vgl. J. A. VAN HOUTTE und A. E. VERHULST in: 187 HEWSG II, insbes. die Lit. S. 61 f., 293 Anm. 28; 247: E. MILLER – J. HATCHER; 313: J. L. BOLTON]. Es trug nicht nur die Rohstoffversorgung der Tuchindustrie, sondern half auch bei der Lösung der Lebensmittelversorgung im bevölkerungsexpansiven Flandern, insofern hier der (vielfach gräfliche) Schaftrieb auf Rinderwirtschaft umgestellt werden konnte [315: A. VERHULST]. England hinwiederum vergrößerte seine Weideflächen für Schafe durch Abholzung von Wäldern, reduzierte die Schweinetrift. Daran haben die Zisterzienser Anteil [314: R. TROW-SMITH]. Anders gelagert ist das Beispiel Italiens (vgl. S. 64). Hier wurde im 12. Jh. eine Wirtschafts-Trasse zwischen Lombardei/Toskana und Sizilien eingefahren und u. a. 1156 mit einem genuesisch-sizilischen Handelsvertrag gesichert. Nach einer These von D. ABULAFIA [852] verhinderte dieser Verbund auf Dauer eine differenziertere Wirtschaftsstruktur des Südens, weil der Norden den Süden als Getreide- und Baumwollkammer gebraucht und zugleich als Absatzmarkt mit hohem Bedarf zu erhalten getrachtet habe.

Wirtschaftslenkung politischer Hoheitsträger

Einer positiven Bewertung nicht nur städtischer, sondern auch fürstlicher Wirtschaftspolitik, die R.-H. BAUTIER [316] für die Champagne-Messen bis zur Jahrtausendwende hinaufdatiert, hat in der deutschen Forschung – zumindest für den Wirtschaftsraum des „Reiches" – die Dissertation von U. DIRLMEIER [312] eine Bahn gebrochen. Das am Gemeinwohl orientierte Handeln konnte wirtschaftliche Zusammenhänge auch ohne „nationalökonomische" Kriterien erfassen [vgl. auch J. Fried über Barbarossas Wirtschaftspolitik in Deutschland in: 966]. Ansätze zu einer ähnlichen Beurteilung der kaiserlichen Regalienpolitik in Italien entwickelte D. von der Nahmer [832], der die moderne Formel von der „Monopolisierung der Regalität", an der A. Haverkamp [975] die staufischen „Herrschaftsformen" als fortschrittlich bemaß, relativierte. Die Kritik ist berechtigt, geht aber nicht an die verfassungsrechtliche Substanz des Buches. Hinweise auf die anhaltende Diskussion über die wirtschaftspolitischen Initiativen Heinrichs des Löwen gibt die Biographie von K. Jordan [978]. Räumlich übergreifende Beobachtungen zum Geleitsrecht bietet für das 11./12. Jh. R. Doehaerd [317].

Münz- und Geldgeschichte

Münz- und Geldgeschichte sind zweierlei. Die Numismatik steht auch für das 11./12. Jh. auf dem allgemein hohen Niveau ihrer Disziplin [E. Wadle in: HRG III 770 ff.], aber eine Geldgeschichte der „Révolution économique" liegt – trotz E. Fournial [300] – in weiter Ferne [338: A. Murray S. 50 ff.: „Monetary explosion 950/1100"; für das staufische Deutschland grundlegend 986: N. Kamp; vgl. auch E. Nau in 170: Zeit der Staufer III 87, die A. Schultes Forderung aus dem Jahre 1900 nach einer Geldgeschichte Deutschlands und Italiens in Erinnerung ruft]. „Le problème de l'or" – für die Weltwirtschaft in der Zeit von rund 800 bis 1252 (Florentiner) cum grano salis die Scheidung zwischen einem europäischen Silber- und einem byzantinisch-islamischen Goldwährungsgebiet – wurde grundlegend wiederum von M. Bloch [326 Bd. II] zur Diskussion gestellt. Eine Theorie von M. Lombard [318], die rhythmische Zusammenhänge zwischen muselmanischem Goldfluß und europäischer Stadtentwicklung unterstellt, hat ihre Grenzen darin, daß das „berieselnde" Gold im Abendland nicht nachweisbar ist. Über die Bedeutung des Silberabbaus im Harz vgl. R. Sprandel in: 190 HDWSG I 213 ff. Der Silber-*Grossus* mit dem Wert von 12 Denaren (= 1 *solidus*), den Venedig seit 1193/94 ausgab (und nicht erst 1204 [vgl. 303: L. Buenger Robbert]), wurde Vorbild für viele Prägungen.

Grundlegende Faktoren sind für uns nur Größen der Theorie und nicht quantitativer Kenntnis: Gold- und Silberfluß, Minenausbeute, das Finanzgeschehen der muselmanischen Millionenstädte in seinem Einfluß auf den Handel, Umlaufgeschwindigkeiten, Angebot und Nachfrage, Preise und Löhne, die Ausbildung von Währungskreisen, die Bedeutung der Zölle, des Kredits und des Tauschs im Warenverkehr u. a. Daß im Fernhandel angesichts der geringwertigen Prägungen des umlaufenden Geldes in der Hauptsache durch Warentausch, allenfalls gelegentlich mit Edelmetallbarren ausgeglichen wurde, ist einsichtig [319: H. van Werveke]. Daß Kredit als das eigentliche Geld den Handelsboom des Westens erkläre, wird vor allem von R. S. Lopez vertreten und daran verdeutlicht, daß trotz Geldmangels die Preise stiegen. Er beurteilt die Entwicklung des Ost-West-Verhältnisses am Verfall der byzantinischen „Leitwährung" [304: The Dollar of the Middle Ages].

„Hochfinanz"

Ein Unsicherheitsfaktor in diesen Aufstellungen sind auch die Anfänge der Bankgeschichte. Kreditgeschäfte mit Pfandsicherung im Grundbesitz nehmen in geldwirtschaftlich entwickelten Zonen wie dem Mailänder [305: C. VIOLANTE] oder Kölner Raum [E. ENNEN, C. VON LOOZ, beide in: 306] seit dem 11. Jh. rapide zu. Die *bancherii* in West und Ost sind im 12. Jh. wohl hauptsächlich noch als Geldwechsler tätig; und wenn man von den frühesten „Beihilfen" der Templer (für Ludwig VI.) im zweiten Kreuzzug absieht [118: Epp. Sugerii Nr. 45. 52. 69], halten erst genuesische Notare seit 1200 regelrechte Bankgeschäfte fest [307: R. S. LOPEZ; vgl. auch DE ROOVER in: 186 CEHE III 66 ff.]. In der Erfassung der Geldströme steht die Forschung vor den Befunden, daß trotz enormer Zunahme der Münztätigkeit einerseits das Geld im allgemeinen knapp blieb, anderseits große Kapitalansammlungen nachweisbar sind. W. VON STROMER hat ein Forschungsprogramm „Hochfinanz im 12. Jh." inauguriert, das sich auf Venedig, Genua, Köln und London richtet. Mit einer Studie über Bernardus Teotonicus [311], der als Pionier in den deutsch-venezianischen Handelsbeziehungen im Silbergeschäft reich geworden war und Barbarossa als Finanzier für den dritten Kreuzzug diente, versuchte VON STROMER die in der Erforschung früh- und hochmittelalterlicher Wirtschaftsgeschichte mehrfach erprobte prosopographische Methode [vgl. R. DE ROOVER in: 186 CEHE III 46 ff.] erneut unter Beweis zu stellen.

Hoffinanz

Unsere Vorstellungen von den Einkünften der großen europäischen Höfe bleiben für das 12. Jh. ungenau, die Ansicht von einer Vorreiterrolle der Kurie ist falsch [309 und 310: V. PFAFF]. Über die staufischen Einkünfte in Italien vgl. C. BRÜHL [833], über die der Kapetinger K. F. WERNER [in: 198, 219 ff.], über das englische *scaccarium*, Flandern, den normannischen Echiquier u. a. unten S. 141; über den ungarischen Hof die einmalige Überlieferung einer Jahresaufstellung mit 166 000 Mark Silber [G. GYÖRFFY in: 187 HEWSG II 654]; Zahlen aus Palermo fehlen. In dieses Kapitel gehören auch die Subsidien und Lösegelder [A. ERLER in: HRG III 48 ff.; 1007: H. FICHTENAU betr. Richard Löwenherz; 1020: H. STEHKÄMPER betr. Königswahlen] sowie die schon früh praktizierte Münzverrufung [J. CAMPBELL in: 546].

B. GESELLSCHAFTLICHE PROZESSE

1. THEMEN UND INTENTIONEN NEUERER SOZIALGESCHICHTLICHER RICHTUNGEN

Histoire totale

Unter dem Einfluß der Sozialwissenschaften haben sich „Schulen" formiert, die Sozialgeschichte zum methodischen Prinzip erheben. Im Denken der profiliertesten Vertreter umspannt sie „die ‚Wirklichkeit' und das ‚Wissen'" – der historischen wie der eigenen Zeit: „La réalité ne se forme que dans la mémoire" (M. Proust). Synthese in „Histoire totale" [197: Nouvelle Histoire] verdrängt das Postulat der Objektivität, die Einheitsstiftung durch den Geist unserer Zeit ist handgreiflich. Sein Universale heißt Mentalität oder l'Imaginaire.

Die Monographie [333: G. DUBY], in der „zum ersten Mal in der Mittelalterforschung an einem einzelnen Beispiel die Verknüpfungen zwischen der ‚Wirklichkeit' und dem ‚Wissen' von ihr" untersucht sein sollen [O. G. OEXLE in: HZ 232, 1971, 73], behandelt die seit der Jahrtausendwende kursierende Lehre von der Kirche *(Domus Dei)* als dreigliedriger Gesellschaft aus Klerus, Rittern und Bauern und deutet sie als Modell der Stabilisierung gegen die Kräfte der Häresie, des Gottesfriedens und der cluniazensischen Klosterreform. Von OEXLE werden Zuspitzungen wie die Datierung des „ideologischen Systems" genau um das Jahr 1025 im Denken des Bischofs Gerhard von Cambrai zurückgewiesen. Den Ton der Rezension bestimmen jedoch Respekt vor der „Kühnheit" des Autors und Empfänglichkeit für die „Eleganz" seiner „Wissenschaftssprache". Mit dieser Problematik wird man noch direkter bei Lektüre der faszinierenden Bände konfrontiert, in denen DUBY Kunst und Architektur als Zeugnisse für die Verbindung von Materiellem und Mentalem in der Gesellschaftsentwicklung des Mittelalters interpretiert [712]. Allerdings hat L. GENICOT in vergleichender Rezension [RHE 62, 1967, 766 ff.] der sehr unterschiedlichen Ansätze historischer Kunstinterpretation, wie sie außer bei DUBY in berühmt gewordenen Darstellungen W. VON DEN STEINENS [710 f.] vorliegen, trotz Würdigung der Leistungen fast nur Fragen aufwerfen können.

Wirklichkeit existiert nicht unabhängig vom Menschen, Erkenntnis und Handeln sind Teil der Wirklichkeit. Diese „historische Relativitätstheorie" wurde von A. NITSCHKE in einem Buch über „Naturerkenntnis und politisches Handeln" [648] angewandt, in dem Naturwissenschaftler – auch die des 12. Jh. – mit ihrem Verständnis von Körper, Bewegung und Raum den Schlüssel zu ihrer Wirklichkeit und der ihres Zeitalters liefern sollen. Der methodische Ansatz ist später in historischer Anthropologie und Verhaltensforschung vertieft worden.

Sozial- und Geistesgeschichte

„The University Ladder" lautete die Überschrift eines Kapitels in A. MURRAYS Buch über „Reason and Society" [338], das der „social differentiation by movement" auf eigenwillige, nicht immer überzeugende Weise nachgeht, aber eine Geschichtsschreibung repräsentiert, die große Leistungen der Geistesgeschichte in die Sozialgeschichte einbringt [vgl. auch 651: R. W. SOUTHERN]. Unter den Kräften der wissenschaftlichen Belebung des Hochmittelalters wird der gregorianischen Reform der höchste Stellenwert zugewiesen [vgl. auch H. FUHRMANN, Reformpapsttum und Rechtswissenschaft, in: 739].

MURRAYS Darstellung sticht von der eifrigen Beweisführung ab, mit der E. WERNER den hochmittelalterlichen Wissenschaftsbetrieb als „Kind des europäischen Wirtschafts- und Sozialaufstiegs" interpretiert hat [604; 605]. Der Wert vieler Einzelbeobachtungen steht außer Frage, wie es auch niemals falsch ist, große Veränderungen eines Zeitalters aufeinander zu beziehen (vgl. I A, insbes. S. 5–15). Im besonderen Fall ergibt sich, daß sehr konkrete Themen aus der neuartigen Wirtschaftswelt in die Theologie und Philosophie des 12. Jh. gekommen sind (Nutzen der *artes mechanicae*, gerechter Preis, Zins, Armut, Reichtum, Eigentum; [vgl. auch 607: L. K. LITTLE, „Pride goes before avarice"]). Die materialistische Interpretation will aber eigentlich mit einer Art von sozialökonomischem Symbolismus überzeugen. „Die Stadtgesellschaft" ist zu einem *pons asinorum* geworden; denn unterhalb einer Argumentation im allgemeinen kann sie eine adäquate Kausalität nicht begründen.

Volkskunde und Mentalitätsforschung

„Man gewinnt den Eindruck, daß die Bedeutung der Heiligen- und Reliquienverehrung für die Mentalität und Politik des Mittelalters im allgemeinen noch immer nicht in Rechnung gestellt wird." B. SCHWINEKÖPER [205, S. 188 Anm. 32] trifft diese Feststellung in einer Studie, die grundlegend über die Verehrung des „wahren Kreuzes" in den staatsrechtlichen und politischen Vorstellungen deutscher Herrscher handelt. Sein Urteil wird gewiß durch (z. T. von ihm selber angeführte) neuere Literatur relativiert (z. B. 763: H. M. SCHALLER, ferner in: 204; 764: R. SCHIEFFER; 974: J. PETERSOHN; K. J. LEYSER, The hand of St. James, in: 786; 755: C. H. BRAKEL u. a.). Viel zu wenig werden im übrigen die enormen Leistungen religiöser und rechtlicher Volkskunde für Mentalitätsforschung genutzt [zur Orientierung 342: M. ZENDER; 343: E. VON KÜNSSBERG; 344: R. SCHMIDT-WIEGAND].

Stände – Schichten – Klassen – Gruppen

Die Kategorien sozialgeschichtlicher Forschung über das Hochmittelalter heben sich nicht von den allgemein üblichen ab: „Geflecht von Ständen und Klassen" [446: J. M. VAN WINTER], Struktur oder „innere Gefüge" [327: O. BRUNNER], „Sozialgefüge" [A. HAVERKAMP in 486: S. 150f.], ständisch orientierte „Lebensformen" [336: A. BORST], „Schichten" [334: E. MASCHKE; vgl. J. ELLERMEYER in: Geschichte und Gesellschaft VI 1, 1980], „Gruppen" [vgl. O. G. OEXLE, in: 339, S. 34: „Die auf soziale Gruppen gerichtete Forschung, die auch die Memorialüberlieferung als Quelle ernst nimmt, (wird) auf die Instabilität der frühmittelalterlichen Sozialgebilde und auf den steten und raschen Wandel im sozialen Gefüge aufmerksam machen"]. Prosopographie ist ein wichtiges Fundament mittelalterlicher Sozialgeschichte [340: K. F. WERNER; sehr klare Einführung in 196: K. SCHMID].

Freiheit – Unfreiheit – Mobilität

Die Vorstellungen von Freiheit und Unfreiheit im gesellschaftlichen Alltag des Mittelalters sind in der Forschung nicht einheitlich; vgl. zum Stand der Diskussion über die frühmittelalterliche Freiheit die jeweils eigenen Akzente, die 429: H. GRUNDMANN, 431: H. K. SCHULZE, 432: F. IRSIGLER und 433: H. VOLLRATH setzen. In einer langen Kette von Arbeiten [zuletzt 162] ist vor allem von K. BOSL das 11./12. Jh. als Freiheits- und Aufbruchsepoche analysiert worden, in der die frühmittelalterliche Gebundenheit der Massen aufgelockert, *hereditates* neu erworben oder neu verteilt und Dienste abgelöst wurden. Das Erscheinungsbild ist sehr komplex, so daß die globale Rede vom „Aufbruch" aus Unfreiheit in Freiheit fast schon wie eine Erklärung für die sozialgeschichtlichen Veränderungen anmutet.

Umformung der Villikationen

Auflösung oder Umformung des Großgrundbesitzes zu Rentenbezugsanstalten, die im Westfrankenreich bereits in spätkarolingischer Zeit einsetzt [493: G. DUBY I 119ff.], ist in vielen Beispielen (vgl. S. 118) untersucht und zum Allgemeinwissen aller Agrargeschichten geworden [besondere verfassungsgeschichtliche Akzentsetzung: 529 G. DROEGE; soziologische Typisierung: 436 E. LINCK; dazu der Hinweis von V. HENN in: RhVjbll. 44, 1980, 356, daß der „soziale Wandel“ bis in die untersten Schichten reicht und nicht nur „Aufsteiger“ kennt]. *Servi* mußten als *tributarii, rustici, milites* und *burgenses* in Teilbindungen entlassen werden. Auch „Rodungsfreiheit“ ist – zumindest in den „Hägergerichten“ Südniedersachsens [437: J. ASCH] – ein Phänomen der „Blüte und Auflösung“ der Villikationsverfassung. „Der geschichtliche Weg des wirtschaftenden Menschen“ [F. STEINBACH in: 328] wird durch den „Beruf“ in neue Bahnen gelenkt. Die Ansätze zu beruflicher Differenzierung scheinen im frühen 11. Jh. rasche Fortschritte zu machen [434: H. FICHTENAU]. „The discovery of the individual 1050–1200“ [337: C. MORRIS], der Prozeß der „Individualisierung“, vollzieht sich im Gruppenleben.

Zensualität

Die Einsichten in Freiungseffekte sind insbesondere an der Zensualität wissenschaftlich vertieft worden, die hauptsächlich in kirchlichen Grundherrschaften ihre Wirkung tat, bis in die Stadt hinein [K. BOSL, Regensburg, in: 489; 217: L. SCHMUGGE]. In der kommunalen Bewegung kommen andere freiende Zinsformen hinzu [K. SCHULZ in: 482].

„Die Entdekkung der Verfügungsmacht“ [577: H. HATTENHAUER]

Um eine bessere Anschauung vom Frühmittelalter geht es H. VOLLRATH [433], wenn sie die Begriffe Grund- und Adelsherrschaft zur Diskussion stellt. Der neue Anlauf artikuliert sich mit einem idealtypischen Bild von der Villikationsverfassung, dem jede Assoziation mit „Herrschaft“ genommen wird. Der heuristische Wert dieser Sichtweise ist für das 11./12. Jh. aber hoch zu veranschlagen. „Herrschaft“ unterhalb der Königs- oder Fürstengewalt wird als ein Zersetzungsprodukt in der Villikation bewertet, als Übergang „von der Herrschaft der Gewohnheit zur Herrschaft der Menschen“ (S. 69). An dieser Stelle gibt VOLLRATH den Hinweis auf das Buch von H. HATTENHAUER, das die „Verfügungsmacht“ als Symptom einer Zeitenwende behandelt. Erbrecht wurde allmählich aus der Mitverfügung von Verwandten gelöst, damit das Fundament für hochmittelalterliche Adelsherrschaft gelegt. Dieser Vorgang wurde bedeutsam für alle Herrschaft; denn sie war mit dem traditionellen Bild vom Königtum nicht mehr hinreichend legitimiert.

Adelsforschung

Aus neuerer Adelsforschung konnten nur ein paar Titel aufgenommen werden [438 ff.; zur ersten Orientierung in den Problemfeldern bietet sich der Abriß von L. FENSKE an, in: 196]. Die Artikel „Adel“ im LMA (I 118–141) ließen sich nicht in Kürze resümieren. Daß international auch aneinander vorbeigeredet, eine künstliche Polemik pro und contra BLOCH geführt worden ist, wurde von G. TABACCO [441] zu Recht bemängelt. Er läßt allerdings die genealogischen Kontinuitäten von der *nobilitas* der Karolingerzeit ins 11. Jh. und mehr noch die Frage, seit wann es „Adelsherrschaft“ gibt, auf sich beruhen, greift die Diskussion an dem Punkt auf, auf den man sich einigen kann: daß nämlich Adel erst vom 11./12. Jh. an das geworden ist, was uns vom Ancien régime her vor Augen steht (vgl. S. 6). Es wäre letzten Endes über die Entstehung eines neuen Adels zu handeln. Die Diskussion über diesen Prozeß hat in K. SCHMID (beginnend mit

442; vgl. S. 109), G. DUBY [332] und L. GENICOT [440] herausragende Vertreter, deren Arbeiten sich ergänzen, nicht gegenseitig ausschließen. In Deutschland hat G. TELLENBACH [158: Saeculum Weltgesch. IV 268 ff.] schon früh mit der neuen Sichtweise vertraut gemacht. Man kann die Formierung der neuen europäischen Elite auch als Entstehung von „Rittertum" begreifen (vgl. S. 115), wobei in England, Frankreich und Italien – hier in besonderer Stadtbezogenheit – die Umformung hauptsächlich in altfreien Schichten spielt, während sie in Deutschland wesentlich von Aufsteigern getragen wird. Eigenheiten des englischen Adels, bei dem man insbesondere vom 14. Jh. an (House of Lords) „peerage" und „nobility" nicht in eins setzen darf, wurden von F. TRAUTZ [in: 459] mit dem festländischen Erscheinungsbild verglichen.

Randgruppen

Abgesehen von den Juden und den Versklavten ist die Grenze zwischen Gesellschaft und ihren Randgruppen (Les marginaux [vgl. 197: Nouvelle Histoire]) fließend: Juden [401: L. DASBERG], Vaganten und Goliarden [678: M. BECHTHUM] sind frei. O. G. OEXLE [HZ 232, 1981, 70 f.] weist aber darauf hin, daß G. DUBY neuerdings die Mehrzahl der *servi* des frühen Mittelalters für Sklaven hält; vgl. auch R. SCHNEIDER, Das Frankenreich, 1982, S. 133 f. Für das 12. Jh. ist eine sichere sozialgeschichtliche Einordnung der Sklaverei ebenso unmöglich wie die der dienenden Arbeit im allgemeinen. Mit Sicherheit gibt es aber Wechselwirkungen durch „Assimilation". Die Verschlechterung des Sozialstatus der freien Bauern in England nach 1066 steht in Relation zu einer hohen Sklavenzahl. Dank der Forschungen von CH. VERLINDEN [vgl. sein Résumé: 322], aber auch vieler neuer Einzelstudien [z. B. 323: J. HOFFMANN; 324: A. HAVERKAMP mit Einblick in den Einsatz der Sklaven in Genua] kennen wir die Trends im großen: allgemeine Zurückdrängung durch die Kirchenreform, Unausrottbarkeit im Mittelmeerraum.

2. BEWEGUNGEN

Kirche und Gesellschaft

In den folgenden Abschnitten geht es um die „religiösen Bewegungen". Der Begriff ist von „protestantisch-kirchenkritischer Stimmung" und vom „kritisch-katholischen Milieu" [K.-V. SELGE, Einführung in das Studium der Kirchengeschichte, 1982, S. 173] geprägt. Die Forschungsergebnisse sind von herausragenden Autoren auch in übergreifende Darstellungen eingebracht worden: H. GRUNDMANN [359], R. MANSELLI [Grundzüge der religiösen Geschichte Italiens im 12. Jh., in: 800], A. BORST [in: 157], G. MICCOLI [in: 797]. Der Wechsel der historischen Perspektive „d'une histoire de l'Eglise à une histoire religieuse du Moyen Age" (Bericht von A. VAUCHEZ, in: 195; vgl. auch 361: R. MANSELLI) hat der Gesellschaftsgeschichte neue Bereiche eröffnet. Die religiösen Bewegungen des Hochmittelalters waren Teil der „gregorianischen" Kirchenreform: als Vorspiel, Begleiterscheinung oder Wirkung [217: L. SCHMUGGE]. Die *Domus Dei* (die Kirche als Gesellschaft; vgl. S. 97) differenzierte sich gegen die Intention der Reform in der Reform, die Trennung bewirkte, die Christenheit spaltete, den Kleriker und den Laien schärfer abgrenzte, die Amtskirche errichtete. Daß der Wille zur Freiung aus der Kirche heraus zu einem universalen Impuls wurde, zeigt sich auch in den Phänomenen von Zensualität und Bruderschaft. Den ersten Schritt zur Heiligung des Laienstandes tat der *miles* [Y. CONGAR, in: 362; vgl. auch unten S. 102]. „Die Krise des Investiturstreites mit den sie begleitenden Massenphänomenen" [H. KELLER in: 482, S. 71, bezogen auf die italienischen Städte] war nur eine der „von der Forschung oft vermißten" Krisen in der Formierung einer neuen, hochmittelalterlichen Gesellschaft.

a) Gottes-, Stadt- und Landfrieden

Reformatio pacis

Die Gottesfriedensbewegung (vgl. S. 5; H. HOFFMANN [375]) darf als Erstursache für die „Bewegung von Massen" gelten. Sie rückte „Volk und Kirche" in ein engeres Verhältnis [376: B. TÖPFER], ließ neue Gruppen an dem Pakt mit Gott Anteil gewinnen [G. DUBY in: 362; auch in: 332], rechtfertigte den Krieg für das Gottesvolk [373: PH. CONTAMINE], eröffnete monastischen Reformidealen den Einbruch in den Zeitgeist [u. a. 61: RODULF GLABER]; Heinrichs III. Friedensaufrufe wurden heilsgeschichtlich gedeutet [744: K. SCHNITH; 723: U.-R. BLUMENTHAL, Reimser Konzil Leos IX.]. Die *reformatio pacis* setzte Purifikation der Kirche von Simonie (vgl. Apostelgeschichte 8, 18 ff.) und Nikolaitismus (Apokalypse 2, 6.14 ff.) voraus. Sie gebot Poenitenz, Abstinenz, Konversion und Pilgerfahrt, sie bestrafte Inzest. Die Sorge um die Würdigkeit des Klerus konnte zum Argument für politisches Handeln werden [738: R. SCHIEFFER, Spirituales Latrones; 737: J. H. LYNCH; 724: J. GAUDEMET, Le célibat; dort S. 10 Hinweis auf B. SCHIMMELPFENNIG, Lage der „Priestersöhne"].

Pataria und kommunale Bewegung

Darin ist die Pataria (vgl. S. 22) beispielhaft [zum Namen A. PATSCHOVSKY, in: DA 26, 1970, 565 f.]. Die Erforschung dieser Mailänder Bewegung, die eine Herausforderung an moderne Sozialgeschichte war [378: C. VIOLANTE; DERS. I laici nel movimento patarino, in: 362; 363: E. WERNER], ist von H. KELLER [in: 739; vgl. seine Zusammenfassung in: 482] in dem weiten Rahmen von Friedensbewegung, Kirchenreform und Kommunebildung erheblich gefördert worden. Die Transformierung der Einwohnergemeinde zur Kommune erfolgte über innerstädtische Friedensschlüsse, die zugleich das Sozialgefüge der Kommune umschichteten. Die kommunale Bewegung ist auch sonst um einiges sicherer in die Friedensbewegung integriert [380: A. VERMEESCH; E. ENNEN in: 490 S. 16 ff.; J. DEETERS, eb. S. 125 ff.; H. JAKOBS in: 482]. Im Bürgereid [593: W. EBEL], dessen Vorform im *iuramentum* der Friedensbewegung steckt [379: TH. KÖRNER], sind die Spuren dauernd sichtbar geblieben. Die Stellungnahme des Papsttums zu der europaweit umstrittenen „Freiheit der Bischofsstädte" im 11./12. Jh. ist erstmals von V. PFAFF [381] gesichtet worden. Ablehnung des Kommuneeides und Verdrängung des *populus* aus der Bischofswahl zugunsten der Domkapitel zählen zu den kurialen Grundpositionen.

Landfrieden

Der Übergang von den Gottes- in territoriale Landfrieden wurde immer schon von der Forschung gesehen und ist internationales Handbuchwissen (vgl. auch S. 156). Differenzierende Betrachtung des Übergangs, die insbesondere für das deutsche Reich nötig ist, wurde von E. Wadle [in: 739] eingeleitet.

b) Kreuzzüge

Die Spannweite der Studien, die an die weltgeschichtlichen Dimensionen der „Begegnungen“ zwischen Morgen- und Abendland heranführen, ist groß: J. Richard [220: Relations], H.-G. Beck [Byzanz und der Westen, in: 198], C. Sánchez Albornoz [Islam Spaniens und das Abendland, in: 228, Bd. I], R. W. Southern [226: Islambild], A.-D. von den Brincken [225: *Nationes Christianorum Orientalium* in der lateinischen Historiographie], R. Konrad [387: Himmlisches und irdisches Jerusalem] u. a. Die Kartographie reagierte auf das neue Weltbild der Christenheit und rückte Jerusalem in den Mittelpunkt [219: K. Miller]. In der Ausbreitung von „Handlung“ und Forschung ist die Darstellung der Kreuzzüge von H. E. Mayer am besten ausgewogen [385; vgl. auch seine souveräne Einführung in „Aspekte der Kreuzzugsforschung“, in: 196; 75a: Texte]; ein Buch über Saladin eröffnet dem Betrachter die politische Perspektive des Islams [1006: M. C. Lyons – D. E. P. Jackson].

Pilger und Kreuzfahrer

„Die Entstehung des Kreuzzugsgedankens“ ist ein Kapitel in der Legitimierung des Krieges, der „gerechten Kriege“. Sie sind nicht mit dem „Heiligen Kampf“ vergleichbar, für den der Koran von jedem Moslem Bereitschaft fordert [392: A. Noth]. C. Erdmann [391] hat die Metamorphose des christlichen Kriegerethos bis auf die Zeit Urbans II. beschrieben. Seitdem war es dem Papst möglich, den Heidenkrieg mit dem allerchristlichsten Werk, der (Buß-)Wallfahrt [388: P.-A. Sigal, Les marcheurs de Dieu], und mit einer im 11. Jh. neuartigen Praxis im Bußwesen, dem Ablaß [auf dem Entwicklungsstand des Erlasses von Bußstrafen: 389 C. Vogel], zu verschmelzen. „Hätte es nur den Dienst für den weltlichen Herrn und den . . . Dienst für die Dame . . . gegeben, dann hätte sich aus der großen Gruppe von Kriegsleuten keine Ritterschaft entwickelt“, und der Adel wäre nicht Teil der Ritterschaft geworden [446: J. M. van Winter S. 64]. Diese Lehre wurde von vielen Generationen erarbeitet, sie ist neben die von L. Schmugge [390] in die Literatur gebrachte „These zur Bedeutung des mittelalterlichen Pilgerwesens“ zu stellen: „Pilgerschaft macht frei“. Zur Thematik gehört auch die Reconquista-Ideologie, die sich in der Formierung eines spanischen Gemeinschaftsbewußtseins erheblich auswirkte [937: J. A. Maravall].

Ritterorden

Die Forschung über die Anfänge der Ritterorden ist sehr im Fluß (vgl. das Referat H. E. Mayers von 1969 – HZ Sonderh. 3, 705 ff. – mit den Beiträgen der Reichenautagungen von 1977/78: [448]). Über die spanischen Orden orientiert auch die Geschichte der Reconquista von Ch. J. Bishko [in 386: III 418 ff.]; über Calatrava vgl. B. Schwenk, LMA II 1389. Von M. L. Bulst-Thiele [449] wurde eine Geschichte der Templer prosopographisch grundgelegt.

Innozenz III.

Ein vorzügliches Buch über eine der dramatischsten Phasen der Weltgeschichte [1003: CH. M. BRAND] ist vielleicht doch dahingehend zu korrigieren, daß die Eroberung Konstantinopels auf das Hilfegesuch des 1201 entflohenen Prinzen Alexios hin zwischen König Philipp von Schwaben und Bonifaz von Montferrat abgesprochen war [1010: J. FOLDA], dem zugreifenden Handelsinteresse des Enrico Dandolo also die angeloi-staufische Verschwägerung vorgearbeitet hatte (vgl. S. 78). Das Verhältnis Byzanz' zum Papsttum ist – aus der Sicht der Ostkirche – von J. GILL [1009] neu dargestellt worden. Über die verzweifelten Versuche Innozenz' III., der Kirchenreform noch einmal den Kreuzzug zum Prüfstein zu setzen und die hohe Idee über den päpstlichen Führungsanspruch und unter Einsatz aller ideellen und materiellen Mittel zu retten, informiert eine herausragende Forscherleistung [1008: H. ROSCHER].

Dichtung und Erinnerung

Mit schrecklichem Pathos verherrlichte ein zeitgenössisches pisanisches Gedicht bereits den erbarmungslosen Raubzug gegen Mahdia, den sog. Kreuzzug Viktors III. von 1087 [393: H. E. J. COWDREY]; und die pisanisch-genuesischen Aktionen gegen die Balearen (1113/1115) haben in Inschriften am Pisaner Campo Santo einen Niederschlag gefunden. Die Neuedition und die Interpretation dieser Quellen durch G. SCALIA [394 f.] verdienen ebenso Beachtung wie die kunstgeschichtliche Erläuterung anhand von Befunden der Pisaner Domgruppe durch M. SEIDEL [396]. – Mindestens regional ist der Durchbruch volkssprachlicher Dichtung aus dem Übergang von der Wallfahrt zum Heiligen Krieg erklärt (25: Ezzolied). Die „Höfische Dichtung" ist zu einem Teil Dichtung der Kreuzzugszeit [697: F. W. WENTZLAFF-EGGEBERT; 696: G. SPRECKELMEYER]: *Chanson de Roland* [22], vor 1100 in anglonormannischer Mundart, um 1170 mittelhochdeutsche Übertragung durch den Pfaffen Konrad [48] am Welfenhof; *Chanson de Guillaume* [21] („Wilhelm von Toulouse") um 1130/40. Am Anfang der spanischen Literatur (um 1140) steht das Heldenlied vom Cid [19; 935: R. MENÉNDEZ PIDAL]. Über den „Orient der Kreuzzüge in Wolframs Parzival" [72] vgl. H. GOETZ [1014].

Idee und Wirklichkeit

Um der Gefahr zu wehren, daß der Begriff „Kreuzzug" wissenschaftlich unbrauchbar wird, hat H. E. MAYER in seiner Definition (S. 263) besonders auf das Ziel abgehoben: Herrschaft über das Grab des Herrn. Eine Distinktion von „Idee und Wirklichkeit" am Phänomen Kreuzzug durchzuhalten, fällt indessen schwer [vgl. auch 386 a]; denn die Kreuzzugsideologie entzog sich von Anfang an weitgehend kirchlicher und herrschaftlicher Lenkung und wurde von Herrschaften selber pervertiert. Das ist am Beispiel der Judenpogrome und Ketzerkreuzzüge eigentlich ausdiskutiert [vgl. insbes. 1008: H. ROSCHER], in der Beurteilung der Wendenkreuzzüge aber unlängst noch einmal kontrovers geworden [zwischen 869: F. LOTTER und 870: H.-D. KAHL]. Daß die Eroberung von Konstantinopel bereits im ersten und zweiten Kreuzzug als politische Forderung artikuliert war, ist von S. KINDLIMANN [222] bewiesen worden. Wenig überzeugend ist der Versuch, bei Wilhelm von Tyrus [71] religiöse Toleranz zu erkennen. H. E. MAYER [DA 34, 1978, 255 f.] hat (gegen R. CH. SCHWINGES) eingewandt, daß die

Existenz der Kreuzfahrerstaaten schlechthin an der Achtung von Verträgen hing und allenfalls von einer realpolitisch motivierten Apperzeption von Völkerrecht die Rede sein könne. Ausgesprochen unsicher ist unser Wissen über den Kinderkreuzzug von 1212. Die Darstellung (oben S. 81) folgt eher P. RAEDTS [1015] als U. GÄBLER [1016].

Juden Zur Geschichte der Juden im Mittelalter bringt die Quellenauswahl von D. BERG und H. STEUR [75 f] außer Hinweisen auf die maßgeblichen Regestenwerke und Editionen weitere Literatur. Über das jüdisch-christliche Verhältnis bis zum ersten Kreuzzug liegen die richtungweisenden Forschungen von B. BLUMENKRANZ [397 f.] vor. Das 12. Jh. kann in das Kreuzzugskapitel gerückt werden [404: D. MERTENS; 405: N. GOLB]. Motive für die wiederholten Judenpogrome waren sicherlich auch schierer Neid und Habgier [368: L. K. LITTLE], vielleicht auch auf Proselytenmacherei [400: W. GIESE] und die Judenschulen gelenkter Haß (vgl. S. 125), in der Hauptsache aber die Eingliederung der Juden unter die Feinde Christi in der Kreuzzugsideologie: Mischung aus religiösem Fanatismus und Beutegier. Rodulf Glaber [61] behauptete (vor 1040), die Zerstörung der Grabeskirche in Jerusalem (1010 durch den Kalifen Hakim) sei auf Anstiften eines Juden aus Orléans geschehen. In die Judenfeindschaft floß wohl auch Haß gegen den Kaiser ein, weil er die Juden schützte. Das sollen eschatologische Phantastereien belegen. L. DASBERG [401] hat die religiös-theologische Komponente sogar als eine Hauptursache für die „Entwertung des Judenstatus" hingestellt, das Emporkommen eines christlichen Kaufmannsstandes hingegen als zweitrangig bewertet. Verlust der Waffenfähigkeit der Juden und damit die Minderung des sozialen Ansehens – nicht zuletzt gegenüber den aufsteigenden Rittern – beginnen mit der Aufnahme der Juden unter die Schützlinge der Landfrieden (1103). Vom vierten Laterankonzil wurde das Judentum dann aus theologischen und seelsorgerischen Gründen diskriminiert, während das Kaisertum weiterhin seinen Schutz wie über freie Leute übte [1039: V. PFAFF; 1040: W. J. FISHEL]. Total vergiftet war das Verhältnis zwischen Juden und Christen im 12. Jh. wohl noch nicht [402: H. LIEBESCHÜTZ; 403: A. M. SHAPIRO]. Nach England sind Juden wahrscheinlich erst 1066 gekommen [925: H. G. RICHARDSON]; Nord- und Süditalien unterscheiden sich auch darin, daß der Süden die Juden nie in Geldgeschäfte gezwungen, ihnen vielmehr alle Berufe offen gehalten hat [406: A. MILANO].

c) Pauperes Christi

In I A 3 (S. 7) wurden Stichworte zu den religiösen Bewegungen geliefert, die auf neuartige Formen des Religiosentums und in ihm wirksame Motive und Kräfte hinweisen. In der Forschung ist die Diskussion über die Armut relativ schleppend vorangebracht worden. Sie dreht sich um die sozialgeschichtlichen Befunde, die Einrichtungen der Armenfürsorge und um das Vorbild in apostolischer Armut. Ein Vortrag von R. MANSELLI über „Evangelismo e povertà" [in:

367] ragt durch Vermittlung des Gesamtzusammenhangs heraus, das „Oeuvre" von M. MOLLAT [365 f.] besticht durch seine Spannweite, ein Buch von L. K. LITTLE [368] durch seine Umsicht, mit der religiöser und sozialökonomischer Wandel aufeinander bezogen werden. Die „Nähe der freiwilligen zur unfreiwilligen Armut" wurde von O. G. OEXLE in einem „Beitrag zum Verständnis der freiwilligen Armut bei Elisabeth von Thüringen" [371] problematisiert, der substantielle Kritik an der Vorstellung übt, in der Bewegung sei es allenfalls indirekt um Besserung der materiellen Not gegangen. Davon werden K. BOSLS „Pauperismus"-Thesen [Potens und Pauper, in: 331] sowie die neueren Lexikonartikel von D. FLOOD [TRE IV, 88] und U. LINDGREN [LMA I 98 ff.] betroffen. Die Bewegung zeigt sehr wohl Reaktionen auf Verelendung, ist soziologisch allerdings nur in Teilen ihres Zulaufs, nicht in der eigentlichen Trägerschaft niedriger einzustufen. In diesen Forschungsrahmen gehören auch neuere Studien über die Konversion: sie war immer Vorbild für alle Schichten, aber vielfach Absage an das Standesethos des Adels (H. GRUNDMANN, in 360: I; 354: Konversen; 348: J. WOLLASCH).

Neue Orden und Religiosengemeinschaften

An der Spitze der Armutsbewegung, auf die kurialerseits zuerst Urban II. reagierte (vgl. S. 29), standen die neuen Orden [176: M. HEIMBUCHER]. Aus der Fülle älterer und neuerer Literatur kann hier nur weniges zur Vermittlung des Überblicks ausgewählt werden: 349: J. VON WALTER (Wanderprediger); 352: B. BLIGNY, 355: ST. WEINFURTER (Zisterzienser und Prämonstratenser); 358: A. RAVIER (Kartäuser); 347: L'eremitismo; 372: O. NÜBEL (Beginen); 359: H. GRUNDMANN 31 f. (Humiliaten).

Der zahlenmäßige Zuwachs an geistlichen Häusern ist enorm; für England und Wales wurde ein Anstieg von 61 i. J. 1066 auf 640 bis 750 i. J. 1216 festgestellt [924: D. KNOWLES, R. N. HADCOCK]. Die tragische Figur im ersten Affront gegen die reiche Kirche war der Kanoniker Arnold von Brescia (vgl. S. 61). Wegen der europaweiten Anteilnahme der Zeitgenossen ist die Überlieferung weit verbreitet. Sie hat sich unter der Kritik A. FRUGONIS [822] in vielen Einzelheiten als phantastisch und verworren erwiesen. Der viel diskutierte *Dialogus (inter Cluniacensem et Cisterciensem)* des Mönchs Idung über das Ideal der Armut hat eine neue Edition [42: R. B. C. HUYGENS] und weiterführende Interpretation gefunden [A. BREDERO in: 351 II]. Das Gerhoch-Buch von P. CLASSEN [635] entfaltet die religiöse Spannweite der Armutsbewegung aus dem Denken eines Mitglieds der Regularkanoniker, die auf deutschem Boden die stärkste Gruppe unter den neuen Orden stellten [356: ST. WEINFURTER]. Die heilsgeschichtliche Sicht des Propstes von Reichersberg drängte auf radikale Reformen von oben. Bis zum Zynismus steigerten sich Antiklerikalismus und Kirchenkritik, die auffallend früh bereits wieder gegen die neuen Orden gerichtet ist, in der lateinischen Lyrik. Ihre kritischen Maßstäbe sind *fides, vita apostolica* und *ecclesia apostolica* [679: H. SCHÜPPERT]. Überholt ist die Lehre vom „Armutsgedanken im Entäußerungsplan Paschalis' II." [vgl. 776: C. SERVATIUS].

d) Katharer und Waldenser

Entstehung, Ausbreitung, Lehrinhalte, soziale Träger, ökonomische, soziale, bildungsgeschichtliche, mentale, psychische und überhaupt alle Bedingungen und Erscheinungsformen der mittelalterlichen Häresien [vgl. 407: Hérésies et sociétés] sind Forschungsthemen, denen in den letzten Jahrzehnten ein neuartiges und perspektivenreiches, von Synthesen aber noch weit entferntes Verständnis abgewonnen wurde. Die Literatur bis 1963 ist in der dezidierten Sichtweise H. GRUNDMANNS zu einer „Ketzergeschichte" [408] verarbeitet; seitdem ist erneut viel geschrieben worden [vgl. 409: C. T. BERKHOUT-J. B. RUSSELL]. Quellensammlungen für die Frühzeit wurden von J. FEARNS [75c] und R. I. MOORE [77] zusammengestellt. Praktische Hilfen (u. a. mit der tabellarischen Aufstellung der Belege für „Western heretics and eastern dualists" im 11. Jh.) bietet M. D. LAMBERT [410], der früher schon im Atlas zur Kirchengeschichte [171] Karten beigesteuert hat [S. 41* Nr. 57].

Die „Geburt der Häresien"

Forschungsgeschichtlich markieren Funde von Quellen aus der Frühzeit der Waldenser, die 1946 von A. DONDAINE [411] vorgelegt wurden, sowie die Dissertation von A. BORST [412] über die Katharer eine Wende. Die das Katharerbuch bestimmende Auffassung von einer datierbaren Infektion des Westens, die alle häretischen Erscheinungen vor 1143 von den dualistischen Lehren des Ostens abtrennt, ist in der Diskussion zwischen A. DONDAINE [413], der auf Einschleusung aus dem Balkan seit dem 11. Jh. abhob, und R. MORGHEN [414], der von Übertreibung evangelischer Lehre ausging, kontrovers geworden. Gegen die Vorstellung MORGHENS setzt sich – allerdings ohne sichere Beweise [vgl. 416: J. MUSY über die französischen Gruppen; 417: H. TAVIANI über die Ketzer von Monteforte] – quer durch die wissenschaftlichen Positionen seit 1960 [415: B. PRIMOV] die Annahme früher bogomilischer Einflüsse durch [resümierend 418: E. WERNER, 43 ff.; 419: M. LOOS]. Die neuentdeckten Schriften des Durandus [insbes. der *Liber antiheresis* von etwa 1190, ed. K.-V. SELGE in Bd. II von 420; *Liber contra Manicheos* von etwa 1220, ed. 24: CH. THOUZELLIER] heben die Waldenserbewegung als eigene und antikatharische Größe in der Armutsbewegung aus den religiösen Strömungen des 12. Jh. heraus. Mehrfach diskutiert wurde die zugespitzte These K.-V. SELGES, daß die Predigt der Urantrieb der Waldenser gewesen und ihm das Armutsgebot als Lebensform der apostolischen Prediger nachzustellen sei [vgl. H. GRUNDMANN in: DA 24, 1968, 572 f.; 410: M. D. LAMBERT, S. 353 ff.]; doch fand sie weitgehende Zustimmung des Kenners A. MOLNÁR [421]. Mit den Thesen über die „Geburt der Häresie" ist natürlich eine gesellschaftsgeschichtliche Bewertung verknüpft.

Sekte oder christliche Konfession

BORST hat die Selbstbezeichnung der Katharer als *Christiani* genauso wie die Häresiebegriffe des 11./12. Jh., die den Kanon der von den Kirchenvätern verurteilten Irrlehren verwenden, aber auch bloße Abweichungen von der Reformkirche einbeziehen [vgl. jetzt 422: Concept of heresy], für wissenschaftlich unbrauchbar gehalten, während K. A. FINK [172] seinen Überblick unter die

Überschrift stellte: „‚Häresie' und ‚Ketzerei' als mittelalterliche christliche Konfessionen". Damit vergleichbar ist MANSELLIS Verdikt [423: Studi S. 311; vgl. auch allgemein „Evangelismo e povertà, in: 367], das BORSTS Überlegung, ob die Katharer Christen gewesen seien oder nicht, für unhistorisch erklärt.

Gesellschaftsgeschichtliche Bewertung

Selbstverständlich wußte BORST wie alle Forscher, daß die häretischen Vororte in den nach Bevölkerungsdichte und wirtschaftlicher Prosperität führenden Zonen lagen: Lombardei, Provence und Languedoc, Rheintal und Flandern. Vor allem E. WERNER stuft die Genese einer Häresie oder ihre Annahme generell als ideologische Orientierung im ökonomischen Umbruch ein. Ein gutes Beispiel für den Zusammenprall von Positionen ist H. GRUNDMANNS Rezension von „Frauenfrage und Ketzertum" [424: G. KOCH] im DA 19, 1963, 547f.; nicht minder ablehnend E. MCLAUGHLIN in: Concilium 111, 1976. Inzwischen vergleicht man beispielsweise städtische und ländliche Häresien [C. VIOLANTE in: 407], und R. MANSELLI, der die Ketzer in die Spiritualenbewegungen evangelischen Erwachens rückt, steht der „Infektionstheorie" so fern wie der „sozialökonomischen". Die eigentliche sozialökonomische Interpretation, die sich auf konkrete Daten über den Status der Ketzer stützen müßte, fehlt überhaupt. Anfänge wie Ausbreitung der Häresien können nicht zuletzt aus der Mangelhaftigkeit der Seelsorge unter den aufsteigenden Schichten erklärt werden [425: P. RICHÉ]. R. ZERFASS hat den „Streit um die Laienpredigt" [426], der als Konflikt zwischen Mönchen und Regularkanonikern anhob, die Waldenser aber in die Häresie trieb, als ein Problem der Anpassung antiker Seelsorgemuster an eine veränderte Gesellschaft interpretiert. Letzten Endes werden die Zusammenhänge mit der allgemeinen Geschichte [vgl. die lehrreichen „Grundzüge" von MANSELLI, in: 800], die politischen und sozialökonomischen Dimensionen der Häresie ja nicht geleugnet, wenn man sie vorsichtig ausloten will [A. BORST]: Bundesgenossen, aber keine Initiatoren für Autonomiebestrebungen; keine soziale Bewegung, aber situationsbedingte Mitwirkung an der Sprengung der ständischen Hierarchie; Armut im Gefolge der Armutsbewegung des 12. Jh., Mittelstandskirche im 13. Jh.; keine religiösen Demokraten, Toleranz als Waffe einer Minderheit; keine Wertvorstellungen von der Frau, emanzipatorische Wirkungen durch den faktischen Zulauf der Frauen aus alten Bindungen heraus.

Lehre der Ketzer – Ketzerbekämpfung

Die Geschichte der Katharer ist von BORST als Sektengeschichte neu profiliert worden, in ihren Teilen über Lehre und Ethik grundlegend [weiterführend 427: R. MANSELLI; 428: G. SCHMITZ-VALCKENBERG]. Im 12. Jh. machte die Kosmologie der zwei Prinzipien, Gottes und des Satans, [faßbar in 49: *Liber de duobus principiis*, nach 1250] wahrscheinlich weniger Proselyten als die katharische Sakramentenpraxis mitsamt der rigorosen Ethik.

Die Kirche suchte nicht nur durch Grenzziehung in Theologie und Sakramentenlehre (4. Lateranum), sondern auch durch aktives Einschreiten die Überwindung: Predigt (vgl. oben S. 83), Glaubenskrieg [zu den Albigensern 1017: E. GRIFFE] und Inquisition [75b: Texte; 1041: H. MAISONNEUVE]. Die Verbrennung von Zauberern und Ketzern hat germanische und römische Traditionen.

Die Verfahren gewannen im Zusammengehen von weltlicher und geistlicher Gewalt seit 1179 ganz allmählich System. M. Bévenot [1042] und K.-V. Selge [in: 858] haben die Rezeption der römisch-rechtlichen, das Majestätsverbrechen sühnenden Strafe der Verbrennung verdeutlicht.

e) Joachim – Dominicus – Franciscus

Joachim von Fiore

Der Joachimforschung sind von H. Grundmann [360, Bd. I 26f. Nr. 1.25; II], der die geplante Edition der Hauptschriften aber nicht zu Ende bringen konnte, starke Impulse verliehen worden. Wesentliche Erleichterungen zum Verständnis des vieldeutigen Joachimschen Denkens bietet die Interpretation seiner Textfiguren und des eigenständigen Figurenbuches durch M. Reeves und B. Hirsch-Reich [369]. Von B. Töpfer [370a] wurden Joachim und die Joachiten in den größeren Zusammenhang der Geschichte religiöser, politischer und sozialer Friedensprophetien des Mittelalters gestellt. Ihre Bedeutung für den politischen Messianismus des Spätmittelalters und der Neuzeit fand in K. Löwith [370] den souveränsten Interpreten.

Dominicus und Franciscus – Mendikanten

Urgemeinschaften aller Bettelorden sind die Dominikaner und Franziskaner. K. Elm [1043] hat die geschichtlichen und religiösen Motive der Ordensstifter, ihre Intentionen und die Wirkungen sowohl ihrer Stiftungen als auch der Erinnerungen an die Stifter vergleichend skizziert. Die Dominicus-Biographie von M.-H. Vicaire [1044] mag als „maßgebend" gelten [Hauptquellen in 88: Monumenta], während eine eigentliche Franciscus-Biographie den Quellen, die alle auch Legenden sind, nicht mehr abzugewinnen ist. Die Frage nach dem historischen Franciscus *(quaestio franciscana)* ist seit seinem Tode kontrovers [1054: J. Moormann; 1044: St. da Campagnola]. Den ältesten erhaltenen Viten [I: 1228/29, II: 1246/47] aus der Feder des Thomas von Celano [in: 89] liegen (verlorene) Notizen eines Ordensbruders Leo und eine vom Orden 1244 angeregte Materialsammlung zugrunde [1049: W. Goetz; 1050: M. Bihl]. Die Reihe der wissenschaftlichen Biographien wurde von P. Sabatier eröffnet und dauernd geprägt; diese und jüngere werden von G. Wendelborn [1048] erwähnt, der selber alles in allem gut informiert. Der Gang der Forschung spiegelt sich in den Collectanea Franciscana (seit 1931; [vgl. auch 1046: San Francesco]). Die wenigen Schriften des Heiligen [27: K. Esser] – vom „Sonnengesang" bis zu den „Regeln" – sind einzigartige Zeugnisse der Frömmigkeit. Eigene und weite Forschungsfelder sind die Ordensregeln [1045: A. H. Thomas; 1052: K.-V. Selge; 1051: K. Esser] und die Integration der Franziskaner in die Kirche [1053: K.-V. Selge].

f) Reform

Reform oder Revolution

Über die Geschichte der Erneuerungsbegriffe und der Reformidee im Mittelalter informieren die Artikel „Erneuerung" von G. B. Ladner (in: Reallexikon für Antike und Christentum VI, 1964) und „Reform, Reformation" von E. Wol-

GAST [in: Geschichtliche Grundbegriffe V, 1982]. In der Bewertung der Kirchenreform als Revolution [E. TROELTSCH, Ges. Werke I, 1922, 383; 163: E. ROSENSTOCK-HUESSY] wird ein Begriff von Revolution angewandt, der auf die Wirkung des Reform-Rückgriffs abhebt [vgl. auch H. VOLLRATH, Das Mittelalter in der Typik oraler Gesellschaften, in: HZ 233, 1981, 589]. E. ROSENSTOCK-HUESSY interpretierte die „Papstrevolution" als die „italienische Revolution" und sah in ihrer Utopie von der gottgewollten Ordnung den Ursprung der europäischen Revolutionsgeschichte.

„Reform" ist eine der treibenden Kräfte in einem Zivilisationsprozeß, der die Welt des Hochmittelalters geschaffen hat: aus der Erneuerung des Mönchtums und des Kanonikerstandes, des Studiums, des Rechts, des Reiches, der Kirche. Die Sache ist notwendig in vielen Kapiteln zu behandeln. Hier werden drei Aspekte hervorgekehrt: 1.) Adel und Klosterreform; 2.) das Verständnis der Reform als gregorianisch; 3.) die konziliare Festigung der Reform.

Adel und Klosterreform – Reichsmönchtum und Cluniazenser

Unter der Überschrift „Das Reformmönchtum und die Laien" wurde von G. TELLENBACH [in: 719 Cluny] die Symbiose von Kloster und Welt beschrieben. Eine bessere Heranführung an die Phänomene der Reform und die Probleme der Forschung wird man suchen müssen. TELLENBACH war die mittelpunktbildende Figur im Freiburger Arbeitskreis, in dem sich der Disput über „Adel und Klosterreform" besonders fruchtbar gestaltete (ein frühes Ergebnis: „Neue Forschungen über Cluny und die Cluniazenser", 1959). K. HALLINGER hatte 1950/51 mit „Gorze-Kluny" [346] die Differenzierung der mönchischen Bewegung zu einem ungemein ergiebigen Forschungsthema gemacht, als er sich am liturgischen Gedächtnis für die Verstorbenen orientierte. Kaum minder fruchtbare Wirkungen zeitigte ein wenig jüngerer Artikel über die „Chanoines" von CH. DEREINE im Dictionnaire d'histoire et de géographie ecclésiastiques XII, 1953; [ferner 357: ST. WEINFURTER; J. SIEGWART und C. D. FONSECA in: LMA I 1219 f.]. Es muß beachtet werden, daß die Kanoniker früher als Mönche ihre polarisierenden Wirkungen in der aufziehenden Stadtkultur ausübten [G. DUBY, Chanoines réguliers et la vie économique, in: 718 II; auch in: 332; 736: T. SCHMIDT betr. Rom und Mailand]. Auch war die Eremitenbewegung alles andere als gesellschaftlich indifferent [347: L'eremitismo].

Dem Anliegen HALLINGERS ist J. WOLLASCH besonders treu geblieben. Daß in der Symbiose von Adel und Reform einer der Gründe für den Aufstieg beider liegt, hat in facettenreichen Studien vor allem K. SCHMID als Gemeingut der Forschung gesichert. Die Diskussion hob 1957 an: „Zur Problematik von Familie, Sippe und Geschlecht, Haus und Dynastie" [442]. Ein Reichenau-Band „Investiturstreit und Reichsverfassung" [739] ist mit Beiträgen von W. GOEZ (Toskana), J. WOLLASCH (Burgund) und K. SCHMID (Schwaben) ein Abbild des Forschungsstandes; eb. S. 97 ff. eine ausgewählte Bibliographie zum Thema „Adel und Klosterreform" von H. JAKOBS im Rahmen eines Versuchs, auf der Grundlage seines Buches über den „Adel in der Klosterreform von St. Blasien" die reformgeschichtlichen Zusammenhänge des ersten Gegenkönigtums der deutschen Geschichte zu verdeutlichen. Die ältere verfassungsgeschichtliche Forschung [insbes. H. HIRSCH, TH. MAYER, H. BÜTTNER] ist in die neue Adels- und Reformgeschichte eingebracht; und sicherlich sind H. BÜTTNER [vgl. z. B. „Verfassungsgeschichte und lothringische Klosterreform", Festschr. G. Kallen, 1957] und TH. SCHIEFFER [Cluny et la querelle des investitures, 1961; dt. in: 719] darin vorbildlich, daß sie den strukturellen Unterschieden der politischen Räume, in denen sich das Mönchtum einrichten mußte, Bedeutung für seine kirchenpolitischen Wirkungen beimaßen [720: H. JAKOBS, Die Cluniazenser und das Papsttum]. Damit werden nicht die Wesenszüge des Mönchtums politisiert, wohl aber seine Wirkungen auf die Welt. Unbeschadet der „historischen Individualität" der Konvente [345: J. WOLLASCH, Mönchtum 136] läßt sich ihre Rechtsstellung typisieren, lassen sich monastische Landschaften auch in dem Sinn einkreisen, daß sich regionale Sozialgeschichte in der Rekrutierung der Konvente spiegelt. Insbesondere war das sogenannte „ottonisch-salische Reichskirchensystem" durch den Anspruch gekennzeichnet, daß es auf dem Reichsgebiet keine Freiheit als die im Schutze des Königs oder seiner Bischöfe geben konnte. Unter anderen politischen Bedingungen ersetzten die cluniazensischen Reformgruppen das Reichskirchensystem, als sie ihre Freiheit im Schutz der Römischen Kirche suchten.

Bereitschaft zur Reform war um die Mitte des 11. Jh. bereits eine europäische Grundstimmung, und die Ereignisse nach 1075 waren politisch möglich, weil „Parteien" im Für und Wider sie trugen. Diese Einsicht ist in den letzten Jahrzehnten um einiges konkreter sowohl auf Führungsgruppen [J. FLECKENSTEIN, Heinrich IV. und der dt. Episkopat, in: 739; DERS. in: 439] als auch auf breitere Schichten bezogen worden [435: W. NOWAK; 740: L. FENSKE]. J. FRIED [Laienadel und Papst, in: 480 I] hat entwickelt, daß Reformgemeinschaft bereits im 11. Jh. das nationale Selbstbewußtsein und die staatliche Entwicklung überhöhte, Frankreich bei Ausbruch des Investiturstreits in einer Bindung an den Hl. Petrus stand, die seit 200 Jahren gewachsen war und nun der staatlichen Entwicklung zugute kam. In der Zeit des Abtes Hugo (1049–1109) ist der Einfluß von Cluniazensern auf Bischofsstühlen sehr groß [721: J. MEHNE]. Hier wäre auch die erzieherische Wirkung Clunys auf den Kriegerstand zu berücksichtigen, die den *miles christianus* mitprägte [391: C. ERDMANN; 445: G. ALTHOFF], während die Führungsgruppen in Deutschland erst in der Krisenzeit ein unmittelbares Verhältnis zum Papst gewannen und es von vornherein belasteten. Besonders bezeichnend für den politischen Stimmungswandel im Adel ist der Befund, daß seit 1050 keine Stiftung mehr ins direkte Eigentum des Reiches überging [717: J. SEMMLER].

Zum Thema gehören auch die adelsfeindlichen Impulse in der Reform. Die Forschung orientierte sich an A. SCHULTE [438], der für das Reichskirchensystem nachgewiesen hatte, daß hohe Geburt als Qualifikation für das hohe Kirchenamt unerläßlich war. Die Frage, wie weit sich monastische Gegenströmungen dagegen durchsetzen konnten und wollten, läßt sich nicht global beantworten. Die Forschungssituation, die u. a. durch K. SCHREINER [353] gebessert wurde, ist bei A. MURRAY in einem Kapitel über „Nobility and Church" [338] nicht voll erfaßt.

Gregor VII.

Die Forschung über das „Zeitalter Gregors VII." [F. KEMPF, Gregorianische Reform, in: LThK ²IV 1196; 174: HKG III 1] wird immer auch um die Person, die „Biographie" des Papstes ringen, wenngleich seit langem nicht mehr zu übersehen ist, daß Gregor seine Kraft aus einem breiten und tiefen Wurzelwerk zog. Diese Relativierung seiner Bedeutung will allerdings richtig verstanden sein, und dafür ist ein Vortrag von R. SCHIEFFER über Gregors „historische Größe" [769] hilfreich: sie liege „zu einem guten Teil jenseits dessen, was er selber bewußt angestrebt" habe. So ist vor allem Gregors Anteil an der Programmierung der Kirchenreform nicht groß; als Theologe wie als Kanonist ist der Papst allem Anschein nach nicht sehr belesen gewesen [756: H.-X. ARQUILLIÈRE; 730: H. FUHRMANN II 468ff.], und zur Stützung des Suprematieanspruchs sind im 12./13. Jh. seine Worte und Taten nicht sonderlich hervorgekehrt worden [614: J. GILCHRIST]. Demnach läge seine Wirkung zuvörderst im Handeln seiner Person beschlossen, auf die sich das Zeitalter gleichsam hinentwickelt hatte [92: Reg. I 77]. „An der Tat des Einzelnen" wäre der theokratische Herrschaftsgedanke des Frühmittelalters zerbrochen [A. MAYER-PFANNHOLZ in: 762].

Beste Schulung zum Verständnis des eigentlich Gregorischen bietet nach wie vor ein Aufsatz des Editors seiner Briefe, E. CASPAR [757]. „Die wichtigsten Arbeiten über Gregor VII. in den letzten Jahrzehnten" [F.-J. SCHMALE in: 92, S. 8ff., über 768: A. NITSCHKE und 760: CH. SCHNEIDER, mit positiver Kritik] betreffen das, was man in moderner Manier als „Selbstverständnis", in religionswissenschaftlicher Terminologie als „Petrusmystik" bezeichnet hat: die religiöse Kraft, die den Papst mit der unerschütterlichen Zuversicht für sein Handeln, seine „entscheidende Tat", ausstattete. Das gregorianische Gottvertrauen ist am eindrücklichsten von A. NITSCHKE ausgelotet worden. CH. SCHNEIDER verfolgte den Nachweis, daß Gregor VII. in seinem Versuch, die Reform der Reichskirche im Bunde mit Heinrich IV. in Gang zu bringen, mit dem König in einem Dialog gestanden habe und diesen Dialog als ein „prophetischer Rufer" gelenkt habe. Solche Erklärung politischer Entscheidungen aus dem religiösen „Selbstverständnis", wurde auch für „Gregor VII. und Heinrich IV. nach Canossa" versucht [766: J. VOGEL].

Das Problem aller Erneuerung, nämlich Neuerung zu sein, verdichtet sich in der Rechtsreform. Aus der patristischen Lehre bezog Gregor das Argument, daß *consuetudo* nicht gegen *veritas* und *ratio* verstoßen dürfe [210: J. MIETHKE, S. 567f.], und er hat es einmal mit der ihm eigenen Schärfe eingesetzt [93: *Epistolae vagantes* 151; K. KROESCHELL in: 198, S. 323; H. FUHRMANN in: 739, S. 190]. Die Problematik greift im 12. Jh. von der Rechts- auf die Dogmengeschichte über, wenn Anselm von Havelberg neue Dogmen als Erneuerung der Orthodoxie rechtfertigt [643: J. J. HENEGHAN].

Die Neuansätze des 12. Jh. nehmen sich in mancher Hinsicht schon wieder

Lateranum III und IV

wie „ein durch den Investiturstreit verzögerter Rückgriff auf die Ideale des 11. Jh." aus [769: R. SCHIEFFER S. 100]. An der Kurie traten erhebliche Veränderungen ein [F.-J. SCHMALE in: 198]. Erst die Konzilien Alexanders III. und Innozenz' III. (oben S. 65, 81; [zu vgl. sind insbes. 123: Decreta/Institutiones sowie 200: R. FOREVILLE]) haben das Reformwerk befestigt. Den „Irrweg" in die Weltpolitik haben sie nicht verhindert [310: V. PFAFF].

3. Gemeinschaft und Gemeinde

a) Gemeinschaften

Memorialgemeinschaft

Gebetsgedächtnis für Lebende und Tote ist in allen mittelalterlichen Gemeinschaften ein Element der Bindung. Im *Liber vitae* (Apokalypse 3, 5) und in anderen Formen der Memorialliteratur spiegeln sich Fluktuation und Dauer von Lebensgemeinschaften auf ganz eigentümliche Weise. Die wissenschaftliche Erforschung von Memorialgemeinschaften ist nicht an sich neu, ein eigentliches Verständnis für das Phänomen aber doch von einer jüngeren „Schule" vermittelt worden [457: K. SCHMID – J. WOLLASCH; 339: Prosopographie als Sozialgeschichte? Vgl. auch den Bericht über ein Kolloquium „Memorie", in: FMSt 15, 1981, 512–515]. Der Forschungshorizont ist weit [vgl. z. B. O. G. OEXLE, Gilden als soziale Gruppen in der Karolingerzeit, in: Das Handwerk in vor- und frühgeschichtlicher Zeit, hrsg. von H. JANKUHN u. a. T. I, 1981, 284 ff.; P. JOHANEK mit soziologischer Erklärung für die Beweiskraft der Traditionscodices, in 578: Recht und Schrift]. Wir konzentrieren uns auf „Ehe und Familie", „Bruderschaft und Gemeinde" und die *Universitas magistrorum et scholarium*. Der Abschnitt bringt Ergänzungen zu B 1 (Adelsforschung).

Ehe und Familie

Die Familie des Hochmittelalters wird heute als ein Gebilde des Feudalismus verstanden, das allerdings besondere Fähigkeit zur Anpassung an Geld- und Pachtwirtschaft mitbrachte. So sicher die Mediävistik das Verständnis für die Historizität der Phänomene und ihre gesellschaftlichen Funktionen vertieft hat, ist doch die Deutung der Befunde des 11./12. Jh. noch nicht abgeschlossen. Natürlich hat es auch im Frühmittelalter Familien als Gemeinschaften von Mann, Weib und Kind gegeben (die Kernfamilien der Soziologie; „Zeugungsfamilie": 458 TH. SCHULER). Aber sie sind vor der Jahrtausendwende ganz allgemein entweder in „Großfamilien" kognatischer Verbände oder in die (dienenden) *familiae* der Hausherren integriert.

Von gesellschaftstheoretischen Zuspitzungen war K. SCHMID weit entfernt, als er 1957 mit Aufstellungen über „Familie, Sippe und Geschlecht, Haus und Dynastie" [442] den Wandel vom kognatischen zum agnatischen Denken im mittelalterlichen Adel zur Diskussion stellte. Seitdem geht man den Ursachen und den Wirkungen dieses Bewußtseinswandels an alten und neuen Themen nach. „Stifterchronik" [680: H. PATZE] und „Genealogia" [6: L. GENICOT] wurden als Quellen für historische Apperzeptionen von Abstammung und Verwandtschaft neu verstanden. G. DUBY verdeutlichte am Beispiel des Mâconnais besonders eindrucksvoll die Funktion der Verwandtschaft für den Besitz [Lignage, noblesse et chevalerie, in: 332]: Unteilbarkeit der Existenzgrundlage mit Anerbenrecht statt Realteilung, Verstärkung der Verfügungsgewalt des Mannes über das Erbe der Frau, Heiratsbeschränkung der *iuvenes*. Der Fortgang der Diskussion spiegelt sich in den Beiträgen eines von G. DUBY und J. LE GOFF inaugurierten Colloquiums [459: Famille et parenté], das den italienischen Referenten Ausweitung der Diskussion auf die Städte verdankt. Themen sind u. a. Usancen in der Namengebung und -bildung; die „künstlichen Verwandtschaften", die über das kirchlich-römisch-rechtliche Verständnis auf Ehe-, Konsortien- und Lehnrecht einwirkten [vgl. auch J. LE GOFF, Le rituel symbolique de la vassalité, in: 330]; Erbgewohnheiten; Sexualität; Rolle der Witwe; Diskussion über die Ehe in den Häresien; Umstellung auf die „famille conjugale" in der städtischen Geldwirtschaft, in der sich ein kompliziertes Erb- und Familienrecht ausbildet [460: M. BELLOMO]. Großhändler gründen Konsortien hinwiederum im Verband der Großfamilie, und politische Führungsschichten neigen zu – bruderschaftlich verstärkter – Clanbildung [461: J. HEERS]. Die Kernfamilie wird durch „Verdorfung" und „incastellamento" gefördert [826: P. TOUBERT], „affrèrements" als Zusammenschlüsse von Brüdern zur Großfamilie sind rückläufige Tendenzen des französischen Spätmittelalters. Aber all diese Prozesse sind raumbezogen (vgl. auch das Kap. „Les structures sociales" in: 928: P. BONNASSIE, Catalogne) und die Ergebnisse der Forschung noch längst nicht zusammengeführt.

Die Durchleuchtung der Forschungsbeiträge mit Systematiken der Anthropologie (vgl. A. GUERREAU-JALABERT in: Annales 26, 1981, 1028–1049) erweist sich als so nützlich und so problematisch wie die Hilfe der Soziologie in der Gesellschaftsgeschichtsschreibung. Das gilt auch für die Erforschung des Eherechts, soweit es Kirchenrecht ist. G. DUBY ist mit seinen Modellen, die die Ehe als Phänomen des 11./12. Jh. einordnen [463; breitere Fassung: 464], sofort auf massive Bedenken gestoßen (M. DAVID in: Annales 36, 1981, 1050 ff.). Er hat den Widerstreit der „deux morales" von Ritter und Priester zum Angelpunkt der Interpretation gemacht, hat die agnatische Deszendenz als conditio sine qua non der Feudalgesellschaft, das Eherecht als Kompromiß zwischen Klerus und Rittertum um den Preis der Unterdrückung der Frau und die „höfische Liebe" als Spielraum zur Freude des Mannes erklärt. Richtig ist, daß die lateinische Kirche die hohen zölibatären Anforderungen [724: J. GAUDEMET], Riten für die Trauung, ja das Verständnis der Ehe als Sakrament tatsächlich erst seit dem 11./12. Jh. entwickelte [C. VOGEL, in 462: Il matrimonio; 465: CH. N. L. BROOKE]; richtig auch, daß die Setzung von Eherecht auch unter Alexander III. noch sehr auf den Einzelfall bezogen blieb [465 a: CH. DONAHUE; Entwicklungsstand unter Coelestin III.: 466 V. PFAFF]; daß die Diskussion über die Ehe in den Häresien äußerst erbittert geführt wurde; daß Innozenz III. unter Hinweis auf die gewandelten Zeiten das kanonische Ehehindernis zu naher Verwandtschaft milderte (Senkung von 7 auf 4 Verwandtschaftsgrade) und – allerdings vergeblich [467: P. Leisching, Eheschließung vor dem Notar] – Trauung vor dem Priester verfügte.

Bruderschaft und Gemeinde

Für die Entwicklung von Rechts- und Memorialgemeinschaften sind *familia* und *fraternitas* Musterbeispiele: der Hofverband als „Grundstruktur der mittelalterlichen Gesellschaft" [455: K. Bosl, der die Ausgliederung zu neuer „Freiheit" behandelt], die Bruderschaft als Gemeinschaft zu gegenseitiger Hilfe (Zünfte, Spital-, Brücken-, Pilgerbruderschaften), die insbesondere als Gilde und als *universitas* der Magister und Scholaren auch beschworene Einung von *pares* auf Frieden und Recht (Willkür) ist. Neue „Berufe" fördern den Prozeß der Individualisierung, der sich in Gruppen vollzieht (oben S. 99). Die Palette dieser Thematik ist von P. Michaud-Quantin [471] und O. G. Oexle [472] (vgl. auch S. 112) um reiche Farben bereichert worden. J. Wollasch [473] weist auf die immense Bedeutung bruderschaftlicher Hilfeleistungen hin. In ihren Vorschriften für den Totenpomp beim Ableben eines Bruders belegen die neuartigen Korporationsstatuten [474: *Charte de la frairie de la halle basse de Valenciennes;* 475: *Coutumes de la gilde marchande de Saint-Omer*] auf ihre Art die Sorge um evangeliengemäßes Leben. Bruderschaften konnten aber auch den Ausschluß des „Volkes" von den Ämtern und neue Führungsschichten legitimieren (Geschlechterherrschaft; H. Jakobs am Beispiel Kölns in: 476]). Umstritten war, ob Hoheitsrecht aus Gemeinschaftsrecht entwickelt werden konnte, z. B. in der Diskussion über die von H. Planitz systematisierte und für einen weiteren Raum generalisierte sog. „Gildetheorie". E. Ennen [„Gilde und coniuratio" in 485: S. 165 ff.; K. Schulz, RhVjbll. 32, 1968, 187] hat sich mit der Auffassung behauptet, die Gilde sei ein Personenverband geblieben ohne die Fähigkeit, eine gebietsmäßige Hoheit zu errichten. Die Diskussion bedarf der sozialgeschichtlichen Vertiefung.

Universitas magistrorum et scholarium

Die Frühgeschichte der europäischen Universität gehört als Ausformung des Schutzes für eine besondere Art der *peregrinatio* in diese Zusammenhänge. Über die korporationsrechtliche Sonderentwicklung in Salerno und Oxford weiß man sehr wenig, die Abhebung der „Universitäten" Bologna und Paris von den älteren Schulen [595: E. Lesne; 598: Ph. Delhaye] läßt sich im 12. Jh. auch nur punktuell verfolgen [600: A. B. Cobban; 181: Coing I 41 ff.; 75e: Texte, hrsg. H. Rüthing]. Die insbesondere in der deutschen Forschung seit 1957 diskutierten Grundfragen, ob die treibende Kraft aus den intellektuellen Entdeckungen selber komme [H. Grundmann, Vom Ursprung der Universität, zuletzt in 360: III] oder ob die „Hohe Schule" principaliter eine soziale Funktion erfüllt habe, die sich im Karrieredenken der Gelehrten und dem Fachleutebedarf der Fürstenhöfe und der Städte spiegele, kann man nicht alternativ beantworten [602: P. Classen; M. Bellomo]. Daß aber ein „politischer Wille" dem gildemäßigen, durch Eid begründeten und im Convivium erneuerten Zusammenschluß Rückhalt und Orientierung geben mußte, ist für Bologna [601: S. Stelling-

MICHAUD; 479: J. K. HYDE] wie für Paris [H. VERGER, in: 597] gesichert. Erstmals wurde dem Scholarenkollektiv in der Lombardei kaiserlicher Schutz in eigenem Gerichtsstand gewährt [Authentica „Habita", wohl 1155: 478: W. STELZER]. Die Schule ist zur *societas* geworden, zur Gemeinschaft der Scholaren (Bologna) oder – nicht konfliktfrei [114: H. DENIFLE – AE. CHATELAIN I 75 Nr. 16 von 1213], aber auf Dauer mustergebend – zur *universitas magistrorum et scholarium*. Der Privilegienstand (und nicht ein Begriff von Lehr- und Lernfreiheit) ist das Fundament „akademischer Freiheit" [477: P. CLASSEN]. Für die Einstellung von Lehrern, die in Paris (anders als in Bologna) immer der Mitbestimmung der Scholaren entzogen war, setzte sich das französische Modell im allgemeinen durch: Bestätigung der *licentia docendi* durch die Kanzler (in Bologna durch den Archidiakon) in Stellvertretung des Ortsbischofs nach Präsentation des Kandidaten durch die Magisterkollegien (in Bologna durch die Rektoren und den sie beratenden Senat).

b) Ritter – Bauer – Bürger

Wechselbeziehungen in der Entwicklung

Die Rechtsgemeinschaften, in denen neue Sozialtypen ihr Profil gewannen, waren (Lehns-)Höfe für den Ritter, Dörfer (Landgemeinden) für den Bauern und Städte für den Bürger (vgl. S. 6, 99). Ihre Entwicklung wird in jüngerer Forschung stärker aufeinander bezogen [503: G. DUBY, Krieger und Bauern; 499: Wort und Begriff „Bauer"; 443: Herrschaft und Stand]. Die neuen Stände entfalteten sich eine Zeitlang in Leistungs- und nicht in Geburtsgemeinschaften, „Arbeitsteilung" begründete ihre „Klassenbildung". Mindestens so wichtig ist aber, daß ihr Recht ortsbezogen blieb.

Friedensrecht

Ständisch übergreifende Entwicklungen vollzogen sich auch in der Gesetzgebung und der Strafrechtspflege [573: E. SCHMIDT; 382: J. GERNHUBER]. Ein Indikator für den Wandel im Rechtsempfinden ist die Kriminalisierung des Strafrechts. „Während die Urzeit die schwersten Gewalttätigkeitsverbrechen als büßbar ansieht, bestraft sie das spätere Recht mit Tod" [E. MAYER; vgl. 570: H. HIRSCH, Hohe Gerichtsbarkeit S. 150ff.; 571: B. K. VOLLMANN, Der Strafprozeß im „Ruodlieb"]. Nach volksrechtlichen Voraussetzungen bestimmte der Stand des Delinquenten das Verfahrens- und das Strafrecht. Die Texte aus Deutschland [132: MGH Constitutiones I; E. WADLE in: 739] reagieren an der Schwelle zum 12. Jh. auf die sozialen Veränderungen und weisen Ritter (Ministerialen), Bürger und Bauern als den „Gegenstand" der Pazifizierung aus. Die Strafbemessung [572: R. HIS] zeigt eine gewisse Tendenz zur Ablösung der bis dahin den Freien vorbehaltenen Komposition durch die peinliche und heilende, nicht „simonistische" Strafe (Kriminalisierung) und das Verfahrensrecht zur Besserstellung durch Eide (Duellfähigkeit bei Rittern) anstelle der traditionellen (primär den Unfreien auferlegten) Ordalien. Eigentlich neuartig ist die Ethisierung der Straftat.

Mit einem Kapitel über die Erforschung des Rittertums hat A. BORST eine

Ritter und Rittertum

Aufsatzsammlung eingeleitet, aus der die Phänomenologie des Rittertums von F. L. GANSHOF herausragt [444; im folgenden ohne bibliographische Zählung angeführte Autoren haben zu diesem Band beigesteuert; vgl. sonst J. FLECKENSTEIN, Art. „Miles", in: HRG II 524 ff. sowie in: 196; G. TABACCO, wie oben S. 99]. Die Sammlung koordiniert wissenschaftliche Kompetenzen sowohl für die „Nationen" als auch für die Quellengruppen [vgl. 691: H. G. REUTER]. Was *milites* sind, erfahren wir am ehesten aus Urkunden [J. JOHRENDT], von guten und schlechten Rittern berichten Chronisten [693: P. ROUSSET], und was Rittertum sein soll, lehrt „höfische Dichtung". Im Dienst für den Herrn, für Kirche und Christenheit und im Frauendienst mischten sich nach gängigem Schema „Ideal und Wirklichkeit" ([446: J. M. VAN WINTER]; vgl. auch unten in C). Wir können nur auf Frankreich und Deutschland eingehen; über Italien steht manches in D 3 f (S. 149).

Frankreich

Die Vorreiterrolle des Rhôneraumes ist von G. DUBY am Beispiel des Mâconnais verdeutlicht worden; vgl. für das weitere Frankreich die Hinweise bei J. JOHRENDT. Die Burgherren (châtelains) und Barone waren als Vasallen wie als Lehnsherren mit eigenen Klientelen Kerngruppen der *militia* Frankreichs. Im 11. Jh. entstand ein „Niederadel" durch Verarmung. Symptomatisch ist die frühe Auflösung von Grundherrschaften in Pachtsysteme, die keine teure Kriegerschaft mehr trugen. Gruppencharakter gewannen die *milites* als Gegenstand der Pazifizierung in den Gottesfrieden und als Heidenkrieger. G. ALTHOFF [445] stellte eine neue These zur „Entstehung des Rittertums" zur Diskussion, die er mit Befunden aus der Memorialüberlieferung abgestützt hat: „Rittertum entstand nicht auf Grund der Selbstbesinnung und -bestimmung sozialer Gruppen an der unteren Schwelle des Adels, sondern zunächst durch die Fremdbestimmung der Waffenträger in bestimmten Regionen seitens kirchlicher Kräfte".

Deutschland

In Deutschland bestimmten archaischere Strukturen die Entwicklung, und ein Hauptthema ist der Aufstieg von *servientes* über *ministeriales* zu *milites*. Er erstreckte sich von der Mitte des 11. noch über die Mitte des 12. Jh. Natürlich wurden längst nicht alle Ministerialen zu Rittern [zur Ministerialenforschung der jüngste Bericht von 453: J. B. FREED], wie in neuerer Forschung auch die soziale Mobilität skeptischer beurteilt wird, die von der Ministerialität bewirkt sein soll [454: M. PARISSE; 540: F. REICHERT]. In Deutschland zogen die *milites/ministeriales* kaum vor 1150 Freie in ihren Kreis [vgl. insbes. 450, 692: J. BUMKE]. Schrittmacher waren aufs Ganze gesehen die Reichsministerialen [987: K. BOSL]. Dennoch wurde der Dualismus von freier Geburt (Landrecht) und Ritterschaft (Lehnrecht) nie aufgehoben [452: J. FLECKENSTEIN]. *Liber* wurde sogar wieder ein Synonym für *nobilis* (edelfrei); allerdings war unter dem hohen nun ein niederer Adel als Geburtsadel etabliert, ein *genus militare*. Für Sizilien ist seine rechtliche Abschließung bereits 1140 durch die Assisen von Ariano [133] gesetzlich verfügt worden.

Rittertum

Umstritten ist, ob der ritterliche Ehrenkodex als gesunkenes oder als aufgestiegenes Kulturgut zu gelten hat. Die letztere Auffassung wird in der jüngeren

Forschung u. a. von G. Duby und J. Fleckenstein vertreten, während J. Johrendt den Ehrentitel *militia* zuerst im Hochadel erkennt und daraus folgert, daß die Dienstmannschaften nur allmählich in die kulturelle und gesellschaftliche Welt des dynastischen Rittertums hineingewachsen seien. Er rechnet mit Genossenschaften adliger Berufskrieger, denen die Schutzverpflichtung der Gottes- und Landfrieden zugewachsen sei. Johrendt betont auch den Regionalismus in der Entwicklung, durch den ersten Kreuzzug sei der „Nationalismus" verstärkt worden. Tatsächlich blieben immer erhebliche regionale Unterschiede in den Ritualen erhalten [447: J. M. van Winter; dazu vgl. M. Parisse in: RhVjbll. 42, 1978, 544]. Das Standesbewußtsein, das die Feiern der *militia* auf den großen Hoftagen Barbarossas trug und Adel und Rittertum vereinte (1184, 1188; [451: J. Fleckenstein]), war jedenfalls das Bewußtsein von einer europaweiten Bruderschaft. Sie wurde ganz primär auf den Heidenkrieg bezogen, der die Übernahme der Ritteridee ins Mönchtum und des mönchischen Ideals ins Rittertum legitimierte (vgl. S. 102). Der Vorgang ist so komplex, daß Vorrangigkeit in keinem Bereich sicher bewiesen werden kann. Der „Tugendkatalog" war im übrigen auch ein Sproß der „Renaissance des 12. Jh." [O. Brunner].

Nachbarschaft und Gemeinde

Im wirtschaftsgeschichtlichen Teil (oben II A 4) sind die verfassungs- und sozialgeschichtlichen Wirkungen des Zusammensiedelns, die Neubildungen des Rechts in Nachbarschaften und Gemeinden, zurückgestellt worden. Über „Die Anfänge der Landgemeinde und ihr Wesen" vgl. die grundlegenden Bände des Konstanzer Arbeitskreises [494]; daneben zu stellen sind ob ihrer pfarrgeschichtlichen Beiträge die Atti einer Mendola-Settimana [215 II]. Einen klaren Überblick über die englische Entwicklung gibt R. Lennard [246]; W. O. Ault [496] ist wichtig, weil er dörfliche Selbstverwaltung aus Befunden des 13. Jh. in viel frühere Zeiten hinaufdatiert hat. Für Frankreich vgl. G. Duby [493], für Bayern Ph. Dollinger [505]. Die „comuni di pieve" mit musterhafter Bedeutung der Kirchen [vgl. P. Caroni, in: ZRG GA 83, 1966, 343–352] – sind als „Kirchspiele" sehr alt; über die Entstehung von Bannherrschaft über Dörfer im Umland der italienischen Kommunen des 11./12. Jh. informiert auch H. Keller [829].

Mit „einfachen" Theorien operiert heute niemand mehr. Wissenschaftsgeschichtlich kann die Markgenossenschaftstheorie – gleich für welche Zeiten man sie anwandte – hohes Interesse beanspruchen; denn sie wurde von K. Marx, G. von Below und M. Weber vertreten. In der Diskussion schien ein Flurkartenwerk (von Meitzen) das ursprüngliche Gemeineigentum von Volksgenossen zu beweisen. Zweifel sind in Deutschland zuerst unter rheinischen Forschern aufgekommen [vgl. F. Steinbach, „Es war einmal eine germanische Markgenossenschaft", in: 328] und mit grundsätzlicher Kritik an der „regressiven Methode" verbunden worden, die auch den Wegbereiter der französischen Agrargeschichte, M. Bloch, zu einer Fehleinschätzung von „Seigneurie française et manoir anglais" geführt hatte [vgl. 506: E. Perroy]. „Revolutionär" nannte dann F. Steinbach die These des herausragenden Kenners K. S. Bader [497], der Dorfrecht als Ausweitung des Hausfriedens zum dörflichen Friedensbereich interpretiert hat. STEINBACH verteidigte seine Gerichtsgemeindetheorie und findet – für bestimmte Räume zu Recht – bis heute Anwälte [495: M. NIKOLAY-PANTER]. Gerichts- und grundherrliche Theorie [500: A. DOPSCH] schließen sich im übrigen nicht aus. Die Bedeutung der „Grundherrschaft" wurde in sichtendem Überblick von H. K. SCHULZE [HRG I 1824 ff.] umrissen; hilfreiche Erstorientierung bietet W. RÖSENER [in: 196]. Unter den Ansätzen zu europaweitem Vergleich von Grundherrschaft, Manor und Seigneurie [vgl. J. A. VAN HOUTTE in 187: HEWSG II und die Artikel „Bauer", „Bauerntum" in: LMA I 1563 ff.] ragt das Buch von S. D. SKAZKIN [501] heraus, das den Rückgang der Leibeigenschaft – auch in seinen Phasenverschiebungen – auf die allen Zonen gemeinsame ökonomische Entwicklung beziehen kann. P. J. JONES [507] hat in einer Fallstudie über die Toskana die Entwicklung „From manor to mezzadria" analysiert (Mezzadria ist die Halbpacht, die einer größeren Zahl von Bauern Land verschaffte).

„Verdorfung" In der grundherrlichen Theorie besaß der Begriff Verdorfung den pejorativen Beigeschmack von Absteigen aus der herrschaftlichen Verfügung. Oben sind eine Reihe von Umstellungen in der Wirtschaftswelt ländlicher Siedlung – pars pro toto – als Verdorfung bezeichnet worden, dementsprechend wird hier auch die Wandlung des Rechts auf dem Land mit der Bildung oder Ausformung von Land- oder Dorfgemeinden gekoppelt. Seit dem 12. Jh. wurden Siedelverträge auch in notarieller Beglaubigung, ersten Coutumes, Chartes de franchise, Weistümern und Koren (Willküren) fixiert. Die Gemeindebildung gelang in grundherrlichen *familiae* wohl so gut, wie sie deren Rahmen sprengen konnte. Die Auflösung von Fron-/Salhöfen zugunsten bäuerlicher Familienbetriebe mit fixierten Erb- und Pachtrechten vollzog sich europaweit. Gestützt auf die Erbrechtskarte und die Karten der Dorf- und Flurformen bei B. HUPPERTZ (vgl. S. 91), konstatierte R. SPRANDEL [185 S. 172 ff.], „daß gerade das Anerbengebiet sich durch lockere Siedlung und individuelle Flurformen auszeichnet. Stadtähnliche und geschlossene Haufendörfer, Fluren mit Flurzwang, d. h. einer dorfweise organisierten Feldwirtschaft, stimmen auffällig mit den Gebieten der Realteilung überein. D. h. also, die kommunalen Zwänge waren gerade in Gebieten des Anerbenrechtes schwächer als in den anderen" (in denen „die Sanktionsgewalt einer Herrschaft dahinterstand").

Bauer In diesem Prozeß steht die Geburt des „Bauern" [vgl. insbes. G. KÖBLER in: 499]. Vor dem 11./12. Jh. sind die antiken Bezeichnungen *(agricola, colonus, rusticus)* literarisch und ganz selten [vgl. auch R. SCHNEIDER, Das Frankenreich, S. 120]; der Bebauer des Landes war *liber* oder *servus (censualis, massarius, litus)*, zählte meistens zu den *mancipia* oder stand in der *familia*. Die Polarität von *miles* und *rusticus* ist bereits in den Texten der Friedensbewegungen eklatant. Am Ende (13. Jh.) steht der neue bäuerliche Geburtsstand *(homines rusticae conditionis)*, der sich in Deutschland zuerst im Waffen- und Duellverbot von 1152 (vgl. S. 45) abzeichnet. Der Bauer kommt aus der sozialen Differenzierung in der Agrarwirtschaft. Seine Aktivität – in den Rodungen und Neusiedlungen wie in der Gegenwehr gegen Bedrückung – steht außer Frage [508: M. Erbstösser]. Das deutsche Wort *gipuro* (Nachbar, *vicinus*) weist auf eine Grundform sozialen Lebens [498: K. S. Bader].

In dem gesetzten Rahmen wäre nun über die Phase in der Stadtgeschichte zu handeln, die das ökonomische Gebilde hochgebracht und es zugleich zu einem Rechts- und Kulturträger neuer Art durchgeformt hat. Das führt in die Diskussion über den Stadtbegriff. In ihr steht Max Webers „Typologie der Städte" [484] von 1921 als ein Höhe- und Wendepunkt [H. Callies, in: 265 I]. Sie ist als idealtypischer Vergleich zwischen der herrschaftsgebundenen asiatisch-orientalischen und der europäischen, mit Autonomie und Autokephalie ausgezeichneten Stadt angelegt. Eine spezifisch europäische Bürgerfreiheit („nichtlegitime Herrschaft") ist in der Gemeindebildung des Bürgerstandes begründet. Vom Stadtrecht her definiert ist die Stadt zwar nicht schlechthin, wohl aber ihr europäischer Idealtyp, den Weber in den von Stadtherrschaft freigekämpften Kommunen vertreten sah (über die Kommune als geschworene Friedensgemeinde vgl. oben S. 101). Zum Stadtbegriff

Die Wege der deutschen Forschung bis 1968 wurden von C. Haase [266] nachgezeichnet. Ausgesprochen antiwebersche Impulse sind von den Reichenau-Tagungen 1955/56 ausgegangen [264], die den Blick für herrschaftliche Leistungen in der Stadtwerdung schärften. W. Schlesinger hatte bereits nachgewiesen [„Burg und Stadt", zuletzt in: 329 II], daß das frühmittelalterliche Europa einschließlich der noch stark germanisch und slawisch geprägten Randgebiete über vorkommunale und nicht aus der Antike übermittelte Stadtbegriffe verfügte. Dann wurden *burgus, wik* und Markt, die in der älteren Forschung so etwas wie das missing link zwischen herrschaftlicher Altsiedlung und freier Stadt waren, in eine Interpretation des Marktrechts integriert, die der herrschaftlichen Steuerung hohe Bedeutung beimißt [H. Ammann, H. Büttner; 271: T. Endemann; 272: W. Schlesinger, ferner in: 329 I], die Seeligersche Gerichtsgemeindetheorie erneuert [F. Steinbach, insbes. am Beispiel Kölns, in: 328], der Ministeriale nicht nur als Amtsperson in der bischöflichen Verwaltung im Sinne der Hofrechtstheorie von K. W. Nitzsch, sondern auch als „Bürger" und potentieller Patrizier wiederentdeckt [488: K. Schulz, Trier] und der *censualis* mit seiner „unfreien Freiheit" überhaupt zum „Bürger" erklärt [K. Bosl, wie oben S. 99). Für das Spätmittelalter erweitert das breite Land mit seinen vielen nicht rein agrarischen Siedlungen, die man (nicht sonderlich glücklich) auch „Minderstädte" genannt hat [H. Stoob, zuletzt in: 267], das Fundament der „herrschaftlichen Interpretation" erheblich. Forscherinteresse an der „kommunalen Bewegung" sucht sich hingegen „die große Stadt" als Gegenstand (vgl. S. 101). Über den Richtungen steht E. Ennen, die ihre Sachkenntnis erneut in ein Bild von der Stadt als einem Hort unserer Grundrechte eingebracht hat [483]. Es bliebe anzumerken, daß sich marxistische Gelehrte der gouvernementalistischen Interpretation genauso grundsätzlich versperren wie dem Strukturalismus in der Sozialgeschichte, beide gelten als „bürgerlich" [vgl. W. Mägdefrau in:

ZfG 19, 1971, 627 ff.]. Ihrerseits schleppt die Forschung der DDR manches Urteil bürgerlich-liberaler Geschichtsschreibung des 19. Jh. mit (u. a. über die Möglichkeiten der Interessenverbindung zwischen Königtum und Stadtbürgertum), und E. MÜLLER-MERTENS [491] sucht inzwischen die Nähe zu M. WEBER, wenn er die Politik (Autonomie) der Stadt über ihre Ökonomie stellt.

Stadtgemeinde und Bürgertum um 1100

Hier tiefer in die neuere Forschung zum 11./12. Jh. einzuführen, ist nicht möglich [ältere einschlägige Aufsätze in: 487]. Ein von B. DIESTELKAMP eingeleiteter Sammelband aus dem Münsteraner Institut für vergleichende Städtegeschichte [482] bietet aber Ersatz. Er sucht den europäischen Zusammenhang, enthält eine regestenartige, mit Quellen und Literatur unterbaute Zusammenstellung von Daten zur Kommunalgeschichte im frühen und hohen Mittelalter und beleuchtet wirtschaftsgeschichtliche Hintergründe von der Münzgeschichte aus. Problematisiert sind u. a. die Distriktbildung, die Gemeindeentwicklung in Alt- und Gründungsstädten, die Entstehung kommunaler Selbstverwaltung, die sozialgeschichtlichen Implikationen städtischen Gemeindelebens mitsamt den Rechtswirkungen des städtischen Areals und Gerichts sowie der vielen Formen von Zensualität. Ein eigenes Gewicht hat der Band in seinen Bemühungen, Antwort auf die Frage zu geben, wie „Stadtfreiheit“ und „Zeitgeist“ des 11. Jh. (der Friedensbewegung und der Kirchenreform) zusammenhängen. Die Antwort wird darin gesucht, daß die Stadt selber zu einem geistigen und religiösen Phänomen wurde und die Kirche in Idealbildern von ihr eine neue Diesseitsorganisation suchte: „Théologie de la ville“ [659: J. COMBLIN]. Die Sorge um das Seelenheil ergriff neue Schichten. Ein Bürgerbegriff *(burgensis, mercator, poorter, civis)* war im Entstehen, der im 12. Jh. bereits eine lange Reihe spezifischer Privilegien subsumierte. Die Erforschung der Pfarrgeschichte [468: J. GAUDEMET], näherhin ihrer Bedeutung für die Gemeindeverfassung, wurde von A. GRABOIS um den Hinweis auf wechselseitige Beeinflussung der Juden- und Pfarrgemeinden bereichert [in: 215 II].

Für die neuere westeuropäische Forschung – [J. EHLERS, HZ Beiheft 11, 1982, 147 ff.; ferner 483 a] – sind die Ausführungen über „Die Stadt als Kulturträger 1200–1500“ von J. LE GOFF [in: 188] nicht untypisch. Die Wirkungen von Urbanität finden große Beachtung: das stadtbezogene Geschichtsbild, die Auflösung der großen Familienverbände, Individualismus und Häresie, Kapitalakkumulationen, Idealbilder [709: W. MÜLLER] u. a.

C. NEUE WISSENSCHAFT UND KULTURWANDEL

Die geistesgeschichtliche Lage

Theologie, Philosophie, Natur- und Rechtswissenschaften der „Frühscholastik“ können wegen der Fülle der Überlieferung und ihrer Probleme nur noch von Spezialisten bearbeitet werden. Die Einführung in „Die geistesgeschichtliche

Lage" der „Renaissance der Wissenschaften" [653] von P. Classen ist in ihrer souveränen Sichtung, aber auch als Profil eines Geschichtsbildes vom 12. Jh. ein Vademekum für Historiker. Über die „Schulen" als Richtungen kann im folgenden nur indirekt das eine oder andere zur Sprache kommen. Die Abschnitte, die sich mit Hilfe des Berichts von J. Ehlers [HZ Beiheft 11, 1982, 231 ff.] um viele bibliographische und sachliche Ergänzungen bereichern lassen, sind auf den Abriß in der Einleitung (S. 9 ff.) bezogen.

1. Legisten und Dekretisten

Rezeption Römischen Rechts

In der jüngeren Forschung gewann eine „età preirneriana", die ein räumliches Zentrum im Hof der Mathilde von Tuszien hatte, deutlichere Konturen [G. Santini in: 747 II Convegno]. Über Irnerius und die *Quattuor Doctores* (Bulgarus, Martinus, Hugo und Jacobus), die um die Mitte des 12. Jh. große Scharen der Jugend anzogen, vgl. J. Fried [609]. In die Teile des *Corpus* [122] und die Arbeit der Glossatoren führt P. Weimar ein [in 181: Coing I 155 ff.]. P. Koschaker [608] hat die erste „Rezeption" dahingehend charakterisiert, daß geltendes Recht auf lange Sicht mit den am Römischen Recht verwissenschaftlichten Anschauungsformen sublimiert wurde.

Gratian

In die Geschichte des Kirchenrechts [175: H. E. Feine] und die Probleme seiner Erforschung, näherhin der Entwicklung nach dem *Decretum Gratiani* [130], führen Lexikonartikel (LThK ^{2}IV 1168 f. von A. Stickler; HRG I 637 ff. von F. Merzbacher], K. W. Nörr [181: Coing I 836 ff.] und vor allem G. le Bras – Ch. Lefebvre – J. Rambaud [616] ein. Über die eigenständige Bedeutung vorgratianischer Sammlungen vgl. G. Fransen, Collections [6], P. Fournier – G. le Bras [610] und P. Landau – L. Fowler [611], auch den an Pseudoisidor orientierten Leitfaden von H. Fuhrmann [730, insbes. II]. Über die nachgratianischen Sammlungen vgl. G. Fransen, Décrétales [6] und P. Landau [613]. Für alle Arbeiten über die Glossatoren des Dekrets ist das „Repertorium" von St. Kuttner [8] grundlegend; vgl. auch K. W. Nörrs animierende Würdigung St. Kuttners, in: ZRG KA 68, 1982, III–XI]. Die Entwicklung der Theorie vom Patronat in Ablösung des Eigenkirchenrechts wurde von P. Landau [615] dargestellt. Sozialgeschichtliche Probleme der Lehrentwicklung in Dekretistik und Dekretalistik (13. Jh.) finden bei J. Miethke [210] Berücksichtigung. Der immense Fortschritt der Forschung spiegelt sich im Bulletin of Medieval Canon Law.

2. Frühscholastik und Mönchstheologie

Schulen und Methoden

Als Frühscholastik gilt der Zeitraum von etwa 1070 bis 1200, in dem die höchste philosophische Leistung des Mittelalters vorbereitet wurde. Durch die wichtigsten Richtungen und Themen führt der geistesgeschichtlich profilierte Handbuchbeitrag von M. A. SCHMIDT [619], allerdings auf dem Forschungsstand von 1969, insbes. ohne die neuerliche Diskussion über die (infrage gestellten) Schulen von (nicht in) Chartres und Laon [652: W. SOUTHERN; 622: V. I. J. FLINT; J. CHÂTILLON in 596: La Scuola, 795 ff.]. Grundlegend sind die „Geschichte der scholastischen Methode" von M. GRABMANN [620] und „Le mouvement théologique du XIIe siècle" von J. DE GHELLINCK [621] geblieben. Genaueren Einblick in die Frühzeit der methodologischen Orientierung hat W. HARTMANN mit Studien über Manegold von Lautenbach [623] und über den „Modernismusstreit" [in: 624] gewonnen. Der Abendmahlsstreit [3: W. WATTENBACH – R. HOLTZMANN – F.-J. SCHMALE 3. Teil, S. 194*f.; 605: E. WERNER, Stadt 53 ff.] ist zuerst von G. LADNER [727] aus seinen Bedingungen in „Theologie und Politik" interpretiert worden. Zur Aristotelesrezeption vgl. LMA I 936 ff.; zum „Aristoteles Latinus", hrsg. von der Union académique internationale, insbes. L. MINIO-PALUELLO [641] und M. GRABMANN [626 III 64 ff.].

Anselm und Abaelard

Die These von J. GAUSS [627], daß Anselm im Aufbruch des ersten Kreuzzugs die Auseinandersetzung mit dem Islam gesucht habe, verdient weitere Vertiefung [vgl. 605: E. WERNER, Stadt 90 ff.]. An die Fülle der Forschungen über Petrus Abaelard führen sichtend und anregend R. PEPPERMÜLLER [TRE I 7 ff.] und ein neues Sammelwerk [628] heran, an die berühmten Häupter seiner Schule D. E. LUSCOMBE [629; vgl. J. MIETHKE in: HZ 216, 1973, 145 ff.]. Neuerungen im Verfahrensrecht des Theologenprozesses – sie stecken insbesondere in der Entscheidung von Gutachtern über Irrtumslisten – wurden von J. MIETHKE [630; einschränkend 631: L. KOLMER] damit erklärt, daß den Dialektikern mit dem traditionellen synodalen Häresieprozeß, der eine Lehre am augustinischen Ketzerkatalog bemaß, nicht mehr beizukommen war.

Neue Themen

In der jüngeren Forschung konnte u. a. für die Theologie Gerhochs von Reichersberg [635: P. CLASSEN] und für den „eigenwilligsten Naturwissenschaftler des Jahrhunderts", Adelard von Bath [648: A. NITSCHKE], ein besseres Verständnis begründet werden. J. EHLERS [633] hat die symbolistische Betrachtung der Geschichte bei Hugo von St. Victor als Erneuerung patristischer Erkenntnisfähigkeit interpretiert. Welcher Rang den Viktorinern in der Gesellschaftsgeschichte des 12. Jh. als philosophischen Apologeten eines unbegrenzten Lernens zukommt, hat M.-D. CHENU [603] u. a. an der neuartigen Integration der Mechanik in die Philosophie und der Hinwendung zur Natur des Menschen als *artifex* veranschaulicht. In diesem Zusammenhang verdient auch der Traktat des Anonymus Theophilus (Roger von Helmarshausen?) *De diversis artibus* Erwähnung, der das Handwerk als gottgefälliges Tun rechtfertigt. J. VAN ENGEN [636] hat den Autor in die geistige Nähe des Rupert von Deutz gerückt. Was schließlich Hildegard von Bingen [638 f.] der modernen Medizin zu sagen hat, ist sogar grundsätzlicher Natur [H. SCHIPPERGES in: 639]. – Zu den sprachphilosophischen Ansätzen des 12. Jh. vgl. R. W. HUNT [618]. – Zur „Mönchstheologie" vgl. J. LECLERCQ [625], über die „mystische Theologie" Bernhards E. GILSON

[634], über die Anstöße zu typologischem Denken, die aus den Judenschulen kamen, u. a. F. OHLY: „Synagoge und Ecclesia" [in: 399].

Übersetzung

Der Hinweis auf Wissenschaftsvermittlung aus dem Griechischen und Arabischen (oben S. 12) wäre insbesondere mit den „Studies in the history of mediaeval science" [859] von CH. H. HASKINS und seinem Buch über die „Renaissance" [650] zu unterbauen; vgl. auch A. C. CROMBIE betr. die Naturwissenschaften [649]; J. M. MILLÁS VALLICROSA betr. die Vermittlung aus Spanien [646]; W. BERSCHIN, Griechisch-lateinisches Mittelalter [640]. Wir können nur notieren, daß Jakob von Venedig, Moses von Bergamo und Burgundio von Pisa [642: P. CLASSEN] unter den ältesten namentlich bekannten Übersetzern aus dem Griechischen die berühmtesten sind, Gerhard von Cremona und Michael Scottus als Übersetzer des arabischen Aristoteles bzw. des Kommentars des Averroës († 1196) und nicht zuletzt der Zustrom griechischer Patristik (Gregor von Nazianz, Basilius d. Gr., Johannes Chrysostomus, Johannes von Damaskus) äußerst bedeutsam waren. Für das Bibelstudium, das Andreas von St. Victor († 1175) auf Kenntnis des Hebräischen und der jüdischen Exegese zu stützen vermochte, ist wissenschaftlich B. SMALLEY zuständig [645]. Wegen der Übersetzung des Korans, die Petrus Venerabilis in Auftrag gegeben hat, vgl. J. KRITZECK [647].

3. „DIE RENAISSANCE DES 12. JH."

Anwendung des Begriffs Renaissance auf das 12. Jh.

Wer den Begriff Renaissance zuerst auf das 12. Jh. angewandt hat, scheint nicht bekannt zu sein. Für HENRI MARTIN (vor 1850) ist die „Renaissance du douzième siècle" bereits „la renaissance même de l'esprit français" [J. VOSS, Das Mittelalter im historischen Denken Frankreichs, 1972, S. 355]. H. RASHDALL überschrieb 1895 Chapter II seiner Universitätsgeschichte [599] „Abelard and the Renaissance of the twelfth century"; es behandelt die geistige Bewegung im Wettstreit der Schulen. Seit 1927 ist die Formel mit dem Titel des Buches von CH. H. HASKINS berühmt geworden [650]. Es behandelt außer dem Schulbetrieb des 12. Jh. die gesamte lateinische Literatur, Historiographie, Rechtswissenschaft, Übersetzungen aus dem Griechischen und Arabischen und die Naturwissenschaften. Den sozialökonomischen Zusammenhang suchte insbesondere M. BLOCH [325]: „La Renaissance intellectuelle au deuxième âge féodale" (d. h. seit ca. 1070). Eine marxistische Verneinung der – allerdings verschobenen – Frage: „Beginn der Renaissance im 12. Jh.?" findet sich bei E. WERNER [605]. Für CH. BROOKE [654] ist Renaissance „Chiffre" für die Kultur des 12. Jh. insgesamt, und er bezieht die bildenden Künste [vgl. auch 700: E. PANOFSKY] und volkssprachliche Dichtung ein. Die Akten einer 1977 in der Harvard-Universität veranstalteten Jubiläumstagung [654a] und die Vortragsreihe des Züricher Hochschulforums 1979/80, die sich aber auf „Die Renaissance der Wissenschaften" [653] konzentriert, schließen sich an eine große Gelehrtentradition an.

Humanismus des 12. Jh.

Über Sinn und Berechtigung des Wortes von der „Renaissance des 12. Jh." noch streiten zu wollen, wäre müßig. Die Rückbesinnung auf Werte und Formen der Antike ist ein Teilaspekt der „Bewegung" [657: H. Liebeschütz], die insgesamt einen Wandel der früh- zu hochmittelalterlichen Vorstellungs-, Denk- und Darstellungsformen bewirkt. Von einem „humanistischen" Selbstverständnis zu sprechen (vgl. oben S. 13), bedeutet zunächst auch nicht mehr, als bestimmte gestaltende Kräfte des Lebens und der Gesellschaft in einer „Renaissance" als „Humanismus" zu bezeichnen. Das ist – mit dem Wissen um die Grenzen – vielfach geschehen: „medieval humanism" [664: H. Liebeschütz; 652: R. W. Southern], „monastischer Humanismus" [H. Wolter in 174: HKG III 2, 50 ff.], „Humanitas an der Schwelle des höfischen Zeitalters" [674: P. von Moos] u. a. Auf das Gemeinte kann hier nur in Stichpunkten hingewiesen werden:

Otto von Freising (vgl. oben S. 12) erklärt den geschichtlichen Auf- und Niedergang anthropologisch in Orientierung an Hippokrates [655: J. Koch; W. Lammers in: 170 V; auch in: 656]. Gerhoch vermag das Selbstbewußtsein zu artikulieren, den rechten Kampf zu kämpfen [635: P. Classen]. Es gibt Vorlieben für Klassiker als die Gestalter menschlicher Normen (Schulen von Orléans, Chartres), Erwachen von Schönheitssinn vor antiken Statuen (Magister Gregorius), Antikensammler (Bischof Heinrich von Winchester), elegische Töne beim Anblick der großen Ruine Rom (Hildebert von Lavardin); der „Senat" von Rom beschließt 1162 die Erhaltung der Trajanssäule, die wie die Marc-Aurel-Säule Touristenattraktion ist [660: G. Tellenbach; 674: P. von Moos; 661: W. Haftmann]. Philosophen sehen sich als Zwerge auf den Schultern von Giganten, um doch weiter zu sehen als die Alten [662: E. Jeauneau]. Die Latinität in der *ex usu cotidiano et rerum experientia* gespeisten Traktatliteratur [insbes. 44 ff.: Johannes von Salisbury] steht auf Humanistenniveau [664: H. Liebeschütz]. Nivardus von Gent beherrscht in seiner Satire auf den Mönchsstand [53: *Ysengrimus*] die metrischen Formen des antiken Epos [670: P. Lehmann]. Hymnen und Sequenzen zeigen höchste Eleganz (Adam von St. Victor; Mariendichtung). Genuine Neuschöpfung ist die Lyrik des Jahrhunderts: Abaelard gewinnt in der Verbindung von Planctus und Satire neue Ausdrucksmöglichkeiten [673, 676: P. Dronke]. Vaganten und Goliarden [678: M. Bechthum; 677: K. Langosch] bringen Lust und Leid des Erdenlebens (Archipoeta; Hugo Primas von Orléans; 20: *Carmina Burana*), Mystiker den Vorgeschmack des Himmels in sie ein [Hildegard von Bingen: *Symphonia armonie celestium revelationum*; vgl. 673: P. Dronke S. 150 ff.]. Antike Formen finden in der Bau- und bildendenden Kunst (auch im Bronzeguß und Goldschmiedewerk) bewußte Anwendung [700: E. Panofsky; 702 f., 705: P. C. Claussen]; „Wiedergeburt" des Grabbildes [707: K. Bauch] mit Porträt des Toten (Rudolf von Rheinfelden im Merseburger Dom), der Großplastik unter dem Einfluß der Marc-Aurel-Reiterstatue, der kapitolinischen Wölfin und provenzalischer Skulptur. Kaum übersehbar ist der Zustrom aus der byzantinischen „Antike"

[699: É. MÂLE; J. DEÉR, Siegel Kaiser Friedrichs I., in: 221]. Die römische Tradition des mittelalterlichen Kaisertums wird im Bild gezeigt [H. FILLITZ in: 170 I 393f.; 704: H. APPUHN]: aus den Mauern der Stadt Rom erhebt sich die Kaiserbüste (spätestens auf den Goldbullen Lothars III.); wie die spätantike Imperatorbüste porträtiert der Cappenberger Barbarossakopf den Kaiser mit Stirnbinde.

Unser Bild vom 12. Jh. müßte neu gemalt werden, wären der Briefwechsel zwischen Abaelard und Heloisa und die *Historia calamitatum* eine Fälschung des 13. Jh. [der Briefwechsel ist teilweise literarische Fiktion Abaelards: R. PEPPERMÜLLER in: TRE I 7ff.]. Die Autobiographie zeigt [unter Einfluß der augustinischen *Confessiones*; 667: G. MISCH] überhaupt neue Ansätze: in Selbstprüfung [Abaelard, in dessen Philosophie der anthropozentrische Zug auffällt; 605: E. WERNER S. 110], in der Einordnung des eigenen Lebens in die Zeitgeschichte [33: Guibert von Nogent, *De vita sua*] und speziell in die Entwicklung der Studien [46: Johannes von Salisbury, *Metalogicon* II 10; 666: M. KERNER], in historisierender Rechenschaftslegung [63: Suger von St. Denis, *De rebus in administratione sua gestis*, d. h. im Dienste der Abtei], in Zügen von Patriotismus und dem Anspruch, die *authentica et antiqua poetarum tempora* zu erneuern [31: Girald von Wales (Cambrensis), *De rebus a se gestis*; P. CLASSEN in: 653, S. 23f.]. Briefsammlungen wollen das Interesse der Nachwelt auf die Person des Briefschreibers lenken [117: Petrus Venerabilis; 121: Gilbert Foliot; 920: A. MOREY – C. N. L. BROOKE]. Seit dem 12. Jh. werden zunehmend die Künstler bekannt, Literaten und Dichter genießen Patronat und Mäzenatentum [684: W. F. SCHIRMER – U. BROICH; 685: J. BUMKE], der Künstler „signiert" sein Werk [193: E. R. CURTIUS, S. 505; 706: P. C. CLAUSSEN]. Die Kunst der Personencharakterisierung kommt in der *Historia pontificalis* des Johannes von Salisbury [44] auf einen Höhepunkt (betr. insbesondere Bernhard von Clairvaux, Gilbert von Poitiers, Arnold von Brescia); Johannes läßt die Herrschenden merken, daß sie mit den Gens de lettres rechnen müssen. Walter Map zerpflückt die Flausen hoher Würdenträger in anekdotenhaft-satirischen Miszellen [67: *De nugis curialium*]. Ein neues Frauenideal [668: La femme; 605: E. WERNER S. 123ff.] erhebt sich über die häretische Verteufelung des Weibes: Verehrung der Mutter Gottes, aber auch der reuigen Marien (Maria Magdalena und Maria von Ägypten); die Eva in Autun; Isolde; einer Frau wird höchster Unterricht zuteil (Heloïsa), und man argumentiert mit den Juden [H. L. GOLDSCHMIDT in: 653], die alle Kinder, auch Töchter, ausbilden ließen. Die Frau ist *domina* in den Doppelklöstern des Robert von Arbrissel wie an den Höfen. Das ritterliche Verhältnis zu ihr könnte islamischen Ursprungs sein [671: T. BURCKHARDT]. Höfisches Zeremoniell erlaubt der Musik, „weltlicher" Repräsentanz zu dienen; und Empfänglichkeit für Musik wird ein Wert des höfischen Menschen [688: S. ŽAK].

Höfische Dichtung

Aus der Liste zur Literaturgeschichte [669ff.; vgl. S. 103; LMA II 1703: Chanson de geste] sind die einzige allgemeine, als Versuch bedeutende historische Orientierung über die Höfe [681: R. Bezzola], die auf Bamberg konzentrierte Studie von E. Ploss [694] und die Wirkungsgeschichte der *Historia regum Britanniae* des Gottfried von Monmouth [682: T. D. Kendrick] hervorzuheben. Ein Leitfaden durch die germanistische Forschung ist der de Boor [683]. R. Sprandel hat ohne Scheu vor didaktischer Vereinfachung eine neuartige „Betrachtung von Gesellschaft und Literatur" im Mittelalter [669] gewagt.

In der von Herder eröffneten Diskussion über die Herkunft des *fin'amors* gelten arabische [Herder, Burdach], antike [Schwietering] und keltische [672: J. Markale] Ursprünge als ausgemacht; jüngere Spielarten [51: Minnesangs Frühling] sind ohne die lateinische Lyrik der Zeit undenkbar [675: H. Brinkmann]. Daß „einfache" historisch-soziologische Interpretationen [N. Elias, H. Moller, E. Köhler] den Anfängen der Trobadorlyrik nicht beikommen, ist klargestellt [689: U. Peters; 686: U. Liebertz-Grün]. Nichtsdestoweniger ist sie auch Dichtung von Parvenus zwischen Herrschaft und Dienst, exaltiert sie Tugenden in der Interessengemeinschaft von kleinem Adel, *domna* und Jongleur; und sie sucht die Gleichheit in der Liebe wie vor Gott. Die endlose Diskussion über die Frage, ob der provenzalische Minnesang praktizierter Frauendienst war, ist von U. Liebertz-Grün gesichtet worden. Sie wehrt Radikalkritik am Begriff der höfischen Liebe ab und erklärt – im Ansatz wie H. Kuhn [„Soziale Realität und dichterische Fiktion", in: 444] – die Faszination der höfischen Gesellschaft vom Thema Liebe aus der seelischen Beschäftigung einer Kaste, insbesondere hoher Damen. Dem Traktat *De Amore* des Andreas Capellanus [14], der in der Argumentation der Forschung immer eine große Rolle gespielt hat, war aber erst mit genauerem Wissen über die Rezeption des römischen und kanonischen Rechts im 12. Jh. beizukommen. R. Schnell [686a] legt dar, daß Andreas die „höfische" Vorstellung von der Unvereinbarkeit der Liebe mit ehelicher Bindung juristisch ad absurdum geführt und literarisch parodiert habe. Das Publikum des Andreas sei auch nicht im Damenkreis um Marie de Champagne, sondern unter juristisch gebildeten *clerici* an einem größeren Hof – wohl Philipps II. August – zu suchen.

Tristan und Isolde

In Extreme gehen die Erklärungen vor dem schwierigsten „Gegenstand" des Zeitalters, Gottfrieds von Straßburg „Tristan und Isolde" [32]: Streben der Liebenden nach (bernhardinischer) *unio mystica* und ihr Martyrium in einer der Minne feindlichen Welt [J. Schwietering] – katharische Häresie mit ihrem pessimistischen Menschenbild [D. de Rougemont; G. Weber]. Verständnis für die These von der häretischen Wurzel der höfischen Liebe zeigt H. M. Schaller [in: DA 17, 1961, 623 f.]; absolut ablehnend R. Manselli [in 423: Studi S. 318 Anm. 65] und U. Liebertz-Grün [686: Anm. 609]. Die literarhistorische Sozialwissenschaft unserer Tage [687: O. Langer] versteht das Anderssein des „Künstlers" Tristan [W. Mohr] nach dem Liebestrank als „Gesellschaftsfeindlichkeit" [E. Köhler]. Das konkrete „Erklärungspotential" wird von Langer — sehr schematisch – aus der „Analyse der historischen Differenzierungsprozesse" in der Straßburger Stadtgesellschaft um 1200 gewonnen.

Übergänge zur Frühgotik

Ob die Anfänge gotischer Baukunst sich intellektuell ausgeprägter im Neuplatonismus Chartres', der aus Dionysius Pseudo-Areopagita gezogenen Lichtmetaphysik Sugers von St. Denis oder dem allegorischen Weltbild der Viktoriner widerspiegeln, ist vielfach diskutiert worden. Als Komposition und in ihrer Entfaltung zwischen 1140 und 1220 (Amiens) ist die Kathedrale allerdings nicht denkbar ohne gründliches Antiken- und Naturstudium und ohne die „Neue Wissenschaft" [701: E. Panofsky; H. Sedlmayr in: 198; 708: J. Harvey; 702: P. C. Claussen].

D. HERRSCHAFT UND STAATLICHKEIT

1. Zum Problem

Der „Staat" des Mittelalters

Außer in der Marginalie steht in den folgenden Abschnitten das Wort Staat nicht mehr in Anführungszeichen. Dennoch ist nicht beabsichtigt, den Streit um den deutschen Staat [vgl. 538: K.-F. Krieger 2 ff.] oder überhaupt um den nachkarolingischen Staat des Mittelalters [vgl. 185: R. Sprandel 11 ff.; H. Angermeier in: 979a] nachzuzeichnen. Die Standorte „klassischer Schule" wurden aufgedeckt und viele Spuren moderner Staatslehren aus der Interpretation mittelalterlicher Ordnungen eliminiert. Der Glaube, daß damit alles gewonnen sei, ist aber verrauscht. Auch die Gewißheit, daß sich aus dem Stand der Forschung ein Gesamtbild des mittelalterlichen Staates fügen lasse [H. Patze in: 170 V 61], dürfte wohl Selbsttäuschung sein.

Indikatoren für Staatlichkeit: Staat und Gesellschaft

Die Zahl der Indikatoren, an denen sich Strukturen jeweiliger Staatlichkeit erkennen lassen, ist groß. Beispielsweise hat B. Diestelkamp in seinem Artikel „Huldigung" [HRG II 262 ff.] den Herrschaftsantritt zum Merkmal gemacht, das den Blick auf die Schranken der Königsgewalt lenkt. Ihr ideologischer Horizont ist 1914 von F. Kern in „Gottesgnadentum und Widerstandsrecht" [552] abgesteckt worden. Mit Kerns Kategorien (der „theokratischen Theorie" und der „lehnsrechtlichen Praxis") hat W. Ullmann [456] staatsrechtliche Ansätze beschrieben, die die Wandlung des Untertans zum Bürger ermöglichten. Daß „königliche Regierung nur mit dem die staatlichen Funktionen wahrnehmenden Adel möglich war" [K. F. Werner in: LMA I 119], ist unbestritten. Mit diesem adelsgeschichtlichen Befund hat die sog. „autogene Adelsherrschaft" nichts zu tun.

Man mag das Verständnis für den mittelalterlichen Staat auch mit seiner Abhebung von der antiken Respublica suchen. Institutionen können die Gemeinwesen des Mittelalters nicht gewesen sein, wenn sie sich in Akten der Huldigung erst konstituierten, also Souveränität nicht kannten [530: H. Quaritsch; 587: D. Wyduckel], privates und öffentliches Recht nicht trennten. Ein

Reich war gegenwärtig, wo der König oder Fürst im Kreis seines Hofes auftrat. Das Land war die Gemeinschaft von Freien unter einem anerkannten Herrn. Freier Landbesitz machte seine Träger zu Genossen des Herrschers, zur Landgemeinde [527: F. Seibt, mit Präzisierungen an 515: O. Brunner]. Seit wann? Die Begriffe *terra, patria* u. a. erhielten jedenfalls seit dem 12. Jh. einen neuen Inhalt. Im Urteil über die Entwicklung der „Länder" darf allerdings nicht die Rolle des Herrschers bei der Formierung der Stände fehlen [H. Mitteis in: HZ 163, 1941, insbes. S. 471 ff.; Neudruck in: 568]; doch wußte sich O. Brunner in diesem Punkt eigentlich mit seinen Kritikern einig [vgl. 515, S. 233; 531: W. Janssen].

Curia regis: Landrecht und Lehnrecht

Regionale und überregionale Normen der Ordnung waren das Landrecht (Volksrecht) und das Lehnrecht. Darüber hat G. Droege [529] eine systematische Betrachtung angestellt. Sie erklärt viele politische und soziale Phänomene als Korrelate land- und lehnrechtlicher Denkweisen, und das sind mutatis mutandis europäische Anschauungsformen. Einzigartig sind allerdings die Aufstellungen über das Königtum in diesem System, das aus dem Sachsenspiegel stammt [vgl. Droege 51 ff., 72]. Anders als die Königshäuser des übrigen Europa hat das deutsche Königtum nach dem Scheitern des Erbreichsplanes Heinrichs VI. (1196) keine dynastische Verfügungsgewalt gewinnen können (vgl. S. 152). Für Eike von Repgow ist der König frei gewählt, ohne Anrecht und Erbrecht, ohne Recht auf Wahl des Sohnes, absetzbar. Wähler sind die Fürsten, sie sind die Schlüsselfiguren, nicht der König, den sie an die Spitze des Reiches setzen.

Ständische Bewegung

Eikes Konstruktion ist durchschaubar, sie ist ein Niederschlag der korporativständischen Bewegung in Europa. Die von den Staufern betriebene Ablösung der stammesherzoglichen Gewalt durch das Fürstentum, das seinen Rang aus der Stellung im Lehnshof des gottunmittelbaren Königs beziehen sollte, vermochte nicht die landrechtlichen Grundlagen der Fürsten- und Königsherrschaft zu eliminieren. Betätigungsfeld der Stände ist die *curia regis*; denn sie trägt die Königsherrschaft, die in allen Reichen seit dem 11. Jh. mit Hilfe von Institutionen absolutistisch werden will. Aber der König ist nicht König ohne seine *curia*, deren Rat er braucht, und die ihrerseits Achtung vor dem Recht verlangt, dem der König als Lehnsherr und die *curiales* als Barone gemeinsam unterworfen sind. Mehr noch: so weit sie es vermag, wird die *curia* darauf drängen, nicht nur Lehnrecht, sondern auch materielles Landrecht zur Urteilsgrundlage ihres ständischen Gerichts zu machen.

So beginnt die Geschichte der „assemblee preparlamentari" [555: A. Marongiu]. Wie P. Moraw betrachten wir „den Hof nicht als Leer- oder Verlegenheitsformel . . ., sondern stellen ihn als die entscheidende Emanation des Königtums konsequent in das Zentrum von älterer Verfassung" [Versuch über die Entstehung des Reichstags, in: Politische Ordnungen und soziale Kräfte im alten Reich, 1980, S. 14 f.; vgl. auch E. Schubert, König und Reich, 1979, 84 ff.: *Curia regalis*]. Die Entwicklung, von der die Institutionengeschichte wie die

Geschichte ständischer Vertretungen betroffen wird, setzt in den französischen Prinzipaten im 9. Jh. ein [K. F. Werner in: HZ Sonderheft 1, 1962, 553 ff.; ferner in 159: Handb. d. Europ. Gesch. I 765 ff. und in: 198, insbes. 195 ff.]. In Deutschland verlagert sie sich im 13. Jh. ganz in die Territorien: die *domini terrae* sollen keine *nova iura* erlassen ohne die Zustimmung der *meliores et maiores terrae* [132: Const. II Nr. 305]. Die ständische Bewegung ist allerdings auch im Reichsfürstenstand wirksam. Einen Reichstag hält das Deutsche Reich zwar erst seit dem ausgehenden 15. Jh., jedoch stellen die Kurfürsten, „und zwar für lange Zeit, den ‚Reichstag' funktionell allein" dar [P. Moraw S. 24].

Die Untergliederung dieses Kapitels wird sich schrittweise erklären: Dualismus als Ausgangsthema europäischer Staatenentwicklung (2.); Umschichtungen in den *curiae* mit der Bildung von Institutionen und Ständen (3.); Überleben des Kurrufs am deutschen Königshof und Paralyse des dynastischen Erbgedankens (4.); politische Erscheinungsformen sozialökonomischen Wandels (5.); Bändigung sozialer und politischer Ambitionen und Rivalitäten durch neue Ordnungen des Rechts (6.).

2. Weltliche und geistliche Gewalt

a) Investiturstreit

Investiturstreit als Epochenbegriff

Das Kapitel I B, in dem die europäische Geschichte von Sutri (1046) bis zum „Ende des Reformpapsttums" [801: H.-W. Klewitz] im anakletischen Schisma (1130) skizziert ist, wurde mit „Kirchenreform und Investiturstreit" überschrieben. Die Doppelung trägt den Bedingtheiten von Epochenbegriffen Rechnung. Über „Investiturstreit als Epochenbegriff" handelt R. Schieffer in seinem Buch „Die Entstehung des päpstlichen Investiturverbots" [774]. Die Erstbelege für *querela investiturarum* und *contentio investiturae*, die sich in Aussagen über das Wormser Konkordat bei Suger von St. Denis und Gerhoch von Reichersberg finden, meinen bereits den langen Kampf insgesamt. R. Schieffer hat „die gesamte frühe Überlieferung zur theoretischen und praktischen Behandlung des Investiturproblems" an der Forschung der letzten 70 Jahre gemessen. Ein synodales Investiturverbot für den König, das genereller Natur war und nicht mehr mit Exkommunikation zusammenhing, dürfte erst im Jahre 1078 ergangen sein.

Das erste Investiturverbot

„Kirche und Staat"

„Es ist . . . wahrscheinlich . . ., daß die Bestreitung der königlichen Gottunmittelbarkeit durch das Papsttum mit der Grund ist zu den späteren Versuchen, dem Staat eine andere, eine säkulare Grundlage zu schaffen. Doch müssen diese schwer erforschbaren Zusammenhänge mit Vorsicht und Behutsamkeit behandelt werden" [714: G. Tellenbach, S. 196]. Kaum ein Buch hat wie „Libertas" verständlich gemacht, daß dem politischen Handeln im gregorianischen Zeitalter nicht mit Kategorien des Vorherrschaftsdenkens beizukommen ist. „In seiner lebendigen Wirklichkeit zieht (Gregor VII.) alles in den Bereich der Kirche hinein" [S. 187]. Wir handeln also über eine Etappe der Differenzierung von „Kirche und Staat", die überhaupt nicht in der Intention der „Reform" gelegen haben kann.

Bannspruch und Rekonziliation

Wichtige ältere Diskussionsbeiträge über Rechtsgrundlagen, Motive und Absichten der Handelnden zwischen Worms (1076) und Canossa (vgl. S. 27) hält der Sammelband „Canossa als Wende" [762] insbesondere mit Arbeiten von A. Fliche und H.-X. Arquillière fest. Erneut in die Diskussion gekommen ist vor allem die Oppenheimer *Promissio* Heinrichs IV. [115: ed. F.-J. Schmale, Anh. B]. H. Beumann [in: 739] versteht die oft behandelte Quelle [insbes. C. Erdmann in: 762] wohl zu Recht als ein Dokument, mit dem eine bestimmte Partei am Hof in den aufziehenden Kampf der Federn eingriff [anders 760: Ch. Schneider, 172 ff.]. E. Hlawitschka [761] ist Beumann allerdings nicht in der Ansicht gefolgt, daß Gregor VII. durch sein Verhalten gegenüber der Fürstenopposition dem König überhaupt erst den zeitlichen Spielraum für seine Canossafahrt verschafft habe.

Im populären Wissen über das Mittelalter behaupten sich aus dem bürgerlichen Geschichtsbild des 19. Jh. vor allen anderen noch Canossabilder. Wir können sie übergehen, nachdem sie unlängst – zusammen mit älteren Forschungsetappen und ihren Derivaten in Publizistik und Kunst (und nicht selten lief der Strom auch umgekehrt) – von H. Zimmermann [765] den Neuhistorikern überantwortet worden sind. Die nationale und liberale Überzeichnung aus der Kulturkampfzeit ist genauso überholt wie die einseitige Bewertung des Bußgangs als eines taktischen Erfolgs Heinrichs IV. [A. Brackmann in: 762]. Die dreitägige Buße ist Herrscherbuße [764: R. Schieffer], begonnen am Tage der Conversio s. Pauli [763: H. M. Schaller] und wie vom hl. Paulus in Damaskus *tribus diebus* mit Fasten und Beten aufgenommen. In der Beurteilung der Rechtsgrundlagen [darüber auch H. Beumann in: 739] ist davon auszugehen, daß Gregor selber erst in ganz neuer Situation (Fastensynode 1080; [92: Reg. VII 14a]) die Exkommunikation und die Wiederaufnahme des Büßers so interpretiert hat, als sei der Bann eine Amtsenthebung und die Rekonziliation noch keine Wiedereinsetzung gewesen. Dem Verständnis für die „mehr suspensive als definitive Wirkung" der „Deposition" von 1076 [O. Hageneder] ist eine Materialsammlung sehr dienlich, die D. Unverhau bereitstellte [1024, S. 63 ff.]. Der Anspruch auf päpstliche Idoneitätsprüfung oder gar auf Approbation weltlicher Herrschaft steckte noch in ersten, juristisch völlig unsicheren Anläufen.

Rex Teutonicorum

Canossa ist auch ein symbolisches Datum für die Festigung unseres Volks- und Staatsnamens geworden. Gregor VII. hat Heinrich IV. als den *rex Teutonicorum* absolviert. An der Kurie ist die „deutsche Reichskonzeption" entstanden, die sich gegen Ansprüche kehrte, die im Reich in den Titel *rex Romanorum* gefaßt worden waren (vgl. dazu die Sonderstellung der *regna* Italien und Burgund im Wormser Konkordat). Das Buch von E. Müller-Mertens, das diese Gedanken zuerst erarbeitet hat [794], wurde von H. Thomas [RhVjbll. 40, 1976, 280 ff.] „den anregendsten Arbeiten über die mittelalterliche Geschichte, die nach 1945 in Deutschland erschienen sind", zugerechnet.

Widerstandsrecht

Quem regem facere vellet haberet in potestate populus, so wird die Forchheimer Wahl des ersten Gegenkönigs Rudolf in Brunos Buch vom Sachsenkrieg [18: c. 91] kommentiert. Die tatsächlichen Vorgänge sind von W. Schlesinger [in: 739] neu dargestellt worden, dem gegenüber Verf. [eb. S. 88 ff.] nur zu bedenken gibt, ob die Wahlkapitulationen wirklich aus der Geschichte der deutschen Königswahl selbst verständlich sind oder nicht vielmehr der Disput über die kanonische Wahl nun auch in den Köpfen der Königswähler eine Klärung bewirkt hatte. Eine erste „Theorie" des Widerstandes ist im *Liber ad Gebehardum* [74: I 308 ff.] aufgestellt. Der Autor, Manegold von Lautenbach [623: W. Hartmann], erläuterte den königlichen Auftrag an dem hofrechtlichen Beispiel vom Schweinehirten, den der Dienstherr bei Pflichtversäumnis fortjagen kann. Der Vergleich steht dem Bild nicht fern, in dem Gregor VII. die Fürsten als Hunde sah, die dem Hirten zur Seite die Schafe vor Wölfen schützen [92: Reg. VI 17]. Der Königstitel ist kein *nomen naturae vel meritorum*, vielmehr ein *vocabulum officiorum* und dem des Papstes darin unterlegen, daß diesem die *merita* des Hl. Petrus immer bereitstehen, den König aber, sofern er ein Tyrann ist, nichts mehr hält [759: H. Fuhrmann].

Tyrannenmord

Es ist problematisch, solches Denken wie auch das Dictum Brunos in neuzeitliche Terminologie [„Volkssouveränität"; 552: F. Kern, S. 216 ff.] umsetzen zu wollen. Allerdings trieb die Diskussion über das Widerstandsrecht im 12. Jh. erstmals seit der Antike wieder bis zur Rechtfertigung des Tyrannenmords [553: J. Spörl]. Namentlich benannte Tyrannen sind insbesondere die Widersacher der Kirche [851: H. Wieruszowski; 902: E. Türk, S. 72 ff.]. Bei den Normannen nahm Wilhelm von Poitiers „die einer umgedeuteten Antike abgelesene Lehre vom Tyrannenmord" mitsamt dem Motiv seiner Schönheit auf [744: K. Schnith, S. 45]. „In der Heimat der neuen «Tyrannis»" rechtfertigte dann Johannes von Salisbury [45] den Mörder als ein Werkzeug Gottes [665: W. Berges S. 58 f., 142 f.; 666: M. Kerner]. Der Gedanke ist aber eher Glosse als Quintessenz im *Policraticus* [anders 658: T. Struve, der die Zulassung des Tyrannenmords aus der organologischen Staatsauffassung des Traktats erklären will].

Konkordate

Die Absprachen, die nacheinander mit dem französischen (1104), englischen (1106/07) und deutschen König (1122) zustande kamen, waren Kompromisse für die Bischofs- und Abtseinsetzung an Hochkirchen. Sie regelten nicht nur die Investitur, sondern auch die kanonische Wahl, standen also in tiefer Verbindung mit der Anfangszeit. Die zwischen Heinrich V. und Calixt II. in Worms versprochene *pax* wurde erstmals von Leibniz Konkordat genannt. Der Status der Hochkirchen blieb unter variierenden verfassungsrechtlichen Voraussetzungen ein Grundpfeiler im Staatsaufbau, aber überall wurde nun das Lehnrecht zum Rechtsmittel, das die „gemilderte Investitur" [168: H. Fuhrmann S. 98] ermöglichte. Über diese „Feudalisierung im Trend der Zeit“ handelt die reichhaltige, wenngleich in Details fehlerhafte Dissertation von M. MINNINGER [777]. Sie hat um einiges bewußter gemacht, wie sehr die Diskussion der Zeit durch das Huldigungsverbot von Clermont (1095) belastet war, mit dem Urban II. den immer schon umstrittenen Handgang der geweihten in ungeweihte Hände und das ligische Treueversprechen abschaffen wollte (MINNINGER S. 84 ff.).

Scholastischer Fortschritt: Ivo von Chartres

Eine konstruktive Diskussion des kaiserlich-päpstlichen Streitobjekts Investitur kündigte sich 1085/86 in *De schismate Hildebrandi* des Wibertiners Wido von Ferrara [in: 74 I] an. Wenigstens läßt sich nunmehr die Unterscheidung von *temporalia* und *spiritualia* im Komplex bischöflicher Gerechtsame ausmachen. H. HOFFMANN [780] hat die bequeme Lehrmeinung gründlich relativiert, die in Ivo von Chartres den geistigen Urheber der Konkordate sah. Der Bischof war aber eine kanonistische Autorität, unmittelbare Wirkung ist vor allem von seiner Korrespondenz ausgegangen [darauf hat 781: R. SPRANDEL besonders abgehoben]. In einem berühmten Brief [116: Nr. 60 von 1097] hielt Ivo dem radikalen Gregorianer Hugo von Lyon entgegen, daß an der königlichen Mitwirkung nichts liege, es vielmehr auf die Intention ankomme, die nicht Übergabe eines *spirituale* sein dürfe. Die *concessio episcopatus*, wie Ivo die königliche Mitwirkung nennt, die keine *corporalis investitura* (die von Urban II. verbotene Belehnung mit Handgang) sein dürfe [MINNINGER S. 113 f.], kann nicht mehr das Bischofsamt meinen [vgl. 173: J. HALLER II 458].

Die kirchliche und politische Struktur Frankreichs

Zum Verständnis der Konzilianz Ivos ist die Situation der Bistümer in Frankreich zu berücksichtigen. Das Buch von M. PACAUT [884] über die Bischofswahlen unter Ludwig VII. führt am besten an diese Problematik heran [vgl. K. F. WERNER in: 198, insbes. 192 f.]. Frankreich kannte kein Reichskirchensystem gleich dem ottonisch-salischen. Es empfiehlt sich, Königs-, Landes- und Reichsbistum zu unterscheiden. In den Landesbistümern ist Investitur der Bischöfe durch die Fürsten oder deren Untervasallen zwar selten bezeugt, vielleicht aber Regel gewesen [vgl. 774: R. SCHIEFFER S. 159 ff.]. Hier konnte der Episkopat also von einer Sonderstellung des Königs nur profitieren. Der Antrieb für diese Entwicklung ging von den „Reichsbischöfen“ aus, deren Bistümer nicht in der Krondomäne lagen, aber auch keiner „Landesherrschaft“ rechtlich unterstanden (wie z. B. Chartres im Gebiet der Grafen von Blois). Von den Forderungen der gregorianischen Reform konnte das französische Königtum im übrigen so wenig wie die Prinzipate noch in Herrschaftskrisen geführt werden; denn in Justiz und Administration war um 1100 der Episkopat durch einen weltlichen, sozial tiefer stehenden Adel ersetzt [779: J.-F. LEMARIGNIER].

Der französische Kompromiß von 1104

Mit A. BECKER [778] haben wir oben in I B 6 (S. 32) die neue Praxis der „gemilderten Investitur“ entgegen der Meinung HALLERS u. a. nicht schon für 1098 angesetzt, mit K. F. WERNER [Rezension BECKER in: Zeitschrift für Kirchengeschichte 67, 1955/56, 338 ff.] jedoch daran festgehalten, daß sie lehnrechtlicher Natur war. Das Huldigungsverbot wurde in Frankreich nicht einmal von Ivo ohne Diskussion hingenommen [116: Nr. 190, an Paschalis II.].

H. Böhmers Analyse des normannischen Staatskirchentums wie des englischen Kirchenstreites (erschienen 1899) ist in jüngerer Zeit durch Zusammenfassung der Forschung ersetzt worden. Man geht nun am besten von F. Barlows „Geschichte der anglo-normannischen Kirche" aus [785]. Die Grundbefunde bleiben aber: die normannischen Herzöge des 11. Jh. waren allesamt für die Kirchenreform aufgeschlossen; aber keine Landeskirche in Europa ist so völlig dem landesherrlichen Regiment unterworfen gewesen wie die normannische. „Domesday England" [784: H. C. Darby] erlaubt der Forschung auch Einblicke in die Landverteilung nach der Eroberung. Die Kirche war mit einem Anteil von 25% am bebauten Land (ohne die Forste, die alle königlich blieben) gut ausgestattet. Das anglonormannische England

Der englische Investiturstreit ist in der Hauptsache ein Konflikt zwischen Lanfranc († 1089) bzw. seinem Nachfolger Anselm von Canterbury und der Krone. Die Streitpunkte werden u. a. durch das Krönungsgelöbnis Heinrichs I., die *Charta libertatum* von 1100 [in: 80 II], dokumentiert. Erstmals deutet sich an, wie substantiell Kirchenreform und die Freiheit Englands und damit auch wesentliche Grundlagen des englischen „Parlamentarismus" zusammenhängen. Konflikt mit Canterbury

Das „Londoner Konkordat" [nur literarisch bezeugt, insbes. durch Eadmer: M. Minninger S. 224 ff.] ratifiziert einen im August 1106 in Le Bec mit Anselm eingegangenen Kompromiß. Er gab der königlichen Forderung nach Leistung des Hominiums (vor der Weihe) nach. Unter dieser Voraussetzung von der Investitur Abstand zu nehmen, war dem Monarchen ein Leichtes, zumal er noch ein anderes Substitut für die Zeremonie hatte. Den wichtigen Hinweis darauf gab K. Leyser [Medium Aevum 29, 1960, 214 f.]: Eine massive Gruppe von 21 Writs (Mandaten) des Königs ist erhalten, mit denen er die höchsten „dignities of the Church" verlieh, nach 1108 gelegentlich auch ausdrücklich „bewilligte". Ein klares englisches Modell (königliche Anwesenheit bei der Wahl; *homagium*) und die nicht konfliktfreien französischen Präzedenzfälle ohne Handgang standen sich nun gegenüber. Londoner Konkordat 1107

Um das Jahr 1109 bewegte sich die Reichspublizistik in der Investiturfrage (*Tractatus de investitura episcoporum* eines Lütticher Klerikers oder vielleicht Sigeberts von Gembloux) auf dem Niveau Ivos [vgl. 787: J. Beumann; dazu J. Fried, ZRG KA 95, 1978, 368 ff.]. Der Traktat glossierte erstmals, was *regalia* sind und stellte sie in lehnrechtliche Verfügung des Königs. Die maßgeblichen Studien über den „Regalienbegriff" [782: J. Fried; 788: U.-R. Blumenthal] verdeutlichen auch, was der damalige Diskussionsstand zur Interpretation des denkwürdigen, von Paschalis II. in Sutri vorgelegten „Entäußerungsplans" [W. Kratz; vgl. 776: C. Servatius] von 1111 hergibt. Heinrich V. sah die weltlichen Rechte (Temporalien) ziemlich global als Regalien an, während der Papst die *patrimonia* und *oblationes* aus der Verfügungsgewalt des Königs ausschloß und nur für die *regalia* als öffentliche Funktionen „die unaufhebbare Pertinenz zum Reiche" [Fried] anerkannte. Der salische Standpunkt

Unlängst wurde bemerkt, daß das „Pravileg" von Ponte Mammolo (S. 33) die

Investitur zwar als ein Vorrecht des Kaisers gelten läßt, dessen persönliche Idoneität aber vor und auch dauernd nach der Kaiserweihe vom Papst zu prüfen sei [776: C. SERVATIUS S. 248 f.]. Der Gedanke päpstlicher Approbation, der Geschichte machen wird, hätte demnach erste Kontur in dem Dokument gewonnen, mit dessen Gewinn sich der Kaiser auf dem Gipfel seiner Macht wähnte.

Mouzon 1119: *Hessonis Relatio de concilio Remensi* [74: III 21 ff.]

Die weiteren Verhandlungen [790: TH. SCHIEFFER], die der Papst mit Rückhalt des Reimser Konzils führte, waren notwendig auf Eliminierung der Investitur gerichtet. Adalbert von Mainz, der in Reims zum ständigen päpstlichen Legaten für Deutschland ernannt wurde, betrieb die Lösung des Problems im Sinne Urbans II. und suchte die „englische Lösung“ zu unterlaufen. Das hat eine der konzisen Studien des späten H. BÜTTNER [in: 739] verdeutlicht, in der sonst die Ausführungen über die *pax firmissima* des Würzburger Hoftages von 1122 besondere Beachtung verdienen. Die überpersonale Wahrung der Interessen des *regnum* durch den königlichen *dominus* gemeinsam mit den Fürsten sollte nicht nur ein fürstliches Diktat für den Augenblick, sondern eine zukunftweisende Konzeption sein. Die Zeugenliste des „Wormser Konkordats“ (vgl. S. 34) hebt erneut hervor, daß alles *consensu et consilio* der Fürsten verhandelt worden sei [792: H. KRAUSE], wie die Liste auch an sich belegt [752: A. GAWLIK], daß das Verhältnis zwischen *dominus* und *regnum* sich gründlich verschoben hatte.

Würzburger Hoftag [132: Const. I Nr. 106] und Wormser Konkordat [Const. I Nr. 107. 108]

Zur Diskussion über das Konkordat genügt hier der Hinweis auf zwei herausragende Titel: auf die Abhandlung A. HOFMEISTERS von 1915, die im Streit über die Bedeutung des Konkordats „eine weitgehende Übereinstimmung“ herbeiführen konnte [R. SCHMIDT im Vorwort zur Neuausgabe: 791; das Vorwort ist u. a. für die Überlieferungsprobleme des Calixtinums wichtig]; sodann auf P. CLASSENS Wirkungsgeschichte des Konkordats von 1973 [739].

Das Wormser Konkordat ist eine Etappe, keineswegs der Schlußstrich in der Neugestaltung der „Weltordnung“ durch Papst- und Kaisertum. Die weitergehende Einschränkung, daß das Calixtinum überhaupt für Heinrich V. persönlich ausgestellt und von vornherein auf Revision angelegt gewesen sei, ist unhaltbar [793: F. TRAUTZ]. Das Kronrecht war jetzt kaum weniger deutlich im König als das Kirchenrecht in den Aposteln personifiziert, und das Calixtinum gewährt ja nicht erst ein Recht, anerkennt es vielmehr in reduzierter Form.

b) Reichsidee und Papalsystem

Über die „politische Reichweite“ der Kaiserherrschaft handeln die Kapitel I B 1, D 2; über Innozenz III. und die europäischen Mächte vgl. D 3. Weitere Hinweise auf die Kanonistik bringt II D 6 b. Wir gehen hier auf Urteile über die staufische Reichsidee und das ihr entgegengestellte kuriale Gedankengebäude ein. Nur in den westeuropäischen Königreichen finden wir Gelehrte, die ihre Könige als Polizisten des *sacerdotium* ansahen und darüber hinaus fähig waren, die Herrscher des 12. Jh. als Charaktere vom frühmittelalterlichen Königsbild abzuheben [K. J. LEYSER, Reflections, in: 786].

Zeitliche Schwerpunkte hat die Forschungsdiskussion im Übergang der Herrschaft von Lothar III. auf die Staufer, im Imperium Heinrichs VI. und im welfisch-staufischen Thronstreit. Römisches Kaiserrecht und die Zweischwerterlehre kamen aber schon im 11. Jh. ins Spiel [775: K. JORDAN; 208: H. HOFFMANN]; und von Belang für die Diskussion ist auch, daß das 12. Jh. zunehmend die Transpersonalität der Reiche in „Kronen" und „Thronen" und die „Unveräußerlichkeit" von Kronrechten erfaßte [525: P. CLASSEN; 202: G. KOCH]. Über die Entfaltungsstufen der „Theorie des monarchischen Papats" und ihre Funktion für die Praxis vgl. zuerst J. MIETHKE [210]; die wichtigsten „Studien zur ideologischen Herrschaftsbegründung", d. h. zu der Lehre von einem Gottesgnadentum, das der Vermittlung des Papstes nicht bedarf, wurden von G. KOCH [202] vorgelegt.

Kaiserherrschaft und Reichsidee

Viel beachtet wurde F. J. SCHMALES These [Lothar III. und Friedrich I., in: 198; auch in: 968], die Staufer hätten eine von Lothar III. in Übereinstimmung mit den Erfordernissen der Zeit eingeleitete positive Entwicklung im Reich wie im Verhältnis des Reiches zur Römischen Kirche gekappt. Die Vorbehalte gegenüber Konrad III. und Friedrich Barbarossa wollen nicht an dieser oder jener Leistung gemessen werden, die unbestritten bleiben [966], sind vielmehr Momente in einer allgemeineren neuen Urteilsbildung über die staufische Kaiserpolitik [965: A. BORST]. Aber es gibt auch neue Einsichten: z. B. in die traditionellen Reserven der europäischen Nachbarn [der *reges provinciales* in der staufischen Sichtweise; 972: B. TÖPFER] gegenüber der Weltherrschaftsidee [K. SCHREINER, in: 170 V], insbes. bei Franzosen [893: K. F. WERNER] und Engländern [899: F. TRAUTZ; 786: K. J. LEYSER; 922: B. SMALLEY]; in die kaiserlichen Ansprüche im Hl. Land [223: H. E. MAYER] und in der deutschen Ostsiedlung [K. ZERNACK in: 170 III]; in die Genese der Vorstellungen vom *Sacrum Imperium* [202: G. KOCH] und in die äußerste Steigerung der Kaiseridee am Hofe Friedrichs II. [203: H. M. SCHALLER]. Ob Wibald von Stablo besonderen Anteil an der Angleichung von deutschem Königtum und Kaisertum, ob er die Sakralnomina und Justinianzitate in die Kanzleisprache gebracht hat [969: R. M. HERKENRATH], ist unklar geblieben. Die Komposition der Elemente, mit der am Hofe Konrads III. und Barbarossas das *imperium* als ein *beneficium* Gottes erwiesen wurde, ist aber durchschaut. Sie nahm ihren Ausgang von der gelasianischen Zweigewaltenlehre auf dem Entwicklungsstand des letzten Saliers, dessen Apologeten die Gottunmittelbarkeit beider Schwerter betont hatten.

Heilige Könige

Zum Thema gehört die Heiligsprechung von Königen im 12. Jh. (vgl. S. 58), die allerdings auch signalisiert, daß die ideelle Überhöhung der Herrschaftshäuser zur Festigung ihrer Macht europaweit betrachtet werden muß [973: E. MEUTHEN; 974: J. PETERSOHN; 954: E. HOFFMANN].

Regalientheorie

Unter den vielen Formeln, die „Roncaglia" (S. 62, 148) nach seinen Zielen und Mitteln auf einen Nenner bringen wollen, besticht die von der „Juristifizierung" der politischen Objekte in einem vom *Corpus* [122] inspirierten Idealprogramm [970: P. RASSOW, Honor imperii]. Darin zeigt sich Barbarossa auf der

„wissenschaftlichen" Höhe der Zeit, daß er die Quelle seiner Herrschergewalt (und nicht den einzelnen Gedanken aus römischem Recht) im Bündnis mit der Rechtswissenschaft feststellt. Roncaglia setzt kein neues Recht, aber Barbarossa herrscht wie ein neuer Justinian. Daß der Anteil der Bologneser Juristen stärker gewesen sei als H. Appelt [in: 968] angenommen habe, wurde auch von A. Haverkamp [HZ Sonderh. 7, 1980, 148] bemerkt.

Heinrich VI.

Abgesehen von den Beziehungen zu England [899: F. Trautz] und Frankreich [894: K. Jordan] ist das allgemeine Urteil über die „Weltherrschaft" Heinrichs VI. unsicher. Zwischen der extremen Interpretation (und nationalistischen Bejahung) staufischer „Weltherrschaftspläne" durch Th. Toeche [995, S. 355 ff.] und der erheblichen, aber noch einmal zeitgeschichtlich gefärbten Relativierung der kaiserlichen Universalpolitik durch H. J. Kirfel [206], der der Idee des *dominium mundi* eine leitende Funktion in der Politik Heinrichs VI. wie schon Barbarossas abspricht, laviert W. Kienast [892: I 238; III 673 f.], wenn er die „universale Staatskunst" Heinrichs VI. über die des kaiserlichen Vaters stellt. Neue Ansätze zeigt eher die Diskussion über die ideologische Dimension [vgl. 201: F. Kempf, insbes. S. 235 über Barbarossa und Heinrich VI.]. Von O. Engels [169, S. 107] wurde sie in die Sentenz gefaßt: „Das Endziel muß Jerusalem gewesen sein". Neben dieser religiösen Variante der Idealisierung des Imperiums wurde seit den 1180er Jahren eine genealogisch-legitimistische Interpretation virulent, die den Prinzen Heinrich als Sproß des einen Kaisergeschlechts der Weltgeschichte sah. Engels [S. 78 f.] hat das *Speculum regum* des kaiserlichen Kaplans und Notars Gottfried von Viterbo [4: Wattenbach-Schmale I 77 ff.; 997: E. Perels, S. 69] dahingehend interpretiert, daß die Lehre von der in einem Geschlecht vererbten Weltherrschaft dem Abbau kirchlicher Auffassungen (von der Idoneität des Herrschers, der Kaiserkrönung durch den Papst, der Schutzvogtei über die Kirche) dienten.

Der Parteien Gunst und Haß sind insbesondere die Überlieferungen nicht mehr zu entziehen, die Heinrich VI. mitleidlosen Opportunismus wegen der Preisgabe des kaiserlichen Tusculum zur Zerstörung gelegentlich seiner Kaiserkrönung (1191; [Toeche S. 182 ff.; W. Holtzmann, in: DA 14, 1958, 498 f.]), Billigung des Lütticher Bischofsmordes (1192; [Toeche S. 216 ff.]) und die Grausamkeiten des zweimaligen Strafgerichts über die sizilische Opposition (1194, 1197; [Toeche S. 343 ff., 453 ff.; 1029: E. Kantorowicz I 16]) anlasten. Bezeichnend für den Herrschaftsstil Heinrichs VI. scheint auch die Vorbehaltsklausel zu sein [1000: G. Baaken], die der Kaiser ins Privilegienwesen einführte: seine Verleihungen standen „unter dem Vorbehalt weiterer, selbst entgegengesetzter Verfügung". In ihrer Konsequenz lag die Privilegienresignation, die erhebliche Unsicherheit ins Feudalsystem brachte. Baaken weist aber zu Recht darauf hin, daß die kaiserliche Widerrufsklausel in der päpstlichen ihr Vorbild hat und sich in ihr gegen Ende des 12. Jh. europaweit ein neuer staatsrechtlicher Anspruch der Fürsten ausdrückt, insofern er den Vorbehalt als Gesetzgeber handhaben will.

Staufisch-welfischer Thronstreit

Die Doppelwahl von 1198 gab dem Papst vielerlei Handhaben, den politischen Konflikt am Recht zu messen. Das System, das Innozenz III. aus Elementen überkommener Geschichtstheorie und dem Kirchenrecht zusammenfügte und gegen die staufischen Vorstellungen von einer *imperatura Romani solii* und von den definitiven Wirkungen des Kaiserwahlrechts der deutschen Fürsten setzte [95: RNI Nr. 14; 563: H. MITTEIS, S. 120 ff.], ist eine apperzeptionelle Leistung des Papstes selber. Die Forschungsgeschichte zu diesem überaus diffizilen „Kapitel" hat einen Gipfel in J. HALLERS Darstellung des Phänomens Papsttum [173], d. h. in einem Meisterwerk deutscher nationalliberaler Geschichtsschreibung; und es spricht auch für sich, daß vor allem deutsche und italienische Forscher das Feld von „Sacerdozio e regno" [207] bearbeiten. In den Details könnte nahezu jeder Satz HALLERS zum Ausgangspunkt erneuter Diskussion genommen werden; denn seine Bewertung des Konflikts ist ausgesprochen politisch und insofern sehr zeitbedingt, als er mit nationalistischen und auch macchiavellistischen Kategorien urteilte. Neuen Grund fur die Diskussion haben in den 1950er Jahren drei Bücher gelegt: die Innozenz-Biographie von H. TILLMANN [1018], die Studie über „die geistigen und rechtlichen Grundlagen" der päpstlichen Thronstreitpolitik von F. KEMPF [1022; ihm wird auch die kritische Edition des RNI verdankt] und eine Art historischer Kategorienlehre zur päpstlichen Doktrin im Spätmittelalter, die von L. BUISSON unter den Titel „Potestas und Caritas" gestellt wurde [1025].

Kritik ist vor allem von H. TILLMANN und F. KEMPF herausgefordert worden. Von den zahlreichen Rezensionen und Einzelbemerkungen in nachfolgender Literatur [insbes. 208: H. HOFFMANN] abgesehen, ist sie in ein gutes Buch [1008: H. ROSCHER; dort S. 14 ff. ein ausgreifender Forschungsbericht], in mühselige Studien [1024: D. UNVERHAU] und in eine thesenfreudige, rechtsgeschichtlich aber bedeutsame Dissertation [1023: M. LAUFS] eingebracht. Gelegentlich wurde schweres Geschütz aufgefahren, Apologie bis zur Identifizierung mit dem Denken des Papstes unterstellt, wo es um Eindringen in eine fremdartige Gedankenwelt ging – Innozenz III. immer noch „das ‚Schibboleth' der Mediävistik, an dem die christliche Konfession jedes noch so historisch-kritischen Gelehrten erkennbar wird" [R. STAATS in: Beihefte zu „Evangelische Theologie" 25, 1980, 57]? F. KEMPF [209] hat zuletzt erklärt, daß das 2. Vatikanische Konzil de facto die „Eingliederung der überdiözesanen Hierarchie" in das Papalsystem, d. h. die Erklärung der bischöflichen Gewalt als Derivat der päpstlichen, überwunden habe, als es dem vom Papst geleiteten Bischofskollegium universale Gewalt zusprach.

Über die Stärke des Buches von H. ROSCHER vgl. S. 103. Das aus den Zusammenhängen der Kreuzzugsgeschichte wenig erfreulich geratene Bild von Innozenz III., das einen Pragmatiker porträtiert, korrigiert Idealbilder, ist aber doch selber einseitig. D. UNVERHAU rang wie die Glossatoren noch einmal um begriffliche Sauberkeit. M. LAUFS bringt insbesondere die Forschung über die Rekuperationen [831: J. FICKER II; H. TILLMANN] weiter, greift indessen in der

Bewertung des RNI daneben (Verzeichnis von Vorleistungen zur Aufrechnung gegenüber Otto IV? [Vgl. F. Kempf in: AHP 19, 1981, 361–367]).

Einzelelemente der hierokratischen Theorie

Zur Diskussion über das „papale System" hier ein paar Hinweise auf die Bauelemente:

1. Akzentuierung der Translatiotheorie [RNI Nr. 29]: die Kaiserkrönung von 800 sei eine widerrufliche *concessio* gewesen und Leo III. habe *de iure* gehandelt [213: W. Goez]; Relativierung fürstlichen Wahlrechts [RNI Nr. 62: *Venerabilem*].

2. Kaiserweihe: Ausspielung des Rechts zur Überprüfung der Idoneität eines Weihekandidaten durch den Spender der Weihe [RNI Nr. 18].

3. Notrechtlich korrigierender Eingriff mittels „päpstlicher Gunst" in zwiespältige (Bischofs-)Wahlen [RNI Nr. 2; vgl. eb. S. 446]. D. Unverhau hat sich mit der Frage, ob der *favor apostolicus* für die Kaiserwahl letztlich nicht doch *iudicium* und *approbatio* und damit Anmaßung war, abgeplagt. Das Problem ist von F. Kempf noch einmal angegangen worden [1026; die ersten Belege stehen übrigens im Register Gregors VII., 92: IV 3 und 7].

4. *Plenitudo potestatis*, auch als Verfügung *de iure supra ius*. Besondere Bedeutung gewann sie im Einschreiten *ratione peccati* gegen Fürsten [L. Buisson], für die kanonistische Grundlegung des Rechts der Fürstenabsetzung [1028: O. Hageneder] und für die Ableitung der bischöflichen Jurisdiktionsgewalt aus der päpstlichen [209: F. Kempf].

Einig ist sich die Forschung darin, daß zumindest noch der Lehrer Innozenz' III. in Bologna, Huguccio von Pisa (*Summa super Decretum Gratiani*; [8: St. Kuttner S. 155 ff.]) die frühmittelalterliche dualistische Lehre vom *ordo* der Welt vertreten habe, die Dekretisten des 12. Jh. auch den Satz *Imperator vicarius papae* noch „unhierokratisch" interpretierten [212: A. M. Stickler]. Die neuen Gedanken auf die Zweischwerterlehre zu beziehen, blieb der Generation nach Innozenz vorbehalten (päpstliche Leihe an den Kaiser; [208: H. Hoffmann]).

3. Hof und Land

a) Problemstellung und vergleichende Forschung

domus – familia – curia

„Ich bin am Hofe und spreche über den Hof, aber was der Hof ist, weiß ich nicht" [67: Walter Map, *De nugis curialium* V 7]. Zur Orientierung gehen wir von der *domus* des Fürsten aus. In ihr verrichten Diener unter Aufsicht der Hausämter, zumeist mit dem Seneschal (*dapifer*, Truchseß) an der Spitze, den täglichen Dienst in Kapelle, Halle, Küche, Kammer und Kanzlei. Bei feierlichen Anlässen wird am Königshof der Dienst von den eigentlichen Inhabern der Ämter, hochstehenden Personen, ausgeübt (symbolische Bedeutung der Ehren- oder Erzämter [565: P. Schubert]). Größer als die *domus* ist die *familia*. Ihr rechnet der Fürst den Kreis seiner Vertrauten (Kleriker, Ritter, Diener), aber auch seine Söldner zu. Öffentlichkeit entfaltet die *domus*, indem sie zur *curia*,

d. h. zu einer formvollendeten Versammlung *(curia plena)* durch den Zutritt von Berechtigten und Geladenen wird. Abgesehen von Ungarn, dessen König das Lehnswesen nicht einführte, wird der „erweiterte Hof" im 12. Jh. zumindest nach der Intention der Fürsten zum Lehnshof. Die *curiae* (Hoftage) ersetzen jedoch vielfach eine ältere Volksversammlung, die „Ständeversammlung" des Spätmittelalters hat also in der Regel eine doppelte historische Wurzel: eine volks- oder landrechtliche (korporative) und eine lehnrechtliche (parlamentarische); vgl. auch den Artikel „Hoffahrt" von B. DIESTELKAMP in: HRG II 203. – Über die „Wandlungen im staatlichen Leben Altrußlands und Polens während des 12. Jh." vgl. M. HELLMANN [in: 198].

Neuer Herrschaftsstil: *familiaritas*

Ein Band zur Verpflichtung von Führungsschichten ist von alters her *familiaritas*. Ihren Erscheinungsformen über die Jahrhunderte seit der Spätantike nachzugehen, ergäbe ein Grundkapitel über mittelalterliche Herrenwaltung. *Familiaritas* ist ein von Gott geschenktes „Talent" [vgl. K. LEYSER in: EHR 96, 1982, 751], vermittelt die Ehrenstellung und domestiziert in einem. Auf der Schwelle zum 12. Jh. tritt deutlicher zutage, daß die Umgebung des Fürsten aus Hofämtern und *familiares* als *curia* handelt *(curia ordinaria)*. Weil in ihr alle Schlüsselpositionen vom König ausgehen, lassen sich diese „engere *curia*" und die *domus* weder personell noch funktional sicher abgrenzen. Die aller Hausherrschaft innewohnende Despotie bindet ihre Diener als *familia*, trägt Hausgewalt in die weitere *curia*, die zu feierlicher Akklamation berufen wird – die sich freilich auch wehren kann. Auch vermögen die Familiaren zu den eigentlichen Regenten zu werden, als einzelne wie als Kollegium. Es gilt aber, daß Herrschaft absolutistisch werden, d. h. Mitträger von Herrschaft wie Hausdiener einsetzen will. Daß die Fürsten seit dem 12. Jh. ihre Söldnertruppen als Angelegenheit ihrer *familia* begreifen, hat J. O. PRESTWICH am englischen Beispiel [912] verdeutlicht.

Ubiquität des Königs

Die *curia* handelt in Organen und bleibt doch immer die *curia* des einen *dominus*. Die Idee seiner Allgegenwart ist virulent, und auf dieser Voraussetzung können wir heute sagen, daß die ersten Elemente einer neuen Staatlichkeit, daß Institutionen erkennbar werden.

Die Kurien des 12. Jh. sind also sehr komplizierte Gebilde: als Sozialkörper wie als Elemente der Verfassung. Unser Thema reicht vom Kaiserhof über alle Königs- und Fürstenhöfe bis zu städtischen Kurien; und man hat die Curia Romana als den eigentlichen Träger der „päpstlichen Herrschaft" bezeichnet. Auch sie entfaltete sich jedenfalls unter dem institutionen- wie ständegeschichtlichen Zeitgeist, hatte Teil an der Geschichte der Höfe, die die Sozialgeschichte der europäischen Dynastien ist. Als überschaubarer Einzelhof wurde der des Reichsbischofs von Lüttich musterhaft aufgearbeitet [539: J. L. KUPPER].

Vergleichende Forschung

Geschichte des Hochmittelalters im Bezugssystem der europäischen Höfe zu schreiben (vgl. oben S. 9), ist eine Aufgabe aller historischen Disziplinen. Ein Anlauf kommt von der Literaturwissenschaft [681: R. BEZZOLA]. Als Verfassungselement wurde der Hof noch nie umfassend und vergleichend bearbeitet. Die Studie von J. L. ABADÍA [940] behandelt einen bestimmten Raum und spricht der Institution, die 1149 in Lérida als Gericht faßbar wird, den „carácter autóctono catalano-valenciano-balear" zu. Allgemeinere begriffsgeschichtliche Aufstellungen sind bei K. JORDAN [804] zu finden (der Artikel „curia" für das Mittellateinische Wörterbuch ist noch nicht redigiert). In der Einleitung eines Buches [902: E. TÜRK], das über politische Ethik am Hofe Heinrichs II. von England handelt, sind über JORDANS Sammlung hinausgehende Hinweise auf vulgärsprachliche Entwicklungen und auf die Bezeichnungen für Hofleute *(curialis, palatinus, aulicus)* zu finden. Einen Überblick über den Ring europäischer Höfe, die Zentren moderner Staaten geworden sind, findet man in dem Abschnitt „Die grundlegenden Institutionen der Länder", den G. GUDIAN für das COINGsche Handbuch [181] verfaßt hat (dort verzeichnete Literatur ist hier im allgemeinen nicht besprochen). Die „Institutionen" oder „Organe" werden von GUDIAN vorgestellt, weil sie an der Ausbildung und Pflege des Privatrechts beteiligt waren: Rat, Rechenkammer und Hofgericht auf Fürstenseite, im Gegenüber die Ständeversammlung.

Ständische Bewegung

Die Gemeinschaft in der *curia* ist über das 12. Jh. noch ein ungeschriebenes Rechtsverhältnis auf Gegenseitigkeit; sie ist ein Indikator für das Verhältnis von Herrschaft und Beherrschten zueinander (vgl. S. 149). Mit neuen sozialen Kräften (Ritterschaft und Städten) und buchstäblichen Festschreibungen im Verhältnis des Herrn zu seinen Getreuen, die ihm *consilium* und *auxilium, parlamentum* und *hostis* leisten, zieht die neue Ständestaatlichkeit auf. Nach dem „Gesellschaftsvertrag" von Coulaines [P. CLASSEN in: HZ 196, 1963, 79–85] bringen die Versammlungen von León 1188 (S. 150) und Runnymeade 1215 (S. 144) die klarsten Fortschritte. Etappen sind auch der „Fürstenwiderstand" in Deutschland (1077 und in der Vorgeschichte des Wormser Konkordats; vgl. S. 134), das Wahlversprechen Heinrichs I. von England 1100 (S. 133) und die flandrischen Unruhen von 1127/28 (S. 150).

Die vergleichende Betrachtung ist am weitesten für „Origins and development of representative assemblies" gediehen. Eine Diskussion aus den 1930er Jahren wurde auf dem Internationalen Historikerkongreß 1955 in Rom erneut aufgenommen [556]. Sie bietet jedoch wenig für das 12. Jh. Dies gilt auch für den einschlägigen Beitrag von J. GILISSEN [557: Gouvernés et gouvernants I, insbes. S. 104 ff.]. Eine moderne Einführung bietet M. MITTERAUER [558]. Einzelleistungen sind die Arbeiten von A. MARONGIU [555] und G. I. LANGMUIR [zuletzt 560] über die „assemblee preparlamentari" geblieben. MARONGIUS Buch ist in der italienischen Erstfassung allerdings sehr unfertig und in der gut lesbaren englischen Neufassung nahezu ohne Belege. Es fehlt nicht an Hinweisen auf den Repräsentativgedanken im Kirchenrecht, vor allem auf die Vorschriften des vierten Laterankonzils für Generalkapitel, mit denen ein Grundgedanke zisterziensischen Ordensrechts (definitive Regelung bereits 1152) allgemeinverbindlich geworden ist. Merkwürdigerweise verliert MARONGIU kein Wort über das

Kardinalskollegium, den „neuen Senat" der Weltkirche (vgl. S. 20), die *patres conscripti* [776: C. SERVATIUS, S. 58], sowie über das Kurfürstenkolleg in Deutschland (unten S. 151, 153). In den Zusammenhang gehören auch die „Bischofsräte" (Prioren, Domkapitel, geistliche und weltliche Stände); vgl. z. B. 560a: D. DEMANDT, 561: M. GROTEN.

Ein Anlauf zu einer vergleichenden Verwaltungsgeschichte ist 1977 vom Deutschen Historischen Institut in Paris organisiert worden [546]. Er zeichnet sich durch seine zeitliche (4.–18. Jh.) und thematische Spannweite aus. Unentbehrlich bleiben die Arbeiten von H. MITTEIS [514] und W. KIENAST [542] über das Lehnrecht, C. BRÜHL [281] über die Königsgastung, CH. H. HASKINS [921: England and Sicily], A. MARONGIU [Le due regni, Abdruck in: 856] und L. BUISSON über die „Formen normannischer Staatsbildung" [in: 522]. Die Finanzen der Höfe (vgl. oben S. 96) und ihre Abrechnung vor zentralen Rechenkammern werden von den Autoren eines von B. LYON – A. VERHULST [308] herausgegebenen Sammelbandes behandelt. Wir können nur ein paar Merkdaten für die ältesten Überlieferungen geben: England 1129/30 (Pipe Roll), Normandie 1180, Flandern 1187 (Groote Brief), König von Frankreich 1202/3. Der Liber censuum [94] des päpstlichen Kämmerers Cencius von 1192 [814: V. PFAFF, mit vielen Korrekturen an der Edition] verzeichnet hingegen Ansprüche, nicht tatsächliche Eingänge. Administration

Zur frühen Entwicklung von „Beamtenwesen" kann – ergänzend zu H. HATTENHAUER [548] – auf die Artikel im LMA I verwiesen werden, die aber nur im Teil über Sizilien [N. KAMP, Sp. 1728 ff.] für das 11./12. Jh. einschlägig sind; vgl. ferner die Beiträge über den *ballivus/bailli/bayle* u. ä.; zur Ergänzung: J. M. FONT RIUS in: AHDE 17, 1946, insbes. 247 ff., sowie für Flandern L. M. DE GRYSE [549].

Die Kanzleien der europäischen Höfe des 11./12. Jh. stehen allesamt in karolingischer Tradition, wenn sie den anfallenden Schriftverkehr von Hofgeistlichen, Mitgliedern der *capella*, erledigen lassen; vgl. den Artikel „Diplomatics" von P. HERDE in der Encyclopedia Britannica (1974). Das Wort *cancellaria* ist eine Neuprägung des 12. Jh., zuerst zur Kennzeichnung des Amtes, das der *cancellarius* innehat [547: H.-W. KLEWITZ]. Als wissenschaftlicher Hilfsbegriff dient „Kanzlei" zur Kennzeichnung eines Personenkreises mit bestimmter Funktion. Einige Kanzleien (nicht nur der *cancellarius*, wie z. B. in Kastilien) sind ganz junge Einrichtungen, beispielsweise die englische (s. unten) und die ungarische [944: A. KUBINYI; vgl. allgemein zu Ungarn zwischen Ost und West L. MEZEY in: 198], aber auch die päpstliche Kanzlei (s. unten). Ausgangsregister hat im 11./12. Jh. noch keine Kanzlei regelmäßig geführt, so daß – ungeachtet auch der Verluste – die Erforschung von Kanzleigeschichte ohnehin von den Editoren der Urkunden zu leisten ist. Herrscherdiplome und Papsturkunden werden in traditionsreichen Publikationsreihen und Regestenwerken zur Verfügung gestellt, über die international z. B. R. C. VAN CAENEGEM [2] informiert; über einige (z. T. jüngere) Editionen vgl. Nrr. 89a ff. Neueröffnet ist der Kanzlei

„Codex diplomaticus regni Siciliae" [102], eine wichtige laufende Urkundenedition unserer Tage ist im Wiener Institut gereift [DD F I; vgl. 89a].

Der „neue Beruf" des Königs

Nicht nur die Herrschaft, auch die Könige und das Bild vom Königtum wandeln sich. K. J. LEYSER (vgl. oben S. 134) hat den „more empirical approach to government", den „neuen Beruf" des obersten Administrators facettenreich dargestellt.

b) England

Allgemeine Literatur

Wegen seiner Vorreiterrolle in der Sache, des Reichtums seiner Überlieferung und der Gründlichkeit seiner Erforschung ist der englische Hof für unsere Thematik am ergiebigsten. Der angelsächsischen Tradition, Verfassungsgeschichte ins Zentrum historischer Betrachtung zu stellen [„Informationsbasis": 895], werden deutschsprachige Werke durchaus gerecht. Die „Englische Verfassungsgeschichte" von J. HATSCHEK will allerdings auch in der unlängst ergänzten Ausgabe, die mit einer umfangreichen Bibliographie ausgestattet ist [896], als ein Forschungsdokument der Zeit vor dem Ersten Weltkrieg benutzt werden. Die zusammenfassende Darstellung der normannischen Phase von 1066 bis 1154 von K.-U. JÄSCHKE [898] ist auf dem Forschungsstand von 1980 und sehr detailliert, während der etwas ältere K. KLUXEN [897] den Stoff mit einem so scharfen Blick für das Wesentliche der englischen Geschichte rafft, daß seine Eingangskapitel auch als beste Einführung in unsere Problematik gelten dürfen. Grundlegend bleiben J. F. BALDWIN, King's council [1036], das seinen Schwerpunkt freilich im 13. Jh. hat, sowie G. B. ADAMS, Council and courts [911], und insbesondere T. F. TOUT, Administrative history [904; dazu 905: M. WEINBAUM]; als jüngere Zusammenfassung ist W. L. WARRENS „Henry II" [901] mit seinen Kapiteln über „Politics and government" im angevinischen Commonwealth zu empfehlen.

Continuity or Cataclysm?

In der Diskussion über das Jahr 1066 geht es u. a. um politische Institutionen der angelsächsischen und der normannischen Zeit, einer präfeudalen und einer feudalen Staatlichkeit. Mit der Alternative unserer Marginalie ist heute nichts mehr anzufangen; die in der Tradition von W. STUBBS äußerst hohe Einschätzung der angelsächsischen Grundlagen, wie sie in den jüngeren Werken von H. G. RICHARDSON – G. O. SAYLES [581, 906] vorliegt, ist nicht unumstritten. Ratsversammlung der Großen war in angelsächsischer Zeit der Witenagemot, der Normannenkönig aber regierte mit der *curia regis*. Sie entfaltete sich im Gegenüber zu einer unerschütterten Grafschaftsverfassung, wie wir nicht ganz richtig, aber in der Tradition der Normannen sagen, die die Sheriffs [910: W. A. MORRIS] als *vicecomites* bezeichneten.

Justiciarship

Der Normannenkönig hat noch im 11. Jh. königliche Macht auf eine Amtsperson als Stellvertreter übertragen. Die Frühgeschichte der *iustitiarii* wurde von [909] F. J. WEST geklärt. Man kann fragen, ob das Prinzip nicht insoweit an den karolingischen Pfalzgrafen erinnert, als mit ihm Ansätze zu stationärer Verwaltung unter (Groß-)Justitiaren verbunden waren: Lisieux für die Normandie und Salisbury für England. West bezog auch den Seneschal im Anjou und den Sohn Heinrichs II., Richard, als Mitkönig in Aquitanien ein, die die Eigenständigkeit der Reichsteile mit der Reichsherrschaft koordinierten. Tatsächlich ist der Seneschal in französischen Prinzipaten [vgl. K. F. Werner in: 198 S. 202 ff.] und insbes. im Anjou [vgl. O. Guillot in: 546 S. 325] bereits um die Mitte des 11. Jh. ein alter ego des Fürsten gewesen. Bemerkenswert ist, daß Heinrich I. auch das von ihm erst eingerichtete Kanzleramt dem Justitiar unterstellt hat. (In angelsächsischer Zeit wurde also der Schriftverkehr des Königs noch von Schreibstuben geistlicher Institute im Land besorgt, die „Kanzlei" ist eine normannische Schöpfung [908: T. A. M. Bishop].)

Curia regis ad scaccarium

Nach Überlieferung und Ruhm steht in der europäischen Behörden- und Beamtengeschichte der Exchequer [913: R. L. Poole] obenan. Ein Schatzmeister Heinrichs II., Richard von Ely (FitzNeal), hat um 1177/79 sich und seinen Mitarbeitern klarzumachen versucht, was das *scaccarium* sei. Der *Dialogus de scaccario* liegt in neueren Editionen vor, von M. Siegrist wurde eine lateinisch-deutsche Ausgabe [60] besorgt. Mit der Einleitung und dem Sachkommentar der Herausgeberin ist der *Dialogus* die beste Einführung nicht nur in einen wesentlichen Komplex der englischen Verfassungswirklichkeit des 12. Jh., sondern auch in die allgemeinere Fragestellung nach der Entwicklung der *corona* zur *publica potestas* und den Anfängen der „Beamtenethik" sowie von „Behörden".

Domesday Book und Exchequer

Die Rechts- und Arbeitsgrundlage für die Tätigkeit seines Rechnungshofes sieht Richard von Ely im Domesday Book. Gemeint ist die *descriptio totius Angliae* von 1085/86. An sich hatte sie zur Heeresrekrutierung gegen drohenden Däneneinfall gedient. Der Kataster war keine völlig neue Erfindung der Normannen [J. Campbell in: 546 S. 117 ff.], er blieb dauernde Grundlage für das Steuerwesen (vgl. die Kommentare zu „Assisa communis", „Danegeld" und „Scutagium" bei M. Siegrist).

Justices in eyre

Die Zusammenarbeit von Lokalrichtern mit der *curia coram rege* war nahtlos, seitdem *iustitiarii itinerantes (errantes)* das Land als einheitlichen Rechtsraum behandelten. Allen freien Leuten stand offen, ein königliches *breve* (Writ/Mandat) zu erwirken, das die Aufnahme eines Falles durch die Justices in eyre anwies. Der Writ ist überhaupt ein höchst charakteristisches Instrument der englischen, und zwar eindeutig bereits der angelsächsischen Monarchie [907: R. C. van Caenegem]. Die King's Bench wurde gegen 1200 als eigenes Gericht aus dem Exchequer ausgegliedert [914: B. Kemp], der Court of common pleas entwickelte sich aus einem der im Kreise der Barone ungeliebten Reisegerichte, deren Seßhaftigkeit in der Magna Charta [150: c. 17] gefordert wird.

Familia regis

Der Wandel im Herrschaftsstil ist von sozialen Mutationen begleitet. J. O. Prestwich schließt seine Studie über den „military household" [916] mit der Forderung, daß die um Exchequer, Kanzlei, Kammer und Garderobe verdiente Forschung der *familia regis* noch gerecht werden müsse. Eine oft untersuchte Quelle ist die *Constitutio domus regis* [in: 80 II 422 ff.] aus der Zeit des Königs

Stephan von Blois. In ihr geht es aber nur um Dienstleute unter Oberaufsicht der Hofämter [896: J. HATSCHEK 75ff.; 918: P. E. SCHRAMM 62ff.], denen der englische König gewachsen blieb. Sie sind Teil einer größeren *familia* aus *clerici, milites, ministri*, die in der *Constitutio* vier Marschällen unterstellt wird. Gestützt auf eine maschinenschriftlich vorliegende Ph. D. thesis (Liverpool 1969) von J. LALLY, die den Hof prosopographisch an 44 Beispielen aufgearbeitet und „some thousands" *curials* verzeichnet hat, bewertet E. TÜRK [902] die große Fluktuation in der *familia* geradezu als ein Charakteristikum der Regierung Heinrichs II.; doch ist auch der Aufstieg und die mentale Festigung bedeutender „Beamtenfamilien" unverkennbar [923: G. STOLLBERG; M. SIEGRIST über den Paradefall der Familie Ely; vgl. auch 606: J. W. BALDWIN, Masters, princes and merchants].

Consilium

Als *magnum consilium* konstituierte sich die *curia regis* bei wichtigen Entscheidungen. Eigenständige Wurzeln hat der weitere Rat aber nicht treiben können; die Rechte des späteren, seit 1271 (Heinrich III.) geschworenen Rats [1036: J. F. BALDWIN] sind nach G. I. LANGMUIR [560] alle aus dem engeren Rat entwickelt.

Magna charta libertatum

Die evolutionäre Entfaltung von Verfassung und Common Law [H. PETER in: HRG I 922ff.], den zwei Seiten derselben Münze, ist 1214/15 beschleunigt worden (vgl. S. 77). Über die in bewaffnetem Aufstand erzwungene „Große Urkunde der Sonderrechte" der Barone [150] gibt es eine reiche Literatur [vgl. 1038: J. C. HOLT; 1034: S. PAINTER; 516: H. MITTEIS]. Bei W. ULLMANN [456 dt. Ausg., S. 123f.] finden sich sehr kritische Anmerkungen zu dem Buch von HOLT.

c) König von Frankreich

Francia und Königreich

Das Thema „Hof und Land" spielt für den König von Frankreich institutionen- wie sozialgeschichtlich auf zwei Ebenen: der des Prinzipats Francia (Krondomäne) und der des Königreiches. Administrative Instrumente bildete das Königshaus in seinem Territorium wie alle Fürsten aus; einmalig war in Frankreich die *curia* der Kapetinger nur darin, daß sie die Fürsten des Reiches, die Herzöge und Grafen, als Vasallen zu versammeln vermochte.

Soziologie des Hofes

J.-F. LEMARIGNIER [779] und sein Schüler E. BOURNAZEL [885] haben das Verständnis für den Aufstieg der Kapetinger weitgehend neu begründet. Ihr Ansatz ist die Erforschung des königlichen Entourage. Methodisch vertreten beide Bücher eine personenorientierte Sozialgeschichte: „Structures sociales et mutations institutionelles" (Untertitel BOURNAZELS). N. BULST [in: 546] hat die Versammlungen der Kapetinger charakterisiert. In der französischen (belgischen) Forschung ist vor allem von L. GENICOT [440] verdeutlicht worden, daß die Höfe des 12. Jh. sich neuen Adel schufen. Die älteren verfassungs- und institutionengeschichtlichen Werke [namentlich 881: A. LUCHAIRE und 884: M. PACAUT oder auch das Handbuch 880: F. LOT – R. FAWTIER] sind nicht entbehrlich geworden, aber sie unterliegen einer neuen Beurteilung. Ihr hat allerdings eine breite Erforschung der französischen Prinzipate vorgearbeitet [vgl. K. F. WERNER in: 159: Hb. I; einige weitere Titel: 886: M. BUR, Champagne; 887: O. GUILLOT, Anjou; 888: J. RICHARD, Bourgogne; 377: G. DUBY, Région mâconnaise; vgl. auch L. GENICOT, Principautés lotharingiennes, in: 440].

Familiaritas

Der kapetingische Hof wurde von einem sozial breit gefächerten, ansatzweise auch juristisch geschulten Corps gouvernemental aus *consiliarii* bestellt, den E. BOURNAZEL für die Zeit nach 1150 einen Hofrat nennt und als Institution begreift, die die Transpersonalität der Krone mitträgt. Stärksten Einfluß auf die Entwicklung hat der *familiaris in consilio* Suger von St. Denis geübt, die Fülle und Dauer seiner eigenen Waltung ist aber eher untypisch; denn im allgemeinen verwirrt wie in England die erhebliche personelle Fluktuation am Hof. Spezifisch ist aber der Einsatz von *familiares* insofern, als ohne sie die Entmachtung der Hofämter (Grands officiers) nicht mehr möglich gewesen wäre. Philipp II. August vermochte die *curia* dann als Lehnsgericht über die *pares* einzusetzen (vgl. S. 76).

Administration

Nach seiner Finanzkraft war Paris, noch bevor Philipp II. August [1031: A. CARTELLIERI] sich am englischen Exchequer orientierte, in das vorderste Glied der europäischen Höfe gerückt (oben S. 96). Über die Erforschung der französischen Finanzverwaltung vgl. die spitze Bemerkung von J. CAMPBELL [in: 546 S. 130]. Die weitere Differenzierung des Hofes in Hofgericht *(parlamentum)*, Rechenkammer *(curia in compotis)* und engeren politischen Rat mit „Geschäftsordnung" *(consilium)* verläuft in Frankreich sehr langsam.

d) Sizilien

Forschung

Die reiche Forschung über den normannisch-sizilischen „Modellstaat" [857: A. MARONGIÙ], die in den 60 Jahren nach E. CASPARS Monographie über Roger II. von 1904 [846] erschienen war, wurde von M. CARAVALE [845] zusammengefaßt und in manchen Vorstellungen über Lehnswesen, Zentral- und Provinzialverwaltung im Königreich und über die *Sacra curia* (vgl. S. 148) in Palermo auch erheblich konkretisiert. Als Einführung empfiehlt sich dennoch eine Studie von N. KAMP [in: 858]. Sie handelt an sich über die staufische Verwaltung, geht aber einleitend auf ihre Grundlagen ein. Dabei sind Mängel des Buches von CARAVALE eliminiert und sonst noch tragende ältere Arbeiten beim Namen genannt. Sodann ist auf das Unternehmen des „Codex diplomaticus regni Siciliae" [102] hinzuweisen. „Beiträge zum Kanzlei- und Urkundenwesen" von H. ENZENSBERGER [848] haben die grundlegenden diplomatischen Studien von K. A. KEHR von 1902 ausgebaut und die Planung der kritischen Edition konkretisiert. Der (weit fortgeschrittene) Stand der Arbeiten um 1980 ist einem Referat von C. BRÜHL [in: 546] abzulesen, der von H. ZIELINSKI bearbeitete Band mit den Urkunden Tancreds und Wilhelms III. ist 1982 erschienen. A. NOTH [849] hat die arabischen Dokumente Rogers II. neu erschlossen. (Vgl. auch [5a].)

Abgesehen vom Fehlen personaler Spitzen in den Provinzen wie in der

Besonderheiten des Systems

Zentrale (vgl. S. 41), ist die Verbindung von Zentral- und Provinzialverwaltung durch Personalunion bezeichnend. Die *duana de secretis* war eigentlich die Provinzverwaltung Siziliens, die auch für Kalabrien zuständig wurde; die *duana baronum* war die (mehrköpfige) „Spitze des provinzialen Apparats" für die nördlichen Provinzen [vgl. in: 858, N. KAMP S. 53].

Der „Absolutismus" des sizilischen Hofes ist manifest in der Bedeutungslosigkeit des Lehnshofes, der als Versammlung der Barone allerdings nicht abgeschafft wurde. Die Pflichten der Vasallen wurden früh schriftlich fixiert [103: *Catalogus Baronum*], aber geladen wurden sie, wenn ihre Akklamation erwünscht war. Die Auffassung, daß diese *curia* auch noch volksrechtliche Elemente in sich getragen und deshalb in nachstaufischer Zeit als Grundstock für Ständeversammlungen habe ausgebaut werden können, wurde von A. MARONGIU [Le „Curie generali", in: 856] vertreten.

Familiaritas

Im 12. Jh. vermochten die Magnaten wie die Kirchenmänner nicht als Vasallen, sondern nur als *familiares* Anteil an der Regierung zu gewinnen (vgl. S. 41). Die „Institution" der sizilischen Familiaren ist im Vorkapitel einer Arbeit über die Familiaren der aragonesischen Könige des 13. Jh. Gegenstand einer Spezialstudie geworden. H. SCHADEK [855] führte die *familiaritas*, weil erste und wenige Familiaren erst unter Roger II. bezeugt sind, auf normannische Vorstellungen zurück; L. BUISSON [in: 522] bietet dafür keine Anhaltspunkte. Die Ernennung zum *familiaris* war von ganz anderem Gewicht als sonst in Europa und scheint stets mit Bedacht erfolgt zu sein. Man darf deshalb kaum größere Zahlen ansetzen als Personen mit dem „Titel" überliefert sind [für die Zeit nach 1190 das große prosopographische Werk: 1030 N. KAMP].

e) Kaiserhof

Zur Literatur – Hoftag

Wahrscheinlich hat kein Hof Europas so kontinuierlich die politischen Entscheidungen auf den Rat der Großen gestützt wie der Kaiserhof seit ottonischer Zeit. Dennoch sind – von den immer hilfreichen Jahrbüchern abgesehen – die älteren Arbeiten über Hof- und Reichstage der hier behandelten Zeit [743: P. GUBA; 990: C. WACKER] kaum mehr als Verzeichnisse. Am lehrreichsten ist für uns das 1. Kap. in V. SAMANEKS Buch von 1910 über den „Kronrat" [991]. Es verfolgt neben der „Ratspflichtigkeit" der Großen, deren zunehmende Feudalisierung festgestellt wird, auch das engere Band der *palatini* und *familiares consiliarii*, und zwar von der Karolingerzeit an. Der „Kronrat" aus freien Herren und Ministerialen unter einem Reichsverweser, den Friedrich II. schließlich seinen unmündigen Söhnen Heinrich (VII.) und Konrad IV. zur Seite stellte, war nur „Vormundschaftsrat", dem ein Rechtsgrund zur weiteren Entfaltung fehlte. Bemerkenswert sind SAMANEKS Urteile, daß die Beratung des Herrschers die Form gewesen sei, „in der das staatliche Leben zu seinem höchsten Ausdruck gelangen konnte" [S. 14], daß der Entwicklungsstand des *consilium* unter Barbarossa dem am Kapetingerhof kaum nachgestanden habe [S. 44] und daß die Reichsministerialen von den frühen Staufern an neben Fürsten und Großen zum festen Bestand an Räten zu rechnen seien.

Die exakte sozialgeschichtliche Analyse des salisch-staufischen Entourage ist aber bis heute Desiderat geblieben, auch wenn es nicht an Grundlagenforschung fehlt. Sie betrifft vor allem die Reichsministerialität [987: K. Bosl], Intervenienten und Zeugen, Reichskanzlei und Hofkapelle [795: F. Hausmann; 752: A. Gawlik; H. Appelt in: 170 V; 996: P. Csendes]. Monographien über Adelshäuser, die deren Beziehungen zum Kaiser mituntersuchten, gibt es wiederum nur wenige [z. B. 993: H. Weis über die Lenzburger; 994: A. Naumann-Humbeck über die Sponheimer]; als Typ steht vollends die Dissertation von R. Gudenatz allein: „Schwäbische und fränkische Freiherren und Ministerialen am Hofe des deutschen Königs 1198–1272" [992]. Französische Forschung (oben S. 144) und – vom Spätmittelalter her – Arbeiten von P. Moraw (vgl. „Personenforschung und deutsches Königtum", in: Zeitschrift f. Hist. Forschung 2, 1975, 7 ff.; ferner oben S. 128 über den „Reichstag") haben den Blick für die Fragestellung geschärft. Eine Studie von H. Patze über „Friedrich Barbarossa und die deutschen Fürsten" [in: 170 V] gibt trotz ihrer Vorläufigkeit am ehesten Hilfe für ein allgemeineres Urteil über die frühe Stauferzeit. Wesentliche „ständegeschichtliche" Aussagen finden sich auch in dem Aufsatz über die königliche Lehngerichtsbarkeit von K.-F. Krieger [989], weil er den Urteilerkollegien am Hof nachgeht.

Staufischer Staatsaufbau?

Die Feststellung, daß wir in der Hauptsache vom Tafelgüterverzeichnis [877: J. P. Niederkorn], vom *servitium regis* der Reichskirchen, das in Deutschland wichtigste Grundlage der Königsherrschaft blieb [281: C. Brühl; 283: W. Metz], von der Kanzlei und ministerialischen Hofämtern, von einem *iudex terrae* (im Pleißenland), sodann noch von den *potestates* in lombardischen Kommunen zu handeln hätten, könnte nach der Behandlung der englischen Entwicklung wie Ironie klingen. K. Bosl hat in einer Zusammenfassung der Forschung über den „Staat der Staufer" [178: Gebhardt I 785 ff.] mit Begriffen wie Reichsland- und Städtepolitik, Rechtserneuerung und Gesetzesbildung Vorstellungen von Staatsplanung suggeriert, die mit ihren Elementen (zentraler Reichsverwaltung, Städten, Geld, Burgenbau, Reichsvogteien) jedenfalls im 12. Jh. noch auf der Höhe der europäischen Entwicklung stehe. Von „einer Art Reichsregierung" aus Kanzler, Notaren und ministerialischen Hofämtern ist die Rede. Derartige und andere Verallgemeinerungen, die ihre Grundlage zumeist in dem Buch über die Reichsministerialen haben, mußten Kritik auf sich ziehen [988: G. Kirchner mit Replik von Bosl].

Allgemein ist in Rechnung zu stellen, daß sich die Qualität ministerialischen wie adligen Rats natürlich nicht statistisch ermitteln läßt. So hat H. Patze denn auch sein Urteil, daß über das 12. Jh. hin Fürsten, Grafen und Freie Herren und – mit ihrem Wissen – nicht zuletzt die Geistlichkeit am Hofe führend geblieben seien, eher verfassungs- und sozialgeschichtlich als statistisch begründet, allerdings auch quantitativ abgesichert. Er stützte sich auf die Zeugenlisten eines ersten Blocks der Barbarossadiplome und auf Itinerarforschung von H. Reyer. Das Absinken des sozialen Niveaus mit krassem zeitlichen Einschnitt ist allerdings manifest für die berufenen Hoftage: 1152 bis 1158 ist Ministerialität auf 14 Hoftagen in Deutschland mit 4,5% gegenüber 95,5% Adel vertreten, seit 1165 bis 1196 auf 20 deutschen Hoftagen aber mit mindestens 40% (diese Aufrechnung ist vorläufig; [vgl. auch 451: J. Fleckenstein, S. 1036 ff.]). Ein eigenes Problem wirft die Affinität der Neugrafen zum Hof auf. Sie scheint geradezu zur Erhaltung des Reiches gegen die Fürstenterritorien beigetragen zu haben.

Kanzlei

Die Regierung Lothars III. ist auch kanzleigeschichtlich eine Zwischenzeit [861 a: W. Petke; 795: F. Hausmann]. Über die Kanzlei Barbarossas liegt die Skizze von H. Appelt vor (S. 147; sie verzeichnet die Kanzleistudien, die von den Miteditoren der Diplomata verfaßt wurden, zuletzt [862: W. Koch] über die Schrift der Urkunden). Typisch staufisch und äußerst symptomatisch dürfte die lehnrechtliche Einweisung des Kanzlers sein, zumal er unter Konrad III. zu einem leitenden Vorstand mit politischer Beraterfunktion avanciert ist und für das gesamte Imperium zuständig blieb. Bezeichnend ist auch die geringe Bedeutung des Mandats [863: F. Opll]. Zu einem Verwaltungs- und Gerichtsinstrument (wie in England der Writ und in Sizilien die *sacrae litterae*) ist es im Reich auch unter Heinrich VI. nicht geworden [996: P. Csendes].

Belastung des Kaiserhofs: Italien

Es „sind nicht die Völker (Stämme), sondern das königliche Haus allein, das juristisch betrachtet die Römerzüge bezahlt“ [512: E. Rosenstock S. 27] – im staufischen Reich mit der Wirkung, daß die Reichsheerfahrtspflicht sich „wesentlich auf der persönlichen Bindung zwischen König, Fürsten und Vasallen gründete“ [G. Gattermann; vgl. H. Patze in: 170 V, 71 Anm. 72]. Ihr fehlte also eine landrechtliche Grundlage. Über entscheidende Jahrzehnte betrieb Friedrich I. expansive Politik mit Machtmitteln, die rasch aktiviert werden konnten. In Italien waren es die „Regalien“. Als solche galten „die Herrschaftsrechte, Gerechtsame und sonstige Besitzungen (z. B. ‚palatia‘), wohl auch der Grundbesitz des Reiches oder der Krone. Sie dürften prinzipiell unveräußerlich gewesen sein, konnten aber an geistliche und weltliche Fürsten sowie an Kommunen in der Regel nach Lehnrecht, d. h. *quo ad usum*, nicht *quo ad proprietatem*, vergabt werden, was jedoch eine seit 1158 zunehmende Ablösung der Lehnsdienste durch Geldzahlungen nicht ausschloß“ [782: J. Fried S. 461 f.]. Vier Gesetze betreffend *Regalia, Omnis iurisdictio, Palacia* und *Tributum*, ein Landfriede und die Erneuerung des Lehnsgesetzes von 1154 trugen das Projekt zur Erneuerung der Reichsherrschaft über die Städte.

Regalienweistum 1158 und die Gesetze von Roncaglia [MGH DD. F. I. 237–242]

Trotz der Gewaltenfülle Barbarossas, seiner „realpolitischen“ Planung und der Fähigkeit zu ihrer Realisierung zeichnet sich schon im letzten Viertel des 12. Jh. das Scheitern der staufischen Regalienpolitik ab [975: A. Haverkamp; ders. in: 486]. Selbst die Anfänge der podestà sind an einer vorgegebenen, im einzelnen freilich noch undeutlichen Entwicklung in den Städten selbst zu messen. Ch. Ludwig [834] glaubt, daß die bereits vor Roncaglia bezeugten Beispiele durch innerstädtische Klientelbildung entstanden seien.

f) Die oberitalischen Kommunen

Die Entstehung der Stadtkommune im 11./12. Jh. ist seit L. A. Muratori ein klassisches Thema. Als Wiedergeburt der römischen Munizipalverfassung kann sie nicht erklärt werden, es gibt aber Kontinuitäten in wichtigen Bereichen materieller und geistiger Kultur, auch des Rechts [E. Ennen, Frühgeschichte der europäischen Stadt – wie ich sie heute sehe, in: 335, S. 262 ff.]. Aus der Forschungsgeschichte sind als äußerst einflußreiche Werke C. Hegels „Geschichte der Städteverfassung von Italien" von 1847 [828] und E. Mayers „Italienische Verfassungsgeschichte" von 1909 [796] zu nennen. Unsere Grundvorstellung von der Ablösung bischöflicher Stadtherrschaft und der Schaffung des Konsulats als der „Signatur der Kommune" [835: U. Prutscher] ist in diesen Büchern begründet worden [vgl. allgemein „zur Gegenwart der mittelalterlichen Stadt im historisch-politischen Denken des 19. Jh." K. Schreiner in: Festschrift E. Naujoks, 1980, 139 ff.]. Zur Forschung

Im „Herrschafts- und Sozialgefüge Reichsitaliens" [A. Haverkamp in: 486] entfalteten sich die Städte bis ins 12. Jh. hinein, als sie selber Territorialmächte wurden, ausgesprochen hofbezogen [837: G. Dilcher; 843: V. Cavallari], in einigen, wie etwa dem toskanischen Lucca, konkurrierten in der Ausgangsphase des 11. Jh. die markgräfliche und die bischöfliche *curia* [836: H. Schwarzmaier]. Einen anderen Sonderfall stellt Venedig mit seinem Dogenhof dar [839: H. Kretschmayr; 840: R. Cessi; 841: M. Hellmann]. Große Bedeutung hat in der jüngeren Forschung Mailand gewonnen. Eine Reihe von Studien und ein Buch von H. Keller [829] gehen in einem sehr weiten, auch zeitlich bis ins 9. Jh. hinaufreichenden Zusammenhang den Führungsschichten in den lombardischen Städten nach. Der wissenschaftliche Ertrag ist vor allem an der Bestimmung lehnrechtlicher Triebkräfte in der Kommunebewegung abzulesen. Darin bietet das Buch von Keller mehr als Ergänzungen zu den wichtigen Arbeiten von A. Haverkamp [Friedrich I. und der hohe italienische Adel, in: 800], G. Tabacco [La costituzione del regno italico, in: 830] und U. Prutscher [835], die vornehmlich der lehnrechtlichen Terminologie in der Urkundensprache der Kommunen nachgegangen sind, ihrer aktiven und passiven Lehnsfähigkeit sowie den Untertaneneiden, die sich Barbarossa leisten ließ. Hof und Kommune

g) Zum „Dritten Stand" im 12. Jh.

Die oberitalischen Städte verstanden sich von jeher als *membra* des Reiches und konnten – aktiv wie passiv lehnsfähig geworden – durch ihre eigenen *iudices* und *consules* in den kaiserlichen *curiae* sprechen. Der Eintritt der Kommunen in die „assemblées d'états en Italie" [838: P. S. Leicht] wäre also mit der Formierung der Kommune als „seigneurie collective" vergleichbar [917: C. Stephenson S. 36 ff.; 514: H. Mitteis, Lehnrecht S. 384], die wir in England (London in der Magna Charta) und Frankreich später beobachten können. Ansätze zu dieser Entwicklung sind 1136 (D. Lothars III. 105) und dann insbesondere in den Lombardei

Verhandlungen von 1158, die zum Regalienweistum führten [57: *Ottonis Morenae Historia*, S. 58 ff.], erkennbar. Die Friedensschlüsse nach der Konfliktzeit wurden aber – anders als im England der Magna Charta – nicht in der *curia*, sondern zwischen *imperator et eius curia et civitates et earum partes* abgeschlossen [132: Const. I Nr. 242]. „Es ergab sich da die Tendenz eines Gegensatzes zwischen Regierenden und Regierten" [991: V. Samanek S. 24].

Flandern

Einen anderen Weg sind die flandrischen Städte gegangen (vgl. S. 45). Aus den Berichten Galberts von Brügge [28] geht hervor, daß die *burgenses* 1127/28 die Grafenwahl für eine Angelegenheit des Landrechts hielten und weder der *curia* des französischen Königs noch den flandrischen Vasallen das Wahlrecht überlassen wollten. Zum Ausgleich mit der königlichen und der gräflichen *curia* gelangten sie über Fürsprecher, die sie als ihre (landrechtlichen) *concives* betrachteten, die aber zugleich Lehnsmannen des Grafen waren. Diese leisteten das Homagium in Gegenwart aller und bürgten für den Grafen gegenüber den Städten.

Köln

In den Bischofsstädten nördlich der Alpen läßt sich der kommunale Anspruch auf (landrechtliche) Anerkennung in der *curia* des Bischofs zuerst (2. H. 12. Jh.) in Kölner Quellen deutlicher fassen [562: H. Stehkämper; H. Jakobs in: 476]. Er blieb immer umstritten.

Spanische Königreiche

Electi cives ex singulis civitatibus nahmen i. J. 1188 in León [104: J. González II 23 Nr. 11] am Hoftag teil. Die Thematik ließe sich auch an den Verhandlungen über den staufisch-kastilischen Ehevertrag des Jahres verfolgen [933: P. Rassow; 939: E. S. Procter, S. 109]. A. Marongiu [555], der seinen Platz in der Forschungsgeschichte eigentlich wegen seiner Kritik an der liberalistischen Frühdatierung der Cortes behauptet, hat seinerseits die Urkunde Alfons' IX. von 1188 eine frühe Magna Charta genannt. Diese Wertung muß aber mit Hinweisen auf die besondere Verfassungs- und Sozialstruktur des Landes, näherhin die militärische Bedeutung der Städte in den Königreichen ergänzt werden [938: J. F. Powers]. Das politische Gewicht der „Bürger" ist das einer Gefolgschaft, deren nun auftauchende Repräsentation vermutlich mit innerstädtischen sozialen Vorgängen, inbesondere der Erhebung der *ricos hombres* über die *caballeros villanos*, zusammenhängt. Die Städte brachten also Voraussetzungen mit, unter denen sie sich von Anfang an in dem neuen „Hofstaat" (Cortes) gegen die adligen und ordensritterlichen Großgrundherren als stärkster *brazo* behaupten konnten.

h) Die römische Kurie

Elemente der *curia Romana*

Der päpstliche Hofstaat [174: HKG III 1, 495 f.; III 2, 39 ff.; beachtenswert 215: Istituzioni ecclesiastiche I] ist eine Schöpfung des 11./12. Jh. Die alten stadtrömischen Einrichtungen wurden durch eine *curia* der katholischen Kirche abgelöst [804: K. Jordan], die für die Regierung der Kirche, des Kirchenstaats und der Stadt zuständig war [818: F. Gregorovius mit Literaturverzeichnis von W.

Kampf; 819: L. Halphen; 824: D. Waley; 826: P. Toubert; über das „Gerichtswesen der Stadt Rom vom 8. bis 12. Jh.": 820 Th. Hirschfeld]. Die neue Entwicklung steht unter starkem Einfluß des Reiches und kündigt sich in einem Vorspiel seit der Jahrtausendwende, deutlicher unter den Reformpäpsten, an. Schatz-, Zahlmeister, Armenpfleger, Archivar, Bibliothekar, Vorsteher der Notare und der gerichtlichen Defensoren wurden allmählich durch *ordines palatini* zurückgedrängt, die sich mit den Päpsten bewegten [808: R. Elze, Palatium]. Die Sammlung von Vertrauensmännern um den Herrn hebt sich auch in Rom von der frühmittelalterlichen *familiaritas* ab; sie nahm die neuen höfischen Formen an (*subdiaconi* oder *capellani*; [807: R. Elze, Kapelle; 806: S. Haider]). Die klassischen Hofämter blieben hingegen für den Aufstieg der *curia* bedeutungslos, stellten aber zu einem Gutteil das Laienelement in den Gremien, insbesondere im päpstlichen Gericht. Vor allem aber hat sich ein *senatus* gebildet (vgl. S. 141; [733: R. Hüls]). Um 1100 ist die neue Formation aus Kardinalskollegium (Konsistorium), Kapelle, Kammer, Kanzlei und päpstlichem Gericht mit weltlichen und geistlichen Beisitzern funktionstüchtig [776: C. Servatius S. 42 ff.]; zum Legatenwesen und den verschiedenen Legatenklassen vgl. W. Janssen [813].

Die Kardinäle haben sich 1059 (Papstwahldekret) zu einem Gremium formiert (vgl. S. 22; [732: H.-G. Krause]). Es kennt seit 1179 (vgl. S. 65) ein Mehrheitswahlrecht. Zunehmend unterschrieben die jeweils anwesenden Kardinäle – geordnet nach Rängen [805: B. K. Katterbach – W. M. Peitz] – die Papsturkunden. Sie berieten auf den Synoden die *causae maiores*, und ihr „Rat" fand im 12. Jh. eine „Institutionalisierung" im Konsistorium [812: J. Sydow], das am Ende – unter Innozenz III. – dreimal wöchentlich tagte.

Kerntruppe der in Anlehnung an königliche Ordnungen neugebildeten *capella* waren die (Pfalz-)Notare. Ihre „Kanzlei" stand nicht mehr in stadtrömischen Traditionen, sie wurde von den in Scholen organisierten Skriniaren oder Regionarnotaren unabhängig. Die Neuordnung ist vor allem von dem Diakon und Kanzler Johannes von Gaëta (als Papst Gelasius II., 1118–1119) grundgelegt worden. Seit 1123 sind die Regionarnotare endgültig von den *notarii sacri Lateranensis palatii* verdrängt. Die institutionelle Umstellung wird von der Ablösung der altertümlichen, an sich stadtrömischen „Kuriale" [809: P. Rabikauskas] durch die Urkundenminuskel begleitet. Der Kanzler wurde im Verlauf des 12. Jh. Vorstand einer zunehmend modernisierten Institution, mit der Archiv und Bibliothek verbunden waren. Weitere Differenzierung wurde nötig, weil der Beurkundung zunehmend eine rechtliche Prüfung der Petition durch Juristen voranging. Diese Aufgabe übernahm auf der Schwelle zum 13. Jh. die *Audientia litterarum contradictarum* [816: P. Herde]. Innozenz III. stellte wieder außerkuriale, zumeist aus öffentlichen Notariaten stammende Hilfskräfte in Schreiberkollegien in Dienst [817: B. Schwarz]; er legte außerdem den Grund für die berühmte kuriale Registerführung [96; 815: A. Haidacher; 9: K. A. Fink].

Kanzlei

Kanzlei

Die *capella* geriet im 12. Jh. unter die Gesamtleitung des Kämmerers, der damit auch über dem Kanzler stand. Von einer Apostolischen Kammer kann man erst für die Zeit Urbans II. sprechen. Das „Schatzamt" scheint lange von Cluny aus gewirkt zu haben ([810: J. SYDOW]; zur päpstlichen Finanz oben S. 96). Seit 1149 war Boso an der Kurie tätig, der für Hadrian IV. (1154/59) einen *Liber censuum SRE* erstellte [811: F. GEISTHARDT]. Wir kennen aber nur die Endredaktion, die der bedeutendste Kämmerer des 12. Jh., Cencius (Honorius III.), unter Coelestin III. 1192 vollendet hat (vgl. S. 141).

4. Erbreichsplan und Testament Heinrichs VI. (1195/97) und das Hervortreten von Kurfürsten im Thronstreit (seit 1198)

Erbreichsplan

Die Diskussion über den Erbreichsplan (S. 71) hatte eine Klimax im Jahre 1914, als J. HALLER [MIÖG 35, 648 ff.] die These vertrat, daß Heinrich VI. für die kuriale Anerkennung eines im Staufergeschlecht erblichen und um Sizilien erweiterten Imperiums „als höchstes Angebot" [132: Const. I Nr. 376] Lehnsnahme aus apostolischer Hand offeriert habe. HALLERS Ausführungen wurden mit unterschiedlicher Argumentation von E. PERELS [997] und V. PFAFF [998] abgelehnt, behauptet hat sich V. PFAFF [vgl. K. JORDAN in 178: GEBHARDT I 420 f.]: das Angebot Heinrichs VI. sei nicht Lehnsnahme, vielmehr jene Zusage finanzieller Sicherung durch Reservation von Kanonikatspfründen an deutschen Bischofskirchen gewesen, von der das *Speculum ecclesiae* [Dist. IV. c. 19] des Waliser Archidiakons Giraldus de Barri [Cambrensis; 31] berichte. Trotz Kenntnis dieser und weiterer Gegenargumente [vgl. F. KEMPF in 95: RNI 76 Anm. 6] hat HALLER seine These nie zurückgenommen [vgl. 173: ^{2}III 268 ff.]; und wie früher schon H. GRUNDMANN [ZRG KA 68, 1951, 431] und H. WOLTER [174: HKG III 2, 112] ist ihm G. BAAKEN [999] zumindest insoweit sehr zu Recht beigetreten, als er die Diskussion nicht für abgeschlossen hielt. BAAKEN argumentierte, daß die finanzielle Zusage nicht als beispiellos hätte hingestellt werden können, weil eine solche i. J. 1182 in vergleichbarer Form Lucius III. unterbreitet worden war. – Zur Koppelung von Taufe und Königssalbung [13: *Annales Marbacenses*, S. 68] gibt H. STEHKÄMPER [in: 566, S. 26 Anm. 73] vorläufige Hinweise. J. HALLER sah auch darin ein Angebot an die Kurie, daß durch die päpstliche Königskrönung die Coronatoren von Köln und Palermo ersetzt werden sollten [MIÖG 35, 629 f., 637 f.].

Testament Heinrichs VI. [132: Const. I Nr. 379]

Ungeachtet der vielen Probleme, vor die das Testament Heinrichs (S. 73) die Forschung stellt [98: BÖHMER-BAAKEN Nr. 614], hat die ältere Auffassung, wie sie von K. HAMPE [166: Kaisergesch. S. 238 Anm. 2] zusammengefaßt wurde, in der Bewertung des Testaments als „Punktation für Verhandlungen des zum Vollstrecker bestimmten Markward . . . mit der Kurie" doch wohl immer noch eine gute Substanz. Keinen Zweifel läßt der Text daran, daß der Kaiserin ausschließlich für Sizilien eine Rolle zugedacht war, eine Regentschaft der Witwe für Deutschland nicht in Betracht kam. Vor diesem Befund ist die Handlungsweise Philipps von Schwaben (oben S. 72) zu verstehen.

Das Auftauchen von Kurfürsten – Forschungsstand

Von Wählern, denen *principaliter* die *electio imperatoris* zustehe, ist um die Jahreswende 1200/1201 in der berühmten *Deliberatio* Innozenz' III. erstmals die Rede (vgl. oben S. 74). Daß sich der Papst mit seiner Bemerkung auf eine in Deutschland vor allem vom Kölner Erzbischof Adolf von Altena [H. Stehkämper in: 566] und von der Welfenpartei vertretene Rechtsvorstellung bezog, ist seit langem erkannt. Die beste Einführung in die Forschung über „Die Entstehung des Kurkollegs" findet sich im Eingangskapitel von W. Beckers Buch über den Kurfürstenrat [567]. Jeweils unabhängig voneinander und von Beckers Sichtung haben sodann E. Boshof [Erstkurrecht und Erzämtertheorie, in: 566] und U. Reuling [564] am harten Holz gebohrt. Selbstverständlich behält auch das Buch von H. Mitteis über „Die deutsche Königswahl" [563] als Summe einer langen Forschungsgeschichte seinen Platz in der Diskussion, wenngleich es in seiner eigenen Substanz (Gleichstellung von Sohneswahlen und „freien Wahlen" zwischen 911 und 1198) immer fragwürdiger wird.

Vorbehalte gegen eine „kölnische Wahltheorie"

Mit der forschungsgeschichtlichen Sichtung ist in der Stellungnahme W. Beckers die Erzämtertheorie wieder in den Vordergrund gerückt, wie sie erstmals von Eike von Repgow nach 1224 im *Sachsenspiegel* [154] mit all ihren Elementen vorgetragen wurde [Landrecht III 57 § 2]. Den Vertretern der Erzämtertheorie [insbes. 512: E. Rosenstock S. 223 ff., 239 ff.] folgte E. Boshof darin, daß die kausale Verknüpfung von Hofamt und Kurrecht unmöglich erst von Eike erfunden sein könne [S. 90]; und er setzte Adolf von Köln an Eikes Stelle. Als Erklärung dafür wird nichts als der Hinweis auf den Machtkampf von 1198 angeboten, aus dem die Theorie „geboren" sei [S. 120]. Der notwendigen rechts- und verfassungsgeschichtlichen Interpretation der Erzämtertheorie hat U. Reuling vorgearbeitet, ohne allerdings mit seiner Geschichte der Kur den Anschluß an den Thronstreit herzustellen.

Kur

Kur ist der Einzelzuruf nach erfolgter Einigung der Fürsten auf einen Königskandidaten. In Deutschland kam die Kur bis ins 12. Jh. hinein nur bei Begründung eines neuen Königshauses durch Wahl in Anwendung (1024, 1077, 1125), sonst war die Akklamation, die Vollbort, förmlicher Wahlakt. Die erste Spur von einer Sohneskur fand Reuling bei der Erhebung Heinrichs (VI.), des Sohnes Konrads III. (1147). Zum Jahr 1169 (Erhebung des fünfjährigen Barbarossasohnes Heinrich VI. zum Mitkönig) faßte dann der Pegauer Annalist die (seit 1024 bezeugte) *prima vox* des Mainzers als Stellvertretung in der hausrechtlichen Designation auf, so daß nun auch bei der Sohnesfolge verfahren wurde wie bei einer freien Wahl [Reuling S. 195 f.]. Die Ambitionen auf Erbthronfolge suchten aber längst – um diese Zeit wohl auch über das römisch-rechtliche Mitkaisertum [G. Wolf, Imperator und Caesar, in: 968] – festere Gestalt. Wissenschaftsgeschichtlich betrachtet, wurde der Kurruf durch das Hofamt von W. Becker [S. 52] mit der Überlegung, daß das Zugeständnis der Erzämter an den hohen Adel „aus der Sicht der staufischen Herrschaft gerade ein Mittel gewesen (wäre), die Königswahl in den Bahnen . . . der Designation zu halten", gründlich umgewertet. BECKER argumentiert weiterhin, daß ein *rex* (Böhmen), ein *dux* (Sachsen), ein *marchio* (Brandenburg) und ein *comes (palatinus)* allem Anschein nach repräsentativ für den neuen Reichsfürstenstand die Ämter ausübten und der Ansatz dazu schlechterdings nicht denkbar sei ohne Lenkung durch den Hof.

Argumentation mit Kirchenrecht

Ein eigenes Kapitel wäre der Schützenhilfe zu widmen, die im 13. Jh. das Kirchenrecht leistete. Am Anfang stehen die *Deliberatio* und die Bulle *Venerabilem* Innozenz' III. (vgl. S. 74, 153), deren Anspruch auf die Kompetenz päpstlichen Ermessens bei der Königswahl natürlich selber ein Politikum war, das kanonisch begründet werden mußte [1027: H. FUHRMANN]. In der Sache ging es dann Schritt für Schritt 1.) um die Ungültigkeit einer Wahl bei Übergehung eines zur Wahl Berechtigten (*contemptus*-Lehre), 2.) die Einheit der Rechtshandlung *(unitas actus)*, 3.) die rechtliche Stellvertretung und 4.) das Majoritätsprinzip.

Für das Deutsche Reich ergibt sich ein ständerechtlicher Befund (vgl. S. 128), der in Europa einmalig ist: der Vorkurruf ist auf Dauer zur Wahlform des Hofes geworden, die dann rechtlich ausgestaltet wurde. Der Kurruf sollte die Wahl durch die Fürsten verdrängen, während sich in Europa weithin dynastisches Erbrecht (auch in Frankreich unter Verkümmerung und schließlichem Fortfall der 1059 eingeführten Einzelkur) durchsetzte. Der Rechtsgelehrte Bologneser Schule und versierte Höfling Gervasius von Tilbury, den Otto IV. zum Marschall des Königreiches Arelat ernannt hatte, bezeichnete gegen 1214 die Zielsetzung des Erbreichsplans aus höfischer Perspektive als Abschaffung der *electio palatinorum* [MGH SS XXVII 380f.]. Seine Wortwahl deckt das spezifische Vorkurrecht der Hofämter so gut wie jede Kur [vgl. aber BOSHOF S. 118f.]. Sie ist insofern auf der Höhe der Zeit, als die angesehensten *palatini* am Kaiserhof *principes* waren. Gervasius erfaßte das angestrebte Ziel des Kaisers mit einer bezeichnenden Vorstellung: dynastisches Erbrecht ist Abschaffung der Kur – das Wahlrecht aller Fürsten oder gar von Stämmen erledigte sich damit von selber.

In die Erforschung der Sonderstellung des Pfalzgrafen [563: H. MITTEIS 82ff.; 977: B. BRINKEN] wäre wohl einzubeziehen, daß die Vertretung des deutschen Königs durch den *dapifer*, den Pfalzgrafen [vgl. 742: G. MEYER VON KNONAU IV 284; VI 359], dem die Goldene Bulle von 1356 auch Gerichtsbarkeit über den König zuerkennt, im historischen Vergleich [38: *Hugo de Clefs, De majoratu et senescalcia Franciae*, nämlich des Grafen von Anjou] Parallelen hat, die einen späten Ansatz der Rechte fraglich machen.

5. TRENDS DER VERFASSUNGSENTWICKLUNG – AUSWIRKUNGEN IN DEUTSCHLAND

Dieser Abschnitt soll Hinweise zu I A 3 geben und dabei näher auf die politische Nutzung sozialökonomischen Wandels in der „Verstaatung" eingehen. In der Forschung ist die Verbindung der Faktoren vor allem von O. HINTZE [513] verfolgt worden.

a) Fiskalismus, Feudalismus, Territorialisierung

Fiskalismus

Wachsende Finanzaufkommen [vgl. dazu II A 5 am Schluß; II D 3 passim; E. MILLER in 186: CEHE III] haben das Kräftependel zwischen Fürstentum und Ständen in unberechenbare Bewegung gebracht. Aufs Ganze gesehen ist es jedoch nicht zu einseitigem Nutzen ausgeschlagen. Insbesondere wurde die Besteuerung – zum Teil als Ablösung von Vasallenpflichten, die bis zur nahezu völligen Auflösung der feudalen Kriegsverfassung gehen konnte (England) – zu einem Hebel historischer Entwicklung [917: C. STEPHENSON; 555: A. MARONGIU; 915: G. L. HARRIS; 998: V. PFAFF]. Von Subsidien, Lösegeldern und Söldnertum war ebenfalls in II A 5 schon die Rede [503: G. DUBY; 912: J. O. PRESTWICH; 550: P. SCHMITTHENNER], von besoldeten Verwaltungsdiensten wiederum in mehreren Abschnitten von II D 3. Aus ihnen ergibt sich allerdings auch, daß die „Bändigung des Adels durch die Verwaltung" [H. MITTEIS] nur mit erheblichen regionalen Unterschieden und zeitlichen Verschiebungen durchschlug. Mentalitätsgeschichtliche Befunde sind in den Kirche und Gesellschaft betreffenden Teilen von II B 2 berührt [vgl. auch I A 3].

Feudalismus

Zur Diskussion über den Begriff „Feudalismus" wird auf die vielbenutzten „Zehn Aufsätze" verwiesen [541], insbes. auf die oft gedruckte Studie von O. BRUNNER, aber auch auf die mahnende Feststellung von TH. N. BISSON [543], daß keine der Feudalmonarchien der anderen gleiche. Wie Lehnswesen und Wirtschaftsleben zusammenhängen, Feudalismus sich aus Grundherrschaft entfaltet und mit den ökonomischen Faktoren wandelt, lehrt – konkreter als M. BLOCH [325] – R. BOUTRUCHE [544]. Über das Rentenlehen in der aufziehenden Geldwirtschaft vgl. B. D. LYON [545]. Auf dem Höhepunkt abendländischer Geltung des Feudalismus zeigt sich sein Rechtsgrund, das Lehnswesen [514, 516: H. MITTEIS; 517: F. L. GANSHOF], in seinem inneren Spannungszustand bis zur Widersprüchlichkeit. Zur Konzentration und Straffung von Herrschaft war es nur noch sehr bedingt geeignet, um so mehr für Anspruchsdenken [Feudalismus als „imperialistische Kinderkrankheit", O. HINTZE]. Eine unerwartete Zukunft hatte es schließlich als Rechtsform für Renten- und Pachtverträge und sogar für die Einstellung von „Beamten".

Die Kulmination des Lehnrechts im 12. Jh. ist auch ein sozialgeschichtliches Thema. Lehnsmutung von Eigenherrschaft kam in allgemeine Achtung: *Nulle terre sans seigneur!* Lehnshoheit aber mußte den breiten Konsens suchen, auch um den Preis des sozialen Aufstiegs der Vasallen. Rittertum (vgl. II B 3 b) wurde zur Ideologie der geschlossenen Lehnsgesellschaft bis in die Stadt hinein. Insofern die fürstliche Lehnskurie die Ausweitung räumlicher Herrschaft ermöglichte und zugleich das Recht von Standesgenossen sprach, konnte die „dingliche und persönliche Bindung des Lehnrechts die volle Herrschaft über Land und Leute" vorbereiten [516: H. MITTEIS, S. 425].

Land und Herrschaft

Territorialisierung ist ein Hilfsbegriff, mit dem viele Vorstellungen verbunden werden. Wir benutzen ihn zur Kennzeichnung der politischen Integration, die alle sozialen Schichten in einem von Institutionen verwalteten Raum eint. Ansätze zur Territorialisierung liegen bereits im frühen 11. Jh. Sie hatten die Durchlöcherung der alten Gerichtsordnungen wie der kirchlichen und adligen Grund- und Dienstherrschaften zur Voraussetzung (vgl. S. 98f.) und suchten Gerichtshoheit über alte und neue Freiheit zur Sicherung des Friedens. Zur Landeshoheit führte Territorialisierung nur sehr langsam und am frühesten in dem Maße, in dem sie über Regalien als öffentliche Funktionen verfügen konnte. Sie ist tendenziell absolutistisch, in ihrer historischen Erscheinung bis ins 19. Jh. hinein aber vielfach landständisch geblieben – bei allerdings erheblichen ständischen Einbußen im 17. Jh.

Das Territorium muß begrifflich vom Land abgehoben werden. Das Land ist korporative Einheit in gentiler Tradition (vgl. S. 139), das sich allerdings unter den Einwirkungen der Territorialisierung neu formierte. Der Dualismus von Land (Volk) und Territorium (Herrschaft) ist ein Grundbefund europäischer Staatengeschichte, der in jedem Hof eigene Gestalt gewonnen hat. Neue landrechtliche Gebiete hoben sich als *terrae* von den volksrechtlichen der älteren Zeit ganz allmählich ab; die Versammlung der Mitlandleute wurde durch ständische Vertretung in der *curia* ersetzt oder ständische Vertretung überhaupt geschaffen. Ihr Gewicht gegenüber dem Landesherrn blieb freilich auf Jahrhunderte schwankend.

Friedens-bewegung

O. Engels [384] bemaß die Auflösung des Karolingerreiches an der Patrimonialisierung des Gerichtswesens und dem Absinken des sozialen Niveaus im Gerichtsumstand, sah „Vorstufen der Staatwerdung" u. a. in der Sammlung von Lehnsbindungen und der Durchsetzung von Friedenshoheit; und er rückte seine Beobachtungen in den „Kontext der Friedensbewegung". Literatur, die die Bewegung von West nach Ost festhält, steckt zum Teil in den unten zu nennenden Vogteigeschichten; speziell vgl. 929: O. Engels (östl. Pyrenäenraum); 440: L. Genicot (Lothringen; [ferner: 536]); 535: M. Donecker („Deutsch-französischer Grenzraum"). H. Hirsch [570], A. K. Hömberg [524], K. S. Bader [521] und andere haben den Blick dafür geschärft, daß in Deutschland die Landfriedensbewegung den neuen Typ herzoglicher Gewalt ausgebildet hat. Für Frankreich vgl. zuerst A. Grabois [383] und Th. N. Bisson [934]; weitere Regionalgeschichten bei J. Ehlers, in: HZ Beiheft 11, 1982, 132 ff. Teil dieses Prozesses wurden also die Stadt- und Landfriedensbewegungen (vgl. S. 5f.), in denen in Italien insbesondere die Kommunen und in Deutschland die kirchlichen und adligen Herrschaften sich Konkurrenz machten. In Ober- und Mittelitalien bot der Contado als auf die *civitas* bezogener Bezirk Handhaben für seine Unterwerfung, das Verhältnis zu den wenigen verbliebenen gräflichen Herrschaften mußte durch Kriege oder Verträge geklärt werden [842: D. Waley]. Im deutschen Reich suchten die Rivalen Konsolidierung unter alten und neuen Herzogs- und Grafentiteln. Sie erreichten im 12. Jh. vielfach nur die allererste Stufe der Addition von Elementen wie Gerichten, Städten, Burgen, Eigenklöstern, Vogteien, Zöllen, Münzrechten. Besondere

Beachtung verdienen die zahlreichen klösterlichen Neugründungen auf Reichsgebiet wegen der Vogteirechte.

Territorium und Kirche

Die Interessengemeinschaft von Kirche und Territorialherrschaft ist nach Ausweis der Gottesfrieden fundamental. Sie gewann später in den Räumen, in denen das Institut der Kirchenvogtei ausgebildet war, noch einmal hohe Bedeutung [511: H. HIRSCH; 520: TH. MAYER; 528: T. ENDEMANN; 540: F. REICHERT]. Am Ende suchte der Landesherr eine Stellung als oberster Schutzherr. Darin kamen ihm monastische und kanonikale Reformtraditionen entgegen, die bereits in der „kaiserlichen Zisterzienservogtei" territorialpolitisch genutzt worden waren [K. SCHULZ in: 351 II]. Neben der Sammlung von Vogteien war also die sogen. „Entvogtung" [H. BRUNNER; vgl. F. REICHERT] eine Einbruchstelle für römischrechtliches Denken. Die Kirchen konnten zu landesherrlichem Kammergut und der Landesherr zum *princeps in ecclesia* werden.

Wir müssen uns auf allgemeine Linien der Entwicklung des 12. Jh. beschränken und erwähnen noch, daß Territorien nun in größere „Staaten" eingebunden oder aus ihnen gelöst werden konnten. In Frankreich reaktivierte die Krone ihre Lehnshoheit über durchgeformte Territorien seit dem späten 12. Jh., gleichzeitig höhlte in Deutschland der landrechtlich fundierte Aufstieg der *domini terrae* die Bindung zur Krone aus. Die eigenen hausmachtpolitischen Ansätze der Staufer waren allerdings beachtlich [984: F. X. VOLLMER, der auch das musterhafte Blatt „Besitz der Staufer" in: 985 V 4 vorlegte; 867: H. BÜTTNER; H. PATZE, Barbarossa und der Osten, in: 198]. Schwaben wäre bei anderem Gang der Dynastiegeschichte zu einem Reichsterritorium geworden [533: H. MAURER].

b) Der Prozeß gegen Heinrich den Löwen

Gelnhäuser Urkunde [982: F. GÜTERBOCK]

Der Sturz des Welfen ist das Paradigma eines politischen Prozesses [554: H. MITTEIS; 978: K. JORDAN S. 187ff.]. Über die äußerst bewegte Forschungsgeschichte informiert K. HEINEMEYER [in: 979a; auch in: BDLG 117, 1981], der die Diskussion zugleich auf einen neuen und höheren Stand hebt. Im „Gedenkjahr" 1980 hat die Gelnhäuser Urkunde, näherhin der Prozeßbericht ihrer Narratio, aber auch eine irritierende Neuinterpretation gefunden.

Landrecht oder allgemeines Recht

Manche der Beobachtungen, die G. THEUERKAUF [in: 979] am Aufbau der Gelnhäuser Urkunde, auch an den Formen der Übertragung des Dukats an den Kölner Erzbischof machte, verdienen weitere Diskussion, aber seiner Kritik am Stand der Forschung über den Prozeß fehlt es an fester Substanz. Allerdings wird man behutsamer in der Verwendung des Begriffs „Landrecht" für das 12. Jh. sein müssen.

Auch wenn Land- und Lehnrecht für die Zeit um 1180 noch nicht als abgegrenzte Rechtssysteme aufgefaßt werden, hat die Verwendung dieser „Begriffe moderner Gestalt" in der Interpretation der Gelnhäuser Urkunde keineswegs die „Einsicht in den Prozeß . . . verstellt" [S. 248]. Wesentlicher dürfte der Gedanke DROEGES sein, daß der genossenschaftliche Rechtsspruch der Fürsten den Prozeß auf eine allgemeinrechtliche Ebene, die „Reichsebene" gehoben, „genossenschaftliche Rechtsfindung sich nicht mehr allein auf der Ebene des Stammesrechts, sondern des Reiches, das als Fürstenverband hier zu verstehen ist, bewegt" habe [eb. S. 196].

c) Reichsfürst und Land

Engerer Reichsfürstenstand

Nicht allein, daß vom Ausgang des Prozesses ganz Deutschland betroffen wurde, sein Verlauf läßt auch die Veränderungen im Verhältnis der Fürsten zu König und Reich deutlicher hervortreten. Nach dem Willen des Kaisers sollte die Errichtung dukaler Gewalt zur Friedenssicherung in umrissenen Räumen, in Reichsfürstentümern verlaufen. Das Königtum vermochte der fürstlichen Herrschaftsbildung zwar in Einzelanläufen, im wesentlichen aber nur noch durch Teilung von Herzogtümern oder durch Abtrennung von Teilen zu steuern. Schwaben war an Staufer und Zähringer (1098), ein Teil Sachsens an den Erzbischof von Köln und die Askanier (1180) gekommen; dukale Gewalt des Erzbischofs von Köln hatte in Ribuarien (1151), des Bischofs von Würzburg in Franken (1168) Anerkennung gefunden.

Das *privilegium minus* (1156) trägt zwar nur dem Sonderfall des von Bayern abgetrennten, von einer Mark zum Dukat erhobenen Österreich Rechnung (vgl. S. 66), signalisiert aber allgemeine fürstliche Tendenzen der Zeit: männliche und weibliche Erbfolge und *libertas affectandi* bei Kinderlosigkeit; Verpflichtung aller Hochgerichtsbarkeit auf den Herzog [519: G. van der Ven; 983: E. Zöllner mit aller älteren Lit.]. Für die Einbehaltung der das Reich konstituierenden Glieder bei Heimfall an den König – die Frage ist vielfach erörtert worden [523: W. Goez; 532: H.-G. Krause] – hat es nie rechtliche Handhaben gegeben, so daß die positive Formulierung eines „Leihezwangs" im Sachsenspiegel in den 1220er Jahren dem Rechtsdenken der Fürsten natürlich nahe lag.

Land und Reichsstand

Formal konnte der neue Reichsfürstenstand nun gewiß lehnrechtlich – bei Eike von Repgow nach seinem zweiten und dritten Schild in der Heerschildordnung [510: J. Ficker; H. Werle, Art. „Herzog" in: HRG I 119ff.] – als die Szepter- und Fahnenlehen vom Reich bestimmt werden, für die *weltlichen* konstituierenden Glieder des Reiches blieb dennoch unübersehbare Voraussetzung ein „Land", das diese Würde tragen konnte, und das war im 12. Jh. immer noch die Genossenschaft eines ehemaligen Stammeslandes oder einer Mark [512: E. Rosenstock S. 135, 167ff.]. Der *dux*-Titel der Grafen von Limburg blieb nach Verlust des Herzogtums Niederlothringen (endgültig 1139) trotz Anerkennung durch den Hof ohne fürstliche Dignität [534: F.-R. Erkens]. Als *vacuum nomen* galt Otto von Freising [56: *Gesta Frederici I 9*] der Herzogstitel der Zähringer von 1098 trotz faktischer Herzogsgewalt der Titelinhaber [J. Dahlhaus, HZ 232, 1981, 142 betr. 533: H. Maurer, Herzog von Schwaben]. Dasselbe galt dann für Andechs-Meranien. Unbestritten war indessen der Reichsfürstenrang für den Landgrafen von Thüringen und für den Pfalzgrafen

[977: B. BRINKEN]; und die Anerkennung geistlicher Fürsten im Dukat wurde ausdrücklich nur für Ribuarien (Köln) und (Ost-)Franken (Würzburg; [vgl. 866: M.-L. CRONE]) ausgesprochen. Vor diesem Hintergrund wird verständlich, daß die Gelnhäuser Urkunde das Herzogtum Heinrichs des Löwen auf die altsächsischen Völkerschaften der Westfalen und Engern bezieht.

Erhebungen in den Reichsfürstenstand

Die Ostfalen und damit das Kernland der Liudolfinger, Supplinburger und Welfen blieben 1180 völlig aus dem Spiel [524: A. K. HÖMBERG; G. THEUERKAUF in 979: S. 228 Anm. 32]. Von der Errichtung des Herzogtums Braunschweig-Lüneburg i. J. 1235 [E. BOSHOF in: 979] wurde also kein anderes Herzogtum betroffen, seine Errichtung war sogar geboten, um einen unklaren Rechtszustand in einem so weiten Raum aufzuheben. Dafür ist von Barbarossa – vielleicht bewußt (vgl. S. 66) – der Weg offen gehalten worden. Der Formalakt [518: E. E. STENGEL] der Erhebung in den Reichsfürstenstand, mit dem 1235 die herzogliche Gewalt der Welfen in den lehnsstaatlichen Aufbau des Reiches integriert wurde, hat nur ein sicher bezeugtes Vorbild: die Erhebung der Grafschaft Hennegau-Namur zur Markgrafschaft. Allerdings kann man für die Zähringer und Welf VI. [980: K. FELDMANN] ebenfalls solche Erhebungen vermuten. (Ein formales Analogon der Verbindung von Rechten des Lehnsherrn mit einem aufgelassenen Titel des Lehnsmanns unter Rückgabe des „Bündels" mit der Fahnenlanze liegt übrigens in der Erhebung des *dux* Zvonimir-Demetrius von Kroatien-Dalmatien zum König durch Gregor VII. vor; vgl. S. 26.)

6. STAATLICHKEIT UND RECHT

Kodifizierung oder Registrierung von Recht – vom Kirchenrecht, das zunehmend römische Autorität einzusetzen vermochte, nicht einmal abgesehen – war über die Jahrhunderte der Nachantike kein Mittel, um ein allgemeines oder ein Reichsrecht über den Volks- oder Regionalrechten durchzusetzen. Den Wechselwirkungen von „Recht und Schrift im Mittelalter", dem Ringen um die „normative Rechtsaufzeichnung", um die schriftliche als die authentische Form, geht ein von P. CLASSEN betreuter Reichenau-Band [578] nach, der als eine herausragende Leistung der Wissenschaft unserer Zeit gelten darf.

a) Neues Recht

Rechtsschöpferische Tätigkeit

Von den rund 20 *Constitutiones* der deutschen Könige vorstaufischer Zeit, die man als „Gesetze" betrachten mag, galten 18 für Italien, das ein Königsland war. Sonst erteilte der König Privilegien [580: H. KRAUSE]. Die traditionelle fürstliche und päpstliche Erzeugung und Bestätigung von Recht durch Privileg und Dekret oder Constitutio stieg seit der Mitte des 11. Jh. kontinuierlich für ganz Europa an, gegen 1200 geradezu fieberhaft. Die rechtsschöpferische Tätigkeit

[G. Köbler in: ZRG GA 87, 1970, 408 ff.; K. Kroeschell in: 198] zeigt sich auf allen sozialen Ebenen; der Prozeß verläuft weithin in den Bahnen der Rechtstradition. Der Rechtsgrund der Promulgation liegt im *consilium procerum* und der *auctoritas principis*. In synodaler und gerichtlicher Weistumsfindung, herrschaftlich oder genossenschaftlich veranlaßt und als Urteil im Gericht – im normannischen Bereich in Assisen – gesprochen, werden Hof-, Dienst-, Zollrecht, bäuerliches wie bürgerliches Ortsrecht festgestellt. In Einungen auf eine *pax*, eine *kore*, eine Satzung beschwören Genossen neues Recht [569: W. Ebel]. „Die Ministerialität und ihr Dienstrecht sind ein Zwitter zwischen Hofrecht und Lehnrecht" [K. Bosl in: 522, S. 73]. Siedlerrecht verbreitet sich als Vertragsrecht nach Typen (vgl. S. 58); Vorreiter in Deutschland sind die Verleihungen Wiprechts von Groitzsch (bei Leipzig, 1104/05) im Hinterland der Mark Meißen und des Erzbischofs Friedrich von Hamburg-Bremen 1113 [589: A. C. F. Koch] für holländischen Siedler in den Weserbrüchen [78a: Nr. 65, 67]. Handels- und Seerecht (Pisa 1081) bilden sich neu aus der Praxis [H. Pohlmann in 181: Coing I 801 ff.].

Gesetzgebung

Es ist nicht leicht, sich eine Vorstellung von den Ansätzen zur Gesetzgebung im 12. Jh. zu machen – ganz abgesehen davon, daß „Gesetzgebung" definiert werden müßte. Vieles ist ungedruckt oder steckt in jüngeren Redaktionen. Die folgende Aufstellung von Beispielen wird hauptsächlich A. Wolf verdankt, dessen Beitrag „Die Gesetzgebung der entstehenden Territorialstaaten" in Coings Handbuch [181: I 517 ff.] stets zu Rate gezogen werden muß; aber auch das Heft „La loi" aus der „Typologie des sources" [6: L. Genicot] ist nützlich, wenngleich es die fehlende Diplomatik der Gesetze [P. Johanek in 546: S. 90 f.] noch nicht liefert.

Der Antrieb zu gesetzgeberischer Tätigkeit zeigt sich zuerst in den Friedensstatuten. Für die Geschichte der Strafrechtspflege und des Prozeßrechts [573: E. Schmidt; 574: R. C. van Caenegem] wie der Gesetzgebung überhaupt ist das vielfach gewürdigt worden [183: K. Kroeschell]; hingegen fehlt eine Untersuchung über die Wirkungsgeschichte der Kapitularien im Friedensrecht. Vom Wandel im Rechtsempfinden der Friedensbewegung und der Kriminalisierung des Strafrechts war schon die Rede (S. 115).

Die *Assises* des Königreichs Jerusalem [153], die erst im 13. Jh. aufgezeichnet sind, enthalten mit Sicherheit ältere Aufstellungen [593: M. Grandclaude]. Vergleichbar ist die „fürstliche Gesetzgebung" der *Usatges de Barcelona* [136] verlaufen, deren Redaktion zwar keinesfalls vor 1150 datiert werden kann, deren älteste Artikel aber bis zu Raimund Berengar I. um das Jahr 1058 hinaufreichen, dem man früher die Sammlung insgesamt zuschrieb [vgl. 928: P. Bonnassie II 711 ff.; 543: Th. N. Bisson S. 466 ff.]. Quellenkritisch gehören auch die ältesten Fueros [137 ff.] oder die „Établissements de Rouen" [146] in diese Zusammenhänge. Seit 1155 kompilierten und kodifizierten Pisaner *sapientes* die *Constituta usus et legis* ihrer Stadt, die auf den Tag der Übergabe in die Hände der Konsuln (31. 12. 1160) in Kraft gesetzt wurden [P. Classen in: 578; Texte, auch aus

Genua, Piacenza und Venedig: 141 ff.]. Mailand folgte 1170 [A. WOLF in 181: COING I 576]. Um diese Zeit gaben unter dem Vorsitz des englischen Königs abgehaltene Assisen [581: H. G. RICHARDSON – G. O. SAYLES S. 438 ff.] bedeutenden Gesetzen den Namen (z. B. Assisen von Clarendon 1166 [in 80: II 407]). Auf die vielen Aufzeichnungen in städtischen Urkundenbüchern [vgl. die Spezialsammlungen: 81 Elenchus u. a.], die als Aufzeichnungen in „authentischer Form“ zu diskutieren wären, können wir nur hinweisen wie auf die Fälle des Privilegs für die Prager Deutschen [152] und der Gesetzgebung in Dänemark und Rußland [155 f.]. Als berühmtester Akt von Gesetzgebung im 12. Jh. gilt Rogers II. Erlaß der Assisen von Ariano [133]. Sie weisen römische, langobardische, byzantinische und normannische Elemente auf, für zwei Drittel der 44 Titel muß den Hofjuristen eine bearbeitete Auswahl der justinianischen Sammlungen, vornehmlich der Digesten [vgl. 122], zur Verfügung gestanden haben. Die meisten Titel wurden 1231 von Friedrich II. in den *Liber Augustalis* übernommen [854: H. DILCHER]. Im Ergebnis liegt ein grausames Strafrecht, ein gnädiges Klerikerrecht und ein die Majestät des Königs spiegelndes Beamtenrecht vor [853: C.-U. SCHMINCK]. Ihrer Zeit voraus waren die obligatorische kirchliche Eheschließung (vgl. aber S. 114) und überhaupt der gesetzgeberische Eingriff in die Institution der Ehe sowie die „Staatsprüfung“ in Salerno, der sich die jungen Ärzte unterziehen mußten. Die sogenannten *Leges Henrici I.* von England sind hingegen privat gesammelt, beanspruchen aber mit der Liste der *iura regis* [148: I 556] königliche Prärogativen in der Rechtsordnung.

Gesetzgeber

Die Frage, wie weit das „wissenschaftliche“ Denken die *lex* als pragmatisches Mittel der Herrschaft und als positives Gesetz (und nicht als Rechtsordnung) begriff, stellt sich für das 12. Jh. ebenso eindringlich wie die Frage nach dem Gesetzgeber. Differenzierter als es hier geschehen kann führen die Anmerkungen „Der Herrscher und das Recht“ und „Rechtsfindung und Rechtsgebot“ von F. KERN [552: S. 262 ff.] sowie der Art. „Gesetzgebung“ von H. KRAUSE [HRG I 1606 ff.], an Symptomen beispielhaft auch die Analyse des Widerrufsvorbehalts (oben S. 136) oder angelsächsischer Gesetze und Rechtsbücher [582: D. KORTE], in die Problematik ein. Das Buch von H. QUARITSCH ([530]; oben S. 127), das „Souveränität“ mit BODIN als Ausschließlichkeit der Gesetzgebungsfunktion versteht und mit diesem Kriterium den neuzeitlichen Staat von der mittelalterlichen „Pluralität von Herrschaftsgewalten“ abhebt, kann allenfalls dem König von Sizilien „Souveränität“ zusprechen. Über eine kritische Sichtung von Quellen und Forschung hat Y. BONGERT [583] auch die übertriebenen Vorstellungen vom „pouvoir legislatif“ der Kapetinger abgebaut. Die Grafen von Anjou stellten ihre Prärogativen wie das Recht aller unter die *consuetudo* ihres Landes, aber Gottfried Martell korrigierte beim Regierungsantritt 1040 die *malae consuetudines* im *generale placitum* seiner *fideles*; und er muß wohl als der Urheber gewisser Besonderheiten des „angevinischen“ Erbrechts angesehen werden [887: O. GUILLOT I 370 ff.].

b) Die Rolle der Juristen

Sammeln und Ordnen

Bezeichnender als die Kodifizierung ist im 11./12. Jh. aufs Ganze gesehen das Sammeln und Ordnen von Recht, wobei allerdings die Sammlung zur normativen Aufzeichnung werden konnte. Große Namen sind die der Kanonisten Burchard von Worms, Ivo von Chartres und Gratian [124 ff.]; des Legisten Irnerius (vgl. S. 121); des Feudisten Ugo de Gambolato, *iudex* von Pavia um 1120 [vgl. 131]; des Dekretisten Huguccio von Pisa (vgl. S. 138); [K. W. Nörr in 181: Coing I 372]); als Spiegler ragen Ranulf de Glanvill als der vermutliche Autor [149] des *Tractatus de legibus et consuetudinibus regni Anglie* von 1187/89, der Autor des *Très Ancien Coutumier de Normandie* um 1200 [147; vgl. 590: J. Yver] sowie Eike von Repgow [154: *Sachsenspiegel* nach 1220] heraus. Im Süden Frankreichs, der – wie man in didaktischer Vereinfachung sagt – nach dem droit écrit lebte, wo in Wirklichkeit aber theodosianisches Recht *(Breviarium Alarici)* allenfalls in örtlichen Spuren die Jahrhunderte überdauerte, wurde erst unter dem Einfluß des justinianischen Corpus im 12. Jh. das Recht aufgezeichnet und gewann dann die Bedeutung einer Coutume [892: W. Kienast II 394 ff.; 591: A. Gouron; 592: M.-L. Carlin].

Römisches Recht

Seit der Mitte des 11. Jh. kommt der römisch-rechtliche Begriff vom *ius civile* wieder in die Urkundensprache [584: G. Köbler; 722: H. Wolter S. 128, 134], aber er bezeichnet zunächst örtliches Recht. Schwerer zu qualifizieren sind die Gedankenspiele der fürstlichen Rechtsbesserer [vgl. 586: O. Hageneder] mit der justinianischen Formel vom *princeps conditor et interpres legum* oder dem Satz aus dem *Liber iudicum* von 654, der dem *princeps* erlaubt, *iuxta novitates causarum* Gesetze zu erlassen. Vacarius, der seit etwa 1145 als erster in England römisches Recht lehrte, erklärte eigens: *conditor et interpres legum solus est imperator* [857: A. Marongiu, S. 759]. Doch rechnete bereits Roger II. *leges condere* zu den ersten königlichen Aufgaben. In Kanonistenkreisen soll erst Alanus [vgl. 6: L. Genicot, La loi S. 27] Könige und Fürsten mit dem Kaiser als Gesetzgeber gleichgestellt haben.

Der justinianische Topos vom Kaiser, der mit Gesetzen bewaffnet regiert, wurde wieder häufiger (auch in den Arengen) verwandt [vgl. A. Wolf in 181: Coing I 517], und Barbarossa ließ mit imperialem Pathos gelegentlich „Gesetze" ins Corpus Justinianeum inserieren. Darüber ist besonders viel geschrieben worden [vgl. H. Appelt, in: 968 und 585: Th. Szabó]. Diese und andere Formeln [587: D. Wyduckel, Princeps legibus solutus] aus dem Arsenal römischen Rechts, deren sich fürstliches und ständisches Denken mit legislatorischer Intention auf der Schwelle zum 13. Jh. bediente, sinken auf das Niveau der „Vorläuferschaft".

Staatswerdung

Die „Rolle der Juristen" in den „Anfängen der Staatswerdung" [588] wurde von J. Fried – ungeachtet ihrer „Rolle" in der Verwaltungsgeschichte – vor allem an der „Juridifizierung des politischen und herrschaftlichen Denkens" bemessen, die sich seit dem 12. Jh. in der Publizistik spiegelt. Auch wenn die

Wechselwirkung zwischen Theorie und Praxis erst im 13. Jh. ihre volle Bedeutung gewann, soll hier ein Hinweis nicht fehlen; vgl. z. B. die „Studies in medieval legal thought" von G. POST, 1964, die die allgemeine Diskussion der letzten Jahrzehnte begleiteten, ferner das „Postscriptum" zu „Quod omnes tangit" von R. E. GIESEY in: Studia Gratiana 15, 1972. „Der letzte Schritt freilich, eben den Staatsbegriff selbst zu entwickeln, blieb den Juristen des 12., 13. und frühen 14. Jh. versagt: sie waren noch vollauf beschäftigt, einzelne Elemente des künftigen Staats wissenschaftlich zu erarbeiten" [J. FRIED].

Die Päpste als Herren der Gesetze

Den eigentlichen Einbruch hatte die Rechtstheorie des Reformpapsttums gebracht [H. FUHRMANN in: 739]. Im *Dictatus papae* Gregors VII. (vgl. S. 21) ist von der *potestas condendi leges* als einem Vorrecht des Papstes *pro temporis necessitate* die Rede. Auch die Prozeßliteratur wird mit kurialem Auftrag an Bulgarus zur Erstellung eines *ordo iudiciorum* (Verfahrensrecht) gefördert [612: J. FRIED]. Gratian resümiert: Durch Mandat, Entscheidung, Beschluß oder auch durch ihr Handeln zeigen die Päpste, daß sie die Herren der Gesetze sind (B. TIERNEY, „Divided sovereignty" at Constance: A problem of medieval and early modern political theory, in: AHP 7, 1975, 256: die Erforschung der Wurzeln des Souveränitätsgedankens ergebe wohl ein Buch „From Gratian to Grotius").

III. Quellen und Literatur

QUELLEN

1. Allgemeine Quellenkunde

1. Repertorium fontium historiae medii aevi. Romae (1962 ff.).
2. R. C. van Caenegem, unter Mitarbeit von *F. L. Ganshof*, Kurze Quellenkunde des Westeuropäischen Mittelalters, Göttingen 1964.
3. W. Wattenbach – R. Holtzmann, Deutschlands Geschichtsquellen im Mittelalter. Die Zeit der Sachsen und Salier. II. Teil, 3. und 4. Heft: Das Zeitalter des Investiturstreits (1050–1125). Neuausg. von F.-J. Schmale. – III. Teil: Italien (1050–1125), England (900–1135). Nachträge zum I. und II. Teil. Neuausg. von F.-J. Schmale, Darmstadt 1967. 1971.
4. W. Wattenbach – F.-J. Schmale, Deutschlands Geschichtsquellen im Mittelalter. Vom Tode Kaiser Heinrichs V. bis zum Ende des Interregnums. 1. Bd. Von F.-J. Schmale unter Mitarbeit von I. Schmale-Ott und D. Berg, Darmstadt 1976.
5. A. Gransden, Historical writing in England c. 550 to c. 1307, London 1974.

a. (Congresso intern. sulle Fonti documentarie e narrative per la storia della Sicilia normanna) = Atti della Accademia di Science Lettere e Arti di Palermo. Ser. 5. Vol. I, Anno acc. 1981/82, Parte 2: Lettere.

6. Typologie des sources du moyen âge occidental. Directeur L. Genicot, Turnhout 1972 ff.
   Fasc. 2: G. Fransen, Les décrétales et les collections des décrétales, 1972.
   Fasc. 10: G. Fransen, Les collections canoniques, 1973.
   Fasc. 15: L. Genicot, Les généalogies, 1975.
   Fasc. 16: K. H. Krüger, Die Universalchroniken, 1976.
   Fasc. 17: G. Constable, Letters and letter-collections, 1976.
   Fasc. 19: G. Despy, Les tarifs de tonlieux, 1976.
   Fasc. 22: L. Genicot, La loi, 1977.
7. C. Erdmann, Studien zur Briefliteratur Deutschlands im 11. Jh., Leipzig 1938.

8. St. Kuttner, Repertorium der Kanonistik (1140–1234), Città del Vaticano 1937; ND 1972.

9. K. A. Fink, Das Vatikanische Archiv, Rom 1943; 2. Aufl. 1951.

2. Autoren (Historiographie, Traktate, Dichtung u. a.)

Aufgenommen sind Autoren, die im Band erwähnt werden und nicht in der Reihe *Scriptores* (2 °) oder *Libelli de lite* [74] der MGH ediert und nicht in den „Geschichtsschreibern der deutschen Vorzeit“ übersetzt sind – abgesehen von einigen doppelt edierten Texten. Um Raum zu sparen, wurde in den Fällen, in denen der Übersetzung die maßgebliche Ausgabe zugrundeliegt, nur die Übersetzung verzeichnet. Die Folge ist alphabetisch.

10. Abaelard, Die Leidensgeschichte und der Briefwechsel mit Heloisa, übertr. und hrsg. v. E. Brost, 4. Aufl. mit einem Nachwort v. W. Berschin, Heidelberg 1979.

11. Peter Abailard, Sic et non. A critical edition: B. B. Boyer and R. McKeon, Chicago 1976–77.

12. Aelredi Rievallensis Opera omnia, edd. A. Hoste et C. H. Talbot, Bd. 1 (Corpus Christianorum Cont. Med. I, 1), Turnholti 1971, 279–350: De spiritali amicitia. – Aelred, Die heilige Freundschaft, übers. v. K. Otten, 3. Aufl. München 1938.

13. Annales Marbacenses qui dicuntur, ed. H. Bloch (MGH SS rer. Germ.), Hannover 1907.

14. Des königlichen fränkischen Kaplans Andreas drei Bücher über die Liebe (tractatus amoris), aus dem Lateinischen übertragen und hrsg. v. H. M. Elster, Dresden 1924.

15. Anne Comnène, Alexiade. Règne de l’empereur Alexis I Comnène (1081–1118), texte établi et traduit par B. Leib, 3 Bde., Paris 1937–1945; 2. Aufl. 1967. – Bd. 4: Index par P. Gautier, Paris 1976. – Engl. Übers. v. E. R. A. Sewter, Harmondsworth 1969.

16. Anselmus Cantuariensis, Cur Deus homo. Warum Gott Mensch geworden. Lat. und dt., bes. und übers. v. F. S. Schmitt, Darmstadt bzw. München 1956; ND 1967. – Proslogion. Lat. und dt. Ausg., Untersuchungen v. F. S. Schmitt, Stuttgart 1962.

17. Berengarii Turonensis De sacra coena adversus Lanfrancum, ed. W. H. Beekenkamp, ’s-Gravenhage 1941.

18. Brunonis Saxonicum bellum – Brunos Sachsenkrieg, hrsg. und neu übersetzt von F.-J. Schmale, in: Quellen zur Geschichte Kaiser Heinrichs IV., Darmstadt 1963, 28–34, 191–405.

19. El Cantar de mio Cid, übers. und eingel. v. H.-J. Neuschäfer, München 1964.

20. Carmina Burana. Die Gedichte des Codex Buranus. Lat. und dt. Übertr. v. C. Fischer. Übers. der mittelhochdten. Texte v. H. Kuhn. Anm. und Nachwort v. G. Bernt, Zürich 1974.

21. J. WATHELET-WILLEM, Recherches sur la Chanson de Guillaume. Etudes accompagnées d'une édition, 2 Bde., Paris 1975.

22. La Chanson de Roland (Altfranz. und dt.), übers. v. H. W. KLEIN, München 1963. – Ed. critica a cura di C. SEGRE, Milano 1971.

23. Chrétien de Troyes, Perceval oder Die Geschichte vom Gral, aus dem Altfranz. übers. v. K. SANDKÜHLER, 2. Aufl. Stuttgart 1957.

24. Une somme anti-cathare: Le ‚Liber contra Manicheos' de Durand de Huesca, publ. par CH. THOUZELLIER, Louvain 1964. – Vgl. auch 420: SELGE II.

25. Ezzo, Cantilena de miraculis Christi, in: Kleinere deutsche Gedichte des 11. und 12. Jh., neu hrsg. v. W. SCHRÖDER, Bd. 1, Tübingen 1972, 10–26.

26. Analekten zur Geschichte des Franciscus von Assisi, hrsg. v. H. BOEHMER, Tübingen 1904; 3. Aufl. mit einem Nachtrag v. C. ANDRESEN, 1961.

27. K. ESSER, Die Opuscula des Hl. Franziskus von Assisi. Neue textkritische Edition, Grottaferrata (Romae) 1976. – Dt.: Die Schriften des Hl. F. v. A., übers. v. K. ESSER und L. HARDICK, 3. Aufl. Werl 1963.

28. Galbert de Bruges, The murder of Charles the Good, count of Flanders, transl. by J. B. ROSS, New York, 2. Aufl. 1967. – Traduit par J. GENGOUX, publ. avec une introduction historique de R. C. VAN CAENEGEM, Anvers 1978.

29. Geoffrey of Monmouth, The History of the kings of Britain, transl. by L. THORPE, Harmondsworth 1966.

30. Gesta Francorum et aliorum Hierosolimitanorum. The deeds of the Franks and the other pilgrims to Jerusalem, ed. by (R. B. MYNORS and transl. by) R. HILL, London 1962.

31. Giraldi Cambrensis (de Barri) De rebus a se gestis, in: Opera, ed. by J. S. BREWER e. a., I 1–122. – Speculum ecclesiae, in: Opera IV 1–354, London 1861. 1873 (Rolls Series 21, 1.4). – Auszug des „Speculum" in: MGH SS XXVII.

32. Gottfried von Straßburg, Tristan und Isold, hrsg. v. F. RANKE, 15. Aufl. Dublin 1971.

33. Self and society in medieval France. The memoirs of abbot Guibert of Nogent (1064?–c. 1125), transl. of C. C. SWINTON BLAND, ed. by J. F. BENTON, New York 1970.

34. Guiberti abbatis de Novigento libri quatuor De pignoribus sanctorum, in: MIGNE PL 156, 607–680.

35. Guntheri Parisiensis Historia Constantinopolitana seu de expugnatione urbis Constantinopolitane, ed. P.-E.-D. RIANT, Exuviae sacrae Constantinopolitanae I, Genevae 1876, 57–126.

36. Herimanni Augiensis Chronicon – Hermann von Reichenau, Chronik, hrsg. u. übers. v. R. BUCHNER, in: Quellen des 9. und 11. Jh. zur Geschichte der hamburgischen Kirche und des Reiches, Darmstadt 1961, 615–707.

37. Historia Welforum, neu hrsg., übers. und erl. v. E. König, Stuttgart 1938; ND Sigmaringen 1978.

38. Hugo de Clefs, De majoratu et senescalcia Franciae, in: Chroniques des comtes d'Anjou, publ. par L. Halphen et R. Poupardin, Paris 1913, 239–246.

39. Hugo de S. Victore, Didascalicon, a medieval guide to the arts, transl. by J. Taylor, New York 1961.

40. (Humbert von Silva Candida) De sancta Romana ecclesia, ed. P. E. Schramm, Kaiser, Rom und Renovatio, II. Teil, Leipzig 1929, 128–133.

41. Al-Idrisi, Il libro di Ruggero, ed. (arabisch) U. Rizzitano, Palermo 1966. – Mappae Arabicae – Arabische Welt- und Länderkarten des 9.–13. Jh. in arabischer Urschrift, lateinischer Transkription und Übertragung in neuzeitliche Kartenskizzen. Mit einleitenden Texten hrsg. v. K. Miller: I. Bd. 2. H.: Die Weltkarte des Idrisi vom Jahr 1154 n. Chr.; 3. H.: Die kleine Idrisikarte vom Jahr 1192 n. Chr., Stuttgart 1926. – VI. Bd.: Idrisi-Atlas. 336 photograph. Wiedergaben aller bis jetzt bekannten geograph. Tafeln in den Manuskripten des Idrisi auf 82 Lichtdruck-Tafeln, Stuttgart 1927.

42. R. B. C. Huygens, Le moine Idung et ses deux ouvrages: „Argumentum super quatuor questionibus" et „Dialogus duorum monachorum", in: Studi medievali 3. ser. 13, 1, 1972, 291–470.

43. R. E. Pepin, The ‚Entheticus' of John of Salisbury: a critical text, in: Traditio 31, 1975, 127–193.

44. Ioannis Saresberiensis Historia Pontificalis – John of Salisbury's Memoirs of the papal court, transl. by M. Chibnall, London 1956.

45. Ioannis Saresberiensis episc. Carnotensis Policratici sive De nugis curialium et vestigiis philosophorum libri VIII. Recogn. C. C. I. Webb, 2 Bde., Oxonii 1909; ND Frankfurt 1965.

46. John of Salisbury. The Metalogicon, a twelfth-century defense of the verbal and logical arts of the trivium, transl. by D. McGarry, Berkeley 1955.

47. Das Itinerarium peregrinorum. Eine zeitgenössische englische Chronik zum dritten Kreuzzug, hrsg. und kritisch untersucht v. H. E. Mayer, Stuttgart 1962.

48. Das Rolandslied des Pfaffen Konrad. Mhd. Text und Übertragung, hrsg. v. D. Kartschoke, Frankfurt 1970, auch München 1971.

49. Livre des deux principes, éd. par Ch. Thouzellier, Paris 1973.

50. K. Langosch, Hymnen und Vagantenlieder. Lateinische Lyrik des Mittelalters mit deutschen Versen, Basel 1954; 4. Aufl. Darmstadt 1975, 147–217: Hugo Primas von Orleans; 219–277: Archipoeta.

51. H. Moser – H. Tervooren, Des Minnesangs Frühling. Unter Benutzung der Ausgaben von K. Lachmann u. a., 2 Bde., 36. Aufl. Stuttgart 1977.

52. Nicetae Choniatae Historia. Rec. I. A. VAN DIETEN. Pars 1.2 (Corpus Fontium Historiae Byzantinae 11), Berlin 1975. – Dt.: F. GRABLER (Byzantinische Geschichtsschreiber Bd. 7–9), Graz 1958.

53. (Nivardus von Gent) Isengrimus. Das flämische Tierepos aus dem Lat. verdeutscht v. A. SCHÖNFELDER, Münster 1955.

54. The Ecclesiastical history of Orderic Vitalis, ed. and transl. by M. CHIBNALL, 6 Bde., Oxford 1980. 1969–1978.

55. Otto Bischof von Freising, Chronik oder Die Geschichte der zwei Staaten, übers. v. A. SCHMIDT, hrsg. v. W. LAMMERS, Darmstadt 1960; 3. Aufl. 1974.

56. Bischof Otto von Freising und Rahewin, Die Taten Friedrichs oder richtiger Cronica, übers. v. A. SCHMIDT, hrsg. v. F.-J. SCHMALE, Darmstadt 1965; 2. Aufl. 1974.

57. Ottonis Morenae et continuatorum Historia Frederici I. Das Geschichtswerk des Otto Morena und seiner Fortsetzer über die Taten Friedrichs I. in der Lombardei, neu hrsg. von F. GÜTERBOCK (MGH SS rer. Germ. N.S. VII), Berlin 1930.

58. Petri Damiani Opera omnia, 2 Bde. (MIGNE PL 144. 145). – Liber gratissimus, ed. L. DE HEINEMANN, in: Libelli de lite [74] I 15–75.

59. Magistri Petri Lombardi Parisiensis episc. Sententiae in IV libris distinctae. Ed. tertia, Grottaferrata 1971.

60. Ricardus Thesaurarius seu Ricardus de Ely, Dialogus de Scaccario – Richard von Ely, Schatzmeister Heinrichs II., Dialog über das Schatzamt. Lat. und dt., eingel., übers. und erl. v. M. SIEGRIST, Zürich 1963.

61. Raoul Glaber, Les cinq livres des histoires, publ. par M. PROU, Paris 1886.

62. P. HERRMANN, Erläuterungen zu den ersten neun Büchern der dänischen Geschichte des Saxo Grammaticus. T. 1: Übersetzung. T. 2: Kommentar, Leipzig 1901. 1922.

63. Sugerii abbatis Sancti Dionysii liber De rebus in administratione sua gestis, in: Œuvres complètes de Suger, publ. par A. LECOY DE LA MARCHE, Paris 1867; ND Hildesheim 1979, 151–209.

64. Suger, Vie de Louis VI le Gros, éd. et trad. par H. WAQUET, Paris 1929.

65. Mittelalterliche Lyrik Frankreichs: Lieder der Trobadors (Provenzalisch/Deutsch), ausgew., übers. und kommentiert v. D. RIEGER, Stuttgart 1980.

66. Villehardouin, La conquête de Constantinople, éd. et trad. par E. FARAL, 2 Bde., Paris 1938/39. – Joinville and Villehardouin, transl. by M. R. B. SHAW, Harmondsworth 1963.

67. Walter Map's De nugis curialium, transl. by M. R. JAMES, notes by J. E. LLOYD, ed. by E. S. HARTLAND, London 1923.

68. Die Gedichte Walthers von der Vogelweide, hrsg. v. K. LACHMANN, 13. aufgrund der 10. v. C. v. KRAUS bearb. Ausg., neu hrsg. v. H. KUHN, Berlin 1965. – Gedichte. Mhd. Text und Übertragung, ausgew. v. P. WAPNEWSKI, 7., überarb. Aufl. Frankfurt 1970.

69. Willelmi Malmesbiriensis monachi De gestis regum Anglorum libri quinque; Historiae novellae libri tres, ed. by W. Stubbs (Rolls Series 90, 1.2), London 1887. 1889.
70. William of Newburgh, Historia rerum Anglicarum, ed. by R. Howlett (Rolls Series 82, 1.2), London 1884/85.
71. William of Tyre, A History of deeds done beyond the sea, transl. by E. A. Babcock and A. C. Krey, 2 Bde., New York 1943.
72. Wolfram von Eschenbach, hrsg. v. K. Lachmann, 6. Ausg. Berlin 1926; ND 1965.

3. Quellensammlungen

a) Sammlungen zu ausgewählten Themen

73. Die Ordines für die Weihe und Krönung des Kaisers und der Kaiserin, hrsg. v.R. Elze (MGH Fontes iuris Germanici antiqui 9), Hannover 1960.
74. MGH Libelli de lite imperatorum et pontificum saec. XI. et XII. conscripti, edd. E. Dümmler e. a., 3 Bde., Hannover 1891. 1892. 1897.
75. Reihe „Historische Texte, Mittelalter“:
   a. Idee und Wirklichkeit der Kreuzzüge, hrsg. v. H. E. Mayer, Germering 1965.
   b. Texte zur Inquisition, hrsg. v. K.-V. Selge, Gütersloh 1967.
   c. Ketzer und Ketzerbekämpfung im Hochmittelalter, hrsg. v. J. Fearns, Göttingen 1968.
   d. Das Papsttum und die süditalienischen Normannenstaaten 1053–1212, hrsg. v. J. Deér, Göttingen 1969.
   e. Die mittelalterliche Universität, hrsg. v. H. Rüthing, Göttingen 1973.
   f. Juden im Mittelalter, hrsg. v. D. Berg und H. Steur, Göttingen 1976.
76. Die Kreuzzüge aus arabischer Sicht. Aus den arabischen Quellen ausgewählt und übers. v. F. Gabrieli, Zürich 1973.
77. The birth of popular heresy, by R. I. Moore, London 1975.
78. Reihe: „Ausgew. Quellen zur dt. Geschichte des Mittelalters“:
   a. Quellen zur Geschichte des deutschen Bauernstandes im Mittelalter, hrsg. v. G. Franz, Darmstadt 1967.
   b. Urkunden und erzählende Quellen zur deutschen Ostsiedlung im Mittelalter, hrsg. v. H. Helbig und L. Weinrich, 2 Bde., Darmstadt 1968. 1970; 2. Aufl. 1975.
   c. Quellen zur deutschen Verfassungs-, Wirtschafts- und Sozialgeschichte bis 1250, ausgew. und übers. v. L. Weinrich, Darmstadt 1977.
79. Quellensammlung zur Geschichte der deutschen Reichsverfassung in Mittelalter und Neuzeit, hrsg. v. K. Zeumer, Tübingen 1904; 2. Aufl. 1913.
80. English historical documents. II: 1042–1189, ed. by D. C. Douglas and G. W. Greenaway, London 1953. III: 1189–1327, ed. by H. Rothwell, London 1975.

81. Elenchus fontium historiae urbanae, edd. C. VAN DE KIEFT et J. F. NIERMEIJER. Vol. I, edd. B. DIESTELKAMP, M. MARTENS, C. VAN DE KIEFT, B. FRITZ, Leiden 1967.
82. F. KEUTGEN, Urkunden zur städtischen Verfassungsgeschichte, Berlin 1899; ND Aalen 1965.
83. A. GIRY, Documents sur les relations de la royauté avec les villes en France de 1180 à 1314, Paris 1885; ND Genève 1974. – Vgl. auch VERMEESCH [380], Anhang.
84. P. BREZZI, I comuni cittadini italiani: Origine e primitiva costituzione (secoli X–XII), Milano 1940.
85. British borough charters, 1042–1216, ed. by A. BALLARD, Cambridge 1913.
86. Medieval trade in the mediterranean world. Illustrative documents translated by R. S. LOPEZ and I. W. RAYMOND, New York 1955.
87. Les plus anciens textes de Cîteaux. Sources, textes et notes historiques par J. BOUTON et J. B. VAN DAMME, Achel 1974.
88. Monumenta ordinis fratrum Praedicatorum historica. XV: Monumenta historica S.P.N. Dominici, fasc. I (Historia diplomatica S. Dominici), ed. M. H. LAURENT, Paris 1933. – XVI, fasc. II: Libellus de principiis ordinis Praedicatorum auctore Iordano de Saxonia et alia, Romae 1935. – XXV: Monumenta diplomatica S. Dominici, ed. V. KOUDELKA, auxiliante R. J. LOENERTZ, Romae 1966.
89. Corpus des sources franciscaines I: G. MAILLEUX, Thesaurus Celanensis. Vita prima. Legenda ad usum chori. Vita secunda. Tractatus de miraculis. Legenda sanctae Clarae virginis, Louvain 1974.

b) Regesten, Register, Urkunden und Briefe

a. Die getroffene Auswahl ist sehr klein. Nicht aufgenommen wurden u. a. die Editionen der Diplomata und der Laienfürstenurkunden, die in den MGH und in den Chartes et diplômes vorliegen (für unsere Zeit: DD H III; H IV; Lo III; K III; F I bis 1167 und Heinrichs des Löwen sowie die DD Ph I; H II v. England betr. franz. Gebiete; Ph II Aug.). Von den Briefsammlungen sind nur diejenigen berücksichtigt, die im Band erwähnt werden.

90. Regesta Pontificum Romanorum (–1198), ed. PH. JAFFÉ. Ed. secundam curaverunt S. LOEWENFELD, F. KALTENBRUNNER, P. EWALD, 2 Bde., Lipsiae 1885/88; ND Graz 1956.
91. Regesta Pontificum Romanorum:
a. Germania Pontificia. Vol. I–III congessit A. BRACKMANN, Berolini 1911–35. Vol. IV congessit H. JAKOBS usus H. BÜTTNER schedis, Gottingae 1978. Vol. VI congesserunt W. SEEGRÜN et TH. SCHIEFFER, Gottingae 1981.
b. Italia Pontificia. Congessit P. F. KEHR. Vol. I–VIII, Berolini 1906–1935. Vol. IX ed. W. HOLTZMANN, Berolini 1962. Vol. X ed. D. GIRGENSOHN usus W. HOLTZMANN schedis, Turici 1975.

92. Das Register Gregors VII., hrsg. v. E. CASPAR (MGH Epistolae selectae II, 1.2), Berlin 1920/23; ND 1967. – Quellen zum Investiturstreit. 1. Teil: Ausgew. Briefe Papst Gregors VII., übersetzt von F.-J. SCHMALE, Darmstadt 1978.

93. The Epistolae vagantes of pope Gregory VII, ed. and transl. by H. E. J. COWDREY, Oxford 1972. – Vgl. H. HOFFMANN, Zum Register und zu den Briefen Gregors VII., in: DA 32, 1976, 86–130.

94. Le Liber censuum de l'Église romaine, publ. par P. FABRE, I.II, Paris 1889–1910; III: Tables des matières par L. DUCHESNE, P. FABRE, G. MOLLAT, Paris 1952.

95. Regestum Innocentii III papae super negotio Romani imperii (RNI), hrsg. v. F. KEMPF, Roma 1947. – Vgl. H. GRUNDMANN in: ZRG KA 37, 1951, 416–431.

96. Die Register Innocenz' III. 1. Pontifikatsjahr (1198/99), bearb. v. O. HAGENEDER u. a.; Indices, bearb. v. A. STRNAD u. a.; 2. Pontifikatsjahr (1199/1200), bearb. v. O. HAGENEDER u. a. (Publikationen des österr. Kulturinstituts in Rom. II. Abt. I. Reihe, Bd. 1.2, 1964–1979).

97. The Letters of pope Innocent III (1198–1216) concerning England and Wales. A calendar with an appendix of texts, ed. by C. R. CHENEY and M. G. CHENEY, Oxford 1967.

98. J. F. BÖHMER, Regesta Imperii. IV: Ältere Staufer, 2. Abt.: Die Regesten des Kaiserreiches unter Friedrich I., Lfg. 1: 1152 (1122) - 1158, neu bearb. v. F. OPLL, H. MAYR, Wien 1980. – 3. Abt.: Die Regesten des Kaiserreiches unter Heinrich VI. 1165 (1190)–1197, neu bearb. v. G. BAAKEN, Köln 1972. Namenregister, bearb. v. K. und G. BAAKEN, Köln 1979. – V. Die Regesten des Kaiserreichs unter Philipp, Otto IV., Friedrich II., Heinrich (VII.), Conrad IV., Heinrich Raspe, Wilhelm und Richard. 1198–1272, neu hrsg. und erg. v. J. FICKER und E. WINKELMANN, 3 Bde. (V. Abt.), Einleitung und Register bearb. v. F. WILHELM, Innsbruck 1881–1901; Bd. 4 (VI. Abt.): Nachträge und Ergänzungen bearb. v. P. ZINSMAIER, Köln 1983.

99. R. RIES, Regesten der Kaiserin Constanze, Königin von Sizilien, Gemahlin Heinrichs VI., in: QFIAB 18, 1926, 30–100.

100. D. CLEMENTI, Calendar of the diplomas of the Hohenstaufen emperor Henry VI concerning the kingdom of Sicily, in: QFIAB 35, 1955, 86–225.

101. P. ZINSMAIER, Die Urkunden Philipps von Schwaben und Ottos IV. (1198–1212), Stuttgart 1969.

102. Tancredi et Willelmi III regum diplomata, ed. H. ZIELINSKI (Codex diplomaticus regni Siciliae I 5), Köln 1982. – Vgl. ZIELINSKI in: DA 36, 1980 , 433–486.

a. Recueil des actes des ducs normands d'Italie I: Les premiers ducs (1046–1087), éd. par L.-R. MÉNAGER, Bari 1980.

103. Catalogus Baronum, a cura di E. Jamison (FSI 101), Roma 1972. – Additional work on the C.B., in: Bulletino dell'Istituto storico italiano 83, 1971, 1–63. – Vgl. LMA II 1570 sq.

104. J. González, Alfonso IX., Bd. I. II (Colección diplomática), Madrid 1944.

105. Ordonnances des roys de France de la troisième race, Bd. 1 (ed. E.-J. de Laurière), Paris 1723; ND Farnborough 1967.

106. Regesta regum Anglo-Normannorum 1066–1154. I: Regesta Willelmi conquestoris et Willelmi Rufi 1066–1100, ed. by H. W. C. Davis. – II: Regesta Henrici primi 1100–1135, ed. by Ch. Johnson and H. A. Cronne. – III: Regesta regis Stephani ac Mathildis imperatricis ac Gaufridi et Henrici ducum Normannorum 1135–1154, ed. by H. A. Cronne and R. H. C. Davis. – IV: Facsimiles of original charters and writs of king Stephen, the empress Matilda and dukes Geoffrey and Henry 1135–1154, ed. by H. A. Cronne and R. H. C. Davis. Oxford 1913. 1956. 1968. 1969.

107. Domesday Book, seu Liber censualis Willelmi I regis Angliae, 2 Bde., London 1783. Indices 1816. Additamenta ex codic. antiquiss. 1816. – D.B. Text and translation, hrsg. v. J. Morris, 34 Bde., London 1975 ff. – Vgl. 784: H. C. Darby.

108. Foedera, conventiones, literae, et cujuscunque generis acta publica, inter reges Angliae et alios quosvis imperatores, reges, pontifices, principes, vel communitates, ab ineunte saeculo duodecimo . . . habita aut tractata. Accurantibus Th. Rymer et R. Sanderson, studio G. Holmes, ed. tertia, tomi I pars I, Hagae Comitis 1745.

109. F. Dölger, Regesten der Kaiserurkunden des Oströmischen Reiches von 565–1453. 2. Teil: 1025–1204, München 1925.

110. Urkunden zur älteren Handels- und Staatsgeschichte der Republik Venedig (9.–15. Jh.), hrsg. v. G. L. F. Tafel und G. M. Thomas, 3 Bde., Wien 1856/57.

111. Regesten zur Geschichte der Juden im fränkischen und deutschen Reiche bis zum Jahre 1273, bearb. von J. Aronius, Berlin 1902; ND Hildesheim 1970.

112. H. Jakobs, Ausgewählte Daten zur Kommunalgeschichte, in: [482], 34–54.

113. Chartularium studii Bononiensis. Documenti per la storia dell' Università di Bologna dalle origini fino al secolo XV, Vol. I–III, Bologna 1909. 1913. 1916.

114. Chartularium Universitatis Parisiensis, edd. H. Denifle – AE. Chatelain, Bd. I, Parisiis 1889; ND Bruxelles 1964.

115. Epistolae Heinrici IV. – Die Briefe Heinrichs IV., hrsg. und neu übersetzt von F.-J. Schmale, in: Quellen zur Geschichte Kaiser Heinrichs IV., Darmstadt 1963, 5–20, 51–141; Anh., eb. 46, 469–483.

116. Yves de Chartres, Correspondance, éd. et trad. par J. LECLERCQ, Bd. 1 (1090–98), Paris 1949. – Ivonis Carnotensis episc. Epistolae, in: MIGNE PL 162, 11–290.

117. The Letters of Peter the Venerable, ed. by G. CONSTABLE, Vol. 1.2, Cambridge/Mass. 1967. – Vgl. CONSTABLE in: QFIAB 54, 1974, 483–508.

118. Epistolae Sugerii abbatis S. Dionysii, ed. M.-J.-J. BRIAL, in: Recueil des historiens des Gaules et de la France XV, Paris 1808; nouv. éd. 1878, 483–532.

119. Hildegard v. Bingen, Briefwechsel, hrsg. v. A. FÜHRKÖTTER, Salzburg 1965.

120. The Letters of John of Salisbury, ed. by W. J. MILLOR, H. E. BUTLER and CH. N. L. BROOKE, 2 Bde., London 1955. Oxford 1979.

121. The Letters and Charters of Gilbert Foliot, abbot of Gloucester (1139–48), bishop of Hereford (1148–63) and London (1163–87), ed. by A. MOREY and CH. N. L. BROOKE, Cambridge 1967.

c) Rechtsgeschichtliche Quellen

c 1: Römisches Recht – Kirchenrecht – Lehnrecht

122. Corpus iuris civilis. I: Institutiones. Recogn. P. KRUEGER. Digesta. Recogn. TH. MOMMSEN. – II: Codex Iustinianus. Recogn. P. KRUEGER. – III: Novellae. Recogn. R. SCHOELL – G. KROLL. Berolini 1872. 1877. 1895.

123. Conciliorum oecumenicorum decreta, curantibus J. ALBERIGO – J. A. DOSETTI e. a., ed. tertia, Bologna 1973. – Constitutiones concilii quarti Lateranensis, ed. A. GARCÍA Y GARCÍA (Monumenta iuris canonici. Ser. A vol. 2), Città del Vaticano 1981.

124. Burchardi Wormaciensis eccl. episc. Decretorum libri viginti, in: MIGNE PL 140, 537–1058.

125. Diuersorum patrum sententie sive Collectio in LXXIV titulos digesta, ed. J. T. GILCHRIST, Città del Vaticano 1973.

126. Anselmi episcopi Lucensis Collectio canonum, rec. F. THANER. 1.2, Oeniponte 1906/15.

127. Die Kanonessammlung des Kardinals Deusdedit, neu hrsg. v. V. WOLF VON GLANWELL, Paderborn 1905; ND Aalen 1967.

128. Ivonis Carnotensis episc. Decretum, in: MIGNE PL 161, 47–1036; Panormia seu Decretum, eb. 1037–1344.

129. R. SOMERVILLE, The Councils of Urban II. Bd. 1: Decreta Claromontensia, Amsterdam 1972.

130. Corpus iuris canonici, ed. AE. FRIEDBERG. Pars I: Decretum Magistri Gratiani, Lipsiae 1879. – Pars II: Decretalium collectiones: Decretales Gregorii IX. (Liber Extra), Liber Sextus decretalium Bonifacii VIII., Clementis V. Constitutiones, Extravagantes tum viginti Ioannis XXII. tum communes, Lipsiae 1881.

131. Consuetudines feudorum I: Compilatio antiqua, ed. C. LEHMANN, Gottingae 1892. – Das langobardische Lehnrecht (Handschriften, Textentwicklung, ältester Text und Vulgattext nebst den capitula extraordinaria), von K. LEHMANN, Göttingen 1896. – Beide abgedruckt von K. A. ECKHARDT (Bibliotheca rerum historicarum. Neudrucke 1), Aalen 1971.

c 2: Länder – Städte

132. Constitutiones et acta publica imperatorum et regum I: (911–1197); II: (1198–1272). Ed. L. WEILAND (MGH Legum sectio IV 1.2), Hannoverae 1893. 1896; ND 1963.
133. M. HOFMANN, Die Stellung des Königs von Sizilien nach den Assisen von Ariano (1140). Anhang: Text der Assisen (nach Brandileone), Diss. Münster 1915. – Vgl. 846: E. CASPAR S. 237ff.
135. Die Konstitutionen Friedrichs II. von Hohenstaufen für sein Königreich Sizilien, hrsg. und übers. v. H. CONRAD (†), TH. VON DER LIECK-BUYKEN und W. WAGNER. – Ergbd. 1. Teil: Der griechische Text, hrsg. und eingel. v. TH. VON DER LIECK-BUYKEN, Köln 1973. 1978.
136. Els Usatges de Barcelona, edd. R. D'ABADAL i VINYALS I F. VALLS TABERNER, Barcelona 1913.
137. El Fuero de Jaca, ed. M. MOLHO, Zaragoza 1963.
138. El Fuero de León, ed. L. VAZQUEZ DE PARGA, in: AHDE 15, 1944, 464–498.
139. Los Fueros de Sepulveda, ed. E. SAEZ, Segovia 1953.
140. Constituciones de las Cortes de Huesca de 1188, ed. J. M. RAMOS Y LOSCERTALES, in: AHDE 1, 1924, 398–400.
141. Codice diplomatico della Repubblica di Genova, a cura di C. IMPERIALE DI SANT' ANGELO, 2 Bde. (FSI 77. 79), Roma 1936. 1938. – Statuta consulatus Ianuensis a. 1143 in: I 153–166.
142. Le leggi più antiche del comune di Piacenza, ed. A. SOLMI, in: Archivio storico italiano 73,2, 1915, 3–81.
143. Constituta legis et usus Pisanae civitatis, in: Statuti inediti della città di Pisa dal XII al XIV secolo, racc. p. cura di F. BONAINI, Bd. 2, Firenze 1870, 643–1026.
144. Promissio maleficiorum des Dogen Orio Malipiero, Rialto 1181 März, ed. H. KRETSCHMAYR, Geschichte von Venedig, I [839] 494–497.
145. Promissione di Enrico Dandolo doge di Venezia (giugno 1192), ed. p. cura di V. LAZARI, in: Archivio storico italiano ser. I appendice 9 (all' ASI 29), 1853, 315–329.
146. A. GIRY, Les Établissements de Rouen. Études sur l'histoire des institutions municipales, 2 Bde., Paris 1885.
147. Coutumiers de Normandie, publ. par E.-J. TARDIF, Bd. 1, Rouen 1881.
148. Die Gesetze der Angelsachsen, hrsg. v. F. LIEBERMANN, 3 Bde., Halle 1903–1916; ND Aalen 1960.

149. The treatise on the laws and customs of the realm of England commonly called Glanvill, ed. with transl. by G. D. G. HALL, London 1965.

150. Magna carta libertatum von 1215. Lat.-dt.-engl. mit ergänzenden Aktenstücken, bearb. v. H. WAGNER, Bern 1951.

151. Munimenta Gildhallae Londoniensis; Liber Albus, Liber Custumarum, et Liber Horn, ed. by H. TH. RILEY, 3 Bde. (Rolls Series 12), London 1859. 1860. 1862.

152. K privilegiu knížete Soběslava II. pro pražské Němce [Das Privileg Herzog Sobeslavs II. für die Prager Deutschen], ed. J. KEJŘ, in: Právněhistorické studie 14, 1969, 241–258.

153. Assises de Jérusalem, publ. par le Comte BEUGNOT. I: Assises de la Haute Cour. II: Assises de la Cour des Bourgeois (Recueil des historiens des croisades. Lois I. II), Paris 1841. 1843.

154. Sachsenspiegel. Landrecht. Lehnrecht, hrsg. v. K. A. ECKHARDT (MGH Fontes iuris Germanici antiqui N. S. 1), Hannover 1933; 2. Aufl. Göttingen 1955/56.

155. Statutum Kanuti regis de homicidio et illi contingentibus, in: Danmarks gamle Landskabslove med Kirkelovene. Bd. I 2: Skånske Lov. Anders Sunesøns Parafrase. Skånske Kirkelov m. m. Udg. af S. AAKJÆR og E. KROMANN, København 1933, 774–781.

156. Russkaja Pravda (Russisches Recht); vgl. H. RÜSS [946] S. 215f.

LITERATUR

HANDBÜCHER UND ÜBERGREIFENDE LITERATUR

157. Propyläen-Weltgeschichte, Bd. 5, hrsg. v. G. MANN und A. NITSCHKE, Berlin 1963.

158. Saeculum Weltgeschichte, Bd. IV: Die Hochkulturen im Zeichen der Weltreligionen (2). Das dreifache Mittelalter: Byzanz, Islam, Abendland, China, Korea, Japan, Zentralasien, Afrika südlich der Sahara. Von K. DITTMER, H. FRANKE, H. HAMMITZSCH, B. SPULER, G. STADTMÜLLER, G. TELLENBACH, Freiburg 1967.

159. Handbuch der Europäischen Geschichte, Bd. I, hrsg. v. TH. SCHIEFFER, Stuttgart 1976.

160. G. OSTROGORSKY, Geschichte des byzantinischen Staates, München 1940; 3. Aufl. 1963 (Byzant. Hb. Teil 1, Bd. 2).

161. F.-L. GANSHOF, Le Moyen Âge, Paris 1953; 2. Aufl. 1958 (Histoire des relations internationales, éd. P. RENOUVIN, Bd. 1).

162. K. BOSL, Europa im Aufbruch. Herrschaft, Gesellschaft, Kultur vom 10. bis zum 14. Jh., München 1980.

163. E. ROSENSTOCK-HUESSY, Die europäischen Revolutionen und der Charakter der Nationen, Stuttgart 1951.

164. K. Hampe, Das Hochmittelalter. Geschichte des Abendlandes von 900–1250, Berlin 1932; 5. Aufl. Darmstadt 1963.

165. J. Le Goff, Das Hochmittelalter, Frankfurt/M. 1965.

166. K. Hampe, Deutsche Kaisergeschichte in der Zeit der Salier und Staufer, Leipzig 1909; 12. Aufl. bearb. v. F. Baethgen, Heidelberg 1968; ND Darmstadt 1981.

167. Th. Schieffer, Die deutsche Kaiserzeit (900–1250), Frankfurt/M. 1973.

168. H. Fuhrmann, Deutsche Geschichte im hohen Mittelalter von der Mitte des 11. bis zum Ende des 12. Jh., Göttingen 1978.

169. O. Engels, Die Staufer, Stuttgart 1972; 2. Aufl. 1977.

170. Die Zeit der Staufer, Katalog der Ausstellung Stuttgart 1977, I: Katalog; II: Abbildungen; III: Aufsätze; IV: Karten und Stammtafeln; V Supplement: Vorträge und Forschungen, Stuttgart 1977–1979.

171. Atlas zur Kirchengeschichte, hrsg. von H. Jedin u. a., bearb. v. J. Martin, Freiburg i. Br. 1970.

172. K. A. Fink, Papsttum und Kirche im abendländischen Mittelalter, München 1981.

173. J. Haller, Das Papsttum. Idee und Wirklichkeit, 3 Bde., Stuttgart 1934–1945; 2. Aufl. 5 Bde., Urach/Stuttgart 1950–1953; ND Reinbek bei Hamburg 1965.

174. Handbuch der Kirchengeschichte, hrsg. von H. Jedin, Bd. III 1.2, Freiburg 1966. 1968.

175. H. E. Feine, Kirchliche Rechtsgeschichte. Die katholische Kirche, Weimar 1950; 5. Aufl. Köln 1972.

176. M. Heimbucher, Die Orden und Kongregationen der katholischen Kirche, 2 Bde., Paderborn 1896/97; 3. Aufl. 1933/34; ND Paderborn/Aalen 1965.

177. A. Hauck, Kirchengeschichte Deutschlands, Bd. 3. 4, Leipzig 1896. 1903; 3. u. 4. Aufl. 1906. 1913; ND (= 8. Aufl.) Berlin 1954.

178. Gebhardt, Handbuch der Deutschen Geschichte. 9. Aufl., hrsg. v. H. Grundmann. Bd. 1: Frühzeit und Mittelalter. Stuttgart 1970; ND 1973.

179. K. und M. Uhlirz, Handbuch der Geschichte Österreich-Ungarns, Bd. 1, Graz 1927; 2. Aufl. 1963.

180. Handbuch der bayerischen Geschichte, hrsg. v. M. Spindler, Bd. I. II. III. 1 und 2, München 1967–1971; Bd. I, 2. Aufl. 1981.

181. Handbuch der Quellen und Literatur der neueren europäischen Privatrechtsgeschichte, Bd. 1: Mittelalter (1100–1500). Die gelehrten Rechte und die Gesetzgebung, hrsg. v. H. Coing, München 1973.

182. H. Mitteis, Deutsche Rechtsgeschichte, neu bearb. v. H. Lieberich, 16. erg. Aufl. München 1981.

183. K. Kroeschell, Deutsche Rechtsgeschichte, Bd. 1: bis 1250, Reinbek bei Hamburg 1972; 5. Aufl. Opladen 1982.

184. G. WAITZ, Deutsche Verfassungsgeschichte, 8 Bde., Kiel 1844/1878; Bd. 1. 2, 3. Aufl. Berlin 1880. 1882; Bd. 3–6, 2. Aufl. Berlin 1883–1896.

185. R. SPRANDEL, Verfassung und Gesellschaft im Mittelalter, Paderborn 1975.

186. The Cambridge Economic History of Europe. I: The agrarian life of the Middle Ages, ed. by J. H. CLAPHAM and E. POWER, 1941; 2. ed. by M. M. POSTAN, 1966. – II: Trade and industry in the Middle Ages, ed. by M. POSTAN and E. E. RICH, 1952. – III: Economic organization and policies in the Middle Ages, ed. by M. M. POSTAN, E. E. RICH and E. MILLER, 1963.

187. Handbuch der europäischen Wirtschafts- und Sozialgeschichte, hrsg. v. H. KELLENBENZ. Bd. II, hrsg. von J. A. VAN HOUTTE, Stuttgart 1980.

188. Europäische Wirtschaftsgeschichte. The Fontana Economic History of Europe in 4 Bänden, hrsg. v. C. M. CIPOLLA. Deutsche Ausgabe hrsg. v. K. BORCHARDT. Bd. 1: Mittelalter, Stuttgart 1978.

189. H. PIRENNE, La civilisation occidentale au Moyen Age du XIe au milieu du XVe siècle (Hist. du Moyen Age, publ. sous la direction de G. GLOTZ), Paris 1933. ND u. d. Titel: Histoire économique de l'Occident médiéval, 1951 u. ö.; überarb. Fassung v. H. VAN WERVEKE: Histoire économique et sociale du Moyen Age, 2. Aufl. Paris 1969. – Dt.: Sozial- und Wirtschaftsgeschichte Europas im Mittelalter, Bern 1946; 5. Aufl. München 1982.

190. Handbuch der deutschen Wirtschafts- und Sozialgeschichte, hrsg. v. H. AUBIN und W. ZORN, Bd. 1: Von der Frühzeit bis zum Ende des 18. Jhs., Stuttgart 1971.

191. G. CARO, Sozial- und Wirtschaftsgeschichte der Juden im Mittelalter und der Neuzeit. Bd. 1: Das frühere und das hohe Mittelalter, Leipzig 1908.

192. SH. SHAHAR, Die Frau im Mittelalter, Königstein 1981.

193. E. R. CURTIUS, Europäische Literatur und lateinisches Mittelalter, Bern 1948; 2. Aufl. 1954; ND 1978.

194. M. MANITIUS, Geschichte der lateinischen Literatur des Mittelalters, 3 Bde., München 1911/31; ND 1964/65.

195. Tendances, perspectives et méthodes de l'histoire médiévale. Actes du 100e Congrès national des sociétés savantes 1975, Bd. I, Paris 1977.

196. Mittelalterforschung. Forschung und Information. Schriftenreihe der RIAS-Funkuniversität, hrsg. v. R. KURZROCK, Berlin 1981.

197. La Nouvelle Histoire. Sous la direction de J. LE GOFF et R. CHARTIER, J. REVEL, Paris 1978.

198. Probleme des 12. Jahrhunderts (V. u. F. XII), Konstanz 1968.

A. Hochmittelalter

1. DIE WELT IN DER ECCLESIA

199. J. MULDOON, Extra ecclesiam non est imperium. The canonists and the legitimacy of secular power, in: Studia Gratiana 9, 1966, 551–580.

200. R. Foreville, Latran I, II, III et Latran IV (Histoire des conciles œcuméniques 6), Paris 1965. – Dt.: Lateran I–IV, Mainz 1970.

201. F. Kempf, Das mittelalterliche Kaisertum, in: Das Königtum. Seine geistigen und rechtlichen Grundlagen (V. u. F. III), Lindau 1956; 4. ND Darmstadt 1973, 225–242.

202. G. Koch, Auf dem Wege zum Sacrum Imperium. Studien zur ideologischen Herrschaftsbegründung der deutschen Zentralgewalt im 11. und 12. Jh., Wien 1972.

203. H. M. Schaller, Die Kaiseridee Friedrichs II., in: Probleme um Friedrich II. [858] 109–134.

204. Ideologie und Herrschaft im Mittelalter, hrsg. v. M. Kerner, Darmstadt 1982 (W. d. F. 530).

205. B. Schwineköper, Christus-Reliquienverehrung und Politik, in: BDLG 117, 1981, 183–281.

206. H. J. Kirfel, Weltherrschaftsidee und Bündnispolitik. Untersuchungen zur auswärtigen Politik der Staufer, Bonn 1959.

207. Sacerdozio e regno da Gregorio VII a Bonifazio VIII, Roma 1954.

208. H. Hoffmann, Die beiden Schwerter im hohen Mittelalter, in: DA 20, 1964, 78–114.

209. F. Kempf, Die Eingliederung der überdiözesanen Hierarchie in das Papalsystem des kanonischen Rechts von der gregorianischen Reform bis zu Innocenz III., in: AHP 18, 1980, 57–96.

210. J. Miethke, Geschichtsprozeß und zeitgenössisches Bewußtsein – Die Theorie des monarchischen Papats im hohen und späteren Mittelalter, in: HZ 226, 1978, 564–599.

211. F. Kempf, Kanonistik und kuriale Politik im 12. Jh., in: AHP 1, 1963, 11–52.

212. A. M. Stickler, Imperator vicarius papae. Die Lehren der französisch-deutschen Dekretistenschule des 12. und beginnenden 13. Jh. über die Beziehungen zwischen Papst und Kaiser, in: MIÖG 62, 1954, 165–212.

213. W. Goez, Translatio imperii. Ein Beitrag zur Geschichte des Geschichtsdenkens und der politischen Theorien im Mittelalter und in der frühen Neuzeit, Tübingen 1958.

214. F.-J. Schmale, Synodus – synodale concilium – concilium, in: Annuarium Historiae Conciliorum 8, 1976, 80–102.

215. Le istituzioni ecclesiastiche della „Societas christiana" dei secoli XI–XII (Bd. I): Papato, cardinalato ed episcopato. (Bd. II): Diocesi, pievi e parrocchie (Miscellanea del Centro di studi medioevali VII, VIII), Milano 1974. 1977.

216. J. Gaudemet, Le gouvernement de l'Église à l'époque classique. IIe partie: Le gouvernement local (Hist. du droit et des institutions de l'Église en Occident VIII, 2), Paris 1979.

217. L. Schmugge, Kirche und Gesellschaft im Hochmittelalter, in: Jahres- und Tagungsbericht der Görres-Gesellschaft 1976, Köln 1977, 63–82.

218. J. Fried, Der päpstliche Schutz für Laienfürsten. Die politische Geschichte des päpstlichen Schutzprivilegs für Laien (11.–13. Jh.), Heidelberg 1980.

219. K. Miller, Mappae mundi. Die ältesten Weltkarten, Stuttgart 1895–98.

220. J. Richard, Les relations entre l'Orient et l'Occident au Moyen Age, London 1977.

221. J. Deér, Byzanz und das abendländische Herrschertum. Ausgewählte Aufsätze (V. u. F. XXI), Sigmaringen 1977.

222. S. Kindlimann, Die Eroberung von Konstantinopel als politische Forderung des Westens im Hochmittelalter. Studien zur Entwicklung der Idee eines lateinischen Kaiserreichs in Byzanz, Zürich 1969.

223. H. E. Mayer, Kaiserrecht und Heiliges Land, in: Aus Reichsgeschichte und Nordischer Geschichte. K. Jordan zum 65. Geb., Stuttgart 1972, 193–208.

224. J. Richard, Le royaume latin de Jérusalem, Paris 1953. – The latin kingdom of Jerusalem, Amsterdam 1979.

225. A.-D. v. den Brincken, Die „Nationes Christianorum Orientalium" im Verständnis der lateinischen Historiographie von der Mitte des 12. bis in die zweite Hälfte des 14. Jh., Köln 1973.

226. R. W. Southern, Western views of Islam in the Middle Ages, Cambridge/Mass. 1962. – Dt.: Das Islambild des Mittelalters, Stuttgart 1981.

227. G. E. von Grunebaum, Der Islam im Mittelalter, Zürich 1963.

228. L'Occidente e l'Islam nell'alto medioevo, 2 Bde. (Settimane XII), Spoleto 1965.

229. The Cambridge History of Islam, 2 Bde., ed. by P. M. Holt, A. K. Lambton, B. Lenis, Cambridge 1970.

230. N. Daniel, The Arabs and mediaeval Europe, London 1975; ND 1979.

231. J. J. Norwich, The Normans in the South 1016–1130, London 1967. – Dt.: Die Wikinger im Mittelmeer. Das Südreich der Normannen 1016–1130, Wiesbaden 1968.

232. G. Haendler, Geschichte des Frühmittelalters und der Germanenmission. G. Stökl, Geschichte der Slavenmission (Die Kirche in ihrer Geschichte. Ein Handbuch, Bd. 2, Lfg. E), Göttingen 1961.

2. Ausweitung und Differenzierung der Wirtschaftswelt

a) Raum – Bevölkerung – Technik – Zentralisierung

233. W. Berges, Land und Unland in der mittelalterlichen Welt, in: Festschrift für H. Heimpel, Bd. 3, Göttingen 1972, 399–439.

234. Raum und Bevölkerung in der Weltgeschichte. Bevölkerungs-Ploetz. Bd. 3: E. W. Buchholz, Vom Mittelalter zur Neuzeit, Würzburg 1966. –

Vgl. R. Fossier, La démographie médiévale, in: Annales de démographie historique 1975, 143–165.

235. F. Curschmann, Hungersnöte im Mittelalter. Ein Beitrag zur deutschen Wirtschaftsgeschichte des 8. bis 13. Jh., Leipzig 1900; ND Aalen 1970.

236. L. White jr., Medieval technology and social change, Oxford 1962. – Dt.: Die mittelalterliche Technik und der Wandel der Gesellschaft, München 1968.

237. W. Abel, Geschichte der deutschen Landwirtschaft vom frühen Mittelalter bis zum 19. Jh., Stuttgart 1962; 3. Aufl. 1978.

238. E. Ennen – W. Janssen, Deutsche Agrargeschichte. Vom Neolithikum bis zur Schwelle des Industriezeitalters, Wiesbaden 1979.

239. M. Born, Die Entwicklung der deutschen Agrarlandschaft, Darmstadt 1974 (Erträge der Forschung 29).

a. Villa – Curtis – Grangia. Landwirtschaft zwischen Loire und Rhein von der Römerzeit zum Hochmittelalter, hrsg. v. W. Janssen und D. Lohrmann, München 1983.

240. B. Huppertz, Räume und Schichten bäuerlicher Kulturformen in Deutschland, Bonn 1939.

241. Ch. Higounet, Paysages et villages neufs du Moyen Âge, recueil d'articles, Bordeaux 1975.

242. Die deutsche Ostsiedlung des Mittelalters als Problem der europäischen Geschichte, hrsg. v. W. Schlesinger (V. u. F. XVIII), Sigmaringen 1975.

243. R. Kötzschke – W. Ebert, Geschichte der ostdeutschen Kolonisation, Leipzig 1937.

244. W. Kuhn, Die Siedlerzahlen der deutschen Ostsiedlung, in: Studium sociale. K. V. Müller zur Vollendung seines 65. Lebensjahres, Köln 1963, 131–154.

245. K. Blaschke, Bevölkerungsgeschichte Sachsens bis zur industriellen Revolution, Weimar 1967.

246. R. Lennard, Rural England 1086–1135. A study of social and agrarian conditions, Oxford 1959.

247. E. Miller – J. Hatcher, Medieval England. Rural society and economic change 1086–1348, London 1978.

248. R. Fossier, La terre et les hommes en Picardie jusqu'à la fin du XIIIe siècle, 2 Bde., Paris 1968. – Histoire de la Picardie, Toulouse 1974.

249. D. Nicholas, Structures du peuplement, fonctions urbaines et formation du capital dans la Flandre médiévale, in: Annales 33, 1978, 501–527.

250. K. J. Beloch, Bevölkerungsgeschichte Italiens, 3 Bde., Berlin 1937. 1939. 1961; Bd. 2, 2. Aufl. 1965.

251. D. Herlihy, The history of the rural seigneury in Italy, 751–1200, in: Agricultural History 33, 1959, 58–71.

252. U. May, Untersuchungen zur frühmittelalterlichen Siedlungs-, Personen- und Besitzgeschichte anhand der St. Galler Urkunden, Frankfurt 1976.

253. A. E. VERHULST, De Sint-Baafsabdij te Gent en haar grondbezit (7e – 14e eeuw), Brussel 1958.

254. W. SCHLESINGER, Archäologie des Mittelalters in der Sicht des Historikers, in: Zs. f. Archäologie des Mittelalters 2, 1974, 7–31.

255. Villages désertés et histoire économique XIe–XVIIIe siècle, éd. F. BRAUDEL, Paris 1965.

256. W. JANSSEN, Studien zur Wüstungsfrage im fränkischen Altsiedelland zwischen Rhein, Mosel und Eifelnordrand. Teil 1: Text. Teil 2: Katalog, Köln 1975.

257. Deserted medieval villages. Studies ed. by M. BERESFORD and J. G. HURST, New York 1971.

258. Voraussetzungen und Methoden geschichtlicher Städteforschung, hrsg. v. W. EHBRECHT, Köln 1979.

259. Topografia urbana e vita cittadina nell'alto medioevo in Occidente, 2 Bde. (Settimane XXI), Spoleto 1974.

260. C. BRÜHL, Palatium und Civitas, Bd. 1, Köln 1975.

261. C. BRÜHL, Königs-, Bischofs- und Stadtpfalz in den Städten des „Regnum Italiae" vom 9. bis zum 13. Jh., in: Historische Forschungen für W. Schlesinger, Köln 1974, 400–419.

262. TH. HALL, Mittelalterliche Stadtgrundrisse. Versuch einer Übersicht der Entwicklung in Deutschland und Frankreich, Stockholm 1978.

263. E. GUIDONI, Die europäische Stadt. Eine baugeschichtliche Studie über ihre Entstehung im Mittelalter. Dt. Ausgabe Stuttgart 1980.

264. Studien zu den Anfängen des europäischen Städtewesens (V. u. F. IV), Lindau 1958.

265. Vor- und Frühformen der europäischen Stadt im Mittelalter, hrsg. v. H. JANKUHN, W. SCHLESINGER, H. STEUER, 2 Bde., Göttingen 1973. 1974.

266. Die Stadt des Mittelalters, hrsg. v. C. HAASE, 3 Bde., Darmstadt 1969–1973 (W. d. F. 243–245).

267. H. STOOB, Forschungen zum Städtewesen in Europa. Bd. 1. Räume, Formen und Schichten der mitteleuropäischen Städte. Eine Aufsatzfolge, Köln 1970.

268. Deutscher Städteatlas, hrsg. und bearb. v. H. STOOB. I. II, Dortmund 1973. 1979.

269. K. JUNGHANNS, Die deutsche Stadt im Frühfeudalismus, Berlin 1959.

270. C. MECKSEPER, Kleine Kunstgeschichte der deutschen Stadt im Mittelalter, Darmstadt 1982.

271. T. ENDEMANN, Markturkunde und Markt in Frankreich und Burgund vom 9. bis 11. Jh., Konstanz 1964.

272. W. SCHLESINGER, Vorstufen des Städtewesens im ottonischen Sachsen, in: Die Stadt in der europäischen Geschichte. Festschrift E. Ennen, Bonn 1972, 234–258.

273. J. TAIT, The medieval English borough, Manchester 1936; ND 1968.

274. (The Atlas of) Historic Towns, ed. M. D. LOBEL, 2 Bde., London 1969. 1975.
275. E. MASCHKE, Die Brücke im Mittelalter, in: Die Stadt am Fluß, hrsg. v. E. MASCHKE und J. SYDOW, Sigmaringen 1978, 9–39.
a. M. N. BOYER, Medieval French bridges, Cambridge/Mass. 1976.
276. Stadterweiterung und Vorstadt, hrsg. v. E. MASCHKE und J. SYDOW, Stuttgart 1969.
277. Zentralität als Problem der mittelalterlichen Stadtgeschichtsforschung, hrsg. v. E. MEYNEN, Köln 1979.
278. M. MITTERAUER, Markt und Stadt im Mittelalter: Beiträge zur historischen Zentralitätsforschung, Stuttgart 1980.
279. L. H. NELSON, The Foundation of Jaca (1076): Urban growth in early Aragon, in: Speculum 53, 1978, 688–708.
280. J. M. LACARRA, Les villes-frontières dans l'Espagne des XIe et XIIe siècles, in: MA 69, 1963, 205–222.
281. C. BRÜHL, Fodrum, Gistum, Servitium regis. Studien zu den wirtschaftlichen Grundlagen des Königtums im Frankenreich und in den fränkischen Nachfolgestaaten Deutschland, Frankreich und Italien vom 6. bis zur Mitte des 14. Jh., 2 Bde., Köln 1968.
282. J. GARDELLES, Les palais dans l'Europe occidentale chrétienne du Xe au XIIe siècle, in: CCM 19, 1976, 115–134.
283. W. METZ, Das Servitium regis, Darmstadt 1978.
284. R. DION, Histoire de la vigne et du vin en France des origines au XIXe siècle, Paris 1959.
285. A. I. PINI, La viticoltura italiana nel Medioevo. Coltura della vite e consumo del vino a Bologna dal X al XV secolo, in: Studi medievali 3. ser. 15, 2, 1974, 795–884.

b) Weltwirtschaftliche Perspektiven

286. R.-H. BAUTIER, The economic development of medieval Europe, London 1971.
287. R. S. LOPEZ, The commercial revolution of the Middle Ages 950–1350, Englewood Cliffs/N. J. 1971.
288. R.-H. BAUTIER, Les grands problèmes politiques et économiques de la Méditerranée médiévale, in: RH 234, 1965, 1–28.
289. F.-K. KIENITZ, Das Mittelmeer. Schauplatz der Weltgeschichte von den frühen Hochkulturen bis ins 20. Jh., München 1976.
290. A. SCHAUBE, Handelsgeschichte der romanischen Völker des Mittelmeergebiets bis zum Ende der Kreuzzüge, München 1906.
291. W. HEYD, Histoire du commerce du Levant au Moyen Age, trad. par F. RAINAUD, 2 Bde., Leipzig 1923.
292. W. HEINEMEYER, Die Verträge zwischen dem Oströmischen Reiche und den italischen Städten Genua, Pisa und Venedig vom 10. bis 12. Jh., in: Archiv für Diplomatik 3, 1957, 79–161.

293. P. Schreiner, Untersuchungen zu den Niederlassungen westlicher Kaufleute im byzantinischen Reich des 11. und 12. Jh., in: Byzantinische Forschungen 7, 1979, 175–191.

294. G. Luzzatto, Storia economica di Venezia dall' XI al XVI secolo, Venedig 1961.

295. J. Prawer, The Latin Kingdom of Jerusalem. European colonialism in the Middle Ages, London 1972.

296. E. Ashtor, A social and economic history of the Near East in the Middle Ages, London 1976.

297. W. Stein, Handels- und Verkehrsgeschichte der deutschen Kaiserzeit, hrsg. v. O. Held, Berlin 1922; ND Darmstadt 1967.

298. Ph. Dollinger, La Hanse (XIIe–XVIIe siècles), Paris 1964. – Dt.: Die Hanse, Stuttgart 1966; 3. Aufl. 1981.

299. F. Friedensburg, Münzkunde und Geldgeschichte der Einzelstaaten des Mittelalters und der neueren Zeit, München 1926; ND 1972.

300. E. Fournial, Histoire monétaire de l'Occident médiéval, Paris 1970.

301. J. H. Pryor, The origins of the *commenda* contract, in: Speculum 52, 1977, 5–37.

302. H. C. Krueger, Genoese merchants, their associations and investments, 1155 to 1230, in: Studi in onore di A. Fanfani I, Milano 1962, 413–426.

303. L. Buenger Robbert, Reorganization of the Venetian coinage by doge Enrico Dandolo, in: Speculum 49, 1974, 48–60.

304. R. S. Lopez, The Dollar of the Middle Ages, in: Journal of Economic History 11, 1951, 209–234.

305. C. Violante, Les prêts sur gage foncier dans la vie économique et sociale de Milan au XIe siècle, in: CCM 5, 1962, 147–168, 437–459.

306. Zwei Jahrtausende Kölner Wirtschaft. Bd. 1, hrsg. v. H. Kellenbenz, Köln 1975.

307. R. S. Lopez, I primi cento anni di storia documentata della banca a Genova, in: Studi in onore di A. Sapori I, Milano 1957, 215–253.

308. B. Lyon – A. Verhulst, Medieval finance. A comparison of financial institutions in Northwestern Europe, Brugge 1967.

309. V. Pfaff, Die Einnahmen der römischen Kurie am Ende des 12. Jh., in: VSWG 40, 1953, 97–118.

310. V. Pfaff, Das Papsttum in der Weltpolitik des endenden 12. Jh., in: MIÖG 82, 1974, 338–376.

311. W. von Stromer, Bernardus Teotonicus und die Geschäftsbeziehungen zwischen den deutschen Ostalpen und Venedig vor Gründung des Fondaco dei Tedeschi, in: Beiträge zur Handels- und Verkehrsgeschichte, Graz 1978, 1–15.

312. U. Dirlmeier, Mittelalterliche Hoheitsträger im wirtschaftlichen Wettbewerb, Wiesbaden 1966.

313. J. L. BOLTON, Medieval English economy 1150–1500. London 1980.
314. R. TROW-SMITH, A history of British livestock husbandry to 1700. Bd. 1, London 1957.
315. A. VERHULST, Histoire du paysage rural en Flandre de l'époque romaine au XVIIIe siècle, Bruxelles 1966.
316. R.-H. BAUTIER, Les foires de Champagne. Recherches sur une évolution historique, in: La Foire, Bruxelles 1953, 97–147 (Recueils de la Société Jean Bodin, Bd. 5).
317. R. DOEHAERD, Féodalité et commerce. Remarques sur le conduit des marchands, XIe–XIIIe siècles, in: La noblesse au Moyen Age. Essais à la mémoire de R. Boutruche, Paris 1976, 203–217.
318. M. LOMBARD, L'évolution urbaine pendant le haut Moyen Age, in: Annales 12, 1957, 7–28.
319. H. VAN WERVEKE, Monnaie, lingots ou marchandises? Les instruments d'échange aux XIe et XIIe siècles, in: Annales d'histoire économique et sociale 4, 1932, 452–468; auch in: VAN WERVEKE, Miscellanea mediaevalia, Gent 1968.
320. CH. VERLINDEN, Marchands ou tisserands? A propos des origines urbaines, in: Annales 27, 1972, 396–406.
321. CH. VERLINDEN, L'esclavage dans l'Europe médiévale. 1: Péninsule ibérique – France, Brugge 1955. – 2: Italie – Colonies italiennes du Levant – Levant latin – Empire byzantin, Gent 1977.
322. CH. VERLINDEN, Wo, wann und warum gab es einen Großhandel mit Sklaven während des Mittelalters? (Kölner Vorträge zur Sozial- und Wirtschaftsgeschichte), Köln 1970.
323. J. HOFFMANN, Die östliche Adriaküste als Hauptnachschubbasis für den venezianischen Sklavenhandel bis zum Ausgang des 11. Jh., in: VSWG 55, 1968, 165–181.
324. A. HAVERKAMP, Zur Sklaverei in Genua während des 12. Jh., in: Geschichte in der Gesellschaft. Festschrift für K. Bosl, Stuttgart 1974, 160–215.

3. FRIEDE UND RECHT IM WANDEL DER GESELLSCHAFT

a) Sozialgeschichtsschreibung

325. M. BLOCH, La société féodale. Bd. 1: La formation des liens de dépendance, Bd. 2: Les classes et le gouvernement des hommes, Paris 1939/40; viele Nachdrucke: Taschenbuch 1968. – Dt.: Die Feudalgesellschaft, Berlin 1982.
326. M. BLOCH, Mélanges historiques, 2 Bde., Paris 1963.
327. O. BRUNNER, Sozialgeschichte Europas im Mittelalter (= Inneres Gefüge des Abendlandes, in: Historia mundi VI, 1958), Göttingen 1978.
328. Collectanea F. STEINBACH. Aufsätze und Abhandlungen, Bonn 1967.

329. W. SCHLESINGER, Beiträge zur deutschen Verfassungsgeschichte des Mittelalters, 2 Bde., Göttingen 1963.

330. J. LE GOFF, Pour un autre moyen âge. Temps, travail et culture en Occident: 18 essais, Paris 1977.

331. K. BOSL, Frühformen der Gesellschaft im mittelalterlichen Europa. Ausgew. Beiträge zu einer Strukturanalyse der mittelalterlichen Welt, München 1964.

332. G. DUBY, Hommes et structures du Moyen Age. Recueil d'articles, Paris 1973.

333. G. DUBY, Les trois ordres ou l'imaginaire du féodalisme, Paris 1978. – Dt.: Die drei Ordnungen. Das Weltbild des Feudalismus, Frankfurt 1981.

334. E. MASCHKE, Städte und Menschen. Beiträge zur Geschichte der Stadt, der Wirtschaft und Gesellschaft 1959–1977, Wiesbaden 1980.

335. E. ENNEN, Gesammelte Abhandlungen zum europäischen Städtewesen und zur rheinischen Geschichte, Bonn 1977.

336. A. BORST, Lebensformen im Mittelalter, Frankfurt 1973; Taschenbuch 1979.

337. C. MORRIS, The discovery of the individual 1050–1200, London 1972.

338. A. MURRAY, Reason and society in the Middle Ages, Oxford 1978.

339. Prosopographie als Sozialgeschichte? Methoden personengeschichtlicher Erforschung des Mittelalters, München 1978.

340. K. F. WERNER, Problematik und erste Ergebnisse des Forschungsvorhabens „PROL" (Prosopographia Regnorum Orbis Latini). Zur Geschichte der west- und mitteleuropäischen Oberschichten bis zum 12. Jh., in: QFIAB 57, 1977, 69–87.

341. K. SCHMID, Prosopographische Forschungen zur Geschichte des Mittelalters, in: Aspekte der historischen Forschung in Frankreich und Deutschland, hrsg. v. G. A. RITTER und R. VIERHAUS, Göttingen 1981, 54–78.

342. M. ZENDER, Räume und Schichten mittelalterlicher Heiligenverehrung in ihrer Bedeutung für die Volkskunde, 2. Aufl. Köln 1973.

343. E. FRHR. VON KÜNSSBERG, Rechtliche Volkskunde, Halle/S. 1936. – Rechtsgeschichte und Volkskunde, Köln 1965.

344. R. SCHMIDT-WIEGAND, Gebärdensprache im mittelalterlichen Recht, in: FMSt 16, 1982, 363–379.

b) Mönche, Eremiten, Kanoniker (vorfranziskanisch)

345. J. WOLLASCH, Mönchtum des Mittelalters zwischen Kirche und Welt, München 1973.

a. M. PARISSE, Les nonnes au Moyen Age, Le Puy 1983.

346. K. HALLINGER, Gorze – Kluny. Studien zu den monastischen Lebensformen und Gegensätzen im Hochmittelalter, 2 Bde., Rom 1950/51. – Vgl. TH. SCHIEFFER, Cluniazensische oder gorzische Reformbewegung? in:

Archiv für mittelrheinische Kirchengeschichte 4, 1952, 24–44; auch in: Cluny [719].

347. L'eremitismo in Occidente nei secoli XI e XII (Miscellanea del Centro di studi medioevali IV), Milano 1965.

348. J. WOLLASCH, Parenté noble et monachisme réformateur. Observations sur les „conversions“ à la vie monastique aux XIe et XIIe siècles, in: RH 264, 1980, 3–24.

349. J. VON WALTER, Die ersten Wanderprediger Frankreichs. Studien zur Geschichte des Mönchtums, 2 Teile, Leipzig 1903/1906; ND Aalen 1972.

350. L. J. LEKAI, The Cistercians. Ideals and reality, Kent/Ohio 1977.

351. Die Zisterzienser. Eine Ausstellung des Landschaftsverbandes Rheinland (Aachen 1980 = I), Köln 1980. – Ergänzungsband (= II), hrsg. von K. ELM, Köln 1982.

352. B. BLIGNY, L'église et les ordres religieux dans le royaume de Bourgogne aux XIe et XIIe siècles, Paris 1960.

353. K. SCHREINER, Sozial- und standesgeschichtliche Untersuchungen zu den Benediktinerkonventen im östlichen Schwarzwald, Stuttgart 1964.

354. Ordensstudien I: Beiträge zur Geschichte der Konversen im Mittelalter, hrsg. v. K. ELM, Berlin 1980.

355. ST. WEINFURTER, Norbert von Xanten – Ordensstifter und „Eigenkirchenherr“, in: AKuG 59, 1977, 66–98.

356. ST. WEINFURTER, Reformkanoniker und Reichsepiskopat im Hochmittelalter, in: HJb 97/98, 1978, 158–193.

357. ST. WEINFURTER, Neuere Forschung zu den Regularkanonikern im Deutschen Reich des 11. und 12. Jh., in: HZ 224, 1977, 379–397.

358. A. RAVIER, S. Bruno, le premier des ermites de la Chartreuse, Paris 1967.

c) Religiöse Bewegungen

359. H. GRUNDMANN, Religiöse Bewegungen im Mittelalter, Berlin 1935; ND mit Anhang: Neue Beiträge zur Geschichte der religiösen Bewegungen im Mittelalter, Darmstadt 1970.

360. H. GRUNDMANN, Ausgewählte Aufsätze. Teil I–III, Stuttgart 1976–1978.

361. R. MANSELLI, La religion populaire au moyen âge, Montréal 1975.

362. I laici nella „Societas christiana“ dei secoli XI e XII (Miscellanea del Centro di studi medioevali V), Milano 1968.

363. E. WERNER, Pauperes Christi. Studien zu sozial-religiösen Bewegungen im Zeitalter des Reformpapsttums, Leipzig 1956.

364. Poverty in the Middle Ages, ed. by D. FLOOD, Werl/Westf. 1975.

365. Études sur l'histoire de la pauvreté, sous la direction de M. MOLLAT, 2 Bde., Paris 1974.

366. M. MOLLAT, Les pauvres au moyen âge, Paris 1978.

367. Povertà e ricchezza nella spiritualità dei secoli XI e XII, Todi 1969.

368. L. K. LITTLE, Religious poverty and the profit economy in medieval Europe, London 1978.

369. M. REEVES – B. HIRSCH-REICH, The Figurae of Joachim of Fiore, Oxford 1972.

370. K. LÖWITH, Meaning in history. The theological implications of the philosophy of history, Chicago 1949. – Dt.: Weltgeschichte und Heilsgeschehen, Stuttgart 1953; 7. Aufl. 1979.

a. B. TÖPFER, Das kommende Reich des Friedens. Zur Entwicklung chiliastischer Zukunftshoffnungen im Hochmittelalter, Berlin 1964.

371. O. G. OEXLE, Armut und Armenfürsorge um 1200, in: Sankt Elisabeth, hrsg. von der Philipps-Universität Marburg, Sigmaringen 1981, 78–100.

372. O. NÜBEL, Mittelalterliche Beginen- und Sozialsiedlungen in den Niederlanden, Tübingen 1970.

d) Gottes-, Stadt- und Landfrieden

373. PH. CONTAMINE, La guerre au moyen âge, Paris 1980.

374. E. D. HEHL, Kirche und Krieg im 12. Jh. Studien zu kanonischem Recht und politischer Wirklichkeit, Stuttgart 1980.

375. H. HOFFMANN, Gottesfriede und Treuga Dei, Stuttgart 1964.

376. B. TÖPFER, Volk und Kirche zur Zeit der beginnenden Gottesfriedensbewegung in Frankreich, Berlin 1957.

377. G. DUBY, La société aux XIe et XIIe siècles dans la région mâconnaise, Paris 1953; ND 1971.

378. C. VIOLANTE, La pataria milanese e la riforma ecclesiastica I: Le premesse 1045–1057, Roma 1955.

379. TH. KÖRNER, Juramentum und frühe Friedensbewegung (10.–12. Jh.), Berlin 1977.

380. A. VERMEESCH, Essai sur les origines et la signification de la commune dans le nord de la France (XIe et XIIe siècles), Heule 1966.

381. V. PFAFF, Das Papsttum und die Freiheit der Bischofsstädte im 12. Jh., in: Archiv für Diplomatik 25, 1979, 59–104.

382. J. GERNHUBER, Die Landfriedensbewegung in Deutschland bis zum Mainzer Reichslandfrieden von 1235, Bonn 1952.

383. A. GRABOÏS, De la trêve de Dieu à la paix du roi. Étude sur les transformations du mouvement de la paix au XIIe siècle, in: Mélanges offerts à R. Crozet, Bd. 1, Poitiers 1966, 585–596.

384. O. ENGELS, Vorstufen der Staatwerdung im Hochmittelalter – Zum Kontext der Gottesfriedensbewegung, in: HJb 97/98, 1978, 71–86.

e) Pilgerfahrt – Kreuzzüge – Nichtchristen

385. H. E. MAYER, Geschichte der Kreuzzüge, Stuttgart 1965; 4. Aufl. 1976.

386. A history of the crusades, ed. by K. M. SETTON, 4 Bde., Philadelphia 1955. 1962. Madison/Wisc. 1975. 1977.

a. J. RILEY-SMITH, What were the crusades? London 1977.

387. R. KONRAD, Das himmlische und das irdische Jerusalem im mittelalterlichen Denken. Mystische Vorstellung und geschichtliche Wirkung, in: Speculum historiale. J. Spörl aus Anlaß seines 60. Geb., Freiburg 1965, 523–540.

388. P. A. SIGAL, Les marcheurs de Dieu. Pèlerinages et pèlerins au Moyen Age, Paris 1974.

389. C. VOGEL, Le pèlerinage pénitentiel, in: Pellegrinaggi e culto dei santi in Europa fino alla I[a] crociata, Todi 1963, 37–94.

390. L. SCHMUGGE, „Pilgerfahrt macht frei" – Eine These zur Bedeutung des mittelalterlichen Pilgerwesens, in: Römische Quartalschrift f. christl. Altertumskunde u. Kirchengeschichte 74, 1979, 16–31.

391. C. ERDMANN, Die Entstehung des Kreuzzugsgedankens, Stuttgart 1935; ND Darmstadt 1980.

392. A. NOTH, Heiliger Krieg und Heiliger Kampf in Islam und Christentum. Beiträge zur Vorgeschichte und Geschichte der Kreuzzüge, Bonn 1966.

393. H. E. J. COWDREY, The Mahdia campaign of 1087, in: EHR 92, 1977, 1–29.

394. G. SCALIA, Epigraphica Pisana. Testi latini sulla spedizione contro le Baleari del 1113–15 e su altre imprese anti-saracene del secolo XI, in: Miscellanea di studi ispanici dell'Istituto di letteratura spagnola e ispanoamericana della Università di Pisa 6, Firenze 1963, 234–286.

395. G. SCALIA, Il carme pisano sull'impresa contro i Saraceni del 1087, in: Studi di filologia romana, scritti in onore di S. Pellegrini, Padova 1971, 1–63.

396. M. SEIDEL, Dombau, Kreuzzugsidee und Expansionspolitik. Zur Ikonographie der Pisaner Kathedralbauten, in: FMSt 11, 1977, 340–369.

397. B. BLUMENKRANZ, Juifs et Chrétiens dans le monde occidental 430–1096, Paris 1960.

398. B. BLUMENKRANZ, Juifs et Chrétiens. Patristique et Moyen Age, London 1977 (Aufsatzsammlung).

399. Judentum im Mittelalter, hrsg. von P. WILPERT (Miscellanea mediaevalia 4), Berlin 1966.

400. W. GIESE, In Judaismum lapsus est. Jüdische Proselytenmacherei im frühen und hohen Mittelalter (600–1300), in: HJb 88, 1968, 407–418.

401. L. DASBERG, Untersuchungen über die Entwertung des Judenstatus im 11. Jh., Paris 1965.

402. H. LIEBESCHÜTZ, Synagoge und Ecclesia. Religionsgeschichtliche Studien über die Auseinandersetzung der Kirche mit dem Judentum im Hochmittelalter. Aus dem Nachlaß hrsg. von A. PATSCHOVSKY, Heidelberg 1983.

403. A. M. SHAPIRO, Jews and Christians in the period of the crusades, in: Journal of Economic Studies 9, 1972, 725–749.

404. D. MERTENS, Christen und Juden zur Zeit des ersten Kreuzzuges, in: Die Juden als Minderheit in der Geschichte, hrsg. v. B. MARTIN und E. SCHULIN, München 1981, 46–67.

405. N. GOLB, New light on the persecution of French Jews at the time of the first crusade, in: Proceedings of the American Academy for Jewish research 34, 1966, 1–63.

406. A. MILANO, Storia degli ebrei in Italia, Torino 1963.

f) Häresie

407. Hérésies et sociétés dans l'Europe préindustrielle 11e–18e siècles. Communications et débats du Colloque de Royaumont présentés par J. LE GOFF, Paris 1968.

408. H. GRUNDMANN, Ketzergeschichte des Mittelalters (Die Kirche in ihrer Geschichte. Ein Handbuch, Bd. 2, Lfg. G, Teil 1), Göttingen 1963.

409. C. T. BERKHOUT – J. B. RUSSELL, Medieval heresies. A bibliography 1960–1979, Toronto 1981.

410. M. D. LAMBERT, Medieval heresy. Popular movements from Bogomil to Hus, London 1977. – Dt.: Ketzerei im Mittelalter, München 1981.

411. A. DONDAINE, Aux origines du Valdéisme, in: Archivum Fratrum Praedicatorum 16, 1946, 191–235.

412. A. BORST, Die Katharer, Stuttgart 1953. – Franz. Übersetzung (mit einem Nachwort), Paris 1974.

a. J. DUVERNOY, Le catharisme, Toulouse 1976.

413. A. DONDAINE, L'origine de l'hérésie médiévale. A propos d'un livre récent, in: Rivista di storia della chiesa in Italia 6, 1952, 47–78.

414. R. MORGHEN, Il cosiddetto Neo-Manicheismo occidentale del secolo XI, in: Convegno di scienze morali, storiche e filologiche 1956 (Accademia nazionale dei Lincei. Atti dei Convegni 12), Roma 1957, 84–104.

415. B. PRIMOV, Medieval Bulgaria and the dualistic heresies in Western Europe, in: Études historiques, Sofia 1960, 79–106.

416. J. MUSY, Mouvements populaires et hérésies au XIe siècle en France, in: RH 253, 1975, 33–76.

417. H. TAVIANI, Naissance d'une hérésie en Italie du Nord au XIe siècle, in: Annales 29, 1974, 1224–1252.

418. E. WERNER, Häresie und Gesellschaft im 11. Jh., Berlin 1975.

419. M. LOOS, Dualist heresy in the Middle Ages, Praha 1974.

420. K.-V. SELGE, Die ersten Waldenser. Mit Edition des Liber antiheresis des Durandus von Osca, 2 Bde., Berlin 1967.

421. A. MOLNÁR, Valdenšti Evropsky, Praha 1973. – Dt.: Die Waldenser, Göttingen 1980. – J. GONNET – A. MOLNÁR, Les Vaudois au Moyen Age, Torino 1974.

422. The concept of heresy in the Middle Ages (11th–13th century), ed. by W. LOURDAUX and D. VERHELST, Leuven 1976.

423. R. MANSELLI, Studi sulle eresie del secolo XII, 2. erw. Aufl., Roma 1975.

424. G. KOCH, Frauenfrage und Ketzertum im Mittelalter: Die Frauenbewe-

gung im Rahmen des Katharismus und des Waldensertums und ihre sozialen Wurzeln (12.–14. Jh.), Berlin 1962.

425. P. RICHÉ, Recherches sur l'instruction des laics du IXe au XIIe siècle, in: CCM 5, 1962, 175–182.
426. R. ZERFASS, Der Streit um die Laienpredigt. Eine pastoralgeschichtliche Untersuchung zum Verständnis des Predigtamtes und zu seiner Entwicklung im 12. und 13. Jh., Freiburg 1974.
427. R. MANSELLI, La „christianitas" medioevale di fronte all' eresia, in: Concetto, storia, miti e immagini del medio evo, a cura di V. BRANCA, Firenze 1973, 91–133.
428. G. SCHMITZ-VALCKENBERG, Grundlehren katharischer Sekten des 13. Jh. Eine theologische Untersuchung mit besonderer Berücksichtigung von ‚Adversus Catharos et Valdenses' des Moneta von Cremona, Paderborn 1971.

g) Freiheit

429. H. GRUNDMANN, Freiheit als religiöses, politisches und persönliches Postulat im Mittelalter, in: HZ 183, 1957, 23–93.
430. R. VON KELLER, Freiheitsgarantien für Person und Eigentum im Mittelalter, Heidelberg 1933.
431. H. K. SCHULZE, Rodungsfreiheit und Königsfreiheit. Zu Genesis und Kritik neuerer verfassungsgeschichtlicher Theorien, in: HZ 219, 1974, 529–550.
432. F. IRSIGLER, Freiheit und Unfreiheit im Mittelalter. Formen und Wege sozialer Mobilität, in: Westfälische Forschungen 28, 1976/77, 1–15.
433. H. VOLLRATH, Herrschaft und Genossenschaft im Kontext frühmittelalterlicher Rechtsbeziehungen, in: HJb 102, 1982, 33–71.
434. H. FICHTENAU, Soziale Mobilität in Quellen des 10. und frühen 11. Jh., in: Wirtschafts- und sozialhistorische Beiträge. Festschrift für A. Hoffmann, München 1979, 11–29.
435. W. NOWAK, Soziale Wandlungen und niedere Volksschichten im Zeitalter des Investiturstreites, Diss. Ms. Berlin 1954.
436. E. LINCK, Sozialer Wandel in klösterlichen Grundherrschaften des 11. bis 13. Jh., Göttingen 1979.
437. J. ASCH, Grundherrschaft und Freiheit. Entstehung und Entwicklung der Hägergerichte in Südniedersachsen, in: Niedersächs. Jahrbuch 50, 1978, 107–192.

h) Adel und Rittertum

438. A. SCHULTE, Der Adel und die deutsche Kirche im Mittelalter. Studien zur Sozial-, Rechts- und Kirchengeschichte, Stuttgart 1910; ND Darmstadt 1966.

439. Adel und Kirche. G. Tellenbach zum 65. Geb., Freiburg 1968.

440. L. GENICOT, La noblesse dans l'Occident médiéval, London 1982 (Aufsatzsammlung).

441. G. TABACCO, Su nobiltà e cavalleria nel medioevo. Un ritorno a Marc Bloch?, in: Studi di storia medievale e moderna per E. Sestan, Firenze 1980, 31–55.

442. K. SCHMID, Zur Problematik von Familie, Sippe und Geschlecht, Haus und Dynastie beim mittelalterlichen Adel, in: Zeitschr. für die Geschichte des Oberrheins 105, 1957, 1–62.

443. Herrschaft und Stand. Untersuchungen zur Sozialgeschichte im 13. Jh., hrsg. v. J. FLECKENSTEIN, Göttingen 1977.

444. Das Rittertum im Mittelalter, hrsg. v. A. BORST, Darmstadt 1976 (W. d. F. 349).

445. G. ALTHOFF, Nunc fiant Christi milites, qui dudum extiterunt raptores. Zur Entstehung von Rittertum und Ritterethos, in: Saeculum 32, 1981, 317–333.

446. J. M. VAN WINTER, Rittertum. Ideal und Wirklichkeit, München 1969.

447. J. M. VAN WINTER, Cingulum militiae. Schwertleite en miles-terminologie als spiegel van veranderend menselijk gedrag, in: Tijdschrift voor Rechtsgeschiedenis 44, 1976, 1–92.

448. Die geistlichen Ritterorden Europas, hrsg. von J. FLECKENSTEIN und M. HELLMANN (V. u. F. XXVI), Sigmaringen 1980.

449. M. L. BULST-THIELE, Sacrae Domus Militiae Templi Hierosolymitani Magistri. Untersuchungen zur Geschichte des Templerordens 1118/19–1314, Göttingen 1974.

450. J. BUMKE, Studien zum Ritterbegriff im 12. und 13. Jh., Heidelberg 1964; 2. Aufl. 1977.

451. J. FLECKENSTEIN, Friedrich Barbarossa und das Rittertum. Zur Bedeutung der großen Mainzer Hoftage von 1184 und 1188, in: Festschrift für H. Heimpel, Bd. 2, Göttingen 1972, 1023–1041; auch in: Friedrich Barbarossa [968].

452. J. FLECKENSTEIN, Zum Problem der Abschließung des Ritterstandes, in: Historische Forschungen für W. Schlesinger, Köln 1974, 252–271.

453. J. B. FREED, The origins of the European nobility: The problem of the ministerials, in: Viator 7, 1976, 211–241.

454. M. PARISSE, Les ministériaux en Empire: ab omni iugo servili absoluti, in: Jahrb. für westdt. Landesgeschichte 6, 1980, 1–24.

i) Gemeinschaften und Gemeinden

455. K. BOSL, Die „familia" als Grundstruktur der mittelalterlichen Gesellschaft, in: Zeitschrift für bayerische Landesgeschichte 38, 1975, 403–424.

456. W. Ullmann, The individual and society in the Middle Ages, Baltimore 1966. – Dt.: Individuum und Gesellschaft im Mittelalter, Göttingen 1974.

457. K. Schmid – J. Wollasch, Societas et fraternitas. Begründung eines kommentierten Quellenwerkes zur Erforschung der Personen und Personengruppen des Mittelalters, Berlin 1975 (Separatdruck aus: FMSt 9, 1975, 1–48).

458. Th. Schuler, Familien im Mittelalter, in: Die Familie in der Geschichte, hrsg. v. H. Reif, Göttingen 1982, 28–60.

459. Famille et parenté dans l'Occident médiéval. Actes du Colloque de Paris (1974), présentés par G. Duby et J. Le Goff, Rome 1977.

460. M. Bellomo, Problemi di diritto familiare nell' età dei comuni. Beni paterni et „pars filii", Milano 1968.

461. J. Heers, Le clan familial au Moyen Age. Études sur les structures politiques et sociales des milieux urbains, Paris 1974.

462. Il matrimonio nella società altomedievale, 2 Bde. (Settimane XXIV), Spoleto 1977.

463. G. Duby, Medieval marriage. Two models from twelfth-century France, Baltimore 1978.

464. G. Duby, Le chevalier, la femme et le prêtre. Le mariage dans la France féodale, Paris 1981.

465. Ch. N. L. Brooke, Aspects of marriage law in the eleventh and twelfth centuries, in: Proceedings of the Fifth International Congress of Medieval Canon Law, ed. by St. Kuttner and K. Pennington (Monumenta Iuris Canonici, Series C. Subsidia 6), Città del Vaticano 1980, 333–344.

a. Ch. Donahue, The dating of Alexander the third's marriage decretals: Dauvillier revisited after fifty years, in: ZRG KA 68, 1982, 70–124.

466. V. Pfaff, Das kirchliche Eherecht am Ende des 12. Jh., in: ZRG KA 63, 1977, 73–117.

467. P. Leisching, Eheschließungen vor dem Notar im 13. Jh., in: ZRG KA 63, 1977, 20–46.

468. J. Gaudemet, La paroisse au Moyen Age. État des questions, in: Revue d'histoire de l'Eglise de France 59, 1973, 5–21.

469. D. Kurze, Pfarrerwahlen im Mittelalter. Ein Beitrag zur Geschichte der Gemeinde und des Niederkirchenwesens, Köln 1966.

470. D. Poeck, Laienbegräbnisse in Cluny, in: FMSt 15, 1981, 68–179.

471. P. Michaud-Quantin, Universitas. Expressions du mouvement communautaire dans le Moyen Age latin, Paris 1970.

472. O. G. Oexle, Die mittelalterlichen Gilden: Ihre Selbstdeutung und ihr Beitrag zur Formung sozialer Strukturen, in: Soziale Ordnungen im Selbstverständnis des Mittelalters, 1. Halbband, hrsg. von A. Zimmermann (Miscellanea mediaevalia 12/1), Berlin 1979, 203–226.

473. J. Wollasch, Gemeinschaftsbewußtsein und soziale Leistung im Mittelalter, in: FMSt 9, 1975, 268–286.

474. H. CAFFIAUX, Mémoire sur la charte de la frairie de la halle basse de Valenciennes (XIe et XIIe siècles), in: Mémoires de la Société nationale des antiquaires de France 38 (4e sér. 8), 1877, 1–41.

475. G. ESPINAS – H. PIRENNE, Les coutumes de la gilde marchande de Saint-Omer, in: MA 2e sér. 5 (14), 1901, 189–196.

476. Kaufmännische und gewerbliche Genossenschaften im Mittelalter. Arbeitssitzungen des Konstanzer Arbeitskreises 1980 (demnächst in: V. u. F.).

477. P. CLASSEN, Zur Geschichte der „Akademischen Freiheit" vornehmlich im Mittelalter, in: HZ 232, 1981, 529–553.

478. W. STELZER, Zum Scholarenprivileg Friedrich Barbarossas (Authentica „Habita"), in: DA 34, 1978, 123–165.

479. J. K. HYDE, Commune, university and society in early medieval Bologna, in: Universities in politics, ed. by J. W. BALDWIN – R. A. GOLDTWAITE, Baltimore 1972, 17–47.

480. Nationes. Historische und philologische Untersuchungen zur Entstehung der europäischen Nationen im Mittelalter, hrsg. von H. BEUMANN und W. SCHRÖDER, 3 Bde., Sigmaringen 1978. 1975. 1980.

a. K. F. WERNER, Les nations et le sentiment nationale dans l'Europe médiévale, in: RH 244, 1979, 285–304.

481. L. SCHMUGGE, Über „nationale" Vorurteile im Mittelalter, in: DA 38, 1982, 439–459.

482. Beiträge zum hochmittelalterlichen Städtewesen, hrsg. v. B. DIESTELKAMP, Köln 1982.

483. E. ENNEN, Die europäische Stadt des Mittelalters, Göttingen 1972; 3. Aufl. 1979.

a. Histoire de la France urbaine. Dir. G. DUBY, T. 2: La ville médiévale. Vol. dirigé par J. LE GOFF, Paris 1980.

484. M. WEBER, Die Stadt, in: Archiv für Sozialwissenschaft und Sozialpolitik 47, 1921, 621–727; zuletzt unter der Überschrift: „Die nichtlegitime Herrschaft (Typologie der Städte)" in: WEBER, Wirtschaft und Gesellschaft, hrsg. v. J. WINCKELMANN, 2. Halbband, 5. Aufl. Tübingen 1976, 727–814.

485. E. ENNEN, Frühgeschichte der europäischen Stadt, Bonn 1953; 3. Aufl. Bonn 1981 mit Nachtrag: Bemerkungen zum gegenwärtigen Forschungsstand.

486. Stadt und Herrschaft. Römische Kaiserzeit und Hohes Mittelalter, hrsg. v. F. VITTINGHOFF (HZ Beih. 7, NF), München 1982.

487. Altständisches Bürgertum, hrsg. v. H. STOOB. 1. Bd.: Herrschaft und Gemeinverfassung; 2. Bd.: Erwerbsleben und Sozialgefüge, Darmstadt 1978 (W. d. F. 352. 417).

488. K. SCHULZ, Ministerialität und Bürgertum in Trier. Untersuchungen zur rechtlichen und sozialen Gliederung der Trierer Bürgerschaft vom ausgehenden 11. bis zum Ende des 14. Jh., Bonn 1968.

489. Untersuchungen zur gesellschaftlichen Struktur der mittelalterlichen Städte in Europa (V. u. F. XI), Konstanz 1966.

490. Köln, das Reich und Europa, hrsg. v. H. STEHKÄMPER, Köln 1971.

a. H. JAKOBS, Eugen III. und die Anfänge europäischer Stadtsiegel, Köln 1980.

491. E. MÜLLER-MERTENS, Bürgerlich-städtische Autonomie in der Feudalgesellschaft. Begriff und geschichtliche Bedeutung, in: ZfG 29, 1981, 205–225.

492. Das Dorf der Eisenzeit und des frühen Mittelalters, hrsg. v. H. JANKUHN u. a., Göttingen 1977.

493. G. DUBY, L'économie rurale et la vie des campagnes dans l'Occident médiéval (France, Angleterre, Empire, IXe–XVe siècles). Essai de synthèse et perspectives de recherches, 2 Bde., Paris 1962. – La formations des campagnes françaises (Hist. de France rurale. Ed. G. DUBY, Bd. 1), Paris 1975.

494. Die Anfänge der Landgemeinde und ihr Wesen, 2 Bde. (V. u. F. VII. VIII), Konstanz 1964. – Vgl. G. GUDIAN, in: HZ 204, 1967, 154–167.

495. M. NIKOLAY-PANTER, Entstehung und Entwicklung der Landgemeinde im Trierer Raum, Bonn 1976.

496. W. O. AULT, Village assemblies in medieval England, in: Album H. M. Cam, Louvain 1960, 11–35.

497. K. S. BADER, Studien zur Rechtsgeschichte des mittelalterlichen Dorfes. 1: Das mittelalterliche Dorf als Friedens- und Rechtsbereich; 2: Dorfgenossenschaft und Dorfgemeinde; 3: Rechtsformen und Schichten der Liegenschaftsnutzung im mittelalterlichen Dorf, Weimar 1957; Köln 1962; Wien 1973.

498. K. S. BADER, Dorf und Dorfgemeinde in der Sicht des Rechtshistorikers, in: Zeitschr. für Agrargeschichte und Agrarsoziologie 12, 1964, 10–20.

499. Wort und Begriff „Bauer", hrsg. von R. WENSKUS, H. JANKUHN und K. GRINDA, Göttingen 1975.

500. A. DOPSCH, Herrschaft und Bauer in der deutschen Kaiserzeit, Jena 1939; 2. Aufl. Stuttgart 1964.

501. S. D. SKAZKIN, Der Bauer in Westeuropa während der Epoche des Feudalismus (Bearb. der deutschen Fassung: B. TÖPFER und S. EPPERLEIN), Berlin 1976.

502. H. FEHR, Das Waffenrecht der Bauern im Mittelalter, in: ZRG GA 35, 1914, 111–211 und 38, 1917, 1–114.

503. G. DUBY, Guerriers et paysans. VII–XIIe siècle. Premier essor de l'économie européenne, Paris 1973. – Dt.: Krieger und Bauern. Die Entwicklung

von Wirtschaft und Gesellschaft im frühen Mittelalter, Frankfurt a. M., 2. Aufl. 1981.

504. Deutsches Bauerntum im Mittelalter, hrsg. von G. FRANZ, Darmstadt 1976 (W. d. F. 416).

505. PH. DOLLINGER, L'évolution des classes rurales en Bavière depuis la fin de l'époque carolingienne jusqu'au milieu du XIIIe siècle, Paris 1949. – Dt.: Der bayerische Bauernstand vom 9. bis zum 13. Jh., München 1982.

506. E. PERROY, Seigneurie et manoir, in: Annales 16, 1961, 116–121.

507. P. J. JONES, From manor to mezzadria: a Tuscan case-study in the medieval origins of modern agrarian society, in: Florentine studies. Politics and society in Renaissance Florence, ed. N. RUBINSTEIN, London 1968, 193–241.

508. M. ERBSTÖSSER, Zur Struktur der bäuerlichen Klasse im deutschen Reich im ausgehenden 11. Jh., in: Jahrbuch für Regionalgeschichte 5, 1975, 254–264.

k) Der „Staat" des Mittelalters (Diskussion insbesondere der deutschen Forschung)

509. J. FICKER, Vom Reichsfürstenstande. Forschungen zur Geschichte der Reichsverfassung zunächst im 12. und 13. Jh., 2 Bde., Innsbruck 1861–1923; ND Aalen 1961.

510. J. FICKER, Vom Heerschilde, Innsbruck 1862; ND 1964.

511. H. HIRSCH, Die Klosterimmunität seit dem Investiturstreit, Weimar 1913; ND Darmstadt 1967.

512. E. ROSENSTOCK, Königshaus und Stämme in Deutschland zwischen 911 und 1250, Leipzig 1914; ND Aalen 1966.

513. O. HINTZE, Staat und Verfassung. Gesammelte Abhandlungen zur allgemeinen Verfassungsgeschichte, Leipzig 1941; 3. Aufl., hrsg. v. G. OESTREICH, Göttingen 1970.

514. H. MITTEIS, Lehnrecht und Staatsgewalt, Weimar 1933; ND Darmstadt 1958.

515. O. BRUNNER, Land und Herrschaft. Grundfragen der territorialen Verfassungsgeschichte Südostdeutschlands im Mittelalter, Baden bei Wien 1939; 5. Aufl. Wien 1965; ND Darmstadt 1973.

516. H. MITTEIS, Der Staat des hohen Mittelalters. Grundlinien einer vergleichenden Verfassungsgeschichte des Lehnszeitalters, Weimar 1940; 10. Aufl. 1980 (9. Aufl. Köln 1974).

517. F. L. GANSHOF, Qu'est-ce que la féodalité? Bruxelles 1944. – Dt.: Was ist das Lehnswesen? Darmstadt 5. Aufl. 1977.

518. E. E. STENGEL, Land- und lehnrechtliche Grundlagen des Reichsfürstenstandes, in: ZRG GA 66, 1948, 294–342; auch in: STENGEL, Abhandlungen und Untersuchungen zur mittelalterlichen Geschichte, Köln 1960.

519. G. VAN DER VEN, Die Entwicklung der weiblichen Erbfolge im deutschen Lehnrecht, Diss. Ms. Marburg 1949.

520. TH. MAYER, Fürsten und Staat. Studien zur Verfassungsgeschichte des deutschen Mittelalters, Weimar 1950; ND Köln 1969.

521. K. S. BADER, Volk – Stamm – Territorium, in: HZ 176, 1953, 449–477; erweitert in: Herrschaft und Staat im Mittelalter, hrsg. v. H. KÄMPF, Darmstadt 1956, 243–283 (W. d. F. 2).

522. Studien zum mittelalterlichen Lehnswesen (V. u. F. V), Lindau 1960.

523. W. GOEZ, Der Leihezwang, Tübingen 1962.

524. A. K. HÖMBERG, Westfalen und das sächsische Herzogtum, Münster 1963.

525. P. CLASSEN, Corona imperii. Die Krone als Inbegriff des Römisch-Deutschen Reiches im 12. Jh., in: Festschrift P. E. Schramm, Bd. I, Wiesbaden 1964, 90–101.

526. H. HOFFMANN, Die Unveräußerlichkeit der Kronrechte im Mittelalter, in: DA 20, 1964, 389–474.

527. F. SEIBT, Land und Herrschaft in Böhmen, in: HZ 200, 1965, 284–315.

528. T. ENDEMANN, Vogtei und Herrschaft im alemannisch-burgundischen Grenzraum, Konstanz 1967.

529. G. DROEGE, Landrecht und Lehnrecht im hohen Mittelalter, Bonn 1969.

530. H. QUARITSCH, Staat und Souveränität. Bd. 1: Die Grundlagen, Frankfurt/M. 1970.

531. W. JANSSEN, Der deutsche Territorialstaat im 14. Jh. Zu einer Veröffentlichung des Konstanzer Arbeitskreises für mittelalterliche Geschichte, in: Der Staat 13, 1974, 415–426.

532. H.-G. KRAUSE, Der Sachsenspiegel und das Problem des sogenannten Leihezwanges, in: ZRG GA 93, 1976, 21–99.

533. H. MAURER, Der Herzog von Schwaben. Grundlagen, Wirkungen und Wesen seiner Herrschaft in ottonischer, salischer und staufischer Zeit, Sigmaringen 1978.

534. F.-R. ERKENS, Zur verfassungsrechtlichen Stellung der Herzöge von Limburg im 12. und 13. Jh., in: RhVjbll. 43, 1979, 169–195.

535. M. DONECKER, Schutzverträge im deutsch-französischen Grenzraum im Mittelalter, in: RhVjbll. 43, 1979, 196–235.

536. Principautés et territoires et études d'histoire lorraine (Actes du 103e Congrès national des sociétés savantes), Paris 1979.

537. I poteri temporali dei vescovi in Italia e in Germania nel Medioevo, a cura di C. G. MOR e H. SCHMIDINGER, Bologna 1979.

538. K.-F. KRIEGER, Die Lehnshoheit der deutschen Könige im Spätmittelalter, Aalen 1979.

539. J. KUPPER, Liège et l'Église imperiale XIe–XIIe siècles, Paris 1982.

540. F. REICHERT, Landesherrschaft, Adel und Vogtei. Zur Vorgeschichte des spätmittelalterlichen Ständestaates in Österreich, Köln 1984.

l) Vom Lehnswesen zur Verwaltung

541. Feudalismus. Zehn Aufsätze, hrsg. v. H. WUNDER, München 1974.

542. W. KIENAST, Untertaneneid und Treuevorbehalt in England u nd Frankreich. Studien zur vergleichenden Verfassungsgeschichte des Mittelalters, Weimar 1952.

543. TH. N. BISSON, The problem of feudal monarchy: Aragon, Catalonia, and France, in: Speculum 53 (1978) 460–478.

544. R. BOUTRUCHE, Seigneurie et féodalité II: L'apogée (XIe–XIIIe siècles), Paris 1970.

545. B. D. LYON, From fief to indenture. The transition from feudal to non-feudal contract in Western Europe, Cambridge/Mass. 1957.

546. Histoire comparée de l'administration (IVe–XVIIe siècles), publ. par W. PARAVICINI et K. F. WERNER, München 1980.

547. H.-W. KLEWITZ, Cancellaria. Ein Beitrag zur Geschichte des geistlichen Hofdienstes, in: DA 1, 1937, 44–79; auch in: KLEWITZ, Ausgewählte Aufsätze zur Kirchen- und Geistesgeschichte des Mittelalters, Aalen 1971.

548. H. HATTENHAUER, Geschichte des Beamtentums, Köln 1980.

549. L. M. DE GRYSE, Some observations on the origin of the Flemish bailiff (bailli): The reign of Philip of Alsace, in: Viator 7, 1976, 243–294.

550. P. SCHMITTHENNER, Lehnskriegswesen und Söldnertum im abendländischen Imperium des Mittelalters, in: HZ 156, 1934, 229–267.

551. H. GRUNDMANN, Rotten und Brabanzonen. Söldner-Heere im 12. Jh., in: DA 5, 1942, 419–492.

m) Ständische Bewegung

552. F. KERN, Gottesgnadentum und Widerstandsrecht im früheren Mittelalter. Zur Entwicklungsgeschichte der Monarchie, Leipzig 1914; 2. Aufl. hrsg. v. R. BUCHNER, Darmstadt 1954, 7. Aufl. 1980.

553. J. SPÖRL, Gedanken um Widerstandsrecht und Tyrannenmord im Mittelalter, in: Widerstandsrecht und Grenzen der Staatsgewalt, hrsg. v. B. PFISTER und G. HILDMANN, Berlin 1956, 11–32; auch in: Widerstandsrecht, hrsg. v. A. KAUFMANN, Darmstadt 1972 (W. d. F. 173).

554. H. MITTEIS, Politische Prozesse des früheren Mittelalters in Deutschland und Frankreich, Heidelberg 1927; ND Darmstadt 1974 (Libelli Bd. 341).

555. A. MARONGIU, Il parlamento in Italia nel medio evo e nell' età moderna, Milano 1962. – Gekürzte engl. Fassung: Medieval parliaments. A comparative study. Translated and adapted by S. J. WOOLF, London 1968.

556. H. M. CAM – A. MARONGIU – G. STÖKL, Recent work and present views on the origins and development of representative assemblies, in: Relazioni del X Congresso internazionale di scienze storiche, Bd. I, Firenze 1955, 1–101.

557. Gouvernés et gouvernants, Teil 1 (Recueils de la Société Jean Bodin XXII), Bruxelles 1969.

558. M. Mitterauer, Grundlagen politischer Berechtigung im mittelalterlichen Ständewesen, in: Der moderne Parlamentarismus und seine Grundlagen in der ständischen Repräsentation, hrsg. v. K. Bosl, Berlin 1977, 11–41.

559. W. von Groote, Die Angaben Galberts über Personen und Gremien des „öffentlichen Rechts" in Flandern 1127, in: Handelingen der Maatschappij voor geschiedenis en oudheidkunde te Gent N.S. 34, 1980, 109–123.

560. G. I. Langmuir, Per commune consilium regni in Magna Carta, in: Studia Gratiana 15, 1972, 465–485.

a. D. Demandt, Stadtherrschaft und Stadtfreiheit im Spannungsfeld von Geistlichkeit und Bürgerschaft in Mainz (11.–15. Jh.), Wiesbaden 1977.

561. M. Groten, Priorenkolleg und Domkapitel von Köln im Hohen Mittelalter, Bonn 1980.

562. H. Stehkämper, Über die rechtliche Absicherung der Stadt Köln gegen eine erzbischöfliche Landesherrschaft vor 1288, in: Die Stadt in der europäischen Geschichte. Festschrift E. Ennen, Bonn 1972, 343–377.

563. H. Mitteis, Die deutsche Königswahl. Ihre Rechtsgrundlagen bis zur Goldenen Bulle, Baden b. Wien 1938; 2. Aufl. Brünn 1944; ND Darmstadt 1969.

564. U. Reuling, Die Kur in Deutschland und Frankreich. Untersuchungen zur Entwicklung des rechtsförmlichen Wahlaktes bei der Königserhebung im 11. und 12. Jh., Göttingen 1979.

565. P. Schubert, Die Reichshofämter und ihre Inhaber bis um die Wende des 12. Jh., in: MIÖG 34, 1913, 427–501.

566. Beiträge zur Geschichte des mittelalterlichen deutschen Königtums, hrsg. v. Th. Schieder (HZ Beih. 2, NF), München 1973.

567. W. Becker, Der Kurfürstenrat, Grundzüge seiner Entwicklung in der Reichsverfassung und seine Stellung auf dem Westfälischen Friedenskongreß, Münster 1973.

n) Neues Recht (vgl. auch unter 4 b)

568. H. Mitteis, Die Rechtsidee in der Geschichte. Gesammelte Abhandlungen und Vorträge, Weimar 1957.

569. W. Ebel, Die Willkür. Eine Studie zu den Denkformen des älteren deutschen Rechts, Göttingen 1953.

570. H. Hirsch, Die hohe Gerichtsbarkeit im deutschen Mittelalter, Prag 1922; ND mit Nachwort von Th. Mayer, Darmstadt 1958.

571. B. K. Vollmann, Der Strafprozeß im VIII. Fragment des „Ruodlieb", in: Befund und Deutung. H. Fromm zum 26. Mai 1979, Tübingen 1979, 193–227.

572. R. His, Das Strafrecht des deutschen Mittelalters, 2 Bde., Leipzig 1920, Weimar 1935; ND Aalen 1964.

573. E. Schmidt, Einführung in die Geschichte der deutschen Strafrechtspflege, Göttingen 1947; 3. Aufl. 1965.

574. R. C. van Caenegem, Geschiedenis van het strafrecht in Vlaanderen van de XIe tot de XIVe eeuw. Avec résumé français, Brussel 1954.

575. R. C. van Caenegem, Public prosecution of crime in twelfth-century England, in: Church and government in the Middle Ages. Essays presented to C. R. Cheney, Cambridge 1976, 41–76.

576. R. C. van Caenegem, Considérations critiques sur l'ordonnance comtale flamande connue sous le nom d'„Ordonnance sur les baillis", in: La critica del testo (Atti del secondo Congresso internazionale della Società italiana di storia del diritto), Bd. 1, Firenze 1971, 133–152.

577. H. Hattenhauer, Die Entdeckung der Verfügungsmacht. Studien zur Geschichte der Grundstücksverfügung im deutschen Recht des Mittelalters, Hamburg 1969.

578. Recht und Schrift im Mittelalter, hrsg. v. P. Classen (V. u. F. XXIII), Sigmaringen 1977.

579. K. Beyerle, Die Anfänge des Kölner Schreinswesens, in: ZRG GA 51, 1931, 318–509.

580. H. Krause, Königtum und Rechtsordnung in der Zeit der sächsischen und salischen Herrscher, in: ZRG GA 82, 1965, 1–98.

581. H. G. Richardson – G. O. Sayles, Law and legislation from Aethelberht to Magna Carta, Edinburgh 1966.

582. D. Korte, Untersuchungen zu Inhalt, Stil und Technik angelsächsischer Gesetze und Rechtsbücher des 6. bis 12. Jh., Meisenheim 1974.

583. Y. Bongert, Vers la formation d'un pouvoir législatif royal, fin du XIe–début du XIIIe siècle, in: Etudes offertes à J. Macqueron, Aix-en-Provence 1970, 127–140.

584. G. Köbler, Civis und ius civile. Untersuchungen zur Geschichte zweier Rechtswörter im frühen deutschen Mittelalter, in: ZRG GA 83, 1966, 35–62.

585. Th. Szabó, Römischrechtliche Einflüsse auf die Beziehung des Herrschers zum Recht. Eine Studie zu vier Autoren aus der Umgebung Friedrich Barbarossas, in: QFIAB 53, 1973, 34–48.

586. O. Hageneder, Über das fürstliche Gesetzgebungsrecht beim steirischen Reimchronisten, in: Festschrift N. Grass, Bd. I, Innsbruck 1974, 459–481.

587. D. Wyduckel, Princeps legibus solutus. Eine Untersuchung zur frühmodernen Rechts- und Staatslehre, Berlin 1979.

588. J. Fried, Die Rolle der Juristen, in: Bericht über die 32. Vers. dt. Historiker in Hamburg 1978 (Sektion: Anfänge der Staatwerdung im Hochmittelalter), Beiheft zu Geschichte in Wissenschaft und Unterricht, Stuttgart 1979, 63–65.

589. A. C. F. Koch, Die Datierung des Vertrags Friedrichs I., Erzbischofs von Hamburg, mit den holländischen Ansiedlern bei Bremen, in: Miscellanea mediaevalia in memoriam J. F. Niermeyer, Groningen 1967, 211–215.

590. J. Yver, Le „Très Ancien Coutumier“ de Normandie, miroir de la législation ducale? Contribution à l'étude de l'ordre public normand à la fin du XIIe siècle, in: Tijdschrift voor rechtsgeschiedenis 39, 1971, 333–374.

591. A. Gouron, Diffusion des consulats méridionaux et expansion du droit romain aux XIIe et XIIIe siècles, in: Bibliothèque de l'Ecole des Chartes 121, 1963, 26–76.

592. M.-L. Carlin, La pénétration du droit romain dans les actes de la pratique provençale (XIe–XIIIe siècles), Paris 1967.

593. M. Grandclaude, Liste d'assises remontant au premier royaume de Jérusalem (1099–1187), in: Mélanges P. Fournier, Paris 1929, 329–345.

594. W. Ebel, Der Bürgereid als Geltungsgrund und Gestaltungsprinzip des deutschen mittelalterlichen Stadtrechts, Weimar 1958.

4. Neue Wissenschaft und Kulturwandel

a) Schule und Gesellschaft

595. E. Lesne, Les écoles de la fin du VIIIe à la fin du XIIe siècle (Hist. de la propriété ecclésiastique en France V), Lille 1940.

596. La scuola nell'Occidente latino dell'Alto Medioevo, 2 Bde. (Settimane XIX), Spoleto 1972.

597. Schulen und Studium im sozialen Wandel des hohen und späten Mittelalters (Arbeitssitzungen des Konstanzer Arbeitskreises 1981. 1982; demnächst in: V. u. F.).

598. Ph. Delhaye, L'organisation scolaire au XIIe siècle, in: Traditio 5, 1947, 211–268.

599. H. Rashdall, The universities of Europe in the Middle Ages, Bd. 1: Salerno – Bologna – Paris, Oxford 1895; 2. Aufl., ed. by F. M. Powicke and A. B. Emden, 1936.

600. A. B. Cobban, The medieval universities: their development and organization, London 1975.

601. S. Stelling-Michaud, L'Université de Boulogne et la pénétration des droits romain et canonique en Suisse aux XIIIe et XIV siècles, Genève 1955.

602. P. Classen, Die hohen Schulen und die Gesellschaft im 12. Jh., in: AKuG 48, 1966, 155–180.

a. M. Bellomo, Saggio sull' Università nell' età del diritto comune, Catania 1979.

603. M.-D. Chenu, Civilisation urbaine et théologie. L'École de Saint-Victor au XIIe siècle, in: Annales 29, 1974, 1253–1263.

604. E. Werner, Stadtluft macht frei. Frühscholastik und bürgerliche Emanzipation in der ersten Hälfte des 12. Jh., Berlin 1976.

605. E. Werner, Stadt und Geistesleben im Hochmittelalter, 11.–13. Jh., Weimar 1980.

606. J. W. Baldwin, Masters, princes and merchants. The social views of Peter the Chanter and his circle, 2 Bde., Princeton/N. J. 1970.

607. L. K. Little, „Pride goes before avarice": Social changes and the vices in Latin christendom, in: The American Historical Review 76, 1971, 16–49.

608. P. Koschaker, Europa und das römische Recht, München 1947; 4. Aufl. 1966.

609. J. Fried, Die Entstehung des Juristenstandes im 12. Jh. Zur sozialen Stellung und politischen Bedeutung gelehrter Juristen in Bologna und Modena, Köln 1974.

b) Kirchenrecht

610. P. Fournier – G. Le Bras, Histoire des collections canoniques en Occident depuis les fausses décrétales jusqu'au décret de Gratien, 2 Bde., Paris 1931/32; ND Aalen 1972.

611. P. Landau – L. Fowler, Bericht über das Forschungsprogramm ‚Vorgratianische Kanonessammlungen', in: Bulletin of Medieval Canon Law N.S. 6, 1976, 91–94.

612. J. Fried, Die römische Kurie und die Anfänge der Prozeßliteratur, in: ZRG KA 59, 1973, 151–174.

613. P. Landau, Dekretalensammlungen des 12. und beginnenden 13. Jh., in: ZRG KA 68, 1982, 453–461.

614. J. Gilchrist, The reception of pope Gregory VII into the canon law (1073–1141), in: ZRG KA 59, 1973, 35–82; 66, 1980, 192–229.

615. P. Landau, Ius patronatus. Studien zur Entwicklung des Patronats im Dekretalenrecht und der Kanonistik des 12. und 13. Jh., Köln 1975.

616. G. Le Bras – Ch. Lefebvre – J. Rambaud, L'âge classique 1140–1378. Sources et théorie du droit (Histoire du droit et des institutions de l'Eglise en Occident VII), Paris 1965.

c) Frühscholastik und Mönchstheologie

617. Artes liberales. Von der antiken Bildung zur Wissenschaft des Mittelalters, hrsg. von J. Koch, Leiden 1959.

618. R. W. Hunt, The history of grammar in the Middle Ages. Collected papers. Amsterdam 1980.

619. M. A. Schmidt, Scholastik. K. Goldammer, Kirchliche Kunst im Mittelalter (Die Kirche in ihrer Geschichte. Ein Handbuch, Band 2, Lfg. G, Teil 2), Göttingen 1969.

620. M. Grabmann, Die Geschichte der scholastischen Methode, Bd. II, Darmstadt 1957.

621. J. de Ghellinck, Le mouvement théologique du XIIe siècle, Paris 1914; 2. Aufl. Bruges 1948.

622. V. I. J. Flint, The „School of Laon“ – A reconsideration, in: Recherches de théologie ancienne et médiévale 43, 1976, 89–110.

623. W. Hartmann, Manegold von Lautenbach und die Anfänge der Frühscholastik, in: DA 26, 1970, 47–149.

624. Antiqui et moderni, hrsg. von A. Zimmermann (Miscellanea mediaevalia 9), Berlin 1974.

625. J. Leclercq, L'amour des lettres et le désir de Dieu. Initiation aux auteurs monastiques du moyen âge, Paris 1957. – Dt.: Wissenschaft und Gottverlangen. Zur Mönchstheologie des Mittelalters, Düsseldorf 1963.

626. M. Grabmann, Mittelalterliches Geistesleben. Abhandlungen zur Geschichte der Scholastik und Mystik, 3 Bde., München 1926. 1936. 1956.

627. J. Gauss, Anselm von Canterbury. Zur Begegnung und Auseinandersetzung der Religionen, in: Saeculum 17, 1966, 277–363.

628. Petrus Abaelardus (1079–1142). Person, Werk und Wirkung, hrsg. v. R. Thomas u. a., Trier 1980.

629. D. E. Luscombe, The School of Peter Abelard. The influence of Abelard's thought in the early scholastic period, Cambridge 1969.

630. J. Miethke, Theologenprozesse in der ersten Phase ihrer institutionellen Ausbildung: Die Verfahren gegen Peter Abaelard und Gilbert von Poitiers, in: Viator 6, 1975, 87–116.

631. L. Kolmer, Abaelard und Bernhard von Clairvaux in Sens, in: ZRG KA 67, 1981, 121–147.

632. S. Gagnér, Studien zur Ideengeschichte der Gesetzgebung, Stockholm 1960.

633. J. Ehlers, Hugo von St. Viktor, Studien zum Geschichtsdenken und zur Geschichtsschreibung des 12. Jh., Wiesbaden 1973.

634. E. Gilson, La théologie mystique de S. Bernard, Paris 1934; 2. Aufl. 1947. – Dt.: Die Mystik des hl. Bernhard v. Clairvaux, 3. Aufl. Paderborn 1953.

635. P. Classen, Gerhoch von Reichersberg. Eine Biographie, Wiesbaden 1960.

636. J. van Engen, Theophilus presbyter and Rupert of Deutz: The manual arts and Benedictine theology in the early twelfth century, in: Viator 11, 1980, 147–163.

637. H. Liebeschütz, Das allegorische Weltbild der heiligen Hildegard von Bingen, Leipzig 1930.

638. Hildegard von Bingen (1098–1179). Blätter der Carl-Zuckmayer-Gesellschaft 5, 1979, 54–152 (= Heft 2).

639. Hildegard von Bingen 1179–1979. Festschrift zum 800. Todestag der Heiligen, hrsg. v. A. Ph. Brück, Mainz 1979.

d) Rezeption/Übersetzung

640. W. Berschin, Griechisch-lateinisches Mittelalter, Bern 1980.
641. L. Minio-Paluello, Opuscula. The Latin Aristotle, Amsterdam 1972.
642. P. Classen, Burgundio von Pisa. Richter – Gesandter – Übersetzer, Heidelberg 1974.
643. J. J. Heneghan, The progress of dogma according to Anselm of Havelberg, New York 1943.
644. W. Berges, Anselm von Havelberg in der Geistesgeschichte des 12. Jh., in: JGMOD 5, 1956, 39–57.
645. B. Smalley, The study of the Bible in the Middle Ages, Oxford 1952; ND Notre Dame/Indiana 1970.
646. J. M. Millás Vallicrosa, Nuevos estudios sobre historia de la ciencia española, Barcelona 1960.
647. J. Kritzeck, Peter the Venerable and Islam, Princeton 1964.
648. A. Nitschke, Naturerkenntnis und politisches Handeln im Mittelalter. Körper – Bewegung – Raum, Stuttgart 1967.
649. A. C. Crombie, Augustine to Galileo. The history of science A. D. 400–1650, London 1952. – Dt.: Von Augustinus bis Galilei. Die Emanzipation der Naturwissenschaft, Köln 1964.

e) Gesellschaft und Literatur

650. Ch. H. Haskins, The Renaissance of the twelfth century, Cambridge/Mass. 1927.
651. R. W. Southern, The making of the Middle Ages, London 1952. – Dt.: Geistes- und Sozialgeschichte des Mittelalters, 2. Aufl. Stuttgart 1980.
652. R. W. Southern, Medieval humanism and other studies, Oxford 1970.
653. Die Renaissance der Wissenschaften im 12. Jh., hrsg. v. P. Weimar, Zürich 1981.
654. Ch. Brooke, The twelfth century Renaissance, Norwich 1969.
a. Renaissance and Renewal in the twelfth century, ed. by R. L. Benson and G. Constable with C. D. Lanham, Cambridge/Mass. 1982.
655. J. Koch, Die Grundlagen der Geschichtsphilosophie Ottos von Freising, in: Geschichtsdenken und Geschichtsbild im Mittelalter, hrsg. von W. Lammers, Darmstadt 1961, 321–349 (W. d. F. 21).
656. W. Lammers, Vestigia mediaevalia. Ausgew. Aufsätze zur mittelalterlichen Historiographie, Landes- und Kirchengeschichte, Wiesbaden 1979.
657. H. Liebeschütz, Das 12. Jh. und die Antike, in: AKuG 35, 1953, 247–271.
658. T. Struve, Die Entwicklung der organologischen Staatsauffassung im Mittelalter, Stuttgart 1978.
659. J. Comblin, Théologie de la ville, Paris 1968.

660. G. Tellenbach, Die Stadt Rom in der Sicht ausländischer Zeitgenossen (800–1200), in: Saeculum 24, 1973, 1–40.

661. W. Haftmann, Das julianische Säulenmonument, Leipzig 1939.

662. E. Jeauneau, „Nani gigantum humeris insidentes". Essai d'interprétation de Bernard de Chartres, in: Vivarium 5, 1967, 79–99.

663. K. Guth, Guibert von Nogent und die hochmittelalterliche Kritik an der Reliquienverehrung, Ottobeuren 1970.

664. H. Liebeschütz, Mediaeval humanism in the life and writings of John of Salisbury, London 1950.

665. W. Berges, Die Fürstenspiegel des hohen und späten Mittelalters, Leipzig 1938; ND Stuttgart 1952.

666. M. Kerner, Johannes von Salisbury und die logische Struktur seines Policraticus, Wiesbaden 1977.

667. G. Misch, Geschichte der Autobiographie, Bd. III 1.2, Frankfurt 1959/1962.

668. La femme dans les civilisations des Xe–XIIIe siècles, Poitiers 1977 = CCM 20, 1977, 93–263.

669. R. Sprandel, Gesellschaft und Literatur im Mittelalter, Paderborn 1982.

670. P. Lehmann, Die Vielgestalt des zwölften Jh., in: HZ 178, 1954, 225–250; auch in: Lehmann, Erforschung des Mittelalters, Bd. 3, Stuttgart 1960, 225–246.

671. T. Burckhardt, Die maurische Kultur in Spanien, München 1970; 2. Aufl. 1980.

672. J. Markale, La femme celte. Mythe et sociologie, Paris 1972.

673. P. Dronke, Poetic individuality in the Middle Ages. New departures in poetry 1000–1150, Oxford 1970.

674. P. von Moos, Hildebert von Lavardin 1056–1133. Humanitas an der Schwelle des höfischen Zeitalters, Stuttgart 1965.

675. H. Brinkmann, Geschichte der lateinischen Liebesdichtung im Mittelalter, Halle 1925; ND Tübingen 1979.

676. P. Dronke, The medieval lyric, London 1968; 2. Aufl. 1978. – Dt.: Die Lyrik des Mittelalters, München 1973.

677. K. Langosch, Der Primas und der Archipoeta – die Fürsten der Vagantenlyrik, in: Langosch, Profile des lateinischen Mittelalters, Darmstadt 1965, 227–327.

678. M. Bechthum, Beweggründe und Bedeutung des Vagantentums in der lateinischen Kirche des Mittelalters, Jena 1941.

679. H. Schüppert, Kirchenkritik in der lateinischen Lyrik des 12. und 13. Jh., München 1972.

680. H. Patze, Adel und Stifterchronik. Frühformen territorialer Geschichtsschreibung im hochmittelalterlichen Reich, in: BDLG 100, 1964, 8–81; 101, 1965, 67–128.

681. R. R. BEZZOLA, Les origines et la formation de la littérature courtoise en Occident (500–1200), 3 Bde., Paris 1958. 1960. 1963.

682. T. D. KENDRICK, British Antiquity, London 1950.

683. H. DE BOOR, Die höfische Literatur. Vorbereitung, Blüte, Ausklang 1170–1250, 10. Aufl. bearb. von U. HENNIG, München 1979 (Geschichte der deutschen Literatur, begr. v. H. DE BOOR und R. NEWALD, Bd. 2).

684. W. F. SCHIRMER – U. BROICH, Studien zum literarischen Patronat im England des 12. Jh., Köln 1962.

685. J. BUMKE, Mäzene im Mittelalter. Die Gönner und Auftraggeber der höfischen Literatur in Deutschland 1150–1300, München 1979.

686. U. LIEBERTZ-GRÜN, Zur Soziologie des „amour courtois". Umrisse der Forschung, Heidelberg 1977.

a. R. SCHNELL, Andreas Capellanus. Zur Rezeption des römischen und kanonischen Rechts in *De Amore*, München 1982.

687. O. LANGER, Der ‚Künstlerroman' Gottfrieds – Protest bürgerlicher ‚Empfindsamkeit' gegen höfisches ‚Tugendsystem'?, in: Euphorion 68, 1974, 1–41.

688. S. ŽAK, Musik als „Ehr und Zier" im mittelalterlichen Reich. Studien zur Musik im höfischen Leben, Recht und Zeremoniell, Neuß 1979.

689. U. PETERS, Niederes Rittertum oder hoher Adel? Zu Erich Köhlers historisch-soziologischer Deutung der altprovenzalischen und mittelhochdeutschen Minnelyrik, in: Euphorion 67, 1973, 244–260.

690. Ritterliches Tugendsystem, hrsg. von G. EIFLER, Darmstadt 1970 (W. d. F. 56).

691. H. G. REUTER, Die Lehre vom Ritterstand. Zum Ritterbegriff in Historiographie und Dichtung vom 11.–13. Jh., Köln 1971.

692. J. BUMKE, Ministerialität und Ritterdichtung. Umrisse der Forschung, München 1976.

693. P. ROUSSET, La description du monde chevaleresque chez Orderic Vital, in: MA 75, 1969, 427–444.

694. E. PLOSS, Bamberg und die deutsche Literatur des 11. und 12. Jh., in: Jahrb. f. fränk. Landesforschung 19, 1959, 275–302.

695. R. SCHÜTZEICHEL, Das alemannische Memento mori. Das Gedicht und der geistig-historische Hintergrund, Tübingen 1962.

696. G. SPRECKELMEYER, Das Kreuzzugslied des lateinischen Mittelalters, München 1974.

697. F. W. WENTZLAFF-EGGEBERT, Kreuzzugsdichtung des Mittelalters. Studien zu ihrer geschichtlichen und dichterischen Wirklichkeit, Berlin 1960.

698. E. SCHRÖDER, Die Reimvorreden des deutschen Lucidarius, in: Nachrichten der Kgl. Gesellsch. d. Wiss. zu Göttingen, Phil.-Hist. Kl. 1917, 153–172.

f) Bau- und bildende Kunst

699. É. Mâle, L'art religieux du XIIe siècle en France, Paris 1922; 6. Aufl. 1953. – Engl.: Religious art in France. The twelfth century, ed. by H. Bober, Princeton/N. J. 1978.

700. E. Panofsky, Renaissance and renascences in Western art, 2 Bde., Stockholm 1960; 2. Aufl. 1965. – Dt.: Die Renaissancen der europäischen Kunst, Frankfurt a. M. 1979.

701. E. Panofsky, Meaning in the visual arts. Papers in and on art history, Garden City/N.Y. 1955. – Dt.: Sinn und Deutung in der bildenden Kunst, Köln 1975; S. 125 ff.: Abt Suger von St. Denis.

702. P. C. Claussen, Chartres-Studien. Zu Vorgeschichte, Funktion und Skulptur der Vorhallen, Wiesbaden 1975.

703. P. C. Claussen, Antike und gotische Skulptur in Frankreich um 1200, in: Wallraf-Richartz-Jahrbuch 35, 1973, 83–108.

704. H. Appuhn, Beobachtungen und Versuche zum Bildnis Kaiser Friedrichs I. Barbarossa in Cappenberg, in: Aachener Kunstblätter 44, 1973, 129–192.

705. P. C. Claussen, Zum Stil der Plastik am Dreikönigsschrein. Rezeptionen und Reflexionen, in: Kölner Domblatt 42, 1977, 7–42.

706. P. C. Claussen, Früher Künstlerstolz, in: Bauwerk und Bildwerk im Hochmittelalter, hrsg. von K. Clausberg u. a., Giessen 1981, 7–34.

707. K. Bauch, Das mittelalterliche Grabbild. Figürliche Grabmäler des 11. bis 15. Jh. in Europa, Berlin 1976.

708. J. Harvey, The mediaeval architect, London 1972.

709. W. Müller, Die Heilige Stadt. Roma quadrata, himmlisches Jerusalem und die Mythe vom Weltnabel, Stuttgart 1961.

710. W. von den Steinen, Der Kosmos des Mittelalters. Von Karl dem Großen zu Bernhard von Clairvaux, Bern 1959.

711. W. von den Steinen, Homo caelestis. Das Wort der Kunst im Mittelalter, 2 Bde., Bern 1965.

712. G. Duby, Adolescence de la chrétienté occidentale 980–1140; L'Europe des cathédrales 1140–1280; Fondements d'un nouvel humanisme 1280–1440, Genève 1966/67. – Neuausgabe: Le temps des cathédrales. L'art et la société, 980–1420, Paris 1976. – Dt.: Die Zeit der Kathedralen. Kunst und Gesellschaft 980–1420, Frankfurt 1980.

713. A. Dimier, Recueil de plans d'églises cisterciennes, 2 Bde., Paris 1967.

B. Kirchenreform und Investiturstreit

1. Frühreform, Ostkirche und Normannen

714. G. Tellenbach, Libertas. Kirche und Weltordnung im Zeitalter des Investiturstreites, Stuttgart 1936.

715. K.-J. Herrmann, Das Tuskulanerpapsttum (1012–1046). Benedikt VIII., Johannes XIX., Benedikt IX., Stuttgart 1973.

716. H. H. Anton, Der sogenannte Traktat „De ordinando pontifice". Ein Rechtsgutachten in Zusammenhang mit der Synode von Sutri (1046), Bonn 1982.

717. J. Semmler, Traditio und Königsschutz, in: ZRG KA 45, 1959, 1–33.

718. La vita comune del clero nei secoli XI e XII, 2 Bde. (Miscellanea del Centro di studi medioevali III, 1.2), Milano 1962. – Vgl. Th. Schieffer, in: HZ 200, 1965, 632–641.

719. Cluny. Beiträge zu Gestalt und Wirkung der cluniazensischen Reform, hrsg. v. H. Richter, Darmstadt 1975 (W. d. F. 241).

720. H. Jakobs, Die Cluniazenser und das Papsttum im 10. und 11. Jh. Bemerkungen zum Cluny-Bild eines neuen Buches, in: Francia 2, 1974, 643–663.

721. J. Mehne, Cluniazenserbischöfe, in: FMSt 11, 1977, 241–287.

722. E. Boshof – H. Wolter, Rechtsgeschichtlich-diplomatische Studien zu frühmittelalterlichen Papsturkunden, Köln 1976.

723. U.-R. Blumenthal, Ein neuer Text für das Reimser Konzil Leos IX. (1049)?, in: DA 32, 1976, 23–48.

724. J. Gaudemet, Le célibat ecclésiastique. Le droit et la pratique du XIe au XIIIe siècles, in: ZRG KA 68, 1982, 1–31.

725. H. P. Laqua, Traditionen und Leitbilder bei dem Ravennater Reformer Petrus Damiani, 1042–1052, München 1976.

726. G. Denzler, Das Papsttum und der Amtszölibat, Teil 1, Stuttgart 1973.

727. G. Ladner, Theologie und Politik vor dem Investiturstreit. Abendmahlstreit, Kirchenreform, Cluni und Heinrich III., Baden b. Wien 1936; ND Darmstadt 1968.

728. A. Michel, Humbert und Kerullarios, 2 Teile, Paderborn 1925/30.

729. J. Gauss, Ost und West in der Kirchen- und Papstgeschichte des 11. Jh., Zürich 1967.

730. H. Fuhrmann, Einfluß und Verbreitung der pseudoisidorischen Fälschungen, 3 Bde., Stuttgart 1972–1974.

731. Y. M.-J. Congar, Der Platz des Papsttums in der Kirchenfrömmigkeit der Reformer des 11. Jh., in: Sentire Ecclesiam. H. Rahner dem Sechzigjährigen, Freiburg 1961, 196–217.

732. H.-G. Krause, Das Papstwahldekret von 1059 und seine Rolle im Investi-

turstreit, Rom 1960. – Vgl. H. Jakobs, in: HJb 83, 1964, 351–359; F. Kempf, in: AHP 2, 1964, 73–89.

733. R. Hüls, Kardinäle, Klerus und Kirchen Roms 1049–1130, Tübingen 1977.

734. J. Deér, Papsttum und Normannen. Untersuchungen zu ihren lehnsrechtlichen und kirchenpolitischen Beziehungen, Köln 1972.

735. H. Hoffmann, Langobarden, Normannen, Päpste. Zum Legitimitätsproblem in Unteritalien, in: QFIAB 58, 1978, 137–180.

736. T. Schmidt, Alexander II. (1061–1073) und die römische Reformgruppe seiner Zeit, Stuttgart 1977.

737. J. H. Lynch, Simoniacal entry into religious life from 1000 to 1260. A social, economic and legal study, Columbus/Ohio 1976.

738. R. Schieffer, Spirituales Latrones. Zu den Hintergründen der Simonieprozesse in Deutschland zwischen 1069 und 1075, in: HJb 92, 1972, 19–60.

739. Investiturstreit und Reichsverfassung, hrsg. v. J. Fleckenstein (V. u. F. XVII), Sigmaringen 1973.

740. L. Fenske, Adelsopposition und kirchliche Reformbewegung im östlichen Sachsen, Göttingen 1977.

2. Salier

741. E. Steindorff, Jahrbücher des Deutschen Reichs unter Heinrich III., 2 Bde., Leipzig 1874/81; ND Darmstadt 1969.

742. G. Meyer von Knonau, Jahrbücher des Deutschen Reiches unter Heinrich IV. und Heinrich V., 7 Bde., Leipzig 1890/1909; ND Berlin 1964/1965.

743. P. Guba, Der deutsche Reichstag in den Jahren 911–1125, Leipzig 1884.

744. K. Schnith, Recht und Friede. Zum Königsgedanken im Umkreis Heinrichs III., in: HJb 81, 1962, 22–57.

745. E. Boshof, Das Reich in der Krise. Überlegungen zum Regierungsausgang Heinrichs III., in: HZ 228, 1979, 265–287.

746. H. H. Anton, Bonifaz von Canossa, Markgraf von Tuszien, und die Italienpolitik der frühen Salier, in: HZ 214, 1972, 529–556.

747. Studi matildici. Atti e memorie del II (III) Convegno di studi matildici, Modena 1971. 1978.

748. U. Lewald, Die Ezzonen. Das Schicksal eines rheinischen Fürstengeschlechtes, in: RhVjbll. 43, 1979, 120–168.

749. K. Jordan, Der Harzraum in der Geschichte der deutschen Kaiserzeit, in: Festschrift für H. Beumann, Sigmaringen 1977, 163–181.

750. H. Hoffmann, Böhmen und das Deutsche Reich im hohen Mittelalter, in: JGMOD 18, 1969, 1–62.

751. B. Schwineköper, Königtum und Städte bis zum Ende des Investitur-

streits. Die Politik der Ottonen und Salier gegenüber den werdenden Städten im östlichen Sachsen und in Nordthüringen, Sigmaringen 1977.

752. A. GAWLIK, Intervenienten und Zeugen in den Diplomen Kaiser Heinrichs IV. (1056–1105). Der Übergang von der Interventions- zur Zeugenformel, Kallmünz Opf. 1970.

753. E. BOSHOF, Heinrich IV. Herrscher an einer Zeitenwende, Göttingen 1977.

754. A. WAAS, Heinrich V. Gestalt und Verhängnis des letzten salischen Kaisers, München 1967.

3. UNIVERSALEPISKOPAT

755. C. H. BRAKEL, Die vom Reformpapsttum geförderten Heiligenkulte, in: Studi Gregoriani 9, 1972, 239–311.

756. H.-X. ARQUILLIÈRE, Saint Grégoire VII, Paris 1934.

757. E. CASPAR, Gregor VII. in seinen Briefen, in: HZ 130, 1924, 1–30.

758. H. FUHRMANN, „Quod catholicus non habeatur, qui non concordat Romanae ecclesiae". Randnotizen zum Dictatus Papae, in: Festschrift für H. Beumann, Sigmaringen 1977, 263–287.

759. H. FUHRMANN, „Volkssouveränität" und „Herrschaftsvertrag" bei Manegold von Lautenbach, in: Festschrift für H. Krause, Köln 1975, 21–42.

760. CH. SCHNEIDER, Prophetisches Sacerdotium und heilsgeschichtliches Regnum im Dialog 1073–1077. Zur Geschichte Gregors VII. und Heinrichs IV., München 1972.

761. E. HLAWITSCHKA, Zwischen Tribur und Canossa, in: HJb 94, 1974, 25–45.

762. Canossa als Wende. Ausgewählte Aufsätze zur neueren Forschung, hrsg. v. H. KÄMPF, Darmstadt 1963 (W. d. F. 12).

763. H. M. SCHALLER, Der heilige Tag als Termin mittelalterlicher Staatsakte, in: DA 30, 1974, 1–24.

764. R. SCHIEFFER, Von Mailand nach Canossa. Ein Beitrag zur Geschichte der christlichen Herrscherbuße von Theodosius d. Gr. bis zu Heinrich IV., in: DA 28, 1972, 333–370.

765. H. ZIMMERMANN, Der Canossagang von 1077. Wirkungen und Wirklichkeit, Mainz 1975.

766. J. VOGEL, Gregor VII. und Heinrich IV. nach Canossa. Zeugnisse ihres Selbstverständnisses, Berlin 1983.

767. J. VOGEL, Gregors VII. Abzug aus Rom und sein letztes Pontifikatsjahr in Salerno, in: Tradition als historische Kraft, hrsg. v. N. KAMP und J. WOLLASCH, Berlin 1982, 341–349.

768. A. NITSCHKE, Die Wirksamkeit Gottes in der Welt Gregors VII., in: Studi Gregoriani 5, 1956, 115–219.

769. R. Schieffer, Gregor VII. – Ein Versuch über die historische Größe, in: HJb 97/98, 1978, 87–107.

770. A. Becker, Papst Urban II. (1088–1099), Teil 1: Herkunft und kirchliche Laufbahn. Der Papst und die lateinische Christenheit, Stuttgart 1964.

771. B. Leib, Rome, Kiev et Byzance à la fin du XIe siècle. Rapports religieux des Latins et des Gréco-Russes sous le pontificat d'Urbain II 1088–1099, Paris 1925.

772. G. Schreiber, Kurie und Kloster im 12. Jh., 2 Bde., Stuttgart 1910.

4. Investiturstreit

773. U.-R. Blumenthal, Der Investiturstreit, Stuttgart 1982.

774. R. Schieffer, Die Entstehung des päpstlichen Investiturverbots für den deutschen König, Stuttgart 1981.

775. K. Jordan, Der Kaisergedanke in Ravenna zur Zeit Heinrichs IV. Ein Beitrag zur Vorgeschichte der staufischen Reichsidee, in: DA 2, 1938, 85–128; auch in: Jordan, Ausgewählte Aufsätze zur Geschichte des Mittelalters, Stuttgart 1980.

776. C. Servatius, Paschalis II. (1099–1118), Stuttgart 1979.

777. M. Minninger, Von Clermont zum Wormser Konkordat. Die Auseinandersetzungen um den Lehnsnexus zwischen König und Episkopat, Köln 1978.

778. A. Becker, Studien zum Investiturproblem in Frankreich. Papsttum, Königtum und Episkopat im Zeitalter der gregorianischen Kirchenreform (1049–1099), Saarbrücken 1955.

779. J.-F. Lemarignier, Le gouvernement royal aux premiers temps capétiens (987–1108), Paris 1965.

780. H. Hoffmann, Ivo von Chartres und die Lösung des Investiturproblems, in: DA 15, 1959, 393–440.

781. R. Sprandel, Ivo von Chartres und seine Stellung in der Kirchengeschichte, Stuttgart 1962.

782. J. Fried, Der Regalienbegriff im 11. und 12. Jh., in: DA 29, 1973, 450–528.

783. K. Schnith, Die Wende der englischen Geschichte im 11. Jh., in: HJb. 86, 1966, 1–53.

784. H. C. Darby, Domesday England, Cambridge 1977.

785. F. Barlow, The English church 1066–1154, London 1979.

786. K. J. Leyser, Medieval Germany and its neighbours, 900–1250, London 1982.

787. J. Beumann, Sigebert von Gembloux und der Traktat de investitura episcoporum, Sigmaringen 1976.

788. U.-R. Blumenthal, *Patrimonia* and *Regalia* in 1111, in: Law, church and society. Essays in honor of St. Kuttner, (Philadelphia) 1977, 9–20.

789. R. Hiestand, Legat, Kaiser und Basileus. Bischof Kuno von Praeneste und die Krise des Papsttums 1111/1112, in: Aus Reichsgeschichte und Nordischer Geschichte. K. Jordan zum 65. Geb., Stuttgart 1972, 141–152.

790. Th. Schieffer, Nochmals die Verhandlungen von Mouzon (1119), in: Festschrift E. E. Stengel, München-Köln 1952, 324–341.

791. A. Hofmeister, Das Wormser Konkordat. Zum Streit um seine Bedeutung, in: Forschungen und Versuche zur Geschichte des Mittelalters und der Neuzeit. Festschrift D. Schäfer, Jena 1915, 64–148; ND mit einem Vorwort v. R. Schmidt, Darmstadt 1962 (Libelli Bd. 89).

792. H. Krause, Consilio et iudicio. Bedeutungsbreite und Sinngehalt einer mittelalterlichen Formel, in: Speculum historiale. J. Spörl aus Anlaß seines 60. Geb., Freiburg 1965, 416–438.

793. F. Trautz, Zur Geltungsdauer des Wormser Konkordats in der Geschichtsschreibung seit dem 16. Jh., in: Geschichtsschreibung und geistiges Leben im Mittelalter. Festschrift für H. Löwe, Köln 1978, 600–625.

794. E. Müller-Mertens, Regnum Teutonicum. Aufkommen und Verbreitung der deutschen Reichs- und Königsauffassung im frühen Mittelalter, Berlin bzw. Wien 1970.

795. F. Hausmann, Reichskanzlei und Hofkapelle unter Heinrich V. und Konrad III., Stuttgart 1956.

C. Die Hof- und Staatenwelt des 12. Jh.

1. Die drei Italien

a) Allgemeine Literatur

796. E. Mayer, Italienische Verfassungsgeschichte von der Gothenzeit bis zur Zunftherrschaft, 2 Bde., Leipzig 1909.

797. Storia d'Italia (G. Einaudi editore), Bd. II 1, Torino 1974.

798. P. Brezzi, Il secolo del rinnovamento. La rinascita politica economica e spirituale del Duecento (1190–1313), Roma 1973.

799. W. Goez, Grundzüge der Geschichte Italiens in Mittelalter und Renaissance, Darmstadt 1975.

800. Beiträge zur Geschichte Italiens im 12. Jh. (V. u. F. Sonderband 9), Sigmaringen 1971.

b) Rom und Kirchenstaat

801. H.-W. Klewitz, Das Ende des Reformpapsttums, in: DA 3, 1939, 371–412; auch in: Klewitz, Reformpapsttum und Kardinalkolleg, Darmstadt 1957.

802. F.-J. Schmale, Studien zum Schisma des Jahres 1130, Köln 1961.

803. W. Maleczek, Das Kardinalskollegium unter Innocenz II. und Anaklet II., in: AHP 19, 1981, 27–78.

804. K. Jordan, Die Entstehung der Römischen Kurie, in: ZRG KA 28, 1939, 97–152; ND mit Nachtrag, Darmstadt 1962 (Libelli Bd. 91).

805. B. K. Katterbach – W. M. Peitz, Die Unterschriften der Päpste und Kardinäle in den „Bullae maiores" vom 11. bis 14. Jh., in: Miscellanea F. Ehrle. IV (Studi e testi 40), Roma 1924, 177–274.

806. S. Haider, Zu den Anfängen der päpstlichen Kapelle, in: MIÖG 87, 1979, 38–70.

807. R. Elze, Die päpstliche Kapelle im 12. und 13. Jh., in: ZRG KA 36, 1950, 145–204; auch in: Elze, Päpste – Kaiser – Könige, London 1982.

808. R. Elze, Das „Sacrum Palatium Lateranense" im 10. und 11. Jh., in: Studi Gregoriani 4, 1952, 27–54; auch in: Elze [wie 807].

809. P. Rabikauskas, Die römische Kuriale in der päpstlichen Kanzlei, Rom 1958.

810. J. Sydow, Untersuchungen zur kurialen Verwaltungsgeschichte im Zeitalter des Reformpapsttums, in: DA 11, 1954/55, 18–73.

811. F. Geisthardt, Der Kämmerer Boso, Berlin 1936.

812. J. Sydow, Il „Concistorium" dopo lo scisma del 1130, in: Rivista di storia della chiesa in Italia 9, 1955, 165–176.

813. W. Janssen, Die päpstlichen Legaten in Frankreich vom Schisma Anaklets II. bis zum Tode Coelestins III. (1130–1198), Köln 1961.

814. V. Pfaff, Der Liber censuum von 1192 (Die im Jahre 1192/93 der Kurie Zinspflichtigen), in: VSWG 44, 1957, 78–96, 105–120, 220–242, 325–351.

815. A. Haidacher, Beiträge zur Kenntnis der verlorenen Registerbände Innozenz' III., in: Röm. Hist. Mitteilungen 4, 1960/61, 37–62.

816. P. Herde, Audientia litterarum contradictarum, 2 Bde., Tübingen 1970.

817. B. Schwarz, Die Organisation kurialer Schreiberkollegien von ihrer Entstehung bis zur Mitte des 15. Jh., Tübingen 1972.

818. F. Gregorovius, Geschichte der Stadt Rom im Mittelalter, hrsg. v. W. Kampf, München 1978, Bd. II. Dazu Bd. IV: Lit.-Verzeichnis S. 195 ff.

819. L. Halphen, Études sur l'administration de Rome au moyen âge (751–1252), Paris 1907; ND Roma 1972.

820. Th. Hirschfeld, Das Gerichtswesen der Stadt Rom vom 8. bis zum 12. Jh., in: Archiv für Urkundenforschung 4, 1912, 419–562.

821. J. Petersohn, Der Vertrag des Römischen Senats mit Papst Clemens III.

(1188) und das Pactum Friedrich Barbarossas mit den Römern (1167), in: MIÖG 82, 1974, 289–337.

822. A. FRUGONI, Arnaldo da Brescia nelle fonti del secolo XII, Roma 1954.

823. J. BENZINGER, Invectiva in Romam: Romkritik im Mittelalter vom 9. bis zum 12. Jh., Lübeck 1968.

824. D. WALEY, The Papal State in the 13th century, London 1961.

825. P. PARTNER, The lands of St. Peter. The Papal State in the Middle Ages and the early Renaissance, London 1972.

826. P. TOUBERT, Les structures du Latium médiéval. Le Latium méridional et la Sabine du IXe siècle à la fin du XIIe siècle, 2 Bde., Rome 1973. – Vgl. H. HOFFMANN, Der Kirchenstaat im hohen Mittelalter, in: QFIAB 57, 1977, 1–45.

c) Kommunen

827. P. LAMMA, I comuni italiani e la vita europea (1122–1220), in: Storia d'Italia. A cura di N. VALERI, 2. Aufl. Torino 1965, 279–454.

828. C. HEGEL, Geschichte der Städteverfassung von Italien, 2 Bde., Leipzig 1847; ND Aalen 1964.

829. H. KELLER, Adelsherrschaft und städtische Gesellschaft in Oberitalien (9.–12. Jh), Tübingen 1979. - Vgl. QFIAB 62, 1982, 59–118.

830. Popolo e stato in Italia nell' età di Federico Barbarossa. Alessandria e la Lega Lombarda, Torino 1970.

831. J. FICKER, Forschungen zur Reichs- und Rechtsgeschichte Italiens, 4 Bde., Innsbruck 1868–1874; ND Aalen 1961.

832. D. VON DER NAHMER, Zur Herrschaft Friedrich Barbarossas in Italien, in: Studi medievali 3. ser. 15,2, 1974, 587–703.

833. C. BRÜHL, Die Finanzpolitik Friedrich Barbarossas in Italien, in: HZ 213, 1971, 13–37.

834. CH. LUDWIG, Untersuchungen über die frühesten „Podestaten" italienischer Städte, Wien 1973.

835. U. PRUTSCHER, Der Eid in Verfassung und Politik italienischer Städte. Untersuchungen im Hinblick auf die Herrschaftsformen Kaiser Friedrich Barbarossas in Reichsitalien, Gießen 1980.

836. H. SCHWARZMAIER, Lucca und das Reich bis zum Ende des 11. Jh., Tübingen 1972.

837. G. DILCHER, Die Entstehung der lombardischen Stadtkommune. Eine rechtsgeschichtliche Untersuchung, Aalen 1967. – Vgl. H. KELLER, in: HZ 224, 1977, 561–579.

838. P. S. LEICHT, L'introduction des villes dans les assemblées d'états en Italie, in: Bulletin of the International Committee of historical science 9, Paris 1937, 419–424.

839. H. KRETSCHMAYR, Geschichte von Venedig, 3 Bde., Gotha 1905, 1920, Stuttgart 1934.

840. R. Cessi, Storia della repubblica di Venezia, 2 Bde., Venezia 1968.
841. M. Hellmann, Grundzüge der Geschichte Venedigs, Darmstadt 1976.
842. D. Waley, The Italian city republics, London 1969; 2. Aufl. 1978. – Dt.: Die italienischen Stadtstaaten, München 1969.
843. V. Cavallari, Ricerche sul conte cittadino e sulle origini delle autonomie, Verona 1971.

d) Sizilien

844. J. J. Norwich, The kingdom in the sun 1130–1194, Harlow 1970. – Dt.: Die Normannen in Sizilien 1130–1194, Wiesbaden 1971.
845. M. Caravale, Il regno normanno di Sicilia, Varese 1966.
846. E. Caspar, Roger II. (1101–1154) und die Gründung der normannisch-sizilischen Monarchie, Innsbruck 1904; ND Darmstadt 1968.
847. H. Zielinski, Zum Königstitel Rogers II. von Sizilien (1130–1154), in: Politik, Gesellschaft, Geschichtsschreibung. Giessener Festgabe für F. Graus, Köln 1982, 165–182.
848. H. Enzensberger, Beiträge zum Kanzlei- und Urkundenwesen der normannischen Herrscher Unteritaliens und Siziliens, Kallmünz Opf. 1971.
849. C. Brühl, Urkunden und Kanzlei König Rogers II. von Sizilien. Mit einem Beitrag: Die arabischen Dokumente Rogers II., von A. Noth, Köln 1978.
850. H. Hirsch, Das Recht der Königserhebung durch Kaiser und Papst im hohen Mittelalter, in: Festschrift E. Heymann I, Weimar 1940, 209–249; ND (Libelli Bd. 85), Darmstadt 1962; Hirsch, Aufsätze zur mittelalterlichen Urkundenforschung, Darmstadt 1965, 21–61.
851. H. Wieruszowski, Roger II of Sicily, *rex-tyrannus*, in twelfth-century political thought, in: Speculum 38, 1963, 46–78; auch in: Wieruszowski, Politics and culture in medieval Spain and Italy, Roma 1971.
852. D. Abulafia, The two Italies. Economic relations between the Norman kingdom of Sicily and the northern communes, Cambridge 1977.
853. C. U. Schminck, Crimen laesae maiestatis. Das politische Strafrecht Siziliens nach den Assisen von Ariano (1140) und den Konstitutionen von Melfi (1231), Aalen 1970.
854. H. Dilcher, Die sizilische Gesetzgebung Kaiser Friedrichs II. Quellen der Constitutionen von Melfi und ihrer Novellen, Köln 1975.
855. H. Schadek, Die Familiaren der sizilischen und aragonesischen Krone im 12. und 13. Jh., in: Span. Forschungen der Görres-Gesellschaft, 1. Reihe, Bd. 26, 1971, 201–348.
856. A. Marongiu, Byzantine, Norman, Swabian and later institutions in Southern Italy: Collected studies, London 1962; ND 1972.
857. A. Marongiù, Ein „Modellstaat" im italienischen Mittelalter: Das normannisch-staufische Reich in Sizilien, in: Stupor mundi, hrsg. v. G. Wolf, (W. d. F. 101), Darmstadt 1966, 750–773.

858. Probleme um Friedrich II., hrsg. v. J. FLECKENSTEIN (V. u. F. XVI), Sigmaringen 1974.

859. CH. H. HASKINS, Studies in the history of mediaeval science, Cambridge/ Mass. 1924; 2. Aufl. 1927; ND New York 1960.

860. H. HOFFMANN, Hugo Falcandus und Romuald von Salerno, in: DA 23, 1967, 116–170.

2. DEUTSCHLAND 1125–1152

861. W. BERNHARDI, Lothar von Supplinburg, DERS., Konrad III. (Jahrbücher der Deutschen Geschichte), Leipzig 1879. 1883; ND Berlin 1975.

a. W. PETKE, , Kanzlei, Kapelle und königliche Kurie unter Lothar III., Habil.-Schr. Göttingen 1981.

862. W. KOCH, Die Schrift der Reichskanzlei im 12. Jh., 1125–1190, Wien 1979.

863. F. OPLL, Das kaiserliche Mandat im 12. Jh. (1125–1190), in: MIÖG 84, 1976, 290–327.

864. W. GIESE, Das Gegenkönigtum des Staufers Konrad 1127–1135, in: ZRG GA 95, 1978, 202–220.

865. E. WADLE, Reichsgut und Königsherrschaft unter Lothar III. (1125–1137), Berlin 1969.

866. M.-L. CRONE, Der Ducatus Orientalis Franciae. Ein Beitrag zur Kirchengeschichte Lothars III., Jahrb. f. fränk. Landesforschung 41, 1981, 1–21.

867. H. BÜTTNER, Staufische Territorialpolitik im 12. Jh., in: Württembergisch Franken 47, 1963, 5–27.

868. Heidenmission und Kreuzzugsgedanke in der deutschen Ostpolitik des Mittelalters, hrsg. v. H. BEUMANN, Darmstadt 1963; 2. Aufl. 1973 (W. d. F. 7).

869. F. LOTTER, Die Konzeption des Wendenkreuzzugs. Ideengeschichtliche, kirchenrechtliche und historisch-politische Voraussetzungen der Missionierung von Elb- und Ostseeslawen um die Mitte des 12. Jh., Sigmaringen 1977. – Vgl. H.-D. KAHL, in: JGMOD 28, 1979, 322–324.

870. H.-D. KAHL, Wie kam es 1147 zum „Wendenkreuzzug"?, in: Europa Slavica – Europa Orientalis. Festschrift für H. Ludat, Berlin 1980, 286–296.

871. E. SCHMIDT, Die Mark Brandenburg unter den Askaniern (1134–1320), Köln 1973.

a. H. K. SCHULZE, Die Besiedlung der Mark Brandenburg im hohen und späten Mittelalter, in: JGMOD 28, 1979, 42–178.

872. H. STOOB, Gedanken zur Ostseepolitik Lothars III., in: Festschrift F. Hausmann, Graz 1977, 531–551.

873. W. SCHLESINGER, Kirchengeschichte Sachsens im Mittelalter, Bd. II: Das Zeitalter der deutschen Ostsiedlung (1100–1300), Köln 1962.

874. Schleswig-Holsteinische Kirchengeschichte. Bd. 1. 2: Anfänge und Ausbau, unter Mitarbeit von P. MEINHOLD u. a., Neumünster 1977. 1978.

875. H. BEUMANN, Das päpstliche Schisma von 1130. Lothar III. und die Metropolitanrechte von Magdeburg und Hamburg-Bremen in Polen und Dänemark, in: BEUMANN, Wissenschaft vom Mittelalter. Ausgewählte Aufsätze, Köln 1972, 479–500.

876. W. SCHLESINGER, Bischofssitze, Pfalzen und Städte im deutschen Itinerar Friedrich Barbarossas, in: Aus Stadt- und Wirtschaftsgeschichte Südwestdeutschlands. Festschrift für E. Maschke, Stuttgart 1975, 1–56.

877. J. P. NIEDERKORN, Die Datierung des Tafelgüterverzeichnisses, in: MIÖG 87, 1979, 471–487.

878. O. ENGELS, Neue Aspekte zur Geschichte Friedrich Barbarossas und Heinrichs des Löwen, in: Selbstbewußtsein und Politik der Staufer, Göppingen 1977, 28–40.

3. FRANKREICH

879. J.-F. LEMARIGNIER, La France médiévale. Institutions et sociétés, Paris 1970.

880. Histoire des institutions françaises au Moyen Age, publ. sous la direction de F. LOT et R. FAWTIER. I. Institutions seigneuriales, II. Institutions royales, III. Institutions ecclésiastiques, Paris 1957. 1958. 1962.

881. A. LUCHAIRE, Histoire des institutions monarchiques de la France sous les premiers Capétiens (987–1180), 2 Bde., Paris 1891.

882. R. HOLTZMANN, Französische Verfassungsgeschichte von der Mitte des 9. Jh. bis zur Revolution, München 1910; ND Darmstadt 1965.

883. L. PERRICHET, La Grande Chancellerie de France des origines à 1328, Paris 1912.

884. M. PACAUT, Louis VII et les élections épiscopales dans le royaume de France, Paris 1957. – Louis VII et son royaume, Paris 1964.

885. E. BOURNAZEL, Le gouvernement capétien au XIIe siècle (1108–1180). Structures sociales et mutations institutionelles, Limoges 1975.

886. M. BUR, La formation du comté de Champagne, v. 950–1150, Nancy 1977.

887. O. GUILLOT, Le comte d'Anjou et son entourage au XIe siècle, 2 Bde., Paris 1972.

888. J. RICHARD, Les ducs de Bourgogne et la formation du duché du XIe au XIVe siècle, Paris 1954.

889. CH. PETIT-DUTAILLIS, Les communes françaises, caractères et évolution des origines au XVIIIe siècle, Paris 1947; 2. Aufl. 1970.

890. M. BLOCH, Les rois thaumaturges, Strasbourg 1924.

891. P. E. SCHRAMM, Der König von Frankreich. Das Wesen der Monarchie vom 9. zum 16. Jh., Weimar 1939; 2. Aufl. Weimar und Darmstadt1960.

892. W. KIENAST, Deutschland und Frankreich in der Kaiserzeit (900–1270), Leipzig 1943; 2. Aufl. 3 Bde., Stuttgart 1974/75.

893. K. F. WERNER, Das hochmittelalterliche Imperium im politischen Bewußtsein Frankreichs, 10.–12. Jh., in: HZ 200, 1965, 1–60.

894. K. JORDAN, Staufer und Kapetinger im 12. Jh., in: Francia 2, 1974, 136–151.

4. ENGLAND

895. H. HAAN – K.-F. KRIEGER – G. NIEDHART, Einführung in die englische Geschichte, München 1982.

896. J. HATSCHEK, Englische Verfassungsgeschichte bis zum Regierungsantritt der Königin Victoria, München 1913; 2. Aufl. hrsg. v. W. KIENAST und G. A. RITTER, Aalen 1978.

897. K. KLUXEN, Geschichte Englands von den Anfängen bis zur Gegenwart, Stuttgart 1968; 2. Aufl. 1976.

898. K.-U. JÄSCHKE, Die Anglonormannen, Stuttgart 1981.

899. F. TRAUTZ, Die Könige von England und das Reich 1272–1377. Mit einem Rückblick auf ihr Verhältnis zu den Staufern, Heidelberg 1961.

900. K. SCHNITH, Zur Vorgeschichte der „Anarchie" in England, 1135–54, in: HJb 95, 1975, 68–87.

901. W. L. WARREN, Henry II, London 1973.

902. E. TÜRK, Nugae curialium. Le règne d'Henri II Plantegenêt (1154–1189) et l'éthique politique, Genève 1977.

903. M. MEADE, Eleanor of Aquitaine, New York 1977.

a. J. GILLINGHAM, Richard Löwenherz. Eine Biographie, Düsseldorf 1981.

904. T. F. TOUT, Chapters in the administrative history of medieval England, Bd. I, Manchester 1920; ND 1967.

905. M. WEINBAUM, Die Anfänge der englischen Zentralverwaltung (1100–1327), in: Schmollers Jahrb. für Gesetzgebung, Verwaltung und Volkswirtschaft im Deutschen Reiche 56, 1932, 107–124.

906. H. G. RICHARDSON – G. O. SAYLES, The governance of medieval England from the conquest to Magna Carta, Edinburgh 1963.

907. R. C. VAN CAENEGEM, The birth of the English common law, Cambridge 1973.

908. T. A. M. BISHOP, Scriptores regis, Oxford 1961.

909. F. J. WEST, The justiciarship in England 1066–1232, Cambridge 1966.

910. W. A. MORRIS, The medieval English sheriff to 1300, Manchester 1927.

911. G. B. ADAMS, Council and courts in Anglo-Norman England, New Haven 1926.

912. J. O. PRESTWICH, War and finance in the Anglo-Norman state, in: Transactions of the Royal Historical Society, 5th ser. 4, 1954, 19–43.

913. R. L. POOLE, The Exchequer in the twelfth century, Oxford 1912.

914. B. KEMP, Exchequer and Bench in the later twelfth century – Separate or identical tribunals? in: EHR 88, 1973, 559–573.

915. G. L. Harris, King, parliament, and public finance in medieval England to 1369, Oxford 1975.
916. J. O. Prestwich, The military household of the Norman kings, in: EHR 96, 1981, 1–35.
917. C. Stephenson, Mediaeval institutions. Selected essays, Ithaca/N.Y. 1954.
918. P. E. Schramm, Geschichte des englischen Königtums im Lichte der Krönung, Weimar 1937; ND Darmstadt 1970.
919. D. Knowles, Thomas Becket, London 1970.
920. A. Morey – Ch. N. L. Brooke, Gilbert Foliot and his letters, Cambridge 1965.
921. Ch. H. Haskins, England and Sicily in the twelfth century, in: EHR 26, 1911, 433–447, 641–665.
922. B. Smalley, The Becket conflict and the schools. A study of intellectuals in politics, Oxford 1973.
923. G. Stollberg, Die soziale Stellung der intellektuellen Oberschicht im England des 12. Jh., Lübeck 1973.
924. D. Knowles – R. N. Hadcock, Medieval religious houses: England and Wales, 2. Aufl. London 1971.
925. H. G. Richardson, The English Jewry under Angevin kings, London 1960.

5. Spanien

926. J. F. O'Callaghan, A history of medieval Spain, Ithaca-London 1975.
927. Ch.-E. Dufourcq – J. Gautier-Dalché, Histoire économique et sociale de l'Espagne chrétienne au Moyen Age, Paris 1976.
928. P. Bonnassie, La Catalogne du milieu du Xe à la fin du XIe siècle: croissance et mutations d'une société, 2 Bde., Toulouse 1976.
929. O. Engels, Schutzgedanke und Landesherrschaft im östlichen Pyrenäenraum (9.–13. Jh.), Münster 1970.
930. L. Vones, Die ‚Historia Compostellana' und die Kirchenpolitik des nordwestspanischen Raumes 1070–1130, Köln Wien 1980.
931. P. E. Schramm, Die Entstehung eines Doppelreiches: Die Vereinigung von Aragon und Barcelona durch Ramón Berenguer IV. (1137–1162), in: Vom Mittelalter zur Neuzeit. Zum 65. Geb. von H. Sproemberg, Berlin 1956, 19–50.
932. P. Feige, Die Anfänge des portugiesischen Königtums und seiner Landeskirche, in: Gesammelte Aufsätze zur Kulturgeschichte Spaniens 29, 1978, 85–436.
933. P. Rassow, Der Prinzgemahl. Ein Pactum matrimoniale aus dem Jahre 1188, Weimar 1950.

934. TH. N. BISSON, The organized peace in Southern France and Catalonia, ca. 1140–1233, in: The American Historical Review 82, 1977, 290–311.

935. R. MENÉNDEZ PIDAL, La España del Cid, 2 Bde., Madrid 1929. – Dt.: Das Spanien des Cid, München 1936/37.

936. D. W. LOMAX, The reconquest of Spain, London 1978.

937. J. A. MARAVALL, El concepto de España en la Edad Media, Madrid 1954.

938. J. F. POWERS, The origins and development of municipal military service in the Leonese and Castilian reconquest, 800–1250, in: Traditio 26, 1970, 91–111.

939. E. S. PROCTER, Curia and cortes in León and Castile 1072–1295, Cambridge 1980.

940. J. L. ABADÍA, El „curia" o „cort". Una magistratura medieval mediterránea, in: Anuario de estudios medievales 4, 1967, 169–299.

6. OSTEUROPA

941. TH. VON BOGYAY, Grundzüge der Geschichte Ungarns, Darmstadt 1967.

942. Z. J. KOSZTOLNYIK, Five eleventh century Hungarian kings: their policies and their relations with Rome, New York 1981.

943. R. KERBL, Byzantinische Prinzessinnen in Ungarn zwischen 1050–1200 und ihr Einfluß auf das Arpadenkönigreich, Wien 1979.

944. A. KUBINYI, Königliche Kanzlei und Hofkapelle in Ungarn um die Mitte des 12. Jh., in: Festschrift F. Hausmann, Graz 1977, 299–324.

945. H. GÖCKENJAN, Hilfsvölker und Grenzwächter im mittelalterlichen Ungarn, Wiesbaden 1972.

946. Handbuch der Geschichte Rußlands, hrsg. v. M. HELLMANN u. a. Bd. I: Von der Kiever Reichsbildung bis zum Moskauer Zartum, Stuttgart 1981.

947. TH. EDIGER, Rußlands älteste Beziehungen zu Deutschland, Frankreich und der römischen Kurie, Diss. Halle 1911.

948. K. ZERNACK, Die burgstädtischen Volksversammlungen bei den Ost- und Westslaven. Studien zur verfassungsgeschichtlichen Bedeutung des Veče, Wiesbaden 1967.

949. V. LAZAREV, Regard sur l'art de la Russie prémongole, III: L'architecture et la sculpture de Vladimir et Souzdal, in: CCM 16, 1973, 1–15.

950. G. RHODE, Kleine Geschichte Polens, Darmstadt 1965.

951. A. GIEYSZTOR u. a., History of Poland, Warszawa 1968.

952. O. KOSSMANN, Polen im Mittelalter. Beiträge zur Sozial- und Verfassungsgeschichte, Marburg/Lahn 1971.

953. E. MASCHKE, Der Peterspfennig in Polen und dem deutschen Osten, Leipzig 1933; 2. Aufl. Sigmaringen 1979.

7. Ostseeraum

954. E. Hoffmann, Die heiligen Könige bei den Angelsachsen und den skandinavischen Völkern. Königsheiliger und Königshaus, Neumünster 1975.
955. E. Hoffmann, Königserhebung und Thronfolgeordnung in Dänemark bis zum Ausgang des Mittelalters, Berlin 1976.
956. Th. Riis, Les institutions politiques centrales du Danemark 1100–1332, Odense 1977.
957. W. Seegrün, Das Papsttum und Skandinavien bis zur Vollendung der nordischen Kirchenorganisation, Neumünster 1967.
958. E. Christiansen, The northern crusades. The Baltic and the catholic frontier 1100–1525, London 1980.
959. W. Rennkamp, Studien zum deutsch-russischen Handel bis zum Ende des 13. Jh.: Nowgorod und Dünagebiet, Bochum 1977.
960. Lübeck 1226. Reichsfreiheit und frühe Stadt, hrsg. v. O. Ahlers u. a., Lübeck 1976.
961. H. Stoob, Schleswig – Lübeck – Wisby, in: Zeitschrift des Vereins für Lübeckische Geschichte und Altertumskunde 59, 1979, 7–27.
962. M. Hellmann, Die Verfassungsgrundlagen Livlands und Preußens im Mittelalter, in: Ostdeutsche Wissenschaft 3/4, 1956/57, 78–108.

8. Das Imperium Friedrichs I.

963. H. Simonsfeld, Jahrbücher des Deutschen Reiches unter Friedrich I., Bd. 1: 1152–1158, Leipzig 1908; ND Berlin 1967.
964. W. von Giesebrecht, Geschichte der deutschen Kaiserzeit, Bd. 4, 2. Bearb.; Bd. 5, 1. 2, Braunschweig 1878. 1880. Leipzig 1888; Bd. 6, hrsg. v. B. von Simson, Leipzig 1895.
965. A. Borst, Reden über die Staufer, Frankfurt/M. 1978.
966. Federico Barbarossa nel dibattito storiografico in Italia e in Germania, a cura di R. Manselli e J. Riedmann, Bologna 1982.
967. H. Heimpel, Friedrich I. Barbarossa, in: Neue Deutsche Biographie 5, Berlin 1961, 459–478.
968. Friedrich Barbarossa, hrsg. v. G. Wolf, Darmstadt 1975 (W. d. F. 390).
969. R. M. Herkenrath, Regnum und Imperium. Das „Reich" in der frühstaufischen Kanzlei (1138–1155), Wien 1969.
970. P. Rassow, Honor imperii. Die neue Politik Friedrich Barbarossas 1152–1159, München 1940; 2. Aufl. Darmstadt 1961; auch in: Friedrich Barbarossa [968]. – Vgl. H. Grundmann, in: HZ 164, 1941, 577–582.
971. P. Classen, Die Komnenen und die Kaiserkrone des Westens, in: Journal of Medieval History 3, 1977, 207–224.

972. B. Töpfer, Reges provinciales. Ein Beitrag zur staufischen Reichsideologie unter Kaiser Friedrich I., in: ZfG 22, 1974, 1348–1358.

973. E. Meuthen, Barbarossa und Aachen, in: RhVjbll. 39, 1975, 28–59.

974. J. Petersohn, Saint-Denis – Westminster – Aachen. Die Karls-Translatio von 1165 und ihre Vorbilder, in: DA 31, 1975, 420–454.

975. A. Haverkamp, Herrschaftsformen der Frühstaufer in Reichsitalien, 2 Bde., Stuttgart 1970. 1971.

976. G. Baaken, Unio regni ad imperium. Die Verhandlungen von Verona 1184 und die Eheabredung zwischen König Heinrich VI. und Konstanze von Sizilien, in: QFIAB 52, 1972, 219–297.

977. B. Brinken, Die Politik Konrads von Staufen in der Tradition der Rheinischen Pfalzgrafschaft, Bonn 1974.

978. K. Jordan, Heinrich der Löwe. Eine Biographie, München 1979.

979. Heinrich der Löwe, hrsg. v. W.-D. Mohrmann, Göttingen 1980.

a. Der Reichstag von Gelnhausen. Ein Markstein in der deutschen Geschichte 1180–1980, hrsg. v. H. Patze, Marburg 1981; auch in: BDLG 117, 1981.

b. O. Engels, Zur Entmachtung Heinrichs des Löwen, in: Festschrift für A. Kraus, Kallmünz 1982, 45–59.

980. K. Feldmann, Herzog Welf VI. und sein Sohn. Das Ende des süddeutschen Welfenhauses (mit Regesten), Tübingen 1971.

981. J. Fried, Königsgedanken Heinrichs des Löwen, in: AKuG 55, 1973, 312–351. – Vgl. R. Haussherr, in: Zs. des Deutschen Vereins für Kunstwissenschaft 34, 1980, 3–15.

982. F. Güterbock, Die Gelnhäuser Urkunde und der Prozeß Heinrichs des Löwen, Hildesheim 1920.

983. E. Zöllner, Das Privilegium minus und seine Nachfolgebestimmungen in genealogischer Sicht, in: MIÖG 86, 1978, 1–26.

984. F. X. Vollmer, Reichs- und Territorialpolitik Kaiser Friedrichs I., Diss. Ms. Freiburg i. B. 1951.

985. Historischer Atlas von Baden-Württemberg, hrsg. v. d. Kommission für geschichtliche Landeskunde in Baden-Württemberg, Stuttgart 1972 ff. (mit Erläuterungen).

986. N. Kamp, Moneta regis. Beiträge zur Geschichte der königlichen Münzstätten und der königlichen Münzpolitik in der Stauferzeit, Diss. Ms. Göttingen 1957. – Vgl. Hamburger Beiträge zur Numismatik 17, 1963, 517–544.

987. K. Bosl, Die Reichsministerialität der Salier und Staufer, Stuttgart 1950/51.

988. G. Kirchner, Staatsplanung und Reichsministerialität, in: DA 10, 1953, 446–474.

989. K.-F. Krieger, Die königliche Lehngerichtsbarkeit im Zeitalter der Staufer, in: DA 26, 1970, 400–433.

990. C. Wacker, Der deutsche Reichstag unter den Hohenstaufen, Leipzig 1882.

991. V. Samanek, Kronrat und Reichsherrschaft im 13. und 14. Jh., Berlin 1910.
992. R. Gudenatz, Schwäbische und fränkische Freiherren und Ministerialen am Hofe der deutschen Könige 1198–1272, Diss. Bonn 1909.
993. H. Weis, Die Grafen von Lenzburg in ihren Beziehungen zum Reich und zur adligen Umwelt, Diss. Ms. Freiburg i. B. 1959.
994. A. Naumann-Humbeck, Studien zur Geschichte der Grafen von Sponheim vom 11. bis 13. Jh. (Heimatkundliche Schriftenreihe des Landkreises Bad Kreuznach 14, 1983).

D. Byzanz und das Abendland um 1200

1. Heinrich VI.

995. Th. Toeche, Kaiser Heinrich VI. (Jahrbücher der Deutschen Geschichte), Leipzig 1867; ND Darmstadt 1965.
996. P. Csendes, Die Kanzlei Kaiser Heinrichs VI., Wien 1981.
997. E. Perels, Der Erbreichsplan Heinrichs VI., Berlin 1927.
998. V. Pfaff, Kaiser Heinrichs VI. höchstes Angebot an die römische Kurie (1196), Heidelberg 1927.
999. G. Baaken, Die Verhandlungen zwischen Kaiser Heinrich VI. und Papst Coelestin III. in den Jahren 1195–1197, in: DA 27, 1971, 457–513.
1000. G. Baaken, Recht und Macht in der Politik der Staufer, in: HZ 221, 1975, 553–570. – Vgl. Zs. f. Württ. Landesgesch. 40, 1981, 11–33.

2. Dritter und vierter Kreuzzug – Albigenser

1001. R. Hiestand, Chronologisches zur Geschichte des Königreiches Jerusalem im 12. Jh., in: DA 35, 1979, 542–555.
1002. R.-J. Lilie, Die Schlacht von Myriokephalon (1176). Auswirkungen auf das byzantinische Reich im ausgehenden XII. Jh., in: Revue des Études Byzantines 35, 1977, 257–275.
1003. Ch. M. Brand, Byzantium confronts the West 1180–1204, Cambridge/Mass. 1968.
1004. E. Eickhoff, Friedrich Barbarossa im Orient. Kreuzzug und Tod Friedrichs I., Tübingen 1977.
1005. H. Möhring, Saladin und der Dritte Kreuzzug. Aiyubidische Strategie und Diplomatie im Vergleich vornehmlich der arabischen mit den lateinischen Quellen, Wiesbaden 1980.
1006. M. C. Lyons – D. E. P. Jackson, Saladin. The politics of the holy war, Cambridge 1982.
1007. H. Fichtenau, Akkon, Zypern und das Lösegeld für Richard Löwenherz, in: Archiv für österr. Geschichte 125, 1966, 11–32; auch in:

FICHTENAU, Beiträge zur Mediävistik. Ausgew. Aufsätze I, Stuttgart 1975.

1008. H. ROSCHER, Papst Innocenz III. und die Kreuzzüge, Göttingen 1969.

1009. J. GILL, Byzantium and the Papacy 1198–1400, New Brunswick/N. J. 1979.

1010. J. FOLDA, The fourth crusade, 1201–1203. Some reconsiderations, in: Byzantinoslavica 26, 1965, 277–290.

1011. K. M. SETTON, The Papacy and the Levant (1204–1571). Bd. 1: The thirteenth and fourteenth centuries, Philadelphia 1976.

1012. A. CARILE, Partitio terrarum Imperii Romanie, in: Studi Veneziani 7, 1965, 125–305.

1013. F. THIRIET, La Romanie vénitienne au Moyen Age. Le développement et l'exploitation du domaine colonial vénitien (XIIe–XVe siècles), Paris 1959.

1014. H. GOETZ, Der Orient der Kreuzzüge in Wolframs Parzival, in: AKuG 49, 1967, 1–42.

1015. P. RAEDTS, The Children's Crusade of 1212, in: Journal of Medieval History 3, 1977, 279–323.

1016. U. GÄBLER, Der „Kinderkreuzzug" vom Jahre 1212, in: Schweizerische Zeitschrift für Geschichte 28, 1978, 1–14.

1017. E. GRIFFE, Les débuts de l'aventure cathare en Languedoc (1140–1190); Le Languedoc cathare de 1190 à 1210; Le Languedoc cathare au temps de la croisade, Paris 1969. 1971. 1973.

3. INNOZENZ III. UND DIE EUROPÄISCHEN KONFLIKTE

1018. H. TILLMANN, Papst Innocenz III., Bonn 1954.

1019. B. MÖLLER, Papst Innozenz III. und die Wende des Mittelalters, in: Bleibendes im Wandel der Kirchengeschichte. Kirchenhistorische Studien, hrsg. v. B. MÖLLER und G. RUHBACH, Tübingen 1973, 151–167.

a. E. WINKELMANN, Philipp von Schwaben und Otto IV. von Braunschweig (Jahrbücher der Deutschen Geschichte), 2 Bde., Leipzig 1873/78; ND Darmstadt 1963.

1020. H. STEHKÄMPER, Geld bei deutschen Königswahlen des 13. Jh., in: Wirtschaftskräfte und Wirtschaftswege. Festschrift für H. Kellenbenz. Bd. 1: Mittelmeer und Kontinent, Stuttgart 1978, 83–135.

1021. A. VON EUW, Darstellungen der Hl. Drei Könige im Kölner Dom und ihre ikonographische Herleitung, in: Kölner Domblatt 23/24, 1964, 293–340.

1022. F. KEMPF, Papsttum und Kaisertum bei Innozenz III. Die geistigen und rechtlichen Grundlagen seiner Thronstreitpolitik, Rom 1954.

1023. M. LAUFS, Politik und Recht bei Innozenz III. Kaiserprivilegien, Thronstreitregister und Egerer Goldbulle in der Reichs- und Rekuperationspolitik Papst Innozenz' III., Köln 1980.

1024. D. Unverhau, Approbatio – Reprobatio. Studien zum päpstlichen Mitspracherecht bei Kaiserkrönung und Königswahl vom Investiturstreit bis zum ersten Prozeß Johanns XXII. gegen Ludwig IV., Lübeck 1973.

1025. L. Buisson, Potestas und Caritas. Die päpstliche Gewalt im Spätmittelalter, Köln 1958; 2. Aufl. 1982.

1026. F. Kempf, Der „favor apostolicus" bei der Wahl Friedrich Barbarossas und im deutschen Thronstreit (1198–1208), in: Speculum historiale. J. Spörl aus Anlaß seines 60. Geb., Freiburg 1965, 469–478; auch in: Friedrich Barbarossa [968].

1027. H. Fuhrmann, Zur Bulle *Venerabilem*, in: Historische Forschungen für W. Schlesinger, Köln 1974, 514–517.

1028. O. Hageneder, Das päpstliche Recht der Fürstenabsetzung, in: AHP 1, 1963, 53–95.

1029. E. Kantorowicz, Kaiser Friedrich der Zweite, Berlin 1927, Ergänzungsband Berlin 1931; ND Düsseldorf 1963.

1030. N. Kamp, Kirche und Monarchie im staufischen Königreich Sizilien. I. Prosopographische Grundlegung: Bistümer und Bischöfe des Königreichs 1194–1266, 3 Bde., München 1973/75.

1031. A. Cartellieri, Philipp II. August, König von Frankreich, 4 Bde., Leipzig 1899–1923.

1032. M. Powicke, The loss of Normandy 1189–1204. Studies in the history of the Angevin Empire, Manchester 1913; 2. Aufl. 1961.

1033. K. Norgate, Richard the Lion Heart, London 1924; ND New York 1969.

1034. S. Painter, The reign of king John, Baltimore 1949; ND 1966.

1035. C. R. Cheney, Pope Innocent III and England, Stuttgart 1976.

1036. J. F. Baldwin, The king's council in England during the Middle Ages, Oxford 1913; ND 1969.

1037. G. Duby, Le dimanche de Bouvines 26 Juillet 1214, Paris 1973.

1038. J. C. Holt, Magna Carta, Cambridge 1965.

4. Die Kirche des 4. Laterankonzils

1039. V. Pfaff, Die soziale Stellung des Judentums in den Auseinandersetzungen zwischen Kaiser und Kirche vom 3. zum 4. Laterankonzil (1179–1215), in: VSWG 52, 1965, 168–206.

1040. W. J. Fishel, Innocent III and the distinctive clothing of Jews and Muslims, in: Studies in Medieval Culture 3, 1970, 92–116.

1041. H. Maisonneuve, Études sur les origines de l'Inquisition, Paris 1942; 2. Aufl. 1960.

1042. M. Bévenot, The inquisition and its antecedents, in: The Heythrop Journal 7, 1966, 257–268, 381–393; 8, 1967, 52–69, 152–168.

1043. K. Elm, Franziskus und Dominikus. Wirkungen und Antriebskräfte zweier Ordensstifter, in: Saeculum 23, 1972, 127–147.

1044. M.-H. Vicaire, Histoire de Saint Dominique, 2 Bde., Paris 1957. – Dt.: Geschichte des heiligen Dominikus, Freiburg 1962/63.

1045. A. H. Thomas, De oudste constituties van de Dominicanen. Voorgeschiedenis, tekst, bronnen, ontstaan en ontwikkeling (1215–1237), Leuven 1965.

1046. San Francesco nella ricerca storica degli ultimi ottanta anni, Todi 1971.

1047. St. da Campagnola, Le origini francescane come problema storiografico, Perugia 1974.

1048. G. Wendelborn, Franziskus von Assisi, Wien 1977.

1049. W. Goetz, Die Quellen zur Geschichte des hl. Franz von Assisi, Gotha 1904.

1050. M. Bihl, Disquisitiones Celanenses, in: Archivum Franciscanum Historicum 21, 1928, 3–54.

1051. K. Esser, Textkritische Untersuchungen zur Regula non bullata der Minderbrüder, Grottaferrata (Romae) 1974.

1052. K.-V. Selge, Rechtsgestalt und Idee der frühen Gemeinschaft des Franz von Assisi, in: Erneuerung der Einen Kirche. H. Bornkamm zum 65. Geb., Göttingen 1966, 1–31.

1053. K.-V. Selge, Franz von Assisi und die römische Kurie, in: Zeitschrift für Theologie und Kirche 67, 1970, 129–161.

1054. J. Moorman, A history of the Franciscan Order from its origins to the year 1517, Oxford 1968.

ANHANG

Siglen

AHDE	=	Anuario de Historia del Derecho Español
AHP	=	Archivum Historiae Pontificiae
AKuG	=	Archiv für Kulturgeschichte
BDLG	=	Blätter für deutsche Landesgeschichte
CCM	=	Cahiers de civilisation médiévale
CEHE	=	186
DA	=	Deutsches Archiv für Geschichte (Erforschung) des Mittelalters
EHR	=	The English Historical Review
FMSt	=	Frühmittelalterliche Studien
FSI	=	Fonti per la storia d'Italia
HDWSG	=	190
HEWSG	=	187
HJb	=	Historisches Jahrbuch der Görres-Gesellschaft
HKG	=	174
HZ	=	Historische Zeitschrift
HRG	=	Handwörterbuch zur deutschen Rechtsgeschichte
JGMOD	=	Jahrbuch für die Geschichte Mittel- und Ostdeutschlands
JL	=	Jaffé-Loewenfeld [90]
LMA	=	Lexikon des Mittelalters
LThK	=	Lexikon für Theologie und Kirche
MA	=	Le Moyen Age
MGH	=	Monumenta Germaniae Historica
Migne PL	=	J.-P. Migne, Patrologiae cursus completus. Series Latina
MIÖG	=	Mitteilungen des Instituts für österreichische Geschichtsforschung
ND	=	Nachdruck, Neudruck
NF	=	Neue Folge
N. S.	=	Nova series u. ä.
QFIAB	=	Quellen und Forschungen aus italienischen Archiven und Bibliotheken
RH	=	Revue historique
RHE	=	Revue d'histoire ecclésiastique
RhVjbll.	=	Rheinische Vierteljahrsblätter
RNI	=	95

Settimane	=	Settimane di studio del Centro italiano di studi sull' alto medioevo
TRE	=	Theologische Realenzyklopädie
VSWG	=	Vierteljahrschrift für Sozial- und Wirtschaftsgeschichte
V.u.F.	=	Vorträge und Forschungen
W.d.F.	=	Wege der Forschung
ZfG	=	Zeitschrift für Geschichtswissenschaft
ZRG GA (KA)	=	Zeitschrift der Savigny-Stiftung für Rechtsgeschichte, Germanistische Abteilung (Kanonistische Abteilung)

Stammtafeln

DEUTSCHES REICH

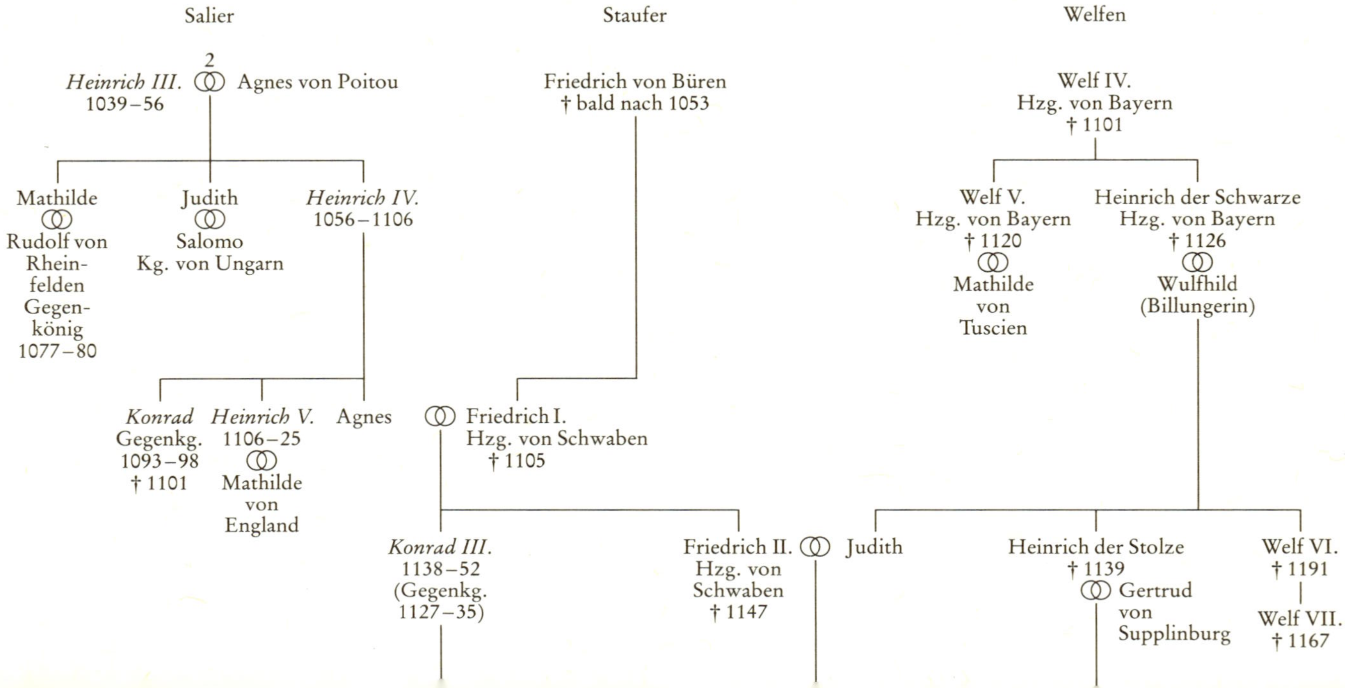

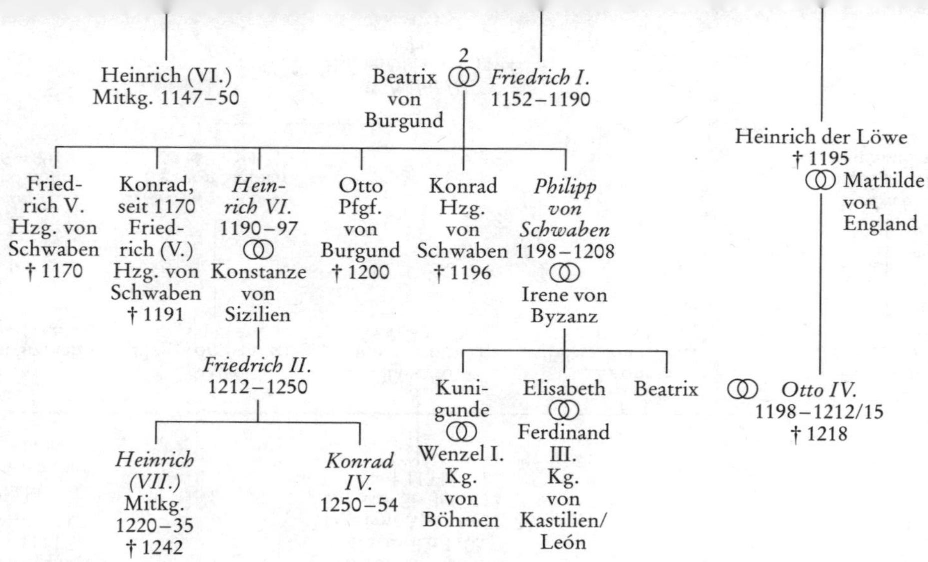
Heinrich (VI.)
Mitkg. 1147–50
Beatrix von Burgund
2 ⚭
Friedrich I. 1152–1190
Heinrich der Löwe † 1195
⚭ Mathilde von England
Friedrich V. Hzg. von Schwaben † 1170
Konrad, seit 1170 Friedrich (V.) Hzg. von Schwaben † 1191
Heinrich VI. 1190–97 ⚭ Konstanze von Sizilien
Otto Pfgf. von Burgund † 1200
Konrad Hzg. von Schwaben † 1196
Philipp von Schwaben 1198–1208 ⚭ Irene von Byzanz
Friedrich II. 1212–1250
Heinrich (VII.) Mitkg. 1220–35 † 1242
Konrad IV. 1250–54
Kunigunde ⚭ Wenzel I. Kg. von Böhmen
Elisabeth ⚭ Ferdinand III. Kg. von Kastilien/León
Beatrix
⚭
Otto IV. 1198–1212/15 † 1218

SIZILIEN

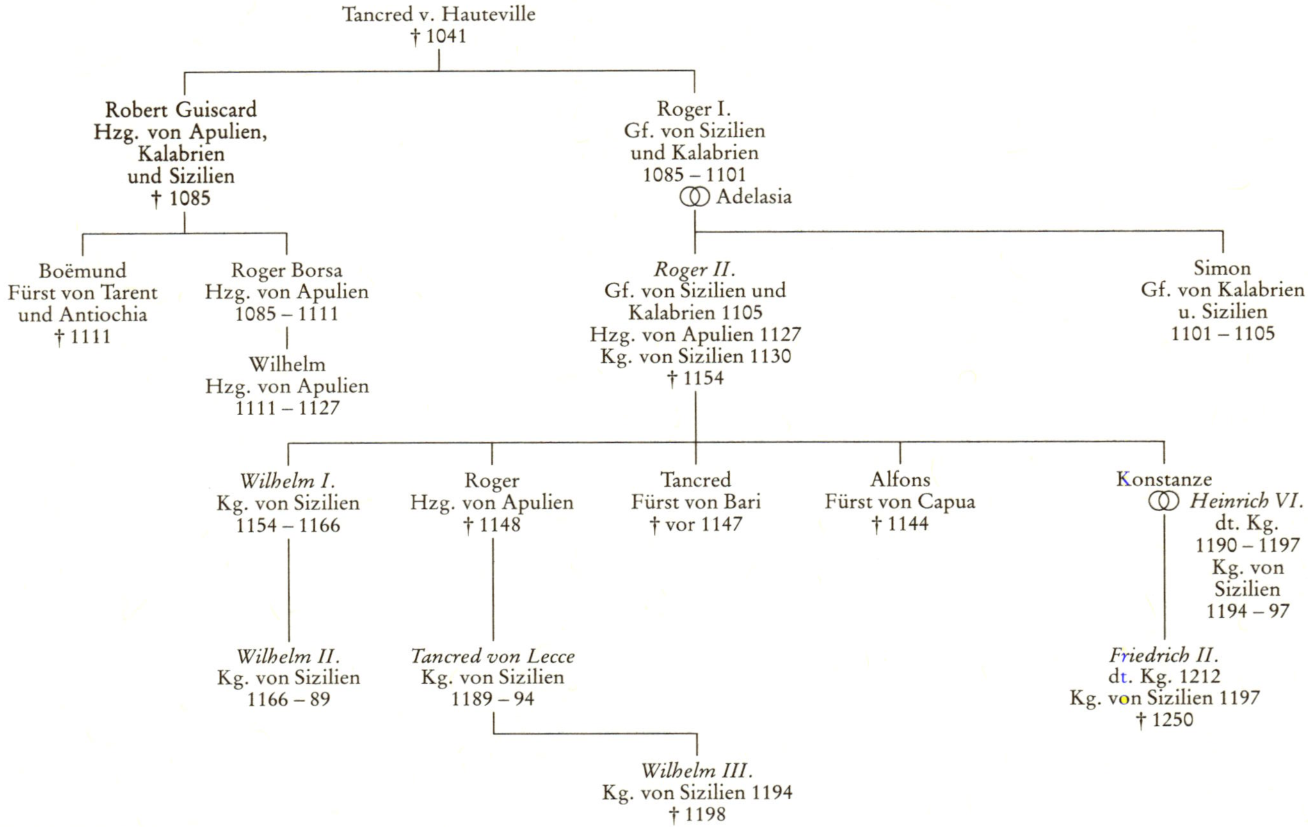

Tancred v. Hauteville
† 1041
Robert Guiscard
Hzg. von Apulien,
Kalabrien
und Sizilien
† 1085
Roger I.
Gf. von Sizilien
und Kalabrien
1085 – 1101
⚭ Adelasia
Boëmund
Fürst von Tarent
und Antiochia
† 1111
Roger Borsa
Hzg. von Apulien
1085 – 1111
Wilhelm
Hzg. von Apulien
1111 – 1127
Roger II.
Gf. von Sizilien und
Kalabrien 1105
Hzg. von Apulien 1127
Kg. von Sizilien 1130
† 1154
Simon
Gf. von Kalabrien
u. Sizilien
1101 – 1105
Wilhelm I.
Kg. von Sizilien
1154 – 1166
Roger
Hzg. von Apulien
† 1148
Tancred
Fürst von Bari
† vor 1147
Alfons
Fürst von Capua
† 1144
Konstanze
⚭ Heinrich VI.
dt. Kg.
1190 – 1197
Kg. von
Sizilien
1194 – 97
Wilhelm II.
Kg. von Sizilien
1166 – 89
Tancred von Lecce
Kg. von Sizilien
1189 – 94
Friedrich II.
dt. Kg. 1212
Kg. von Sizilien 1197
† 1250
Wilhelm III.
Kg. von Sizilien 1194
† 1198

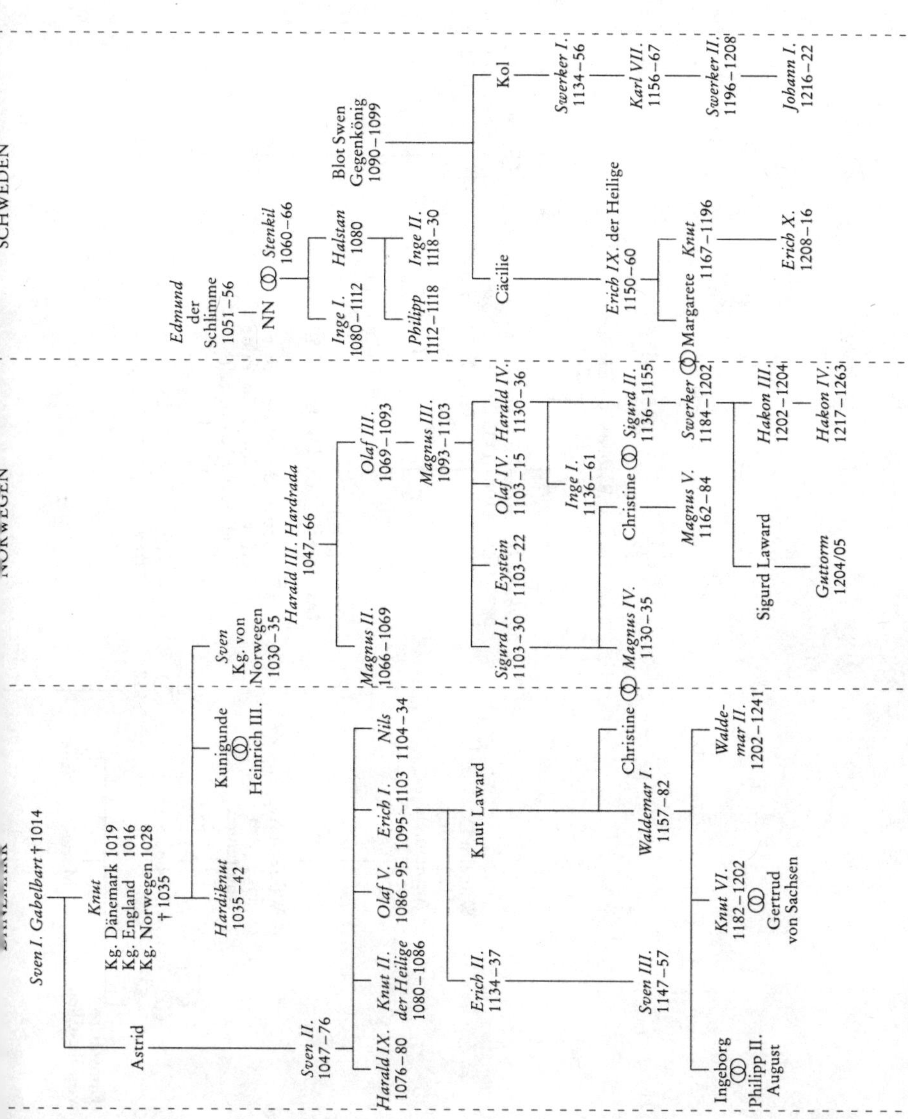
SCHWEDEN
Sven I. Gabelbart † 1014
Astrid
Knut
Kg. Dänemark 1019
Kg. England 1016
Kg. Norwegen 1028
† 1035
Hardiknut
1035–42
Kunigunde
Heinrich III.
Sven
Kg. von
Norwegen
1030–35
Sven II.
1047–76
Harald IX.
1076–80
Knut II.
der Heilige
1080–1086
Olaf V.
1086–95
Erich I.
1095–1103
Nils
1104–34
Erich II.
1134–37
Knut Laward
Sven III.
1147–57
Waldemar I.
1157–82
Christine
Ingeborg
Philipp II.
August
Knut VI.
1182–1202
Gertrud
von Sachsen
Walde-
mar II.
1202–1241
Harald III. Hardrada
1047–66
Magnus II.
1066–1069
Olaf III.
1069–1093
Magnus III.
1093–1103
Sigurd I.
1103–30
Eystein
1103–22
Olaf IV.
1103–15
Harald IV.
1130–36
Magnus IV.
1130–35
Inge I.
1136–61
Christine
Sigurd II.
1136–1155
Magnus V.
1162–84
Swerker
1184–1202
Sigurd Laward
Guttorm
1204/05
Hakon III.
1202–1204
Hakon IV.
1217–1263
Edmund
der
Schlimme
1051–56
NN
Stenkil
1060–66
Inge I.
1080–1112
Halstan
1080
Philipp
1112–1118
Inge II.
1118–30
Blot Swen
Gegenkönig
1090–1099
Cäcilie
Kol
Erich IX. der Heilige
1150–60
Margarete
Knut
1167–1196
Erich X.
1208–16
Swerker I.
1134–56
Karl VII.
1156–67
Swerker II.
1196–1208
Johann I.
1216–22

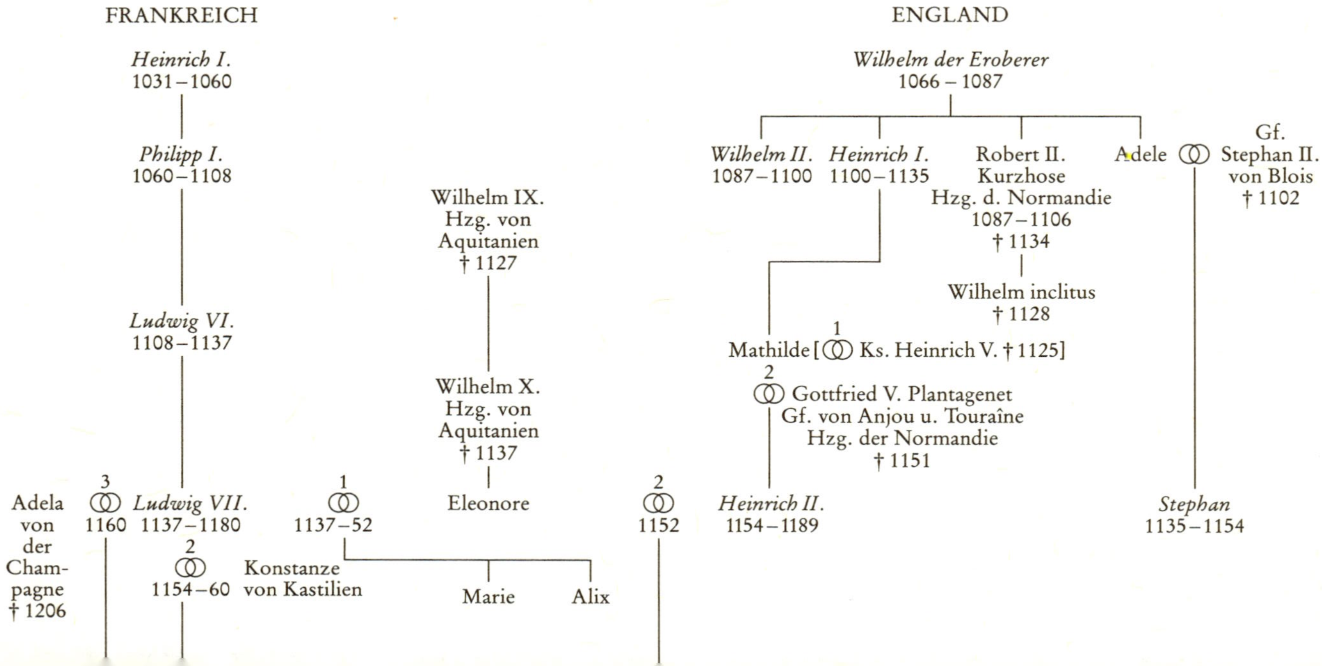
FRANKREICH
Heinrich I. 1031–1060
Philipp I. 1060–1108
Ludwig VI. 1108–1137
Ludwig VII. 1137–1180
Adela von der Champagne † 1206
3 ⚭ 1160
2 ⚭ 1154–60
Konstanze von Kastilien
1 ⚭ 1137–52
Wilhelm IX. Hzg. von Aquitanien † 1127
Wilhelm X. Hzg. von Aquitanien † 1137
Eleonore
Marie
Alix
2 ⚭ 1152
ENGLAND
Wilhelm der Eroberer 1066 – 1087
Wilhelm II. 1087–1100
Heinrich I. 1100–1135
Robert II. Kurzhose Hzg. d. Normandie 1087–1106 † 1134
Wilhelm inclitus † 1128
Adele
⚭
Gf. Stephan II. von Blois † 1102
Mathilde [1 ⚭ Ks. Heinrich V. † 1125]
2 ⚭ Gottfried V. Plantagenet Gf. von Anjou u. Touraîne Hzg. der Normandie † 1151
Heinrich II. 1154–1189
Stephan 1135–1154

- *Philipp II. August* 1180 – 1223
  - *Ludwig VIII.* 1223–1226
    - *Ludwig IX.* 1226–1270
- Adelheid
- Bela III. Kg. von Ungarn ⚭ (2) 1186 Margarete ⚭ (1) 1172 Heinrich † 1183
- Mathilde ⚭ Heinrich der Löwe
  - Ks. Otto IV. † 1218
- *Richard I. Löwenherz* 1189–99
- Gottfried Hzg. v. Bretagne 1166–86
  - Arthur † 1203
- *Johann Ohneland* 1199–1216
  - *Heinrich III.* 1216–72
  - Richard Gf. von Cornwall dt. Kg. 1257 † 1272
  - Eleonore ⚭ Simon v. Montfort
  - Elisabeth ⚭ Ks. Friedrich II.
- Eleonore ⚭ Alfons VIII. Kg. von Kastilien
- Johanna ⚭ Wilhelm II. Kg. von Sizilien

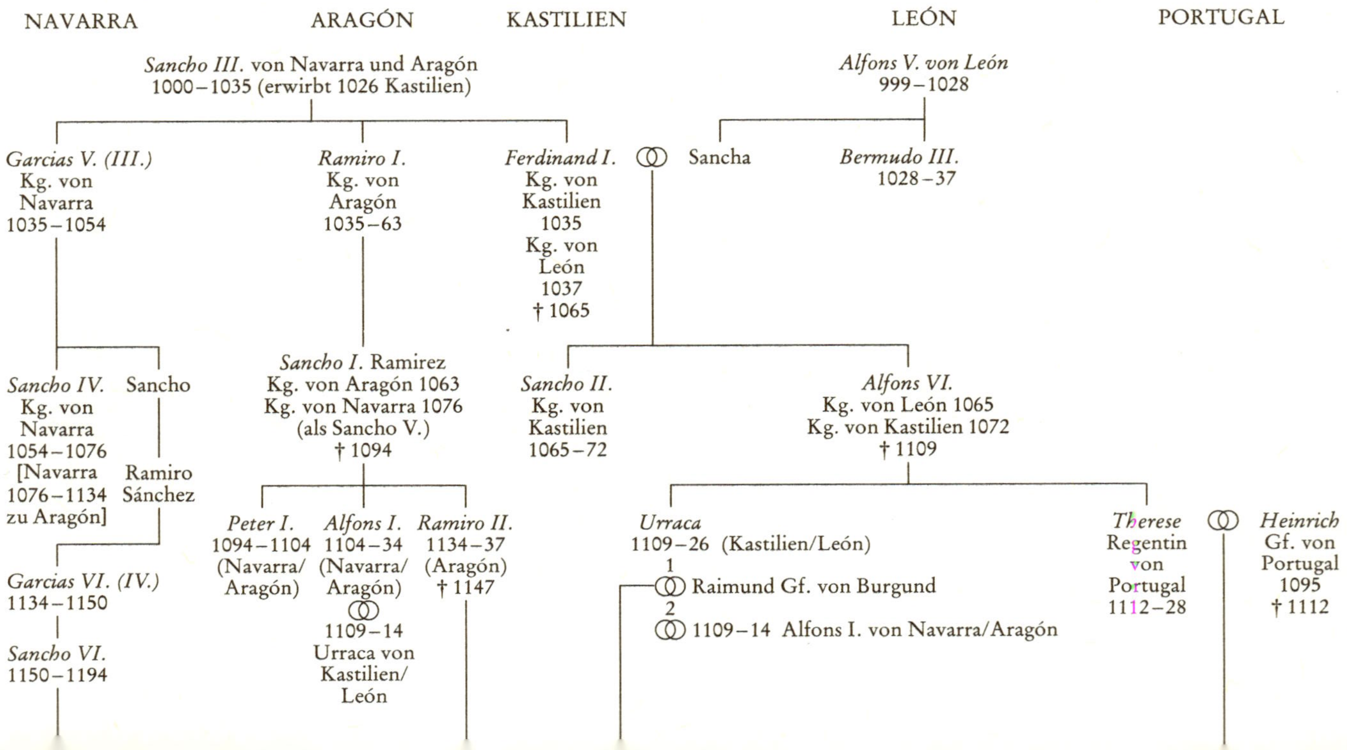
NAVARRA
ARAGÓN
KASTILIEN
LEÓN
PORTUGAL
Sancho III. von Navarra und Aragón 1000–1035 (erwirbt 1026 Kastilien)
Alfons V. von León 999–1028
Garcias V. (III.) Kg. von Navarra 1035–1054
Ramiro I. Kg. von Aragón 1035–63
Ferdinand I. Kg. von Kastilien 1035 Kg. von León 1037 † 1065
∞ Sancha
Bermudo III. 1028–37
Sancho IV. Kg. von Navarra 1054–1076 [Navarra 1076–1134 zu Aragón]
Sancho
Ramiro Sánchez
Sancho I. Ramirez Kg. von Aragón 1063 Kg. von Navarra 1076 (als Sancho V.) † 1094
Sancho II. Kg. von Kastilien 1065–72
Alfons VI. Kg. von León 1065 Kg. von Kastilien 1072 † 1109
Garcias VI. (IV.) 1134–1150
Sancho VI. 1150–1194
Peter I. 1094–1104 (Navarra/Aragón)
Alfons I. 1104–34 (Navarra/Aragón) ∞ 1109–14 Urraca von Kastilien/León
Ramiro II. 1134–37 (Aragón) † 1147
Urraca 1109–26 (Kastilien/León)
1 ∞ Raimund Gf. von Burgund
2 ∞ 1109–14 Alfons I. von Navarra/Aragón
Therese Regentin von Portugal 1112–28
∞ Heinrich Gf. von Portugal 1095 † 1112

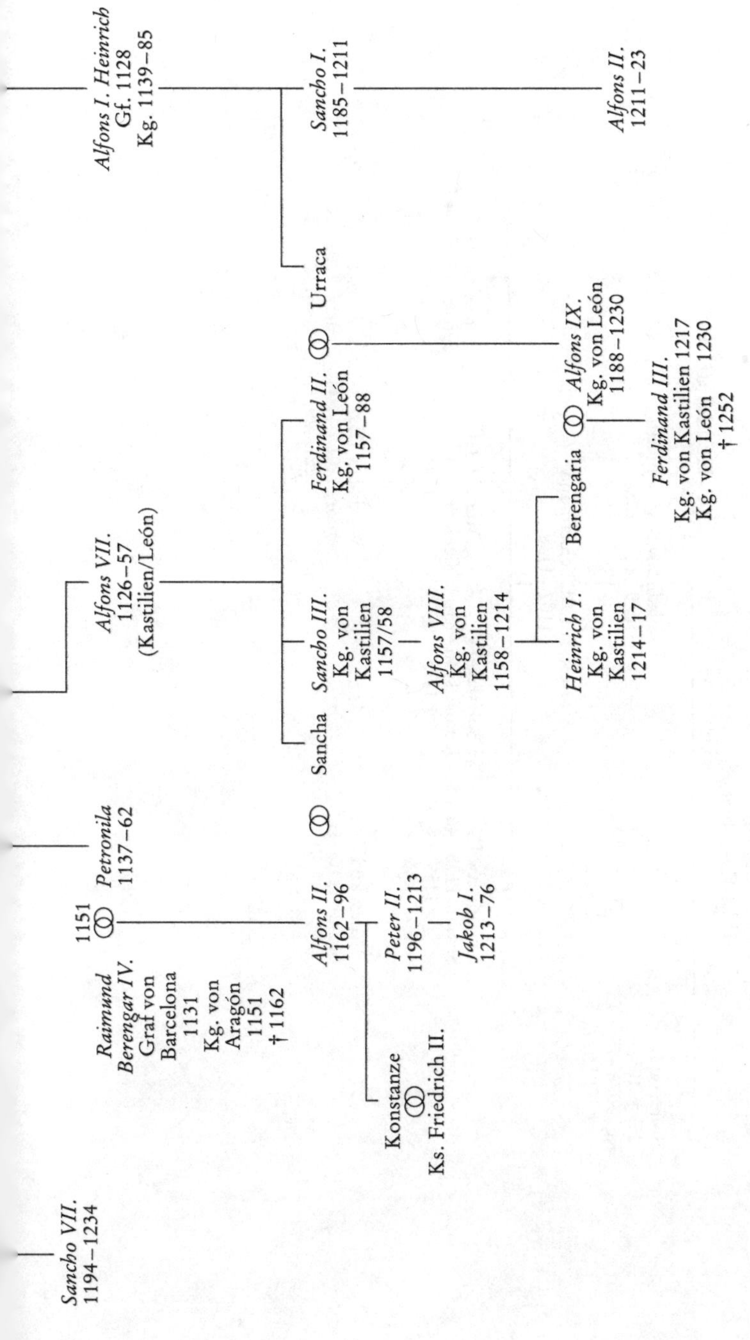
Alfons I. Heinrich
Gf. 1128
Kg. 1139–85
Sancho I.
1185–1211
Alfons II.
1211–23
Urraca
Ferdinand II.
Kg. von León
1157–88
Alfons IX.
Kg. von León
1188–1230
Berengaria
Ferdinand III.
Kg. von Kastilien 1217
Kg. von León 1230
† 1252
Alfons VII.
1126–57
(Kastilien/León)
Sancha
Sancho III.
Kg. von
Kastilien
1157/58
Alfons VIII.
Kg. von
Kastilien
1158–1214
Heinrich I.
Kg. von
Kastilien
1214–17
Raimund
Berengar IV.
Graf von
Barcelona
1131
Kg. von
Aragón
1151
† 1162
1151
Petronila
1137–62
Alfons II.
1162–96
Peter II.
1196–1213
Jakob I.
1213–76
Konstanze
Ks. Friedrich II.
Sancho VII.
1194–1234

POLEN

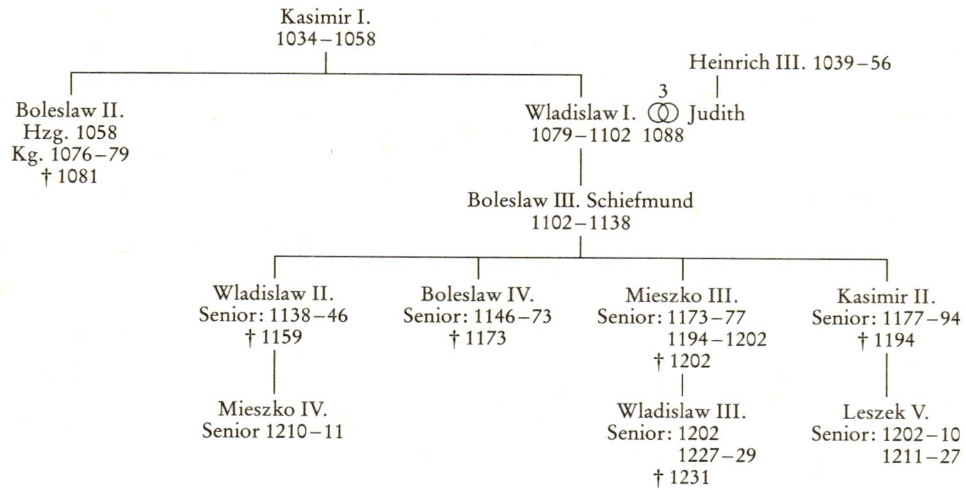
Kasimir I.
1034–1058
Boleslaw II.
Hzg. 1058
Kg. 1076–79
† 1081
Heinrich III. 1039–56
Wladislaw I. 3 ⚭ Judith
1079–1102 1088
Boleslaw III. Schiefmund
1102–1138
Wladislaw II.
Senior: 1138–46
† 1159
Mieszko IV.
Senior 1210–11
Boleslaw IV.
Senior: 1146–73
† 1173
Mieszko III.
Senior: 1173–77
1194–1202
† 1202
Wladislaw III.
Senior: 1202
1227–29
† 1231
Kasimir II.
Senior: 1177–94
† 1194
Leszek V.
Senior: 1202–10
1211–27

BÖHMEN

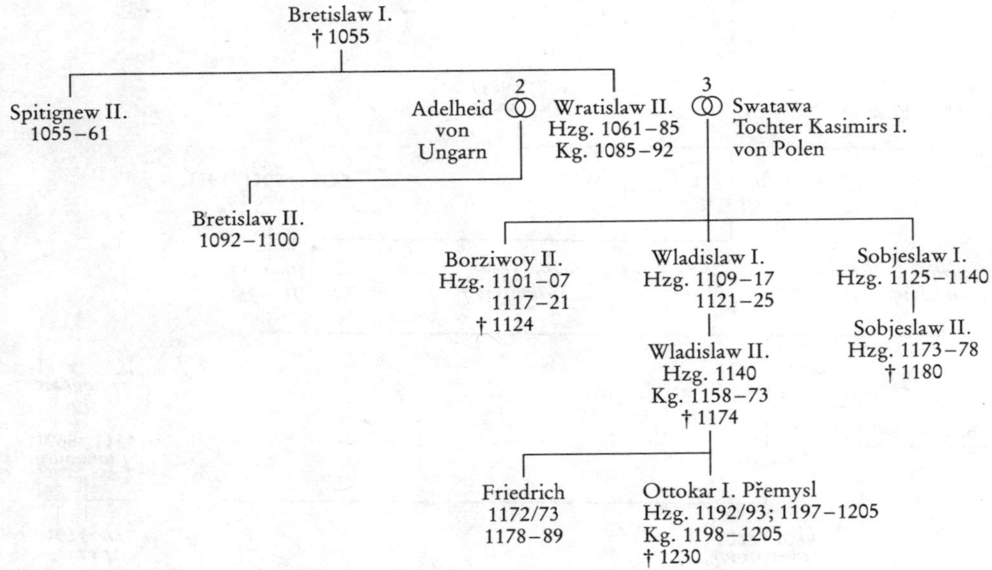
Bretislaw I.
† 1055
Spitignew II.
1055–61
Adelheid von Ungarn
2
Wratislaw II.
Hzg. 1061–85
Kg. 1085–92
3
Swatawa
Tochter Kasimirs I.
von Polen
Bretislaw II.
1092–1100
Borziwoy II.
Hzg. 1101–07
1117–21
† 1124
Wladislaw I.
Hzg. 1109–17
1121–25
Sobjeslaw I.
Hzg. 1125–1140
Wladislaw II.
Hzg. 1140
Kg. 1158–73
† 1174
Sobjeslaw II.
Hzg. 1173–78
† 1180
Friedrich
1172/73
1178–89
Ottokar I. Přemysl
Hzg. 1192/93; 1197–1205
Kg. 1198–1205
† 1230

UNGARN

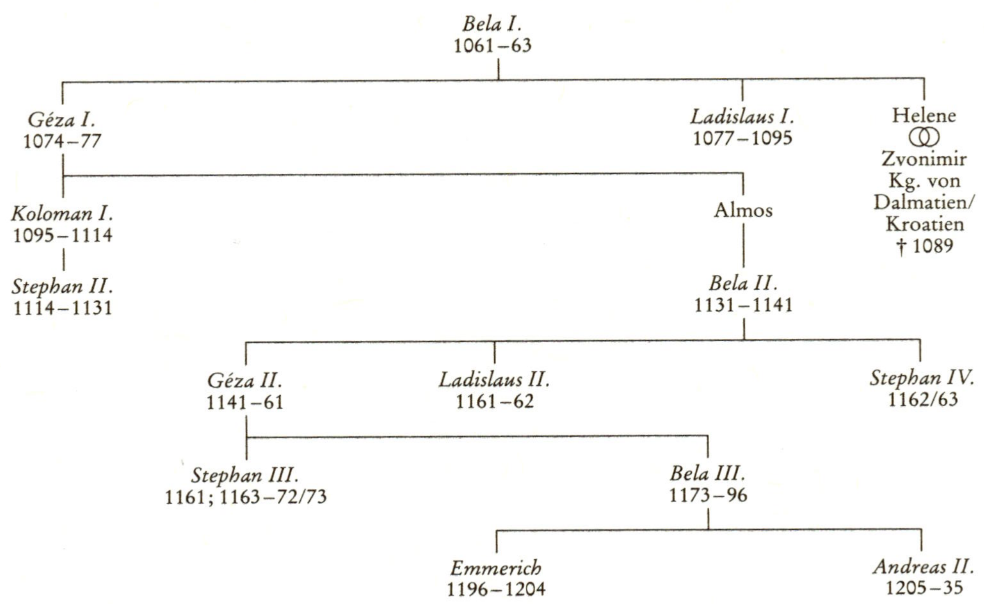
Bela I.
1061–63
Géza I.
1074–77
Ladislaus I.
1077–1095
Helene
Zvonimir
Kg. von
Dalmatien/
Kroatien
† 1089
Koloman I.
1095–1114
Almos
Stephan II.
1114–1131
Bela II.
1131–1141
Géza II.
1141–61
Ladislaus II.
1161–62
Stephan IV.
1162/63
Stephan III.
1161; 1163–72/73
Bela III.
1173–96
Emmerich
1196–1204
Andreas II.
1205–35

Zeittafel

1046 Synoden von Sutri und Rom: Bischof Suidger von Bamberg wird als Clemens II. (1046–1047) zum Papst erhoben. Kaiserkrönung Heinrichs III. (1039–1056).
1049 Papst Leo IX. (1049–1054). Beginn des Reformpapsttums.
1054 Beginn des Schismas zwischen der lateinischen und der byzantinischen Kirche.
1056 Tod Heinrichs III. (5. Okt.). Heinrich IV. (1056–1106, König seit 1053, Kaiser 1084) unter der Vormundschaft der Kaiserin Agnes (1056–1062), später der Erzbischöfe Anno von Köln und Adalbert von Bremen (1062–1065).
1059 Papstwahldekret. Synode von Melfi: Robert Guiscard (1058–1085) erhält Apulien, Kalabrien, Sizilien als päpstliche Lehen.
1064 Synode von Mantua: Der Reichsepiskopat anerkennt Alexander II. (1061–1073).
1066 Schlacht bei Hastings. Krönung Wilhelms I. (1066–1087) in Westminster.
1071 Wilhelm I. herrscht über ganz England. Beginn der normannischen Eroberung Unteritaliens und Siziliens.
1075 Dictatus papae. Papst Gregor VII. (1073–1085) suspendiert vier deutsche Bischöfe und erneuert den Bann gegen die Räte Heinrichs IV. Streit um die Besetzung des Mailänder Erzstuhls.
1076 Reichstag zu Worms: Die Mehrheit des deutschen Episkopats kündigt Gregor VII. den Gehorsam auf. Heinrich fordert die Abdankung des Papstes. Fürstenversammlung in Tribur: Nach der Bannung des Königs zwingen die Fürsten Heinrich zum Einlenken. Der König zieht nach.
1077 Canossa: Heinrich erwirkt durch Bußleistung die päpstliche Absolution (28. Jan.). Die Fürstenopposition wählt in Forchheim Rudolf von Rheinfelden (1077–1080) zum Gegenkönig (15. März).
1080 Gregor VII. bannt Heinrich erneut. Eine Synode in Brixen (deutsche und lombardische Bischöfe) erhebt Erzbischof Wibert von Ravenna (Clemens III. 1080–1100) zum Gegenpapst.
1081 Opposition der Fürsten wählt Graf Hermann von Salm (1081–1088) zum neuen Gegenkönig.
1084 Heinrich IV. erobert Rom. Kaiserkrönung. Die Normannen (Robert Guiscard) zwingen den Kaiser zum Rückzug. Gründung der „Kartäuser" Eremitengemeinschaft (1128 reguliert).
1086 Domesday Book.
1095 Synode von Clermont: Papst Urban II. (1088–1099) ruft zum (Ersten) Kreuzzug (1096–1099) auf.
1098 Wahl des Kaisersohnes Heinrich (V.) zum Nachfolger (1106–1125, 1099 gekrönt, 1111 Kaiser). Gründung des Klosters Cîteaux (Robert von Molesme).
1099 Gründung des Königreichs Jerusalem.
1104 Opposition Heinrichs V. Gründung des Erzbistums Lund.
1105 Gefangennahme und erzwungener Thronverzicht Kaiser Heinrichs IV.
1107 Synode von Troyes: Regelung der Investiturfrage in Frankreich.

1111 Vertrag von Sutri zwischen Heinrich V. und Papst Paschalis II. (1099–1118). Paschalis gesteht unter Druck Investitur und Kaiserkrönung zu (Vertrag von Ponte Mammolo).
1113 Ludwig VI. von Frankreich (1108–1137) verliert die Lehnshoheit über Maine und Bretagne an den englischen König.
1115 Schlacht bei Mansfeld: Niederlage des Kaisers gegen die Fürstenopposition (Lothar von Sachsen und Erzbischof Adalbert I. von Mainz).
1120 Gründung des Klosters Prémontré (Norbert von Xanten).
1122 Wormser Konkordat (23. Sept.) zwischen Heinrich V. und Papst Calixt II. (1119–1124).
1124 Der Kaiser tritt auf seiten König Heinrichs I. von England (1100–1135) in den Krieg gegen Frankreich ein.
1125 Wahl des Sachsenherzogs Lothar (III.) zum König (1125–1137), Kaiser 1133.
1130 Schisma zwischen Innozenz II. (1130–1143) und Anaklet II. (1130–1138). Der deutsche Episkopat entscheidet für Innozenz.
1140 (ca.) Decretum Gratiani.
1143 Alfons VII. von Leōn und Kastilien (1126–1157) anerkennt die Unabhängigkeit Portugals (König Alfons I. von Portugal 1139–1185).
1144 Fall Edessas.
1145 Papst Eugen III. (1145–1153) ruft zum (Zweiten) Kreuzzug (1147–1149) auf (Kreuzzugspredigt Bernhards von Clairvaux).
1146 Eheschließung Kaiser Manuels I. von Byzanz (1143–1180) mit Bertha von Sulzbach (Kaiserin Irene).
1147 Allgemeiner Reichsfriede. König Konrad III. (1138–1152) bricht zum Kreuzzug auf. Wendenkreuzzug.
1148 Vertrag von Thessalonike: Bündnis Konrads III. mit Manuel I. gegen Roger II. von Sizilien (1101–1154).
1153 Vertrag von Konstanz zwischen Friedrich I. Barbarossa (1152–1190, Kaiser 1155) und dem Papst. Tod Bernhards von Clairvaux.
1154 Hoftag zu Goslar: Heinrich der Löwe erhält Bayern und das Investiturrecht im Slawenland.
1155 Kaiserkrönung Friedrichs I. Lösung des Bündnisses mit Byzanz (seit 1148).
1156 Rainald von Dassel wird Reichskanzler (1159–1167 Erzbischof von Köln). Belehnung des Babenbergers Heinrich Jasomirgott mit dem Herzogtum Österreich (Privilegium minus).
1157 Hoftag zu Besançon: Auseinandersetzung mit Legaten Hadrians IV. (1154–1159) über den Beneficium-Begriff.
1158 Gesetze von Roncaglia. Wladislav I. von Böhmen (1140–1172) wird zum König erhoben.
1159 Schisma nach der Doppelwahl Alexanders III. (1159–1181) und Viktors IV. (1159–1164).
1160 Das (kaiserliche) Konzil von Pavia erkennt Viktor an.
1162 Zerstörung Mailands. Treffen Barbarossas mit dem französischen König Ludwig VII. (1137–1180) bei St-Jean-de-Losne (Burgund). König Waldemar I. von Dänemark (1157–1182) huldigt dem Kaiser.

1165 Bündnis Friedrichs I. mit Heinrich II. von England (1154–1189). Reichstag zu Würzburg: Unbedingte Ablehnung der Alexandriner. Heiligsprechung Karls des Großen in Aachen.
1167 Inthronisation des Gegenpapstes Paschalis III. (1164–1168). Eine Malariaepidemie zwingt den Kaiser zum Rückzug aus Rom.
1170 Ermordung Thomas Beckets, Erzbischofs von Canterbury (1162–1170).
1171 Vernichtungsschlag Konstantinopels gegen Venedig.
1177 Frieden von Venedig.
1179 Drittes Laterankonzil.
1180 Prozeß gegen Heinrich den Löwen.
1183 Frieden mit dem Lombardenbund (Frieden von Konstanz).
1186 Eheschließung Heinrichs VI. (1190–1197, 1169 gekrönt, 1191 Kaiser) mit Konstanze, Tochter Rogers II. von Sizilien. Krönung Heinrichs zum König von Italien.
1187 Bündnis Friedrichs I. mit Philipp II. August von Frankreich (1180–1223). Fall Jerusalems (Saladin).
1188 Richard Löwenherz (König von England 1189–1199) leistet den Lehnseid an Philipp II. von Frankreich.
1189 Kaiser Friedrich I., Richard Löwenherz, Philipp II. August führen den (Dritten) Kreuzzug (1189–1192).
1191 Coelestin III. (1191–1198) krönt Heinrich VI. zum Kaiser und belehnt Tankred von Lecce (König 1189–1194) mit Sizilien. Eroberung Akkons durch die Kreuzfahrer.
1192 Liber Censuum. Anerkennung der Autonomie der schottischen Kirche (Bulle „Filia specialis").
1194 Heinrich VI. wird in Palermo zum König von Sizilien gekrönt.
1196 Die Fürsten lehnen Heinrichs Erbreichsplan ab.
1198 Doppelwahl Philipps von Schwaben (1198–1208) und Ottos IV. (1198–1218): Ausbruch des staufisch-welfischen Thronstreits. Papst Innozenz III. (1198–1216) übernimmt die Regentschaft über das sizilische Königreich.
1199 Frieden im englisch-französischen Krieg.
1200 Papst Innozenz III. erkennt Otto IV. an und beansprucht die päpstliche Approbation der deutschen Königswahl (Dekretale „Venerabilem").
1204 Eroberung Konstantinopels durch die Kreuzfahrer und Gründung eines lateinischen Kaisertums (Balduin von Flandern 1204–1205).
1206 Temudschin (Dschingis-Chan) erhebt sich zum Herrscher aller Mongolen: Beginn der mongolischen Expansion.
1209 Kaiserkrönung Ottos IV. Innozenz III. greift für Frankreich und gegen England (Johann Ohneland 1199–1216) in den englisch-französischen Konflikt ein. Beginn der Albigenserkriege (1209–1229).
1212 Wahl und Krönung Friedrichs II. (1212–1250, Kaiser 1220) zum Gegenkönig mit päpstlicher Unterstützung. Sieg der Reconquista (Kastilien, Aragón, Navarra) über die Almohaden bei Las Navas de Tolosa. Kinderkreuzzug.
1213 König Johann von England unterwirft sich Innozenz III. und empfängt England (seit 1208 mit Interdikt belegt) als päpstliches Lehen. Friedrich II.

bestätigt die päpstlichen Rechte in Mittelitalien und Sizilien (Goldbulle von Eger).

1214 Schlacht bei Bouvines (27. Juli).

1215 Friedrich II. wird in Aachen nochmals gekrönt. Die englischen Barone erzwingen König Johanns Zustimmung zur Magna Carta (15. Juni). Viertes Laterankonzil.

AUTORENVERZEICHNIS

Aakjær, S. 176
Abadal i Vinyals, R. d' 175
Abadía, J. L. 140, 220
Abel, W. 91, 181
Abulafia, D. 94, 215
Adams, G. B. 142, 218
Ahlers, O. 221
Alberigo, J. 174
Althoff, G. 110, 116, 192
Ammann, H. 119
Andresen, C. 167
Angermeier, H. 127
Anton, H. H. 208, 209
Appelt, H. 136, 147, 148, 162
Appuhn, H. 125, 207
Arens, F. 90
Aronius, J. 173
Arquillière, H.-X. 111, 130, 210
Asch, J. 99, 191
Ashtor, E. 93, 184
Aubin, H. 87, 178
Ault, W. O. 117, 195

Baaken, G. 136, 152, 172, 222, 223
Baaken, K. 172
Babcock, E. A. 170
Bader, K. S. 117, 119, 156, 195, 197
Baethgen, F. 177
Baldwin, J. F. 142, 144, 225
Baldwin, J. W. 144, 194, 202
Ballard, A. 171
Barlow, F. 133, 211
Bauch, K. 124, 207
Bautier, R. H. 93, 94, 183, 185
Bechthum, M. 100, 124, 205
Beck, H.-G. 102
Becker, A. 132, 211
Becker, W. 153, 154, 199
Beekenkamp, W. H. 166
Bellomo, M. 113, 114, 193, 201
Beloch, K. J. 90, 181
Below, G. von 117
Benson, R. L. 204
Benton, J. F. 167
Benzinger, J. 214
Beresford, M. 182
Beresford, M. W. 91
Berg, D. 104, 165, 170
Berges, W. 88, 131, 180, 204, 205
Berkhout, C. T. 106, 190
Bernhardi, W. 216
Bernt, G. 166
Berschin, W. 123, 166, 204
Beugnot 176
Beumann, H. 130, 194, 216, 217
Beumann, J. 133, 211
Bévenot, M. 108, 225
Beyerle, K. 200
Bezzola, R. R. 126, 139, 206
Bihl, M. 108, 226
Bishko, Ch. J. 102
Bishop, T. A. M. 143, 218
Bisson, Th. N. 155, 156, 160, 198, 220
Blaschke, K. 90, 181
Bligny, B. 105, 187
Bloch, H. 166
Bloch, M. 3, 87, 89, 95, 99, 117, 123, 155, 185, 217
Blumenkranz, B. 104, 189
Blumenthal, U.-R. 101, 133, 208, 211, 212
Bober, H. 207
Böhmer, H. 133, 167
Böhmer, J. F. 152, 172
Bogyay, Th. von 220
Bolton, J. L. 94, 185
Bonaini, F. 175
Bongert, Y. 161, 200
Bonnassie, P. 113, 160, 219
Boor, H. de 126, 206
Borchardt, K. 178
Born, M. 91, 181

Borst, A. 98, 100, 106, 107, 115, 135, 186, 190, 192, 221
Boshof, E. 153, 154, 159, 208, 209, 210
Bosl, K. 98, 99, 105, 114, 116, 119, 147, 160, 176, 186, 192, 199, 222
Bournazel, E. 144, 145, 217
Bouton, J. 171
Boutruche, R. 155, 198
Boyer, B. B. 166
Boyer, M. N. 94, 183
Brackmann, A. 130, 171
Brakel, C. H. 98, 210
Branca, V. 191
Brand, Ch. M. 103, 223
Braudel, F. 182
Bredero, A. 105
Brewer, J. S. 167
Brezzi, P. 171, 212
Brial, M.-J.-J. 174
Brincken, A.-D. von den 102, 180
Brinken, B. 154, 159, 222
Brinkmann, H. 126, 205
Broich, U. 125, 206
Brooke, Ch. 123, 204
Brooke, Ch. N. L. 113, 125, 174, 193, 219
Brost, E. 166
Brück, A. Ph. 203
Brühl, C. 90, 92, 96, 141, 145, 147, 182, 183, 214, 215
Brunner, H. 157
Brunner, O. 98, 117, 128, 155, 185, 196
Buchholz, E. W. 180
Buchner, R. 167, 198
Buenger Robbert, L. 95, 184
Büttner, H. 110, 119, 134, 157, 171, 216
Buisson, L. 137, 138, 141, 146, 225
Bulst, N. 144
Bulst-Thiele, M. L. 102, 192
Bumke, J. 116, 125, 192, 206
Bur, M. 145, 217
Burckhardt, T. 125, 205
Burdach, K. 126
Butler, H. E. 174

Caenegem, R. C. van 141, 143, 160, 165, 167, 200, 218
Caffiaux, H. 194
Callies, H. 119
Cam, H. M. 198
Campagnola, St. da 108, 226
Campbell, J. 96, 143, 145
Caravale, M. 145, 215
Carile, A. 224
Carlin, M.-L. 162, 201
Caro, G. 178
Caroni, P. 117
Cartellieri, A. 145, 225
Caspar, E. 111, 145, 172, 175, 210, 215
Cavallari, V. 149, 215
Cessi, R. 149, 215
Chartier, R. 178
Chatelain, Ae. 115, 173
Châtillon, J. 122
Cheney, C. R. 172, 225
Cheney, M. G. 172
Chenu, M.-D. 122, 201
Chibnall, M. 168 f.
Christaller, W. 92
Christiansen, E. 221
Cipolla, C. M. 88, 94, 178
Clapham, J. H. 178
Classen, P. 105, 114, 115, 121, 122, 123, 124, 125, 134, 135, 140, 159, 160, 194, 197, 200, 201, 203, 204, 221
Claude, D. 89
Clausberg, K. 207
Claussen, P. C. 124, 125, 127, 207
Classenti, D. 172
Cobban, A. B. 114, 201
Coing, H. 114, 121, 140, 160, 161, 162, 177
Comblin, J. 120, 204
Congar, Y. (M.-J.) 101, 208
Conrad, H. 175
Constable, G. 165, 174, 204
Contamine, Ph. 101, 188
Cowdrey, H. E. J. 103, 172, 189
Crombie, A. C. 123, 204
Crone, M.-L. 159, 216
Curschmann, F. 181
Cronne, H. A. 173
Curtius, E. R. 125, 178
Csendes, P. 147, 148, 223

Dahlhaus, J. 158
Damme, J. B. van 171
Daniel, N. 180
Darby, H. C. 133, 173, 211
Dasberg, L. 100, 104, 189
David, M. 113
Davis, H. W.C. 173
Davis, R. H. C. 173
Deér, J. 125, 170, 180, 209
Deeters, J. 101

Delhaye, Ph. 114, 201
Demandt, D. 141, 199
Denifle, H. 115, 173
Denzler, G. 208
Dereine, Ch. 109
Despy, G. 165
Diestelkamp, B. 91, 93, 120, 127, 139, 171, 194
Dieten, I. A. van 169
Dilcher, G. 149, 214
Dilcher, H. 161, 215
Dimier, A. 207
Dion, R. 91, 183
Dirlmeier, U. 94, 184
Dittmer, K. 176
Doehaerd, R. 95, 185
Dölger, F. 173
Dollinger, Ph. 93, 117, 184, 196
Donahue, Ch. 113, 193
Dondaine, A. 106, 190
Donecker, M. 156, 197
Dopsch, A. 87, 118, 195
Dosetti, J. A. 174
Douglas, D. C. 170
Droege, G. 99, 128, 157, 197
Dronke, P. 124, 205
Duby, G. 88, 90, 97, 98, 100, 101, 109, 113, 115, 116, 117, 145, 155, 186, 188, 193, 194, 195, 207, 225
Duchesne, L. 172
Dümmler, E. 170
Dufourcq, Ch.-E. 219
Duvernoy, A. 190

Ebel, W. 101, 160, 199, 201
Ebert, W. 89, 181
Eckhardt, K. A. 175f.
Ediger, Th. 220
Ehbrecht, W. 182
Ehlers, J. 91, 120, 121f., 156, 203
Eickhoff, E. 223
Eifler, G. 206
Einaudi, G. 212
Elias, N. 126
Ellermeyer, J. 98
Elm, K. 108, 187, 226
Elster, H. M. 166
Elze, R. 151, 170, 213
Emden, A. B. 201
Endemann, T. 119, 157, 182, 197
Engels, O. 136, 156, 177, 188, 217, 219, 222
Engen, J. van 122, 203
Ennen, E. 91, 96, 101, 114, 119, 149, 181, 186, 194
Enzensberger, H. 145, 215
Epperlein, S. 195
Erbe, M. 87
Erbstößer, M. 119, 196
Erdmann, C. 102, 110, 130, 165, 189
Erkens, F.-R. 158, 197
Erler, A. 96
Espinas, G. 194
Esser, K. 108, 167, 226
Euw, A. von 224
Ewald, P. 171

Fabre, P. 172
Faral, E. 169
Fawtier, R. 144, 217
Fearns, J. 106, 170
Fehr, H. 195
Feige, P. 219
Feine, H. E. 121, 177
Feldmann, K. 159, 222
Fenske, L. 99, 110, 209
Fichtenau, H. 96, 99, 191, 223, 224
Ficker, J. 137, 158, 172, 196, 214
Fillitz, H. 125
Fink, K. A. 106, 151, 166, 177
Fischer, C. 166
Fishel, W. J. 104, 225
Fleckenstein, J. 110, 116, 117, 148, 192, 209, 216
Fliche, A. 130
Flint, V. I. J. 122, 203
Flood, D. 105, 187
Folda, J. 103, 224
Fonseca, C. D. 109
Font Rius, J. M. 141
Foreville, R. 112, 179
Fossier, R. 89, 90, 181
Fournial, E. 95, 184
Fournier, P. 121, 202
Fowler, L. 121, 202
Franke, H. 176
Fransen, G. 121, 165
Franz, G. 170, 196
Freed, J. B. 116, 192
Fried, J. 95, 110, 121, 133, 148, 162, 163, 180, 200, 202, 211, 222
Friedberg, Ae. 174
Friedensburg, F. 184
Fritz, B. 171

Frugoni, A. 105, 214
Führkötter, A. 174
Fuhrmann, H. 21, 97, 111, 121, 131, 154, 163, 177, 208, 210, 225

Gabrieli, F. 170
Gäbler, U. 104, 224
Gagnér, S. 203
Ganshof, F. L. 93, 116, 155, 165, 176, 196
García y García, A. 174
Gardelles, J. 90, 183
Gattermann, G. 148
Gaudemet, J. 101, 113, 120, 179, 193, 208
Gauß, J. 122, 203, 208
Gautier, P. 166
Gautier-Dalché, J. 219
Gawlik, A. 134, 147, 210
Gebhardt, B. 147, 152, 177
Geisthardt, F. 152, 213
Gengoux, J. 167
Genicot, L. 97, 100, 112, 144, 145, 156, 160, 162, 165, 192
Gernhuber, J. 115, 188
Ghellinck, J. de 122, 203
Giese, W. 104, 189, 216
Giesebrecht, W. von 221
Giesey, R. E. 163
Gieysztor, A. 220
Gilchrist, J. T. 111, 174, 202
Gilissen, J. 140
Gill, J. 103, 224
Gillingham, J. 218
Gilson, E. 122, 203
Girgensohn, D. 171
Giry, A. 171, 175
Glotz, G. 178
Göckenjan, H. 220
Goetz, H. 103, 224
Goetz, W. 108, 226
Goez, W. 109, 138, 158, 179, 197, 212
Golb, N. 104, 190
Goldammer, K. 202
Goldschmidt, H. L. 125
Goldtwaite, R. A. 194
Gonnet, J. 190
González, J. 150, 173
Gouron, A. 162, 201
Grabler, F. 169
Grabmann, M. 122, 203
Grabois, A. 120, 156, 188
Grandclaude, M. 160, 201
Gransden, A. 165
Greenaway, G. W. 170
Gregorovius, F. 150, 213
Griffe, E. 107, 224
Grinda, K. 195
Groote, W. von 199
Groten, M. 141, 199
Grundmann, H. 98, 100, 105, 106, 107, 108, 114, 152, 172, 177, 187, 190, 191, 198, 221
Grunebaum, G. E. von 180
Gryse, L. M. de 141, 198
Guba, P. 146, 209
Gudenatz, R. 147, 223
Gudian, G. 140, 195
Guerreau-Jalabert, A. 113
Güterbock, F. 157, 169, 222
Guidoni, E. 92, 182
Guillot, O. 143, 145, 161, 217
Guth, K. 205
Györffy, G. 96

Haan, H. 218
Haase, C. 119, 182
Hadcock, R. N. 105, 219
Haendler, G. 180
Haftmann, W. 124, 205
Hageneder, O. 130, 138, 162, 172, 200, 225
Haidacher, A. 151, 213
Haider, S. 151, 213
Hall, G. D. G. 176
Hall, Th. 92, 182
Haller, J. 132, 137, 152, 177
Hallinger, K. 109, 186
Halphen, L. 151, 168, 213
Hammitzsch, H. 176
Hampe, K. 136, 152, 177
Hardick, L. 167
Harris, G. L. 155, 219
Hartland, E. S. 169
Hartmann, W. 122, 131, 203
Harvey, J. 127, 207
Haskins, Ch. H. 123, 141, 204, 216, 219
Hatcher, J. 89, 94, 181
Hatschek, J. 142, 144, 218
Hattenhauer, H. 99, 141, 198, 200
Hauck, A. 177
Hausmann, F. 147, 148, 212
Haussherr, R. 222
Haverkamp, A. 91, 95, 98, 100, 136, 148, 149, 185, 222
Heers, J. 113, 193
Hegel, C. 149, 214

Hehl, E. D. 188
Heimbucher, M. 105, 177
Heimpel, H. 221
Heinemann, L. de 169
Heinemeyer, K. 157
Heinemeyer, W. 183
Helbig, H. 170
Held, O. 184
Hellmann, M. 139, 149, 192, 215, 220, 221
Heneghan, J. J. 111, 204
Henn, V. 99
Hennig, U. 206
Herde, P. 141, 151, 213
Herder, J. G. 126
Herkenrath, R. M. 135, 221
Herlihy, D. 91, 181
Herrmann, K.-J. 208
Herrmann, P. 169
Heyd, W. 93, 183
Hiestand, R. 212, 223
Higounet, Ch. 89, 93, 181
Hildmann, G. 198
Hill, R. 167
Hintze, O. 154, 155, 196
Hirsch, H. 110, 115, 156, 157, 196, 199, 215
Hirschfeld, Th. 151, 213
Hirsch-Reich, B. 108, 188
His, R. 115, 199
Hlawitschka, E. 130, 210
Hömberg, A. K. 156, 159, 197
Hoffmann, E. 135, 221
Hoffmann, H. 89, 101, 132, 135, 137, 138, 172, 179, 188, 197, 209, 211, 214, 216
Hoffmann, J. 100, 185
Hofmann, M. 175
Hofmeister, A. 134, 212
Holmes, G. 173
Holt, J. C. 144, 225
Holt, P. M. 180
Holtzmann, R. 122, 165, 217
Holtzmann, W. 136, 171
Hoste, A. 166
Houtte, J. A. van 88, 94, 118, 178
Howlett, R. 170
Hüls, R. 151, 209
Hunt, R. W. 122, 202
Huppertz, B. 91, 118, 181
Hurst, J. G. 182
Huygens, R. B. C. 105, 168
Hyde, J. K. 115, 194

Imperiale di Sant'Angelo, C. 175
Irsigler, F. 98, 191

Jackson, D. E. P. 102, 223
Jäschke, K.-U. 142, 218
Jaffé, Ph. 171
Jakobs, H. 92, 101, 109, 110, 114, 131, 150, 171, 173, 195, 208, 209
James, M. R. 169
Jamison, E. 173
Jankuhn, H. 182, 195
Janssen, W. 91, 181 f.
Janssen, W. 128, 151, 197, 213
Jeauneau, E. 124, 205
Jedin, H. 177
Johanek, P. 112, 160
Johnson, Ch. 173
Johrendt, J. 116, 117
Jones, P. J. 118, 196
Jordan, K. 95, 135, 136, 140, 150, 152, 157, 209, 211, 213, 218, 222
Junghanns, K. 88, 182

Kämpf, H. 197, 210
Kahl, H.-D. 88, 103, 216
Kallen, G. 110
Kaltenbrunner, F. 171
Kamp, N. 95, 141, 145, 146, 210, 222, 225
Kampf, W. 151, 213
Kantorowicz, E. 136, 225
Kartschoke, D. 168
Katterbach, B. K. 151, 213
Kaufmann, A. 198
Kehr, K. A. 145
Kehr, P. F. 171
Kejř, J. 176
Kellenbenz, H. 88, 178, 184
Keller, H. 101, 117, 149, 214
Keller, R. von 191
Kemp, B. 143, 218
Kempf, F. 111, 136, 137, 138, 152, 172, 179, 209, 224, 225
Kendrick, T. D. 126, 206
Kerbl, R. 220
Kern, F. 127, 131, 161, 198
Kerner, M. 125, 131, 179, 205
Keutgen, F. 91, 171
Keyser, E. 91
Kieft, C. van de 171
Kienast, W. 136, 141, 162, 198, 217, 218
Kienitz, F.-K. 93, 183
Kindlimann, S. 103, 180

Kirchner, G. 147, 222
Kirfel, H. J. 136, 179
Klein, H. W. 167
Klewitz, H.-W. 129, 141, 198, 213
Kluxen, K. 142, 218
Knowles, D. 105, 219
Koch, A. C. F. 160, 201
Koch, G. 107, 135, 179, 190
Koch, J. 124, 202, 204
Koch, W. 148, 216
Köbler, G. 118, 160, 162, 200
Koebner, R. 89
Köhler, E. 126
König, E. 168
Körner, Th. 101, 188
Kötzschke, R. 87, 89, 181
Kolmer, L. 122, 203
Konrad, R. 102, 189
Korte, D. 161, 200
Koschaker, P. 121, 202
Kossmann, O. 220
Kosztolnyik, Z. J. 220
Koudelka, V. 171
Kratz, W. 133
Kraus, C. v. 169
Krause, H. 134, 159, 161, 200, 212
Krause, H.-G. 151, 158, 197, 208
Kretschmayr, H. 149, 175, 214
Krey, A. C. 170
Krieger, K.-F. 127, 147, 197, 218, 222
Kritzeck, J. 123, 204
Kroeschell, K. 111, 160, 177
Kroll, G. 174
Kromann, E. 176
Krueger, H. C. 94, 184
Krüger, K. H. 165
Krueger, P. 174
Kubinyi, A. 141, 220
Künßberg, E. von 98, 186
Kuhn, H. 126, 166, 169
Kuhn, W. 90, 181
Kupper, J. L. 139, 197
Kurze, D. 193
Kurzrock, R. 178
Kuttner, St. 121, 138, 166, 193

Lacarra, J. M. 93, 183
Lachmann, K. 168–170
Ladner, G. (B.) 108, 122, 208
Lally, J. 144
Lambert, M. D. 106, 190
Lambton, A. K. 180
Lamma, P. 214
Lammers, W. 124, 169, 204
Lamprecht, K. 87
Landau, P. 121, 202
Langer, O. 126, 206
Langmuir, G. L. 140, 144, 199
Langosch, K. 124, 168, 205
Lanham, C. D. 204
Laqua, H. P. 208
Laufs, M. 137, 224
Laurent, M. H. 171
Laurière, E.-J. de 173
Lazarev, V. 220
Lazari, V. 175
Le Bras, G. 121, 202
Leclercq, J. 122, 174, 203
Lecoy de la Marche, A. 169
Lefebvre, Ch. 121, 202
Le Goff, J. 90, 113, 120, 177f., 186, 190, 193, 194
Lehmann, K./C. 175
Lehmann, P. 124, 205
Leib, B. 166, 211
Leibniz, G. W. 131
Leicht, P. S. 149, 214
Leisching, P. 114, 193
Lekai, L. J. 187
Lemarignier, J.-F. 132, 144, 211, 217
Lenis, B. 180
Lennard, R. 91, 117, 181
Lesne, E. 114, 201
Lewald, U. 209
Leyser, K. (J.) 98, 131–135, 139, 142, 211
Lieberich, H. 177
Liebermann, F. 175
Liebertz-Grün, U. 126, 206
Liebeschütz, H. 104, 124, 189, 203, 204f.
Lieck-Buyken, Th. von der 175
Lilie, R.-J. 223
Linck, E. 99, 191
Lindgren, U. 105
Little, L. K. 90, 97, 104, 105, 188, 202
Lloyd, J. E. 169
Lobel, M. D. 92, 183
Loenertz, R. J. 171
Lönnroth, E. 94
Loewenfeld, S. 171
Löwith, K. 108, 188
Lohrmann, D. 181
Lomax, D. W. 220
Lombard, M. 95, 185
Loos, M. 106, 190

Looz, C. von 96
Lopez, R. S. 88, 93, 94, 95, 96, 171, 183, 184
Lot, F. 144, 217
Lotter, F. 103, 216
Lourdaux, W. 190
Luchaire, A. 144, 217
Ludwig, Ch. 148, 214
Luscombe, D. E. 122, 203
Luzzatto, G. 184
Lynch, J. H. 101, 209
Lyon, B. 141, 184
Lyon, B. D. 155, 198
Lyons, M. C. 102, 223

McGarry, D. 168
McKeon, R. 166
McLaughlin, E. 107
Mägdefrau, W. 119
Mailleux, G. 171
Maisonneuve, H. 107, 225
Mâle, É. 125, 207
Maleczek, W. 213
Manitius, M. 178
Mann, G. 176
Manselli, R. 100, 104, 107, 126, 187, 190, 191, 221
Maravall, J. A. 102, 220
Markale, J. 126, 205
Marongiu, A. 128, 140, 141, 145, 146, 150, 155, 162, 198, 215
Martens, M. 171
Martin, B. 189
Martin, H. 123
Martin, J. 177
Marx, K. 117
Maschke, E. 94, 98, 183, 186, 220
Maurer, H. 157, 158, 197
May, U. 91, 181
Mayer, E. 115, 149, 212
Mayer, H. E. 102, 103, 135, 168, 170, 180, 188
Mayer, Th. 110, 157, 197
Mayer-Pfannholz, A. 111
Mayr, H. 172
Meade, M. 218
Meckseper, C. 92, 182
Mehne, J. 110, 208
Meinhold, P. 217
Meitzen, 117
Ménager, L.-R. 172
Menéndez Pidal, R. 103, 220
Mertens, D. 104, 189
Merzbacher, F. 121
Metz, W. 147, 183
Meuthen, E. 135, 222
Meyer von Knonau, G. 154, 209
Meynen, E. 183
Mezey, L. 141
Miccoli, G. 100
Michaud-Quantin, P. 114, 193
Miethke, J. 111, 121, 122, 135, 179, 203
Milano, A. 104, 190
Millás Vallicrosa, J. M. 123, 204
Miller, E. 89, 94, 155, 178, 181
Miller, K. 102, 168, 180
Millor, W. J. 174
Minio-Paluello, L. 122, 204
Minninger, M. 132, 133, 211
Misch, G. 125, 205
Mitteis, H. 128, 137, 141, 144, 149, 153, 154, 155, 157, 177, 196, 198, 199
Mitterauer, M. 92, 140, 183, 199
Möhring, H. 223
Möller, B. 224
Mohr, W. 126
Mohrmann, W.-D. 222
Molho, M. 175
Mollat, G. 172
Mollat, M. 94, 105, 187
Moller, H. 126
Molnár, A. 106, 190
Mommsen, Th. 174
Moore, R. I. 106, 170
Moormann, J. 108, 226
Moos, P. von 124, 205
Mor, C. G. 197
Moraw, P. 128, 129, 147
Morey, A. 125, 174, 219
Morghen, R. 106, 190
Morris, C. 99, 186
Morris, J. 173
Morris, W. A. 142, 218
Moser, H. 168
Müller, W. 120, 207
Müller-Mertens, E. 120, 130, 195, 212
Muldoon, J. 178
Muratori, L. A. 149
Murray, A. 95, 97, 111, 186
Musy, J. 106, 190
Mynors, R. B. 167

Nahmer, D. von der 95, 214
Nau, E. 95

Naumann-Humbeck, A. 147, 223
Nelson, L. H. 93, 183
Neuschäfer, H.-J. 166
Newald, R. 206
Nicholas, D. 90, 181
Niederkorn, J. P. 147, 217
Niedhart, G. 218
Niermeijer, J. F. 171
Nikolay-Panther, M. 118, 195
Nitschke, A. 97, 111, 122, 176, 204, 210
Nitzsch, K. W. 119
Nörr, K. W. 121, 162
Norgate, K. 225
Norwich, J. J. 180, 215
Noth, A. 102, 145, 189, 215
Nowak, W. 110, 191
Nübel, O. 105, 188

O'Callaghan, J. F. 219
Oestreich, G. 196
Oexle, O. G. 97, 98, 100, 105, 112, 114, 188, 193
Ohly, F. 123
Opll, F. 148, 172, 216
Ostrogorsky, G. 176
Otten, K. 166

Pacaut, M. 132, 144, 217
Painter, S. 144, 225
Panofsky, E. 123, 124, 127, 207
Paravicini, W. 198
Parisse, M. 116, 117, 186, 192
Partner, P. 214
Patschovsky, A. 101, 189
Patze, H. 112, 127, 147, 148, 157, 206, 222
Peitz, W. M. 151, 213
Pennington, K. 193
Pepin, R. E. 168
Peppermüller, R. 122, 125
Perels, E. 136, 152, 223
Perrichet, L. 217
Perroy, E. 117, 196
Peter, H. 144
Peters, U. 126, 206
Petersohn, J. 98, 135, 213, 222
Petit-Dutaillis, Ch. 217
Petke, W. 148, 216
Pfaff, V. 96, 101, 104, 112, 113, 141, 152, 155, 184, 188, 193, 213, 223, 225
Pfister, B. 198
Pini, A. I. 91, 183
Pirenne, H. 87f., 178, 194
Planitz, H. 114
Ploß, E. 126, 206
Poeck, D. 193
Pohlmann, H. 160
Pomian, K. 89
Poole, R. L. 143, 218
Post, G. 163
Postan, M. M. 91, 178
Poupardin, R. 168
Power, E. 178
Powers, J. F. 150, 220
Powicke, F. M. 201, 225
Prawer, J. 93, 184
Prestwich, J. O. 139, 143, 155, 218, 219
Primov, B. 106, 190
Procter, E. S. 150, 220
Prou, M. 169
Prutscher, U. 149, 214
Pryor, J. H. 94, 184

Quaritsch, H. 127, 161, 197

Rabikauskas, P. 151, 213
Raedts, P. 104, 224
Rainaud, F. 93, 183
Rambaud, J. 121, 202
Ramos y Loscertales, J. M. 175
Ranke, F. 167
Rashdall, H. 123, 201
Rassow, P. 135, 150, 219, 221
Ravier, A. 105, 187
Raymond, I. W. 93, 171
Reeves, M. 108, 188
Reichert, F. 116, 157, 197
Reincke, H. 92
Rennkamp, W. 221
Renouvin, P. 176
Reuling, U. 153, 199
Reuter, H. G. 116, 206
Revel, J. 178
Reyer, H. 148
Rhode, G. 220
Riant, P.-E.-D. 167
Rich, E. E. 178
Richard, J. 102, 145, 180, 217
Richardson, H. G. 104, 142, 161, 200, 218, 219
Riché, P. 107, 191
Richter, H. 208
Riedmann, J. 221
Rieger, D. 169
Ries, R. 172

Riis, Th. 221
Riley, H. Th. 176
Riley-Smith, J. 188
Ritter, G. A. 186, 218
Rizzitano, U. 168
Rösener, W. 118
Roover, R. de 94, 96
Roscher, H. 103, 137, 224
Rosenstock-(Huessy), E. 109, 148, 153, 158, 176, 196
Ross, J. B. 167
Rothwell, H. 170
Rougemont, D. de 126
Rousset, P. 116, 206
Rubinstein, N. 196
Rüß, H. 88, 176
Rüthing, H. 114, 170
Ruhbach, G. 224
Russell, J. B. 106, 190
Russell, J. C. 90
Rymer, Th. 173

Sabatier, P. 108
Saez, E. 175
Samanek, V. 146, 150, 223
Sánchez Albornoz, C. 102
Sanderson, R. 173
Sandkühler, K. 167
Santini, G. 121
Sayles, G. O. 142, 161, 200, 218
Scalia, G. 103, 189
Schaab, M. 92
Schadek, H. 146, 215
Schaller, H. M. 98, 126, 130, 135, 179, 210
Schaube, A. 93, 183
Schieder, Th. 199
Schieffer, R. 98, 101, 111, 112, 129, 130, 132, 209, 210, 211
Schieffer, Th. 1, 110, 134, 171, 176f., 186, 208, 212
Schimmelpfennig, B. 101
Schipperges, H. 122
Schirmer, W. F. 125, 206
Schlesinger, W. 89, 90, 91, 119, 131, 182, 186, 216, 217
Schmale, F.-J. 111, 112, 122, 130, 135, 136, 165, 166, 169, 172f., 179, 213
Schmale-Ott, I. 165
Schmid, K. 98, 99, 109, 112, 186, 192, 193
Schmidinger, H. 197
Schmidt, A. 169
Schmidt, E. 115, 160, 200, 216
Schmidt, M. A. 122, 202
Schmidt, R. 134, 212
Schmidt, T. 109, 209
Schmidt-Wiegand, R. 98, 186
Schminck, C.-U. 161, 215
Schmitt, F. S. 166
Schmitthenner, P. 155, 198
Schmitz-Valckenberg, G. 107, 191

Schmoller, G. 92
Schmugge, L. 99, 100, 102, 180, 189, 194
Schneider, Ch. 111, 130, 210
Schneider, R. 118
Schneider, R. 100
Schnell, R. 126, 206
Schnith, K. 101, 131, 209, 211, 218
Schoell, R. 174
Schöller, P. 92
Schönfelder, A. 169
Schramm, P. E. 144, 168, 217, 219
Schreiber, G. 211
Schreiner, K. 111, 135, 149, 187
Schreiner, P. 93, 184
Schröder, E. 206
Schröder, W. 167, 194
Schubert, E. 128
Schubert, P. 138, 199
Schüppert, H. 105, 205
Schützeichel, R. 206
Schuler, Th. 112, 193
Schulin, E. 189
Schulte, A. 95, 110, 191
Schulz, K. 99, 114, 119, 157, 195
Schulze, H. K. 89, 98, 118, 191, 216
Schwarz, B. 151, 213
Schwarzmeier, H. 149, 214
Schwenk, B. 102
Schwietering, J. 126
Schwineköper, B. 98, 179, 209
Schwinges, R. Ch. 103f.
Sedlmayr, H. 127
Seegrün, W. 171, 221
Seeliger, G. 119
Segre, C. 167
Seibt, F. 128, 197
Seidel, M. 103, 189
Selge, K.-V. 100, 106, 108, 167, 170, 190, 226
Semmler, J. 110, 208
Servatius, C. 105, 133, 134, 141, 151, 211
Setton, K. M. 188, 224
Sewter, R. A. 166

Shahar, Sh. 178
Shapiro, A. M. 104, 189
Shaw, M. R. B. 169
Siegrist, M. 143, 144, 169
Siegwart, J. 109
Sigal, P.-A. 102, 189
Simonsfeld, H. 221
Simson, B. 221
Skazkin, S. D. 118, 195
Smalley, B. 123, 135, 204, 219
Solmi, A. 175
Somerville, R. 174
Southern, R. W.97, 102, 122, 123, 180, 204
Spindler, M. 177
Spörl, J. 131, 198
Sprandel, R. 95, 118, 126, 127, 132, 178, 205, 211
Spreckelmeyer, G. 103, 206
Spuler, B. 176
Staats, R. 137
Stadtmüller, G. 176
Stehkämper, H. 96, 150, 152, 153, 195, 199, 224
Stein, W. 184
Steinbach, F. 99, 117, 118, 119, 185
Steindorff, E. 17, 209
Steinen, W. von den 14, 97, 207
Stelling-Michaud, S. 114f., 201
Stelzer, W. 115, 194
Stengel, E. E. 159, 196
Stephenson, C. 149, 155, 219
Steuer, H. 182
Steur, H. 104, 170
Stickler, A. (M.) 121, 138, 179
Stökl, G. 180, 198
Stollberg, G. 144, 219
Stoob, H. 119, 182, 194, 216, 221
Strnad, A. 172
Stromer, W. von 96, 184
Struve, T. 131, 204
Stubbs, W. 142, 170
Swinton Bland, C. C. 167
Sydow, J. 151, 152, 183, 213
Szabó, Th. 162, 200

Tabacco, G. 99, 116, 149, 192
Tafel, G. L. F. 173
Tait, J. 92, 182
Talbot, C. H. 166
Tardif, E.-J. 175
Taviani, H. 106, 190
Taylor, J. 168
Tellenbach, G. 6, 100, 109, 124, 129, 176, 205, 208
Tervooren, H. 168
Thaner, F. 174
Theuerkauf, G. 157, 159
Thiriet, F. 224
Thomas, A. H. 108, 226
Thomas, G. M. 173
Thomas, H. 131
Thomas, R. 203
Thorpe, L. 167
Thouzellier, Ch. 106, 167, 168
Tierney, B. 163
Tillmann, H. 137, 224
Toeche, Th. 136, 223
Töpfer, B. 101, 108, 135, 188, 195, 222
Toubert, P. 89, 91, 113, 151, 214
Tout, T. F. 142, 218
Trautz, F. 100, 134–136, 212, 218
Troeltsch, E. 109
Trow-Smith, R. 94, 185
Türk, E. 131, 140, 144, 218

Uhlirz, K. 177
Uhlirz, M. 177
Ullmann, W. 127, 144, 193
Unverhau, D. 130, 137, 138, 225

Vauchez, A. 100
Vazquez de Parga, L. 175
Veit-Brause, I. 87
Ven, G. van der 158, 197
Verger, H. 115
Verhelst, D. 190
Verhulst, A. 94, 141, 184f.
Verhulst, A. E. 91, 94, 182
Verlinden, Ch. 88, 100, 185
Verlinden, O. 94
Vermeesch, A. 101, 171, 188
Vicaire, M.-H. 108, 226
Vierhaus, R. 186
Violante, C. 96, 101, 107, 184, 188
Vittinghoff, F. 194
Vogel, C. 102, 113, 189
Vogel, J. 111, 210
Vollmann, B. K. 115, 199
Vollmer, F. X. 157, 222
Vollrath, H. 98, 99, 109, 191
Vones, L. 219
Voß, J. 123

Waas, A. 210
Wacker, C. 146, 222
Wadle, E. 95, 101, 115, 216
Wagner, H. 176
Wagner, W. 175
Waitz, G. 6, 178
Waley, D. 151, 156, 214, 215
Walter, J. von 105, 187
Wapnewski, P. 169
Waquet, H. 169
Warren, W. L. 142, 218
Wathelet-Willem, J. 167
Wattenbach, W. 122, 136, 165
Webb, C. C. I. 168
Weber, G. 126
Weber, M. 117, 119, 120, 194
Weiland, L. 175
Weimar, P. 121, 204
Weinbaum, M. 142, 218
Weinfurter, St. 105, 109, 187
Weinrich, L. 170
Weis, H. 147, 223
Wendelborn, G. 108, 226
Wenskus, R. 195
Wentzlaff-Eggebert, F. W. 103, 206
Werle, H. 158
Werner, E. 97, 98, 101, 106, 107, 122, 123, 125, 187, 190, 202
Werner, K. F. 96, 98, 127, 129, 132, 135, 143, 145, 186, 194, 198, 218
Werveke, H. van 94, 95, 178, 185
West, F. J. 142, 143, 218
White, L. jr. 90, 181
Wieruszowski, H. 131, 215
Wilhelm, F. 172
Wilpert, P. 189
Winckelmann, J. 194, 224
Winkelmann, E. 172
Winter, J. M. van 98, 102, 116, 117, 192
Wolf, A. 160, 161, 162
Wolf, G. 153, 215, 221
Wolf von Glanwell, V. 174
Wolff, Ph. 91
Wolgast, E. 108f.
Wollasch, J. 105, 109, 110, 112, 114, 186f., 193, 210
Wolter, H. 124, 152, 162, 208
Woolf, S. J. 198
Wunder, H. 198
Wyduckel, D. 127, 162, 200

Yver, J. 162, 201

Žak, S. 125, 206
Zender, M. 98, 186
Zerfass, R. 107, 191
Zernack, K. 135, 220
Zeumer, K. 170
Zielinski, H. 145, 172, 215
Zimmermann, A. 193, 203
Zimmermann, H. 130, 210
Zinsmaier, P. 172
Zöllner, E. 158, 222
Zorn, W. 178

PERSONEN- UND SACHREGISTER

ABKÜRZUNGEN

B.	= Bischof/Bistum	Kard.	= Kardinal
Eb.	= Erzbischof/Erzbistum	Kg.	= König/Königreich
Fsm.	= Fürstentum	Kl.	= Kloster
Gf.	= Graf(en)/Grafschaft	Ks.	= Kaiser/Kaiserreich
Hzg.	= Herzog/Herzogtum	Mgr.	= Markgraf/Markgrafschaft

Aachen 32, 72. – Krönung (1152) 45, 61; (1205) 74; (1215) 244; Heiligsprechung Karls d. Gr. (1165) 243
Abaelard, Petrus 10–12, 122–125
Abbadiden von Sevilla 3
Abbassiden 1, 30
Abendmahlslehre 10f., 81, 122
Ablaß 35, 47, 78, 80, 82, 102
Åbo (in Südfinnland) 59
Absalon, B. von Roskilde (1158–1191), Eb. von Lund (1178–1201) 60
Acerra, Gf. *s.* Diepold von Schweinspeunt
Acht 43, 62, 66, 69
Adalbert, Eb. von Hamburg-Bremen (1043–1072) 17f., 241
Adalbert I., Eb. von Mainz (1109–1137) 34, 134, 242
Adalbert von Brabant, Bf. von Lüttich (1191–1192) 69
Adam von St. Victor 124
Adel (Magnaten) 6, 57, 59, 84, 99f., 102, 112, 116f., 146. – Hofa. 53, 126, 132, 144; Kaiserhof 146ff.; Byzanz 68; England 100; Ungarn 55. – Städtischer A. 21, 23, 56, 149. – A.sherrschaft 99, 127; Witenagemot 142. – *S. auch* Bojaren, Rittertum, Rom, Stände
Adela von der Champagne, Gem. Ludwigs VII. von Frankreich 47, 234
Adelard von Bath 122
Adelasia, Gem. Rogers I. von Sizilien und Kalabrien 38
Adele, Tochter Wilhelms I. von England 234
Adelheid, Tochter Ludwigs VII. von Frankreich 235
Adelheid von Turin, Gem. Rudolfs von Rheinfelden 24
Adelheid von Ungarn, Gem. Wratislaws II. von Böhmen 239
Adhémar von Monteil, B. von Le Puy (vor 1087–1098) 31
Adolf I. von Altena, Eb. von Köln (1193–1205) 71f., 153
Adria 20, 54. – Inselbistümer 65
Adrianopel (Schlacht 1205) 79; (Vertrag 1190) 68
Ägäis 2, 79
Ägypten 1f., 4, 41
Aelred von Rievaulx 13
Afrika 25, 39
Agen 79
Agnes von Poitou, Gem. Ks. Heinrichs III. 21f., 230, 241
Agnes, Tochter Ks. Heinrichs IV., Gem. Friedrichs I. von Schwaben 42, 230
Agnes, Gem. Heinrichs V. von Braunschweig 69

Agrarentwicklung/-Lebensmittelproduktion 3f., 87, 91, 98
Aire 69
Akkon 67f., 77, 243
Alanus Anglicus, Kanonist in Bologna 162
Alarcos (Schlacht 1195) 80
Albero, Eb. von Trier (1131–1152) 42
Albi 79
Albigenser *s.* Katharer
Albrecht der Bär, Gf. von Ballenstedt, Mgf. der Lausitz (1124–1131), der Nordmark (1134–1170), von Brandenburg (1150), Hzg. von Sachsen (1138–1141/2) 43f.
Alcántara (Orden) 53f.
Aleppo 60. – *S. auch* Nur ad-Din
Alessandria 63, 66
Alexander II. (Anselm von Lucca), Papst (1061–1073) 3, 23–25, 241
Alexander III. (Roland Bandinelli), Papst (1159–1181) 12, 40, 49–52, 54f., 57, 62f., 65, 112f., 242
Alexandrien, Patriarchat 83
Alexios I. Komnenos, Ks. von Byzanz (1081–1118) 30f., 34
Alexios III. Angelos, Ks. von Byzanz (1195–1203) 71
Alexios IV. Angelos, Ks. von Byzanz (1203–1204) 78, 103
Alfons I., Kg. von Navarra und Aragón (1104–1134) 236
Alfons II., Kg. von Aragón (1162–1196) 237
Alfons d. Gr., Kg. von Asturien (866–910) 52
Alfons V., Kg. von León (999–1028) 236
Alfons VI., Kg. von León und Kastilien (1065/72–1109) 52f., 236
Alfons VII., Kg. von León und Kastilien (1126–1157) 4, 52, 237, 242
Alfons VIII., Kg. von Kastilien (1158–1214) 52f., 80, 233, 237
Alfons IX., Kg. von León (1188–1230) 80, 150, 237
Alfons I. Heinrich, Gf. von Portugal (1128–1139), Kg. von Portugal (1139–1185) 52f., 237, 242
Alfons II., Kg. von Portugal (1211–1223) 237
Alfons, Fürst von Capua († 1144) 232
Alix, Tochter Ludwigs VII. von Frankreich 234
Al-Mansur (eigtl. Abu Yusuf Jaqub), Almohadenherrscher/Emir (1184–1199) 71, 80
Almanzor (eigtl. Muhammad ibn Abī 'Amir), Hajib (erster Minister) des Kalifen von Córdoba (978–1002) 2
Almería 4
Almohaden 3, 40, 53, 80, 243; *s. auch* Al-Mansur, Al-Nasir
Almoraviden 3f., 53
Almos, Sohn Gézas I. von Ungarn 240
Al-Nasir (Mohammad), Almohadenherrscher/Emir (1199–1214) 80
Alp-Arslan, Seldschukensultan (1063–1072) 31
Alpen 3f., 17, 30, 81, 90f., 150
Altrußland *s.* Rußland
Amalfi 4, 39
Amalrich von Lusignan, Kg. von Jerusalem und Zypern (1194–1205) 71
Amiénois 69
Amiens 48. – Kathedrale 127
Amt(sauffassung) 1, 16, 25, 32, 131f. – „Beamten" (höfisch, städtisch) 9f., 68, 119, 141, 143, 147f., 155, 161
Anagni (Verhandlungen 1176) 64f.
Anaklet II. (Petrus Pierleoni), (Gegen-)Papst (1130–1138) 35f., 39, 242. – *S. auch* Schisma
Anatolien 31
Ancona 64; Mark 37, 39, 70, 73, 75. – *S. auch* Markward von Annweiler
Andalusien 54
Andechs-Meranien, Hzg. 158
Andreas I., Kg. von Ungarn (1046–1060) 15, 17
Andreas II., Kg. von Ungarn (1205–1235) 55, 240
Andreas Capellanus 13, 126
Andreas von St. Victor 123
Andrei Bogoljubski, Fürst von Suzdal'-Vladimir (1157–1174) 57
Andronikos I. Komnenos, Ks. von Byzanz (1183–1185) 67
Angeloi, byzantin. Ks.haus 68, 78, 103
Angelsachsen 2, 142f.
Angers (Hof) 46
Anjou, Gf. 46, 76, 143, 145, 154, 161; Haus (Hof) 47, 69, 72. – *S. auch* Gottfried II., V.
Anna Komnena 31
Anno II., Eb. von Köln (1056–1075) 17, 241

Anonymus, Verf. von „De ordinando pontifice“ [716] 18
Anonymus Theophilus (Roger von Helmarshausen?) 122
Anselm, Eb. von Canterbury (1093–1109) 10f., 29, 33, 122, 133
Anselm, B. von Havelberg (1129–1155), Eb. und Exarch von Ravenna (1155–1158) 44, 111
Anselm II., B. von Lucca (1073–1086) 22
Anselm von Besate 17
Anselm von Laon 11
Antike (klassische Autoren/Spolien) 10, 12–14f., 119, 124–127, 131
Antiochia, Fsm. 31, 38, 67f.; *s. auch* Boëmund. – Patriarchat 83
Apennin 27
Appellation: nach Rom 35; ans ksl. Hofgericht 66
Apulien 15, 40, 62, 75, 241; dux 23, 38f.; *s. auch* Drogo, Robert Guiscard, Roger II., Roger, Roger Borsa, Wilhelm.
Aquileja, Patriarchat 37, 65, 67
Aquitanien, Hzg. 46, 79, 143; *s. auch* Wilhelm IX., X. – Hof (Poitiers) 13
Araber (Muselmanen, Sarazenen) 2, 15, 30, 38, 41, 53, 61, 65, 75; Handel 4, 65, 82, 93, 95; Urkunden 145; Währung 53, 95; Söldner 55. – *S. auch* Islam, Mauren, Mozaraber
Aragón, Kg. 3, 25, 29, 52–54, 70f., 73, 79f., 236f., 243; Familiaren 146. – Aragonien 54. – *S. auch* Navarra
Aralsee 31
Arbeit 84, 100, 115
Archipoeta 124
Architektur (Baukunst) 14f., 20, 46, 65, 124, 127
Arelat, Kg. 70, 154. – *S. auch* Burgund
Argyros, byzantin. Statthalter in Italien (1051–1058) 20
Ariald, Anführer der Mailänder Pataria 22
Ariano (Assisen 1140) 41, 116, 161
Aribert, Eb. v. Mailand (1018–1045) 15
Aristoteles(rezeption) 11, 122f.
Arles 65
Armut 90, 97, 104f. – A.sbewegung 7f., 37, 81, 90, 105–107; katholische Arme 8. – Arme von Lyon *s.* Waldenser
Arnald, Abt von Cîteaux, päpstl. Legat (seit 1203), Eb. von Narbonne (1212–1225) 80
Arnold von Brescia 37, 61, 105, 125. – Arnoldisten 8, 44
Arras 69
Artes: dictandi 13; liberales 10f.; diversae 122; mechanicae 12, 97, 122
Arthur, Sohn Gottfrieds von der Bretagne 235
Asien: Mittelasien 31; Vorderasien 4
Artois 69
Ascoli 39
Askalon (Schlacht 1123) 4
Askanier 44, 66, 158
Assisen 160; v. Ariano (1140) 41, 116, 161; v. Clarendon (1166) 50, 161; v. Jerusalem 160
Assisi 14, 84. – B. *s.* Rufinus
Asti 63
Astrid, Tochter Svens I. Gabelbart 233
Atto, Elekt von Mailand (1072) 24
Augsburg 27, 62
Augustinus, Hl., B. von Hippo Regius (396–430) 84; Confessiones 125
Augustiner(regel) 7, 84. – Chorherren (Regularkanoniker) 7, 12, 35, 84, 105, 107. – Eremiten 84
Autobiographie 125
Autun 14
Auvergne 7
Averroës 123
Aversa, Gf. 15. – *S. auch* Rainulf II., Richard
Avranches 51
Azzo II. von Este, Mgf. im östl. Ligurien, Gf. von Mailand († 1097) 17

Bacharach 43
Bács, Eb. (griech.) 55
Bagdad 1, 30
Baiulus/ballivus 41, 47, 141
Balduin I. (von Flandern), latein. Ks. von Konstantinopel (1204–1205) 78 f., 243
Balduin I. (von Boulogne), Gf. von Edessa (1098–1100), Kg. von Jerusalem (1100–1118) 31 f.
Balduin IV., Kg. von Jerusalem (1174–1185) 64, 68
Balduin V., Gf. von Flandern u. Artois (1035–1067), Gf. im Hennegau (1056–1067) 16
Balearen 4, 52, 103
Balkan 68, 106
Ballenstedt, Gf. *s.* Albrecht der Bär.

Balten/Baltikum 2, 57, 89
Bamberg 26, 75, 126. – B. *s.* Otto, Suitger
Banken 5, 95 f.
Bannspruch/Exkommunikation 16, 24, 28, 32–34, 47, 62, 72, 75 f., 82 f., 130, 241; Lösung 27, 51, 75, 130; B. und Acht 66
Barbarossa *s.* Friedrich I. Barbarossa
Barcelona, Gf. 4, 29, 52, 54, 71; – *s. auch* Raimund-Berengar I., IV. – Usatges de Barcelona 160
Bari 15, 24, 39, 62, 71. – Fsm. *s.* Tancred.
Barone: England 49–52, 77, 143 f.; Frankreich 116; Sizilien 40, 75, 146
Basilius d. Gr., Hl. und Kirchenlehrer, Bf. von Caesarea (370–379) 123
Bauer 5 f., 97, 99 f., 115, 118 f., 160. – Bauernkrieger (Skandinavien) 58. – Bauernlegen 81
Bautätigkeit (als Wirtschaftsfaktor) 5
Bayern 117. – Hzg. 17, 42 f., 45, 66; *s. auch* Heinrich der Schwarze, Heinrich der Stolze, Heinrich der Löwe, Heinrich Jasomirgott, Konrad I., Otto von Northeim, Otto von Wittelsbach, Welf IV., V. – Pfalzgf. *s.* Otto von Wittelsbach.
Beatrix, Tochter Philipps von Schwaben, Gem. Ks. Ottos IV. 231
Beatrix von Burgund, Gem. Ks. Friedrichs I. 231
Beatrix von Tuszien (Canossa), Gem. 1.Bonifaz' von Tuszien, 2. Gottfrieds d. Bärtigen von Oberlothringen 16, 26
Beaumont (Recht) 48
Beauvais 48. – B. 32
Becket *s.* Thomas Becket
Beginen 8, 105
Beichte 82
Beirut 67, 71
Bela I., Kg. von Ungarn (1061–1063) 240
Bela II., König von Ungarn, Dalmatien, Kroatien und Rama (1131–1141) 240
Bela III., Kg. von Ungarn, Dalmatien und Kroatien (1173–1196) 55, 70, 234, 240
Benedikt IX., Papst (1032–1044; 1045; 1047–1048) 18
Benedikt X., (Gegen-)Papst (1058–1060) 21f.
Benediktiner 10, 12, 84; Regel 7
Benevent 19, 37, 39; Fsm. 15; Vertrag (1156) 40
Berber 53
Berengar v. Tours 10 f.
Berengaria, Gem. Alfons' IX. von León 237
Bergamo 66
Bergbau/Bergleute 5, 17, 55, 95
Bergen 59
Bermudõ III., Kg. von León (1028–1037) 236
Bern von Reichenau 17
Bernardus Teotonicus 96
Bernhard, päpstl. Legat (1153) 45
Bernhard, Gf. von Aschersleben (1170–1212), Hzg. von Sachsen (1180–1212) 66
Bernhard, Abt von Clairvaux 12, 35, 39, 43, 60 f., 122, 125 f., 242
Bernhard von Chartres 12
Berta von Turin, Gem. Ks. Heinrichs IV. 24, 28
Berta von Sulzbach *s.* Irene
Berthold von Rheinfelden, Hzg. von Schwaben (1079–1090) 28
Berthold II., Mgf., Hzg. von Schwaben (1092–1098), Hzg. von Zähringen (1098–1111) 30
Beruf 99, 104, 114, 142
Besançon (Reichstag 1157) 62, 242
Bettelorden 84 f.; *s.* Franziskaner, Dominikaner
Bevölkerung: demographische Befunde 3–5, 30, 57, 87–90, 93, 107; rechtliche und soziale Befunde 92, 98. – Völkergemisch 38, 53, 55
Béziers 80
Bibel(kommentare) 10f., 123
Billunger 16 f., 24. – Mark 43 f.
Bingen *s.* Rupertsberg
Bischof: B. und Papst 1, 21–23, 26 f., 50, 137 f.; Primas 27, 52, 54, 65, 79, 81, 83; als Herrschaftsträger 37, 48, 92, 101, 110, 119, 132, 139, 149 f.; als Königsmacher/Coronator 49, 58, 72, 74, 152; im Gericht 50. – Absetzung 28, 45. – Vakanz von Stühlen 33. – Bischofsmord 48, 51, 69, 136. – B. unter Mozarabern 53. – B. und Häresie 79 f., 83; B. und Universität 115. – Bischofsräte 141. – *S. auch* Investitur, Wahl
Blois, Gf. 13, 46 f., 132. – *S. auch* Ludwig, Stephan
Blot Swen, (Gegen-)Kg. von Schweden (1090–1099) 233
Bodin, Jean († 1596) 161

Böhmen, Hzg. 16, 26, 57, 74, 239; Kg. 154; *s. auch* Bretislaw I., II., Borziwoy II., Friedrich, Ottokar I., Sobjeslaw I., II., Spitignew II., Wladislaw I., II., Wratislaw II.
Boëmund I. von Tarent, Fürst von Antiochia (1098–1111) 31, 33, 38, 232
Bogomilen 8, 79, 106
Bojaren 57
Boleslaw I. der Tapfere, Hzg. von Polen (992–1025), Kg. (1025) 2
Boleslaw II. der Kühne, Hzg. von Polen (1058–1076), Kg. (1076–1079) 238
Boleslaw III. Schiefmund, Hzg. von Polen (1102–1138) 57, 238
Boleslaw IV. Kraushaar, Hzg. von Polen, Senior (1146–1173) 57, 239
Bologna 66, 84. – Universität 10, 84, 114 f., 138; Rechtslehrer 62, 121, 136, 154, 163
Bonifaz, Mgf. von Montferrat (1192–1207), Kg. von Thessalonike (1204–1207) 78 f., 103
Borziwoy II., Hzg. von Böhmen (1101–1107, 1117–1121) 239
Boso, Kard., päpstl. Kämmerer 152
Bosporus 60, 68
Boulogne, Gf. 76
Bourges 45
Bourgogne, Hzg. 14, 46, 109, 145
Bouvines (Schlacht 1214) 76 f., 244
Brabant 14. – Hzg. 76. – Brabanzonen *s.* Söldner
Braga, B. 52
Brandenburg, B. 44. – Mgf. 44, 154; *s. auch* Albrecht der Bär, Pribislaw
Braunschweig 13, 43. – Hzg. B.-Lüneburg 159. – *S. auch* Welfen(hof).
Bremen *s.* Hamburg-Bremen
Brescia 62, 66
Breslau 57
Bretagne 7, 46, 49, 242. – Hzg. *s.* Gottfried.
Bretislaw I. Hzg. von Böhmen (1034–1055) 16, 239
Bretislaw II., Hzg. von Böhmen (1092–1100) 239
Briefe 125, 132
Brindisi 62
Brixen (Synode 1080) 28, 241
Bruderschaft 7 f., 29, 101, 112–114, 117
Brücken(bau) 5, 94, 114
Brügge 5, 76
Brüssel 14
Bruno der Kartäuser 8
Bruno, Verf. des Buchs vom Sachsenkrieg [18] 131
Bündnisse (Verträge, Frieden) 16, 20, 22, 39 f., 45 f., 51, 54 f., 61–70, 72, 75 f., 78, 80, 94, 242 f. – Handelsb. 4, 20, 75. – *S. auch* Städtebünde
Bürger(tum) 6, 54, 99, 115, 119 f., 127, 150 (160)
Bulgaren 55. – Bulgarien (Zweites Reich) 68, 79. – *S. auch* Kalojan
Bulgarus, Bologneser Rechtslehrer 121, 163
Burchard, B. von Worms (1000–1025) 162
Burg(enbau/-herrschaft) 5, 17, 42f., 47, 90, 116, 119, 147, 156; incastellamento 89, 113
Burgos 14
Burgund, Kg. 15, 17, 34, 42 f., 63, 75, 130. – Rektorat s. Konrad I. von Zähringen; Pfalzgf. *s.* Otto
Burgundio von Pisa 123
Buße 82, 102; Geldb. 66. – B. des Königs 27, 51, 130. – *S. auch* Ablaß, Pilger
Byzanz (Oströmisches Reich, Basileus) 1 f., 4, 18–20, 25, 30 f., 39–41, 44, 54, 57, 60–62, 64 f., 67 f., 70 f., 78 f., 102 f., 242 f.; Handel 4, 55 f., 64; Kunst (Einfluß) 14, 20, 124 f.; Währung 95. – Herrschaft in Italien 2, 15, 19 f., 61–65. – Ungarnpolitik 54 f., 64. – *S. auch* Kaiser, Konstantinopel

Cadalus von Parma 23. – *S. auch* Honorius II.
Cäcilie, Tochter Blots Swen von Schweden 233
Caen 33
Caesarea, B. *s.* Basilius
Caesaria 66. – *S. auch* Alessandria
Calatrava 53. – Ritterorden 53 f., 80, 102
Calixt II. (Eb. Guido von Vienne), Papst (1119–1124), 34, 131, 242
Calixt III. (Johannes de Struma), (Gegen-) Papst (1168–1178) 63
Camaldoli, Kl. 7
Cambrai 16. – B. *s.* Gerhard
Canones Nidrosienses s. Drontheim
Canossa: Burg 27; Haus 21. – „Gang nach C." 27, 111, 130, 241. – *S. auch* Tuszien

Canterbury 14, 51. – Eb. 33, 49, 76; *s. auch* Anselm, Lanfranc, Stephan Langton, Stigand, Theobald, Thomas Becket
Capitane 6, 37
Capua, Fsm. 15, 38, 39. – *S. auch* Alfons, Richard, Robert II.
Carcassonne 79 f. – B. 83
Cencius Sabellus, päpstlicher Kämmerer 141, 152. – *S. auch* Honorius III.
Chalizen 55
Châlons-sur-Marne, B. *s.* Wilhelm von Champeaux
Cham 43
Champagne 19. – Gf. 46–48, 145; *s. auch* Theobald III.; Hof (Troyes) 13, 46 f. – Champagne-Messen 4 f., 94
Chartres, B. 132; *s. auch* Ivo, Johannes von Salisbury. – Kathedrale 14, 127. – Schule 10, 12f., 122, 124
Chiaravalle, Kl. 14
Chiavenna 64f.
Chiers (dt.-franz. Grenzfluß) 16
Chios 79
Chrétien de Troyes 14
Christenheit 1, 3, 7f., 19, 29, 34, 63, 85, 101 f., 116; unter dem Islam 31, 102. – Christiani (Katharer) 106
Christian von Buch, Eb. von Mainz (1165–1183) 64
Christine, Gem. Magnus' IV. von Norwegen 233
Christine, Gem. Sigurds II. von Norwegen 233
Christus 7, 11, 20f., 30; Hoftag Christi (1188) 67; imitatio Christi 84
Cicero, M. Tullius 13
El Cid (el Campeador) 53; El Cantar de mio Cid 103
Cîteaux, Kl. 29, 241. – *S. auch* Arnald, Robert von Molesme, Zisterzienser
Ciudad Real 80
Civitate 20
Clairvaux, Kl. *s.* Bernhard
Clan 113
Clarendon, Konstitutionen (1164) 50 f.; Assisen (1166) 50, 161
Clemens II. (Suitger von Bamberg), Papst (1046–1047) 18, 241
Clemens III. (Wibert von Ravenna), (Gegen-)Papst (1080–1100) 28, 32, 241
Clemens III. (Paolo Scolari), Papst (1187–1191) 67, 69, 78
Clermont (Synode 1095) 30 f., 132, 241
Cluny, Kl. 24, 29, 35, 47, 109 f. – *S. auch* Hugo, Petrus Venerabilis. – Klosterkirche 14, 31; Kammer d. römischen Kurie 152. – Cluniazenser (Reform) 7, 19, 97, 105, 109 f.
Coelestin III. (Hyacinthus Bobo-Orsini) Papst (1191–1198) 69, 71 f., 80, 113, 152, 243
Colonna (röm. Adelsfamilie) 36
Common Law 77, 144
Como, Gf. 37
Constitutiones (der dt. Könige) 159
Consuetudines (Coutumes, Coutumiers, Usus, Usatges) 111, 160–162. – *S. auch* Recht
Contado (und Stadt) 156
Corbeil (Schule) 10
Corbie, Kl. 45
Córdoba 4, 80. – Kalifat 2
Cornwall 3. – Gf. *s.* Richard
Corvey, Kl. *s.* Wibald von Stablo
Coulaines (Vertrag 843) 140
Cremona 30, 62
Crescentier (röm. Adelsfamilie) 36

Dänemark 17, 57–60, 67, 83, 161, 233; Lehnshoheit über Holstein 60, 74
Dalmatien 26. – Dalmatin. Küste 30, 54
Damaskus 130. – Emirat 60 f.
Dardanellen 79
Dekretalen *s.* Kirchenrecht
Desiderius, Abt von Monte Cassino *s.* Viktor III.
Designation 153 f.
Deutsche: als Händler, Siedler 4, 55 f., 59, 89, 96, 161; Kreuzfahrer 60
Deutscher Orden *s.* Hermann von Salza
Deutschland 55 (Mitteldeutschland), 72 (norddt. Raum), 91–93; Gotik 14. – Reich/Dt.Kg. (Römischer Ks.) 15–17, 21, 23–30, 34, 38, 41–45, 48, 56 f., 59, 65, 69 f., 72–76, 83, 92, 94 f., 100, 102, 109 f., 127, 129 f., 134 f., 146–149, 151, 154, 156, 158, 230 f.; regnum Teutonicorum 27, 130; (Reichs-)Fürsten 16 f., 24, 27 f., 30, 33 f., 42, 46, 48, 65 f., 69, 72 f., 75, 128, 130 f., 134, 140 f., 147 f., 153 f., 157–159; Reich als Fürstenverband (34), 134, 158; Frieden 115. – „Reichsverweser“ 42, 72; Reichsvogteien 147; Tafelgüter 147; Reichstag

des Spätmittelalters 128 f., 147. – Lehnshoheit: Reichsfürsten 66, 154; Regalien 133; Dänemark 17, 60; England 70; italien. Reichslehen 37; Tunis, Tripolis, Zypern, Armenien 71; Polen, 16, 57; Pommern 57; Provence 52; Ungarn 15, 26. – *S. auch* Kaiser, Ministerialen, Stände
Dialektik (Logik) 10–12
Dichtung *s.* Literatur
Diego (Didacus) von Azevedo, B. von Osma (1201–1207) 83
Dienst 98, 100, 102, 112, 116, 138, 144. – D. für die Dame 102, 116. – Dienstrecht 160.
Diepold von Schweinspeunt, Gf. von Acerra 75
Dietrich IV., Gf. von Holland (1039–1049) 16
Dietwin, von Santa Rufina, Kardinallegat (1138) 42
Digesten 10
Dionysius, Hl. 46
Dionysius Pseudo-Areopagita 127
Djerba (Insel) 39
Dnjepr (Handel) 56
Dogmen 81, 111
Dôle (Synode 1162) 63
Domina (höfischer Frauendienst) 102, 116, 125
Dominicus (Guzmán), Hl. 80, 83 f., 108. – Dominikaner 8, 84 f., 108
Dominicus Marango, Patriarch von Grado-Venedig (1045–1069) 20
Dominicus Silvio, Patriarch von Grado-Venedig (1071–1084) 25
Domkapitel 101,141
Donau(handel) 3, 5, 31
Doppelkloster 125
Dorf (Verdorfung) 3, 58 f., 90–92, 113, 117f.
Doryläum (Schlacht 1097) 31; (Schlacht 1147) 61
Dreux 45
Drogo, Hzg. von Apulien (1046–1051) 15
Drontheim (Nidaros), Eb. 58. – Synode (1163) 58; Canones Nidrosienses 59
Dublin 49
Düna (Fl.) 59
Duero (Fl.) 52–54
Durandus de Osca (Huesca) 8, 106
Dynastie(ngeschichte) 2, 56, 109, 139, 157. – *S. auch* Erbe
Eadmer von Canterbury, B. von St. Andrews (1120–1124) 133
Eberbach, Kl. 14
Ebro (Fl.) 52 f.
Edessa, Gf. 2, 31, 60, 242. – *S. auch* Balduin von Boulogne
Edmund der Schlimme, Kg. von Schweden (1051–1056) 17, 233
Eduard der Bekenner, Kg. von England (1042–1066) 24
Eger 43. – Goldbulle (1213) 243 f.
Egisheim, Gf. 19
Ehe(recht, -scheidung) 16, 24, 26, 46, 49f., 82 f., 112–114, 126, 161. – Dynastische Ehe(absprachen) 29 f., 42, 45–47, 49f., 52, 55, 66 f., 69 f., 73, 75, 150
Eichstätt, B. 45
Eid: Bürgereid 101; Krönungseid 59; Lehns-, Treueid 23, 26, 32, 44, 63, 66; Reinigungseid 51, 115; Sicherheitseid (dem Papst geleistet) 27, 30, 51, 75; Untertaneneid 66, 149. – Eidbruch 50, 75; Lösung vom Eid 21, 26 f. – *S. auch* Einung
Eigen 6, 82–84, 97 f., 113, 128. – *S. auch* Erbe
Eigenkirchenrecht *s.* Stifterrecht
Eike von Repgow 128, 153, 158, 162
Einung (durch Eid) 5, 22, 34, 36, 48, 101, 114
Eisenburg 55
Ejjubiden 2. – *S. auch* Saladin
Ekklesiologie 11, 20 f., 81–83
Elba 37
Elbe (Fl.) 2 f., 17, 90. – Elbmark 43
Eleonore, Tochter Wilhelms X. von Aquitanien, Gem. 1. Ludwigs VII. von Frankreich, 2. Heinrichs II. von England 46, 49, 51 f., 234
Eleonore, Tochter Heinrichs II. von England, Gem. Alfons' VIII. von Kastilien 50, 235
Eleonore, Tochter Johanns I. Ohneland von England, Gem. Simons von Montfort 235
Elisabeth, Tochter Philipps von Schwaben, Gem. Ferdinands III. von Kastilien 231
Elisabeth, Tochter Johanns I. Ohneland von England, Gem. Ks. Friedrichs II. 235
Elisabeth von Thüringen, Hl. 105
Elsaß 42 f.

Ely (Familie) 144. – *S. auch* Richard von Ely
Embargo (im Handel mit Muselmanen) 65, 82
Emilia 37
Emir(ate) 60 f.
Emmerich, Kg. von Ungarn (1196–1204) 240
Emmerich, Sohn Stephans d. Hl. von Ungarn 55
England 25, 49–52, 67, 72, 75–78, 89–92, 94, 135 f., 139 f., 234 f., 241, 243 f. – Hof 138, 142–144; Domesday-Book 91, 133, 143, 241; Finanz, Exchequer 55, 96, 141, 143, 145; Heer 139, 155; Kanzlei 141, 148. – Festlandsherrschaft: Normandie 2, 24, 31, 33, 45, 75 f., 142; sonstige französische Prinzipate 45–47, 49, 51, 75–77, 79; engl. Kg. Vasall des Kaisers 70. – Engl. Kirche (und Papst) 24, 29, 32 f., 49–51, 70, 76 f., 81,105, 133 f. – Adel, Ritter 100; Gemeindebildung 117; Gotik 14; Juden 104; manor 117 f.; Recht im regnum Angliae 77, 162. – Einfluß in Skandinavien 17. – *S. auch* Plantagenets, Stände
Enrico Dandolo, Doge von Venedig (1192–1205) 64, 78, 103
Epidemien 63, 90
Epirus, Despotat 79
Epte (Fl.) 45
Erbe (Eigen) 6, 84; Erbrecht 99, 113, 118, 128, 161; Klerikerkinder 19. – Dynast. Anspruch 30, 38, 41–43, 47, 49, 54, 58 f., 65, 68 f., 72, 74, 129, 154, 158. – Erbkaisertum 71 f., 128, 136, 152–154, 243. – Seniorat 56 f. – Erblehen 70 f. – *S. auch* Ehe, Freiheit
Eremiten 7 f., 18, 85, 104, 109
Erfurt (Petersberg) 76. – (Reichstag 1181) 66
Erich I., Kg. von Dänemark (1095–1103) 233
Erich II., Kg. von Dänemark (1134–1137) 233
Erich IX. Jedvarsson (d. Hl.), Kg. von Schweden (1150–1160) 58, 233
Erich X., Kg. von Schweden (1208–1216) 233
Erzämter *s.* Hofämter, Kurfürsten
Eschatologie 81, 104 f., 108
Eskil, Eb. von Lund (1138–1181) 62
Estland 60, 83
Établissements (de Rouen) 160
Étampes 45
Ethik 11 f., 107, 115, 140, 143
Eugen III. (Bernardo Paganelli de Montemagno), Papst (1145–1153) 37, 40, 43, 61, 242
Europa (Okzident): Mitteleuropa 4, 94; Nord(west)europa 3–5, 70, 94; Südosteuropa 55, Westeuropa 55, 70, 134. – Einheitsidee 1; im Gegenüber zum Orient 67 f., 119; Sicherheit nach außen 2. – Staatengefüge 1; Dualismus als Ausgang staatlicher Entwicklung 129; Integration durch Höfe und Dynastien 96, 128, 139–141; Universität 9; kulturelle Strömungen 13. – Siedlungsgeschichte, demographische Befunde 88–90; Wirtschaftsraum 4 f., 56, 82; Stadtentwicklung 95. – Stadtbegriff/ Bürgerfreiheit 119. – Europaweite Legatentätigkeit 24; rechtsschöpferische Tätigkeit 159; Ordensausbreitung 85; öffentliche Meinung 34; politische Auswirkungen des dt. Thronstreits 73. – Häresien 8, 79. – Exzeptionelle Stellung in Europa: der englischen Kirche 133; der Familiaren in Sizilien 146; der Kurfürsten 154; der Finanzkraft des französischen Hofes 145
Evreux 45
Exemtion (kirchenrechtlich) 34, 44, 57, 83
Eystein, Sohn Magnus' III. von Norwegen 233
Ezzonen 17

Fahnen 23 f., 26, 46, 60, 77, 80
Familia *s.* Hofverband
Familiaren (familiaritas) 41, 73, 139, 145 f., 151
Familie 109, 112–114, 118, 120
Farfa, Kl. 91
Fâtimiden 1 f., 31, 64; Kalifat 4. – *S. auch* Hakim
Fehde(recht, -verbot) 5 f., 47
Ferdinand I., Kg. von Kastilien und León (1035/37–1065) 236
Ferdinand II., Kg. von León (1157–1188) 237
Ferdinand III., Kg. von Kastilien und León (1217/30–1252) 231, 237
Fermo, B. 27

Ferrara B. *s.* Wido
Feudalismus 3, 5, 48, 112 f., 155. – *S. auch* Lehnswesen
Feudistik *s.* Rechtswissenschaft
Finanz(politik) 5, 9, 37 f., 41, 55, 65, 82, 94–96, 120, 141, 143, 145, 148, 152, 155. – *S. auch* Kammer, Lösegeld, Subsidien
Finnland 3, 17, 58 f. – Meerbusen 60
Fiore, Kl. 81. – *S. auch* Joachim
Flandern, Gf. 45–47, 76; *s. auch* Balduin V., Karl der Gute, Philipp von Elsaß; Hof (Gent) 13, 46, 96, 141. – Wirtschaft/Bevölkerung 4, 88, 90 f., 94; Tuch 5, 56; Häresie 107. – Städte 45, 88, 140, 150. – Flamen in Siebenbürgen 55. – *S. auch* Stände
Florenz 14, 62. – Florentiner (Goldmünze) 95
Foix, Gf. 79. – *S. auch* Raimund-Roger
Fonte Avellana, Kl. 7
Fontenay, Kl. 14
Fontevrault, Kl. 7
Forchheim (Königswahl 1077) 27, 41, 131, 241
Fossanova, Kl. 14
Francia 48 f., 144, 154. – *S. auch* Frankreich
Franciscus von Assisi (Giovanni Barnadone) 84, 108. – Franziskaner 8, 84 f., 108
Frangipani (röm. Adelsfamilie) 34–36
Franken (Ostfranken), Hzg. 158 f.
Frankfurt (Königswahl 1152) 41, 45
Frankreich 45–49, 234 f.; Südfrankreich 14, 80, 162; Land und Stadt 91 f., 120. – Hof des Kg. 55, 141, 144 f.; Krondomäne 14, 45, 47, 144; Königswahl 47, 154; Statthalter der Krone 46 f.; Lehnshoheit des Kg. (Kronvasallen) 45–49, 51, 75–77, 132, 144, 157, 242 f. – Fürsten (Prinzipate) 16, 45, 129, 143, 145. – Kirche 18, 47 f., 132; Papsttum 25, 28, 31 f., 35, 48–50, 110. – Frieden 101, 156. – Gemeindebildung 117. – Rittertum 100, 116 f.; Seigneurie 117 f.; S. collective 149. – Eremiten 8; Mönchtum 7 f., 12, 18, 61, 109 f.; Schulen 10, 123; Katharer 106. – Kreuzfahrer 4, 31 f. – Große Politik 49 f., 72, 74 f., 136; Bouvines 76 f. – *S. auch* Francia, Stände
Frauen: als Schützlinge 5; in Ehe und Recht 113; Damen an Höfen 79, 102, 116, 126; in höfischer Literatur 14, 125; in den religiösen Bewegungen 7 f., 29, 83 f., 107, 125. – F.überschuß 90. – *S. auch* Regentschaft
Freiheit 98 f. – Rechtsfähigkeit 6, 9, 53, 56, 104, 114, 116, 143. – Land-, lehnrechtlich 116. – Königsschutz (immunitas) 6, 19, 110. – Papstschutz/libertas (traditio) Romana 1, 6, 19, 24, 26, 29, 76, 110. – Libertas (honor) ecclesiae 1, 6 f., 21, 27, 30, 72, 101; imperii 135. – Libertas Italiae 36, 64; Angliae 133; Francia als Land der Freien 49; Reichsfreiheit 60. – F. der Häretiker 107; der Juden 100, 104; der Pilger 102; der Vaganten 100. – Libertas scholastica 115. – *S. auch* Bürger, Ministerialen, Ritter, Stände, Unfreiheit, Zensualen
Freising, B. *s.* Otto
Freundschaft 13. – Freundschaftsbund 48
Frieden *s.* Pax
Friedrich I. Barbarossa, dt. Kg. u. röm. Ks. (1152–1190) 8, 38, 40, 43, 45, 50, 57, 60–68, 70, 96, 135 f., 146–149, 157, 159, 162, 231, 242 f. – Barbarossadiplome 148. – Cappenberger Barbarossakopf 125
Friedrich II., dt. Kg. und röm. Ks. (1212–1250), Kg. von Sizilien (1198–1250), Kg. von Jerusalem (1225–1250) 58, 60, 72–76, 81, 146, 161, 231 f., 235, 237, 243 f.
Friedrich, Eb. von Hamburg-Bremen 160
Friedrich, Hzg. von Böhmen (1172/73, 1178–1189) 239
Friedrich I. von Staufen, Hzg. von Schwaben (1079–1105) 42, 230
Friedrich II. (der Einäugige) von Staufen, Hzg. von Schwaben (1105–1147) 41 f., 230
Friedrich IV. (von Rothenburg), Hzg. von Schwaben (1152/3–1167) 42, 45
Friedrich V., Hzg. von Schwaben (1167/8 – ca. 1171) 50, 68, 231
Friedrich VI., Hg. von Schwaben (ca. 1171–1191) 231
Friedrich, Abt von Monte Cassino (Stephan IX.) 21
Friedrich von Büren 28, 30, 42, 230
Fruttuaria, Kl. 24
Fueros 54, 160
Fürst (Prinzipat) 99, 128, 132, 136, 143,

145, 155–159; dynast. Anspruch 16 f., 42; als Gesetzgeber 160–162. – Absetzung 1, 21, 138. – *S. auch* Barone, Deutschland, Frankreich, Jarle, Kiew, Kurfürsten, Lehnswesen, Polen, Salerno, Suzdal', Turov, Twer, Wahl, Wahlversprechungen

Gaëta 39
Galbert von Brügge 150
Garcias V. (III.), Kg. von Navarra (1035–1054) 236
Garcias VI. (IV.), Kg. von Navarra (1134–1150) 236
Garigliano (Fl.; Schlacht 1139) 39
Garlande (Familie der Seneschale von Frankreich) 47
Gascogne, Hzg. 46, 77, 93
Gâtinais 45
Geistliche *s.* Klerus
Gelasius I., Papst (492–496): Zweigewaltenlehre 135, 138
Gelasius II. (Johannes von Gaëta), Papst (1118–1119) 34, 151
Geld(wirtschaft) 91, 95 f., 112 f., 147, 155; moralische Wirkungen 82, 90, 97, 104. – Kredit 5. – Münzfunde Rußland 56. – Währungssysteme 53, 95. – Münzrecht 156; Münzverrufung 96. – *S. auch* Buße, Finanz, Gold, Silber
Geleit 95. – Maritim 4, 24. – Rußland 56
Gelnhausen (Reichstag 1180, Urkunde) 157, 159; (Reichstag 1186) 67
Gemeinde 82, 92, 99, 101, 115, 117–120; Landgemeinde 115, 117 f. – England 92; Frankreich 47 f.; Novgorod 56; Spanien 54; Visby 59. – Kommune in Italien 5 f., 22, 36 f., 149. – *S. auch* Dorf, Gericht, Pax, Pfarrei
Gemeinschaft (Genossenschaft) 88, 112–115. – Kaufleute 59, 94. – Adlige Berufskrieger 117. – Anfänge von Ordensg. 84. – *S. auch* Bruderschaft, Gilde, Markg., Memoria, Rechtsgenossen, Zunft
Gemeinwohl 9, 95
Genealogie 112, 136
Generalkapitel 82, 84, 141
Genezareth, See 67
Gent 13, 46. – St. Bavo, Kl. 91. – *S. auch* Flandern
Genua: Hafen 4, 81. – Wirtschaft und Politik 37, 39, 54, 62, 64, 70 f.; Kaufleute 94; genuesisch-sizilischer Handelsvertrag (1156) 94; staufische Privilegien 63, 69. – Finanz, Notariat 96. – Stadtrecht 161. – Sklaven 100. – *S. auch* Schiffahrt
Geoffroy (Gottfried) of Monmouth 13, 126
Geographie/Kartographie 41, 102
Gerhard I., B. von Cambrai (1012–1051) 97
Gerhard I., Hzg. von Oberlothringen (1048–1070) 16
Gerhard von Cremona 123
Gerhoch, Propst von Reichersberg 12, 105, 122, 124, 129
Gericht(swesen für Freie) 6, 92; Gemeinde 118 f.; Rechtsfindung 158, 160; Urteil der pares 76 f., 128; districtus 92; kgl. Bannleihe 24; kgl. Prärogativen 51, 132; Verpflichtung auf den Herzog 158; Patrimonialisierung 156. – Friedensg. 5,115. – (Fürstl.) Hofg. 9, 66, 140, 145; Reiseg. 143; Delegationsg. 41, 50, 143. – G. der Scholaren 115. – Kompetenz von weltl. und geistl. Gericht 50 f. – *S. auch* Appellation, Graf, Lehnswesen, Klerus, Mandat, Sheriff, Strafrecht
Germanen 119
Gertrud von Supplinburg, Tochter Ks. Lothars III., Gem. Heinrichs des Stolzen von Bayern und Sachsen 42 f., 230
Gertrud von Sachsen, Gem. Knuts VI. von Dänemark 233
Gervasius von Tilbury 52, 71, 154
Geschlechterherrschaft (Patriziat) 114, 119
Gesellschaft 96–127. – Domus Dei 97, 100; Religiosität 100. – Hof 127 f., 139; Stadt 98, 101, 120, 126; Randgruppen 100. – Schichtung 98. – Literatur und G. 122–127. – Gesellschaftskritik 9; Krise 101. – *S. auch* Häresie, Reform, Stände, Volk
Gesetz(geber): Ks. und Fürsten 9, 41, 50, 116, 129, 136, 147, 159–161; Päpste 9, 163. – Gesetzgebung 159–161. – *S. auch* Recht
Getreide(export) 64, 87, 90, 94
Géza I., Kg. von Ungarn (1074–1077) 26, 240
Géza II., Kg. von Ungarn (1141–1161) 40, 55, 240
Gilbert Foliot, B. von London (1163–1188) 50–52, 125

Gilbert, B. von Poitiers (1142–1154) 11 f., 125
Gilde 112, 114
Giovanni Barnadone *s.* Franciscus von Assisi
Girald of Wales (de Barri; Cambrensis) 52, 125, 152
Gislebert, Bildhauer 14
Glanvill *s.* Ranulf de Glanvill
Glaube: Einheit 1; fides Romana 24 f.; G. und Wissen 11; Liebe und G. 13; Reliquien 13; fides als Maßstab der Kritik 105. – Symbolum 81. – Glaubenswechsel 53, 104, 107. – *S. auch* Kirche, Reform
Gnesen, B. 44, 57
Gold 55, 95
Goldschmiedewerk 124 f.
Gorze, Kl. 109
Goslar 8, 17, 65; (Reichstag 1154) 45, 242. – St. Simeon und Juda 17, 19. – Silberabbau 5
Gotik *s.* Architektur
Gotland 4, 59
Gottesurteil 115
Gottfried, Eb. von Mailand (1071–1075) 24
Gottfried II. der Bärtige, Hzg. von Oberlothringen (1044–1047), Hzg. von Niederlothringen (1056–1069), Mgf. von Tuszien (1054–1069) 16, 21 f.
Gottfried III. der Bucklige, Hzg. von Niederlothringen (1069–1076) 26
Gottfried IV. von Bouillon, Hzg. von Niederlothringen (1089–1100), Vogt des Hl. Grabes (1099–1100) 32
Gottfried, Hzg. von Bretagne (1166–1186) 49, 234
Gottfried II. Martell, Gf. von Anjou (1040–1060) 161
Gottfried V. Plantagenista, Graf von Anjou u. Touraine (1129–1151), Hzg. der Normandie (1144–1151) 46, 49, 234
Gottfried von Monmouth *s.* Geoffrey of Monmouth
Gottfried von Straßburg 14, 126
Gottfried von Villehardouin *s.* Villehardouin
Gottfried von Viterbo 136
Gottfriede (Lothringer) 17
Gotthard (Paß) 4
Gozelo I., Hzg. von Nieder- und Oberlothringen (1023/33–1044) 16
Grabbild 124
Grado (-Venedig), Patriarch 20, 25, 65. – *S. auch* Dominicus (Marango; Silvio)
Grafen/Grafschaft: im Reich 147; Neugrafen 148, 156; Landgraf von Thüringen 158; Pfalzgraf bei Rhein 43, 69, 154, 158; karoling. Pfalzgraf 142. – Provence 52. – Sizilien 38. – Spanien 53. – Graf und Stadt 48, 92, 156. – Grafenwahl 150. – *S. auch* Marken, Sheriff
Gran/Esztergom, Eb. *s.* Lucas
Granada 80
Grandmont, Kl. (Grammontenser) 7
Grangien 91
Gratian 10, 121, 162 f. – Decretum Gratiani 10, 138, 242
Gregor V. (Brun von Kärnten), Papst (996–999) 18
Gregor VI. (Johannes Gratianus), Papst (1045–1046) 18
Gregor VII. (Hildebrand), Papst (1073–1085) 19, 25–29, 111, 130 f., 138, 159, 241. – Dictatus papae 21, 26, 35, 163, 241. – Gregorianer 35 f., 132. – *S. auch* Reform
Gregor VIII. (Alberto de Morra), Papst (1187) 68
Gregor von Nazianz (d. J.), Kirchenlehrer († 390) 123
Gregor, Kardinaldiakon von Sant' Angelo 35. – *S. auch* Innozenz II.
Griechen: Wissenschaftsvermittlung 123. – *S. auch* Antike, Aristoteles, Kirche, Patristik
Griechenland 30, 38, 40, 71
Grönland 17
Großpolen 57
Großwardein, Prämonstratenserstift 54
Grotius, Hugo († 1645) 163
Grundherrschaft (Villikation) 6, 91, 117 f., 155 f. – Auflockerung 3, 93, 98 f., 116, 118. – Vergleich mit manor und seigneurie 117 f.
Guadalquivir (Fl.) 80
Guadiana (Fl.) 53
Guibert von Nogent 13, 47, 125
Guido, Eb. von Vienne (1090–1119) 34. – *S. auch* Calixt II.
Guido von Lusignan, Kg. von Jerusalem (1186–1190), Kg. von Zypern (1192–1194) 68

Guigo von Kastell, Prior der Chartreuse 8
Gunther von Pairis 78
Guttorm, Kg. von Norwegen (1204/05) 233
Guyenne, Hzg. 46, 52, 77
Guzmán, kastil. Adelsfamilie 83

Hadrian IV. (Nikolaus Breakspear), Papst (1154–1159) 40, 61 f., 152, 242
Häresien (Ketzer) 8 f., 61, 79, 81, 106 bis 108, 113, 120, 125 f. – Bekämpfung 8, 65, 75, 83, 85, 97, 107 f., 122. – *S. auch* Inquisition, Katharer
Hagenau 69
Haimerich, Kanzler (Kurie) 35, 38
Hakim, Fâtimidenkalif (996–1021) 104
Hakon III., Kg. von Norwegen (1202–1204) 233
Hakon IV., Kg. von Norwegen (1217–1263) 59, 233
Halberstadt, B. 17
Halitsch (Wolhynien) 57
Halle 44. – Haller Protest (1202) 74
Halstan, Kg. von Schweden (1080) 233
Hamburg 60
Hamburg-Bremen, Eb. 2, 16 f., 44, 58; *s. auch* Adalbert, Friedrich
Handarbeit 84
Handel 3–5, 87 f., 93–95. – Italiener in Frankreich 25. – H. und Politik: Mittelmeer 30, 39 f., 61, 64, 71 f.; Kiev 56 f.; Spanien 54; Ungarn 55; Nordeuropa 58–60, 76; Aufteilung des Oström. Reiches 79. – Reisen des jungen Franciscus 84. – *S. auch* Araber, Byzanz, Kaufleute, Schiffahrt, Seestädte
Handelsrecht 93 f., 160
Handwerk (Gewerbe) 3 f., 38, 54, 56, 88, 112. – *S. auch* Artes
Hanse 5, 93
Harald IX., Kg. von Dänemark (1076–1080) 233
Harald III. Hardrada (Sigurdsson), Kg. von Norwegen (1047–1066) 17, 24, 233
Harald IV., Kg. von Norwegen (1130–1136) 233
Hardiknut, Kg. von Dänemark u. England (1035–1042) 233
Harold (Godwineson) von Wessex, Kg. von England (1066) 24
Harz 17, 24, 95
Harzburg 76
Hasan, Ziridenemir (1121–1148/52) 39
Hastings (Schlacht 1066) 2, 24, 241
Hattin (Schlacht 1187) 2, 67 f.
Haus: Königs-/Fürstenh. 138 f., 143 f., 148, 153; Hausgut 42 f. – Hausfrieden/-recht 9, 41, 117. – Hausbewußtsein 42, 109, 112, 128
Hauteville, normannisches Fürstenhaus 38 f.
Havelberg, B. 44. – *S. auch* Anselm
Heer(fahrtspflicht) 143, 148, 150, 155
Heidendekrete (päpstl.) 82
Heiliges Land 30, 60, 69, 74, 135. – *S. auch* Jerusalem, Kreuzzug
Heiligkreuz-Woffenheim, Kl. 19
Heiligsprechung (Thomas Beckets) 51; (Gegors VII.) 29; von Königen 55, 58, 63, 135, 243. – Heiligenverehrung 98. – *S. auch* Reliquien
Heinrich II., dt. Kg. und röm. Kaiser (1002–1024) 16
Heinrich III., dt. Kg. und röm. Ks. (1039–1056) 8, 15–21, 101, 230, 232, 238, 241
Heinrich IV., dt. Kg. und röm. Ks. (1056–1106) 21, 24–30, 32 f., 110 f., 130, 230, 241
Heinrich V., dt. Kg. und röm. Ks. (1106–1125) 10, 32–34, 42, 45 f., 57, 131, 133 f., 230, 234, 241 f.
Heinrich (VI.), Sohn Konrads III., dt. (Mit-)Kg. (1147–1150) 153, 231
Heinrich VI., dt. Kg. u. röm. Ks., Kg. von Sizilien (1190–1197) 4, 40, 66–72, 128, 135 f., 148, 152 f., 231 f., 243. – Testament 73, 152
Heinrich (VII.), dt. Kg. (1220–1235), Kg. von Sizilien (1212–1235) 146, 231
Heinrich I. Beauclerc, Kg. von England (1100–1135) 33, 45 f., 49, 133, 140, 143, 161, 234, 242
Heinrich II. Plantagenet, Kg. von England (1154–1189) 13, 46, 49–52, 63, 68, 140, 142–144, 234, 243
Heinrich III., Kg. von England (1216–1272) 144, 235
Heinrich d. J. († 1183), Sohn Heinrichs II. von England 51, 235
Heinrich I., Kg. von Frankreich (1031–1060) 16, 234
Heinrich I., Kg. von Kastilien (1214–1217) 237
Heinrich, Kardinalbischof von Albano

(1179–1188) 8
Heinrich I., Eb. von Mainz (1142–1153) 42, 45
Heinrich, B. von Winchester (1129–1171) 124
Heinrich IX. der Schwarze, Hzg. von Bayern (1120–1126) 42, 230
Heinrich X. der Stolze, Hzg. von Bayern (1126–1139) und Sachsen (1137–1139), Mgf. von Tuszien 39, 42–44, 230
Heinrich der Löwe, Hzg. von Sachsen (1142–1180) und Bayern (1156–1180) 13, 43–45, 52, 59–61, 64–67, 69, 72, 157, 159, 231, 235, 242 f.
Heinrich I. Jasomirgott, Mgf. von Österreich (1141–1156), Hzg. von Bayern (1143–1156), Hzg. von Österreich (1156–1177) 40, 43, 45, 242
Heinrich I., Gf. von Limburg, Hzg. von Niederlothringen (1101–1106) 33
Heinrich V. von Braunschweig, Pfalzgraf bei Rhein (1195–1214) 69
Heinrich, Graf von Portugal (1095–1112) 236
Helene, Tochter Belas I. von Ungarn 240
Hellespont 79
Heloïsa 13, 125
Hennegau, Gf. 16, 69; *s. auch* Balduin V. von Flandern. – Hennegau-Namur, Mgf. 159
Hermann von Salm, dt. (Gegen-)Kg. (1081–1088) 241
Hermann von Salza, Hochmeister des Deutschen Ordens (1210–1239) 58, 60
Hermann von Stahleck, Pfalzgf. bei Rhein (1142–1156) 43
Hermann der Lahme 12
Herrschaft: Antritt 127; Gefolgschaft 57; Schutzh. 157. – Wandel im H.sstil/-sbewußtsein 61, 142 f., 155–157. – H. und Gesetzgebung 159–162. Gouvernementalistische Interpretation der kommunalen Bewegung 119. – *S. auch* Adel, Grundherrschaft, Haus, Hof, Regalien
Herzog(tum): Amt und dynastischer Anspruch 16 f.; Gegenherzog 28. – Titel und Rang 6, 30, 158 f.; geistlicher Dukat 159; Konflikte 42–45; Sturz Heinrichs des Löwen 66, 157 f.; Sachsenh. und Gotlandfahrer 59; staufische Politik 128. – H. als (werdende) Territorialmacht 37, 42–45, 155 f., 158 f. – H. im Kurkolleg 154. – England 49. – Polen 57 f. – *S. auch* Pax
Hesso von Straßburg 134
Heveller *s.* Pribislaw von Brandenburg
Hildebert von Lavardin, B. von Le Mans (1096–1125), Eb. von Tours (1125–1134) 13, 124
Hildebrand 20 f., 23, 28, 132. – *S. auch* Gregor VII.
Hildegard von Bingen 12, 122, 124
Hildesheim, B. 17, 45
Hinrichtungen 61, 107 f.
Hippokrates 124
Hippo Regius, B. *s.* Augustinus
Hirsau, Kl. (Hirsauer Formular DH IV 280) 24
Historia/Geschichtsschreibung 11–13, 52, 102, 122 f., 124 f., 137
Hof (curia ordinaria) 9, 41, 46 f., 57, 90, 138–154, 156; Hofämter 41, 47, 138, 143–145, 151; Sonderstellung des Dapifer/Seneschal 47, 73, 138, 143, 154; ministerialisch 147; Hofleute 138, 140, 144, 146, 151; Fachleute 9 f., 61, 114, 121 f., 144 f. – Städt. Hof 37 f. – Bautätigkeit 5. – Finanz 55, 96. – Sozialer Hort des Rittertums 115. – Kultur und Wissenschaft 10, 13 f., 41, 51 f., 59, 79 f., 103, 116, 125 f. – *S. auch* Familiaren, Rat
Hoftage (curia plena, Reichstage) 27 f., 32–34, 45, 48, 62 f., 66 f. 117, 128, 134–136, 139, 144, 146, 148, 242. – Hoffahrt 139. – Reichstag des Spätmittelalters 128 f., 147
Hofverband (familia): grundherrlich 112, 114, 118; fürstlich 138 f., 143. – Hofrecht 119, 131, 160
(Hohen)Staufen 42
Holland, Gf. von 76; *s. auch* Dietrich IV., Wilhelm. – Holländische Siedler 160
Holstein 60, 66, 74. – H. und Stormarn, Gf. 44
Honor *s.* Freiheit
Honorius II. (Cadalus von Parma), (Gegen-)Papst (1061–1064) 23
Honorius II. (Lambert von Ostia), Papst (1124–1130) 35, 38 f.
Honorius III. (Cencius Sabellus), Papst (1216–1227) 84, 152
Hugo, Bologneser Rechtslehrer 121
Hugo Candidus, Kardinal 24
Hugo von Die, päpstl. Legat (1080) 28

Hugo, Eb. von Lyon (1082–1106) 132
Hugo, Abt von Cluny (1049–1109) 15, 24, 27, 110
Hugo de Clefs 154
Hugo Primas von Orléans 124
Hugo von St. Victor 10, 12, 122
Huguccio von Pisa 138, 162
Huldigung 127
Humanismus des 12. Jh. 13, 15, 124–127
Humbert Crivelli, Eb. von Mailand (1185) 67. – *S. auch* Urban III.
Humbert von Moyenmoutier, Kardinalb. von Silva Candida (1057–1063) 19–21, 23
Humiliaten 8, 105
Iberische Halbinsel 52 ff.
Iconium/Konya, Sultanat 1 f., 31, 60. – *S. auch* Kilidsch Arslan II.
Idoneität 59, 130, 134, 136, 138
Idrisi 41
Idung von Prüfening 105
Immunitas *s.* Freiheit
Individualisierung 99, 114, 120
Industrie 4 f., 94. – *S. auch* Tuch
Inge I., Kgn. von Norwegen (1136–1161) 233
Inge I., Kgn. von Schweden (1080–1112) 233
Inge II., Kgn. von Schweden (1118–1130) 233
Ingeborg, Gem. Philipps II. August von Frankreich 233
Innominationsvertrag 74
Innozenz II. (Gregor von Sant'Angelo), Papst (1130–1143) 35 f., 39 f., 42, 44, 48 f., 242
Innozenz III. (Lothar von Segni), Papst (1198–1216) 1, 8, 10, 59, 65, 72–77, 80, 83 f., 103, 112 f., 137 f., 151, 153 f., 243
Inquisition 66, 81 f., 107 f.
Institution(alisierung) 127–129, 139 f., 143–146, 151, 156
Interdikt 47, 51, 59, 61, 76, 82 f.
Investitur: in geistliche Ämter 21, 26–28, 32 f., 67; Selbstinvestitur 24; I. durch Fürsten 45, 132, 242. – I. in weltliche Ämter 23, 66. – Symbole 23, 26, 32, 34, 46, 158. – I.verbote, -verzicht, -regelungen 26, 28, 32–35, 109, 129, 131–134, 241 f. – I.streit als Epochenbegriff 129; als Krise 101. – *S. auch* Fahnen
Irak 1
Iran 31
Irene (Berta von Sulzbach), Gem. Ks. Manuels I. 40, 61, 242
Irene von Byzanz, Gem. Kg. Philipps von Schwaben 231
Irland 3, 49, 51, 76, 83
Irnerius, Rechtslehrer in Bologna 10, 121, 162
Isaak II. Angelos, Ks. von Byzanz (1185–95) 68, 71
Islam: Sunniten und Schiiten (Ausbreitung) 1 f., 30 f., 60 f., 64; Inselpositionen im Mittelmeer 4; Spanien 3, 10, 53, 80, 102; Wirtschaftsfaktor 4 f. – Hl. Kampf 80, 102. – Kreuzzüge in der Perspektive des Islams 102. – Abendl. Islambild 102, 122; Koranübersetzung 123. – Kultur und Wissenschaft 10, 12–14, 41, 123, 125 f. – *S. auch* Araber
Island 17, 59
Italien 5, 22, 28, 34, 36 f., 91 f., 94 f., 100, 104, 116, 156. – Regnum Italiae 15, 17, 27, 30, 62–65, 67, 70, 92, 130, 149, 243; Kommunen 5–7, 9, 22, 24, 35–38, 42, 62–66, 73 f., 88, 101, 117, 147–150, 156; libertas Italiae 36, 64. – Süditalien. Fürstentümer 15, 19, 22 f., 25, 36–39. – Gemeindebildung 117. – Gotik 14. – Italiener in Ungarn 55. – *S. auch* Byzanz, Kaiser, Kirchenstaat, Lombardei, Papst, Sizilien, Zweikaiserproblem
Itinerar 19, 148
Ivo, B. von Chartres (1090–1116) 11, 132, 162

Jacobus, Bologneser Rechtslehrer 121
Jaén 80
Jaffa 67, 93
Jakob I., Kg. von Aragón (1213–1276) 237
Jakob von Venedig 123
Jakobus, Hl., Apostel 51, 98. – *S. auch* Santiago de Compostela
Jarle 58
Jaropolk, Sohn Izjaslavs von Kiev, Fürst von Turov († 1085) 26
Jaroslav Mudry (der Weise), Großfürst von Kiev (1019–1054) 56
Jeremias, maronitischer Primas 83
Jerusalem: himmlisches und irdisches 102; Hl. Grab 104; Eroberungen 2, 32, 51, 67 f., 243. – Pilgerziel 7; Ziel päpstl.

und kaiserl. Politik 77, 136. – Kg. 3, 32, 64, 68, 71, 241; Kronrat 61; Assisen 160. – Patriarch(at) 32, 34, 83
Jesi 70
Joachim, Abt von S. Giovanni in Fiore (1190–1202) 81, 108. – Joachiten 108
Johann Ohneland, Kg. von England (1199–1216) 51, 69 f., 72, 76–78, 235, 243 f.
Johann I., Kg. von Schweden (1216–1222) 233
Johanna, Tochter Heinrichs II. von England, Gem. Wilhelms II. von Sizilien 235
Johannes II. Komnenos, Ks. von Byzanz (1118–1143) 39
Johannes Chrysostomus, Hl. und Kirchenlehrer, Patriarch von Konstantinopel († 407) 123
Johannes von Salisbury, B. von Chartres (1176–1180) 51, 65, 124 f., 131
Johannes von Gaëta, Kanzler der Röm. Kirche 151. – *S. auch* Gelasius II.
Johannes von Damaskus 123
Jordan Pierleoni 37
Josephiner 8
Juden 5, 53, 55, 104; Gemeinde 120; Schule 12, 104, 123, 125. – Canones des 3. und 4. Laterankonzils 65, 82. – Pogrome 7, 31, 81,103 f.
Judith, Tochter Heinrichs III., Gem. 1. Salomos von Ungarn, 2. Wladislaws I. von Polen 230, 238
Judith, Tochter Heinrichs des Schwarzen von Bayern, Gem. Friedrichs II. von Schwaben 230
Jugend 90, 113, 121
Jura 43
Justinian I., Ks. von Byzanz (527–565) 67, 136. – Corpus Iustinianeum [122] 161 f.

Kärnten, Hzg. *s.* Welf III.
Kairo 2, 60. – Kalifen 30 f.
Kaiser (Römisches Reich) 15–18, 43 f., 60–75, 109, 146–151; Erneuerung 109, 125; Gesetzgeber 136, 162; Goldbulle 125; Reichsadler 76; Mitkaiser 153; Erbkaisertum 71 f., 128, 136, 152–154. – Regnum und Sacerdotium 1, 14–16, 18 f., 21–26, 28, 32, 34, 37 f., 44, 71 f., 134–138, 152; staufische Reichsidee 134–137; Italienpolitik 4, 20, 23, 30, 36–40, 44, 61–67, 70, 73, 75, 96, 148. – K. und Könige 26, 49, 57, 60, 70 f., 135 f.; Seestädte 20, 60, 63, 65; Hl. Land 135; Juden 104; Scholaren 115. – *S. auch* Burgund, Byzanz, Deutschland, Italien, Konstantinopel, Krönung, Papst, Sizilien, Spanien, Zweikaiserproblem
Kalabrien 15, 146, 241. – Dux Calabrie 23, 38 f. – *S. auch* Robert Guiscard, Roger I., II., Simon
Kalocsa, B. 55
Kalojan, Bulgarenzar (1197–1207) 79
Kammer (an Höfen) 9, 138, 140 f., 143, 145, 151. – *S. auch* Finanz
Kammin, B. 57
Kanoniker/Regularkanoniker *s.* Augustinerchorherren
Kanzler/Kanzlei 9, 138, 141. – England 143; Thomas Becket 50. – Frankreich [883]. – Jerusalem: Wilhelm von Tyrus 65. – Kaiserhof 147 f.; lehnrechtl. Einweisung 148; *s. auch* Rainald von Dassel – Kastilien 141. – Kurie 151 f.; Johannes von Gaëta 151; Roland Bandinelli 62. – Sizilien 145; Walter von Pagliara 73. – Ungarn 141. – Universitäten (Bologna, Paris) 115
Kapelle (an Höfen) 138, 141, 147, 151 f.
Kapetinger 45–50, 61, 76, 80, 96, 161, 233. – Hof 144–146
Kapitularien 160
Karawanen 93
Kardinäle (Kardinalskollegium): Entstehung 19; neuer Senat 20 f., 141; Papstwahldekret 22 f.; Wahl Gregors VII. 25. – Kurie 36, 151; Konsistorium 74, 151. – Legationswesen 24; Teilnahme an Königswahlen 28, 42. – Träger der Schismen 28, 35, 39, 62 f. – Kreuzzugssteuer 82. – *S. auch* Legaten, Wahl (Papstwahl)
Karl d. Gr., fränk. Kg. (768–814) und röm. Ks. (800–814): Karlskult 46, 49, 63, 243
Karl VII., Kg. von Schweden (1156–1167) 233
Karl der Gute, Gf. von Flandern (1119–1127) 45
Karolinger(reich) 112, 146, 156. – Pfalzgraf 142
Karpaten 55
Kartäuser 8, 105, 241
Kasimir I., Hzg. von Polen (1034–1058) 16, 238

Kasimir II., Hzg. von Polen, Senior (1177–1194) 238
Kastilien, Kg. 52–54, 80, 236f., 243. – Königshaus 50. – Cancellarius 141
Kastilien-León, Kg. 3, 24. – Hof 52
Katalonien 52–54. – *S. auch* Barcelona, Gf.
Katharer/Albigenser 8, 79–81, 83, 106 f. – Albigenserkreuzzug(-krieg) 52, 80, 103, 107, 243
Kaufleute 5, 59, 93 f. – K. und Juden 104. – *S. auch* Gilde, Handel, Hanse
Kaukasus 31
Kelten (kelt. Sagen) 13, 126
Kiev 2, 55–57. – Großfsm. 4, 26, 56 f. – *S. auch* Jaroslav Mudry, Vladimir II.
Kiev-Novgorod, Großftm. 56
Kilidsch Arslan II., Großsultan von Iconium (1156–1192) 64
Kilikien 67
Kinder: Oblation 8. – Klerikerkinder 19, 101
Kirche (Amts-, Reformkirche) 1, 8, 21, 61, 81–85, 101, 106, 150; Katholizität 21 f. – K. des Ostens (Griechen, Russen) 1, 25, 35, 54, 65, 82 f., 103; Latinisierung 54 f. – Union 2, 26, 31, 78 f., 83. – Ecclesia apostolica (primitiva) 7, 105; Kritik 13, 105. – Domus Dei 97. – K. der Katharer 79. – K. und Landesherr 157. – *S. auch* Ekklesiologie, Schisma, Tyrann
Kirchenbau 5, 14
Kirchenrecht 10, 18, 21, 61, 65, 67, 82 f., 111 f., 126, 134, 137, 140, 159, 162; Decretum Gratiani 10, 138. – *S. auch* Ehe, Pseudoisidor, Rechtswissenschaft, Stifterrecht
Kirchenstaat 36 f., 39, 67, 73, 75, 89, 150. – *S. auch* Rekuperationen
Kleinasien 1, 4, 25, 31, 79, 93
Kleinpolen 57
Klerus: Geistlicher, Priester 21; in der Gesellschaft 82, 97, 101, 113 f.; als Schützlinge 5; als städtische Gruppe 22. – Studierte 144. – Hof(kapelle) 138, 141, 147, 151. – Gerichtsstand, Recht 50, 161. – *S. auch* Volk, Zölibat
Kljasma (Fl.) 57
Klöster/Abteien 59, 90 f., 105, (143) 156 f. – *S. auch* Mönchtum
Knut d. Gr., Kg. von Dänemark (1019–1035), England (1016–1035) und Norwegen (1028–1035) 2, 233
Knut II. der Heilige, Kg. von Dänemark (1080–1086) 58, 233
Knut VI., Kg. von Dänemark (1182–1202) 59 f., 233
Knut, Kg. von Schweden (1167–1196) 233
Knut Laward, dux von Südjütland 58, 233
Koblenz (Königswahl 1138) 41
Köln 33 f., 72, 74, 76, 96, 150. – Eb. 45, 150, 152, 158 f.; Erzstift 17; *s. auch* Adolf I., Anno II., Philipp von Heinsberg, Rainald von Dassel. – Gottesfrieden (1083) 29. – Coniuratio (1114) 34. – Judengemeinde 31
König(tum) 99, 127 f., 131, 134 f., 147, 152, 154; rex naturalis 42; vocabulum officiorum 131; als Lehnsherr 77. – Mitkg. 32, 40, 47, 51, 59, 143, 153. – Gegenkg. 28, 41–43, 76, 109, 131, 241. – Stellvertreter im Amt 42, 46 f., 50, 142 f., – K.sgut/Domäne (Reichsgut) 17, 24, 41–43, 45, 55, 132 f., 147 f., 157. – Servitium regis (fodrum, Gastung) 66, 141, 147. – Kirchenhoheit 16, 45, 47, 55, 131–134. – K.streffen 16, 63, 75, 242. – Absetzung 17, 27 f., 128, 130. – Errichtung eines Königshauses 26, 29, 32, 39, 52 f., 57, 79, 242. – *S. auch* Freiheit, Gericht, Heiligsprechung, Herrschaft, Krönung, Lehnswesen, Pax, Reichskirche, Theokratie, Wahl, Widerstand
Königin *s.* Regentschaft
Kol, Sohn Blots Swen von Schweden 233
Koloman I., Kg. von Ungarn (1095–1114) 240
Kommune *s.* Gemeinde, Stadt
Konkordanz (als Methode) 10 f.
Konrad II., dt. Kg. und röm. Ks. (1024–1039) 15
Konrad III., dt. Kg. (1138–1152) 40–45, 60 f., 135, 148, 153, 230, 242
Konrad IV., dt. Kg. (1250–1254) 146, 231
Konrad, Sohn Heinrichs IV., Gegenkg. (1087–1093) 30, 230
Konrad von Wittelsbach, Eb. von Mainz (1161–1165, 1183–1200) 63, 72, 74
Konrad I., Hzg. von Bayern (1049–1053) 17
Konrad, Hzg. von Schwaben (1191–1196) 70, 231

Konrad von Urslingen, Hzg. von Spoleto (vor 1177–1198) 70
Konrad I., Hzg. von Zähringen (1122–1152), Rektor von Burgund (1127–1152) 42
Konrad von Wettin, Mgf. von Meißen (1123–1156) u. d. Lausitz (1136–1156) 44
Konrad, Pfaffe (Übersetzer des Rolandsliedes [48]) 103
Konsistorium 74, 151
Konstantin I., röm Ks. (306–337) 63. – Konstantinische Schenkung 23–25
Konstantin IX. Monomachos, Ks. von Byzanz (1042–1055) 19 f.
Konstantinopel (Byzanz) 1, 4 f., 20, 31, 40, 55, 67; Eroberung 57, 78, 103, 243. – Patriarchat 2, 34, 56; Konzil (8. ökum. 869/70) 35; Synode (1054) 20; Apostelkirche 20, 71; Hagia Sophia 79. – Latein. Kaiserreich (Imp. Romaniae) 1, 78 f., 243; Patriarchat 81, 83. – *S. auch* Byzanz, Johannes Chrysostomus, Michael Kerullarios, (lat.) Thomas Morosini.
Konstanz 75. – Vertrag (1153) 40, 61 f., 242. – Friede (1183) 66, 243
Konstanze von Sizilien, Gem. Ks. Heinrichs VI. 40, 66, 68–70, 72 f., 152, 231 f., 243
Konstanze, Tochter Alfons II. von Aragón, Gem. Ks. Friedrichs II. 73, 237
Konstanze von Kastilien, Gem. Ludwigs VII. von Frankreich 234
Konsuln *s.* Rat
Kontinuität: adelsgeschichtlich 6, 99; kanzleigeschichtlich 141; stadtgeschichtlich 149; in der englischen Geschichte 142
Konversion (des Mönchs) 7, 105
Konzilien: 10 f., 109. – Nicaea (325) 81. – Konstantinopel I (381) 81; IV (869/70) 35. – Lateranum I (1123) 35, 83; II (1139) 35 f.; III (1179) 1, 8, 35, 65, 83, 112, 243; IV (1215) 1,11 f., 80–83, 104, 107, 112, 140, 244. – Pavia (1160) 63. – *S. auch* Synoden
Korfu 40
Korsika 25, 37
Kosmologie 12 f., 107
Krakau 57
Krankheit 82. – Krankenpflege 8, 114
Kredit 95
Kreta 2
Kreuzfahrerstraten 4, 31 f., 60, 64, 67 f., 71, 77–79, 93, 104
Kreuzverehrung 98
Kreuzzug 5, 102–104, 137; I: 2, 7, 30–33, 122, 241; II: 40, 42, 46, 52, 60, 96, 242; III: 67 f., 69, 96, 243; IV: 1 f., 74, 77–79. – K.spläne (-sversprechen) 25 f., 32, 51, 66 f., 71. – K.sdekret (1215) 82. – K.swege 55, 60. – K.sideologie 13, 47, 71, 102–104. – Kinderk. 81, 104, 243. – Wendenk. 43, 61, 103, 242. – Sühne (gegen Irland) 51. – *S. auch* Katharer, Kreuzfahrerstaaten, Krieg
Krieg 30, 101, 110. – Heidenkrieg 3, 6, 25, 61, 116 f.: Baltikum, Finnland 58, Mahdia 103. – Reconquista 2 f., 24, 29, 53 f., 80, 102, 243. – Papst und Heidenkrieg 3, 24 f., 29–31, 33, 60, 68, 77–83, 103. – *S. auch* Katharer, Kreuzzug
Kroatien 26, 29, 54
Krönung: von Kgen. 32, 39, 42, 45 f., 58 f., 61, 69 f., 72, 74, 152, 243 f.; des Ks. 15, 28, 33, 36, 39, 44, 61 f., 69, 73, 75, 134, 136, 138, 241–243; des Papstes 22. – K.sversprechen 33, 133
Krone (als Symbol der Staatlichkeit) 9, 62, 72, 134 f., 143, 145
Künste 13–15, 41, 97, 123. – Künstler 125 f.
Kujawien 57
Kulturkontakte 41, 53, 123
Kunigunde, Gem. Ks. Heinrichs III. 233
Kunigunde, Tochter Philipps von Schwaben, Gem. Wenzels I. von Böhmen 231
Kuno von Praeneste, päpstl. Legat (1111) 34
Kurfürsten 129, 141, 153 f.
Kurie *s.* Papst
Kyffhäuser 43

Ladislaus I., Kg. von Ungarn (1077–1095) 55, 240
Ladislaus II., Kg. von Ungarn (1161–1162) 240
Laien 21, 28, 101, 107, 109
Laienbrüder (Konversen) 7, 29. – 3. Orden 84
La Marche, Gf. 46
Lambert, B. von Ostia (1117–1124) 38. – *S. auch* Honorius II.

Land 155–158 = Stamm/Mark 158. – Terra s. Petri 23. – Landrecht: L. und Lehnrecht 9, 116, 128 f., 139, 150; im Prozeß Heinrichs des Löwen 66, 157 f.; L. und Stände 37, 150; Stammesrecht 158; consuetudo 161; Common Law 77, 144. – Landfrieden *s.* Pax; *s. auch* Volksrecht
Land und Unland 88 f.
Lanfranc von Le Bec, Eb. von Canterbury (1070–1089) 11, 26, 33, 133
Langres, B. 16
Languedoc 3, 52, 79, 107
Laon 14, 48. – Schule 10, 122
Las Navas de Tolosa (Schlacht 1212) 80, 243
Lateiner (im byzant. Reich) 67, 93; Bischöfe 83. – *S. auch* Konstantinopel
Lateran *s.* Rom
Lausanne, B. 27
Lausitz, Mark 44. – *S. auch* Albrecht der Bär, Konrad von Wettin, Wiprecht von Groitzsch, Sächsische Ostmark
Le Bec, Kl. 10, 33, 133
Lebensmittelversorgung 3, 94
Lebus a. d. Oder, B. 57
Lechrain 42
Legaten (päpstl.) 22–29, 45, 49, 55, 62 f., 67, 74, 78, 80, 151
Legistik *s.* Rechtswissenschaft
Legnano (Schlacht 1176) 64
Le Goulet (Vertrag 1199) 78
Lehnswesen 6, 13, 33; Fehlen in Ungarn 55, 139; in Byzanz 68; Einführung in Skandinavien 58. – Lehnrecht 9, 77, 116, 127 f., 131 f., 139, 141, 148, 157, 160; Lehnsgesetze 15, 148; Feudist 162. – Heerschild 158; Heeresfolge 155; Doppelvasallität 16; ligische Vasallität 39, 132; Erblehen 70 f.; Rentenlehen 76, 155; Lehnsmutung 155; Leihezwang 158; geistliche Lehen 51, 77; Homagium Geistlicher 29, 32 f., 44, 132 f.; von Kreuzfahrern 31. – Lehnshof 139, 146, 155; in Städten 37, 149 f.; Lehnsverwaltung 41, 145 f. – Lehnsgericht 48, 66, 76, 145, 147, 157 f. – *S. auch* Amt, Barone, Capitane, Feudalismus, Fürsten, Land, Regalien, Ritter
Leicester, Earl *s.* Robert, Simon von Montfort
Leipzig 160
Le Mans (Eheschließung 1128) 46. – B. *s.* Hildebert von Lavardin
Lenzburger 147
Leo III., Papst (795–816) 138
Leo IX. (Bruno von Toul), Papst (1049–1054) 15–20, 101, 241
Leo II., Kg. von (Klein-)Armenien (1185–1219) 71
Leo (OFM) 108
León, Kg. 25, 52, 236 f. – Versammlung (1188) 140, 150
León-Kastilien *s.* Kastilien-León
Leopold V., Hzg. von Österreich (1177–1194) und Steiermark (1192–1194) 69 f.
Le Puy, B. *s.* Adhémar
Lérida 140
Lesbos 79
Leszek V., Hzg. von Polen, Senior (1202–1210, 1211–1227) 238
Levantehandel 56
Lex 161 f.
Libanon 83
Liber Augustalis 161
Liebe (Minne) 13 f., 112, 126
Ligurien, Gf. *s.* Azzo II. von Este
Limburg, Gf. 158; *s. auch* Heinrich I. – Hzg. 76
Limousin 46
Lincoln 14
Lisieux 143
Lissabon 52 f.
Litauer 57 f.
Literatur (Literaten)/Dichtung 13 f., 17, 52 f., 59, 103, 105, 113, 116, 123–127, 139
Liturgie (Ritus) 1, 22, 24–26, 54. – Liturg. Gedächtnis *s.* Memoria
Liudolfinger 159
Livland 83
Lodi 30, 66, 69
Löhne 95
Lösegeld 70, 96, 155
Loire 49, 91. – Loire-Kreis (Dichtung) 13
Lombardei 4, 7, 65, 75, 90, 94, 107, 115, 149. – Lombardische Kommunen 66, 147, 149; societas Lombardorum 63 f., 243. – *S. auch* Italien
London 96, 149. – B. 49; *s. auch* Gilbert Foliot, Richard von Ely. – Bürgerschaft 77. – Reichsversammlung Westminster (Londoner Konkordat 1107) 33, 133. –

Synode (1143) 49
Lorch, Kl. 42
Lothar III. v. Supplinburg, Hzg. von Sachsen, dt. Kg. u. röm. Ks. (1125–1137) 33 f., 39, 41–44, 57, 61, 135, 148 f., 242
Lothringer 31. – Lothringen 16, 21, 156. – Lothring. Klosterreform 110. – Hzge. 145; *s. auch* Nieder-, Oberlothringen
Lucas, Ebf. v. Gran/Esztergom (1158–81) 54
Lucca 149. – B. *s.* Anselm
Lucius II. (Gerardus) Papst (1144–1145) 37
Lucius III. (Ubaldo Allucingoli), Papst (1181–1185) 8, 66 f., 152
Ludwig d. Fromme, fränk. Kg. und röm. Ks. (814–840) 23
Ludwig VI., Kg. von Frankreich (1108–1137) 32, 45, 47 f., 96, 234, 242
Ludwig VII., Kg. von Frankreich (1137–1180) 45–49, 60, 63, 132, 234, 242
Ludwig VIII., Kg. von Frankreich (1223–1226) 75, 235
Ludwig IX., Kg. von Frankreich (1226–1270) 80, 235
Ludwig, Gf. von Blois (1191–1205), Hzg. von Nicaea (1204–1205) 78
Lübeck 4, 43, 59 f., 74 – Reichsfreiheit 60; Reichseinkünfte 69. – B. 44
Lüttich 29, 33. – B. 69, 139; Bischofsmord 69, 136; *s. auch* Adalbert, Wazo. – Kleriker (Verf. des Tractatus de investitura episcoporum) 133
Lund, Eb. 58 f., 241. – *S. auch* Absalon, Eskil
Luxemburger 16
Lyon 8. – Eb. *s.* Hugo.

Mâconnais 113, 116, 145
Mälarsee 59
Mäzenat 125
Magdeburg, Eb. 44 f.; *s. auch* Wichmann. – Magdeburger Streit (1152; Ansprüche auf Pommernmission) 44. – Magdeburger Recht 58
Magister Gregorius 124
Magnus II., Kg. von Norwegen (1066–1069) 233
Magnus III. Barfuß, Kg. von Norwegen (1093–1103) 58, 233
Magnus IV., Kg. von Norwegen (1130–1135) 233
Magnus V. Erlingsson, Kg. von Norwegen (1162–1184) 58 f., 233
Mahdia (Kreuzzug Viktors III. 1087) 103
Mailand 15, 30, 62 f., 66, 96, 109, 149, 161, 242. – Eb. 24, 27, 241; *s. auch* Aribert, Atto, Humbert Crivelli, Wido. – Gf. *s.* Azzo II. von Este. – Pataria 7, 22, 24, 101; *s. auch* Ariald. – Populus 42. – Mailänder Hochzeit Kg. Heinrichs VI. (1186) 67, 243
Main: Rhein-Main-Raum 43
Maine, Gf. 46, 76, 242
Mainz, Eb. 26, 42, 45, 153; *s. auch* Adalbert I., Christian von Buch, Heinrich I., Konrad von Wittelsbach, Siegfried I. – Metropolitanverband 16; Suffragane 26. – Synoden (1049) 19; (1085) 29. – Hof-/Reichstage (1103) 32; (1106) 33; (1188) 67. – Königswahl (1125) 41; Krönung (1198) 72. – Judengemeinde 31
Majestät(sverletzung) 66, 108, 161
Majo von Bari, normann. Oberadmiral 40
Makedonen, byzant. Kaiserdynastie 30
Makedonien 79
Mallorca 52
Malta 29, 38
Manasse, Eb. von Reims (1069–1080) 28
Mandat/Writ 41, 133, 143, 148
Manegold von Lautenbach 122, 131
Mansfeld (Schlacht 1115) 34, 242
Mantua 37, 66. – Synode (1064) 23, 241
Mantzikert (Schlacht 1071) 31
Manuel I. Komnenos, Ks. von Byzanz (1143–1180) 40, 54, 60 f., 63 f., (67), 242
Marburg 14
Margarethe von Frankreich, Gem. 1. Heinrichs d. J. von England 2. Belas III. von Ungarn 51, 235
Margarete, Gem. Swerkers von Norwegen 233
Maria von Ägypten, Hl. 125
Maria Komnena, Tochter Ks. Manuels I., Verlobte Belas III. von Ungarn 55
Maria Magdalena, Hl. 125
Marie, Tochter Ludwigs VII. von Frankreich 234
Marie de Champagne 126
Marienverehrung 125 f.
Marken (Mgf.) (Ostgrenze des dt. Reiches)

16, 43 f., 158. – Mgfen. in Italien 37, 149. – Erhebung zum Mgf. (= in den Reichsfürstenstand) 159
Markgemeinschaft/-ordnung 55, 90, 117
Markt 3 f., 56, 88, 92–94, 119
Markward von Annweiler, Reichstruchseß, Mgf. von Ancona (1195–1202) 70, 73, 152
Marmarameer 79
Marokko 80
Marserland 39
Martinus, Bologneser Jurist 121
Masowien 57
Massen(bewegung) 7, 31, 81, 98, 101. – *S. auch* Pataria
Mathilde, Tochter Ks. Heinrichs III., Gem. Rudolfs von Rheinfelden 230
Mathilde, Tochter Heinrichs I. von England, Gem. 1. Ks. Heinrichs V. und 2. Gottfrieds Plantagenet 45 f., 49, 230, 234
Mathilde, Tochter Heinrichs II. von England, Gem. Heinrichs des Löwen 72, 231, 235
Mathilde, Mgfin. von Tuszien 10, 26 f., 29, 34, 37, 121, 230. – Mathildische Güter 30, 34, 37, 42, 44 f., 65, 73, 75
Maulbronn, Kl. 14
Mauren 53, 80 f.
Maurienne, Gf. 79
Mechanik *s.* Artes
Mecklenburg 43 f., 60. – B. 44 f. – Hzg. 66
Medizin/Ärzte 10, 82, 122, 161
Meißen, Mark 43 f., 70, 160. – *S. auch* Konrad von Wettin, Wiprecht von Groitzsch
Melfi 22. – Synode (1059) 241
Melun 45; Schule 10
Memel-Düna-Raum 57
Memoria 98, 109, 112, 116
Mentalität 88, 97 f., 155
Merseburg 39. – Dom 124
Messen 94; Champagne 4 f., 94
Messina 29, 38, 68 f., 71
Metropoliten (Metropolitanordnung) 22, 44; Polen 57; Skandinavien 17, 25, 58; Spanien 52
Michael VII. Dukas, Ks. von Byzanz (1071–1078) 25
Michael Kerullarios, Patriarch von Konstantinopel (1043–1058) 20 f., 23
Michael Scottus 123
Mieszko III., Hzg. von Polen, Senior (1173–1177, 1194–1202) 238
Mieszko IV., Hzg. von Polen, Senior (1210–1211) 238
Mignano (Friedensvertrag 1139) 39
Milizen 5, 36, 47; Rekrutierung 143
Minden, B. 45
Ministerialen 6, 115–117. – Reichsm. 24, 116, 146–148. – Stadtm. 119. – Dienstrecht 160
Miret (Schlacht 1213) 80
Mission 2; Skandinavien 2, 17, 59; Slaven/ Baltikum 2, 17, 43 f., 56–60. – Missionsbischöfe 83. – *S. auch* Reconquista
Mittelmeer 4 f., 52, 54, 56, 61 f.; östl. M. 28, 64; westl. M. 70
Mobilität (soziale) 6, 98 f., 116
Modena 66
Modernus 11, 122
Modon 79
Mönche (Mönchtum) 7 f., 12, 18, 61, 81, 83–85, 107, 109 f., 117
Mongolen 243. – *S. auch* Tataren
Monreale (Gefecht 1200) 73
Montebello (Vorfriede 1175) 64
Monte Cassino, Kl. 69. – *S. auch* Desiderius, Friedrich
Monteforte 106
Montferrat, Mgf. 37. – *S. auch* Bonifaz
Montfort *s.* Simon
Montpellier (Hohe Schule) 10
Mont-St.-Michel, Kl. 14
Monza 42
Mosel (Fl.) 31
Moselfranken 55
Moses von Bergamo 123
Moskau, Fsm. 57
Mosul, Atabeg 60
Mouzon (Verhandlungen 1119) 134
Mozaraber 53
Mühlhausen (Königswahl 1198) 72
Münsterland 91
Münzrecht 156
Murcia 54
Myriokephalon (Schlacht 1176) 55, 64
Mystik 11 f., 122, 124, 126

Nachbar(schaft) 117, 119
Nagyvárad, Prämonstratenserstift 54
Narbonne, Hzg. *s.* Simon von Montfort
Nation(algefühl): Siedlergruppen 58; als

Freie 49; literarisch 59, 125. – Orientierende Kräfte: Hof 9, 46, 77; Kreuzzüge 117; Reconquista 102; Kirche (Schisma) 34 f., 79, 110; Rom 23. – *S. auch* Volkssprache
Naturkunde 12, 97, 120, 122 f., 127
Naumburg, B. *s.* Wichmann
Navarra, Kg. 3, 24 f., 29, 52, 79 f., 236 f. 243. – *S. auch* Aragón
Neapel 4, 39, 69
Neckar (Fl.) 42
Nektarius von Casula 65
Neumünster, Stift 44
Neuplatonismus 127
Neuß: Judengemeinde 31. – Neußer Eid (1201) 74 f.
Nevers, Gf. 46
Nicaea 31, 83. – Konzil (325) 81. – Ks. 79. – Hzg. *s.* Ludwig
Nicetas, bogomilischer B. 8
Niederlande 69, 72, 76
Niederlothringen 81. – Hzg. 16, 158; *s. auch* Gottfried II., III., IV., Gozelo I., Heinrich I.
Niederrhein 19
Niketas Choniates 78
Nikolaitismus *s.* Zölibat
Nikolaus II. (Gerhard von Florenz) Papst (1059–1061) 22 f.
Nikolaus Breakspear 61. – *S. auch* Hadrian IV.
Nikolaus, Anführer des Kinderkreuzzugs 81
Nils, Kg. von Dänemark (1104–1134) 233
Niltal 68
Nivardus von Gent, Verf. des Ysengrimus 124
Nizza, Gf. 37
Nogent, Kl. zum Paraklet 10
Norbert von Xanten, Eb. von Magdeburg (1126–1134) 7, 35, 44, 242
Nordafrika 3, 93
Nordalbingien 66
Nordmark 43 f. – *S. auch* Albrecht der Bär
Normandie, Hzg. 2, 10, 14, 45 f., 49, 72, 76, 143; *s. auch* Gottfried V. von Anjou, Robert II., Wilhelm I. von England. – Hof (Rouen) 46; Echiquier 96, 141. – Coutumier de N. 162. – *S. auch* England
Normannen 2, 14, 31, 41, 71, 131, 141, 143, 146, 160, 241. – *S. auch* England, Normandie, Sizilien
Northampton 50
Northeim, Gf. 17
Norwegen 17, 25, 58, 233
Notariat 94, 96, 114, 118, 151
Notis (Vertrag 1201) 78
Noto 29
Novara 66
Novgorod 56, 59; Novgoroder Markt 56. – Olafshof 59. – *S. auch* Kiev-Novgorod
Noyon 48
Nürnberg 26, 42 f., 63. – Königswahl (1211) 75
Nur ad-Din, Herr von Aleppo, Damaskus, Mosul u. Mesopotamien (1146–1174) 60 f.

Oberlothringen, Hzg. 16; *s. auch* Gerhard I., Gottfried II., Gozelo I.
Oblation (von Kindern) 8
Obodriten *s.* Pribislaw
Oddo, Kardinalb. von Ostia (cr. 1080–1088) 29. – *S. auch* Urban II.
Oder (Fl.) 2 f., 17. – Oderraum 57
Ödenburg 55
Österreich, Hzg. (Privilegium minus 1156) 158, 242. – *S. auch* Heinrich I. Jasomirgott, Leopold V.
Oktavian Monticello, Kard.presb. 62 f. – *S. auch* Viktor IV.
Olaf V., Kg. von Dänemark (1086–1095) 233
Olaf I., Kg. von Norwegen (995–1000, 1021–1022) 17
Olaf II. der Heilige, Kg. von Norwegen (1015–1030) 2, 17, 58 f.
Olaf III., Kg. von Norwegen (1069–1093) 233
Olaf IV., Kg. von Norwegen (1103–1115) 233
Olafshof (in Novgorod) 59
Oldenburg, B. 44 f. – *S. auch* Vizelin
Olmütz, B. 26
Oppenheim 27. – Promissio (1076) 130
Oradea, Prämonstratenserstift 54
Orden (neue) 7 f., 29, 83–85, 105; Recht/Regeln 82–84, 108, 140
Orient 31
Orkney-Inseln 17
Orléanais 45
Orléans 8, 45, 104. – Schule 10

Osma, B. s. Diego. – Domstift 83
Osterkommunion 82
Ostfranken 16
Ostia, Kardinalb. s. Lambert, Oddo, Petrus Damiani
Oströmisches Reich s. Byzanz
Ostsachsen 17
Ostsee(raum) 2, 58–61. – Handel 5
Otto I. der Gr., dt. Kg. und röm. Ks. (936–973) 73
Otto III., dt. Kg. und röm. Ks. (983–1002) 18
Otto IV., dt. Kg. und röm. Ks. (1198–1212/18) 72–76, 154, 231, 235, 243
Otto I., B. von Bamberg (1102–1139) 44
Otto I., B. von Freising (1138–1158) 12, 18, 38, 124, 158
Otto von Northeim, Hzg. von Bayern (1061–1070) 24, 27
Otto I. von Wittelsbach, bayer. Pfalzgraf (1155–1180), Hzg. von Bayern (1180–1183) 66
Otto von Wittelsbach, bayer. Pfalzgraf (1189–1209) 75
Otto, Pfalzgraf von Burgund (1185–1200) 231
Otto Morena 150
Ottokar I. Přemysl, Hzg. (1192/3, 1197/8) und Kg. von Böhmen (1198–1230) 239
Ottonen 4
Ourique (Schlacht 1139) 53
P. Ovidius Naso 13
Oxford, Universität 114

Pacht/Renten 98, 112, 116, 118, 155
Paderborn, B. 66
Padua 66
Pale (in Irland) 49
Palencia 83
Palermo 14, 24, 29. – Eb. 69, 152. – Krönungen: (1130) 39; (1151) 40; (1194) 70, 243; (1198) 72. – Capella Palatina 14. – Hof s. Sizilien
Pallium 22
Pamiers 79
Pamplona, Kg. 3
Papst: auctoritas apostolica 26; nomen naturae vel meritorum 131; Patriarch 18; Absetzung 18, 27. – Primat u. a. Prärogativen 1, 20–22, 26, 111; Papalsystem 134 f., 137 f.; päpstl. Wahlbestätigung/Approbation 28, 49, 74 f., 130, 134, 138, 154, 243; Translatio imperii 138; Jurisdiktion 76, 83, 151; Recht 163; Devolutionsrecht 28; Privilegien(erteilung) 29, 52, 57, 159. – Kurie 5, 19, 29, 36, 63, 96, 112, 139, 150–152; capella 151 f.; Kanzlei 141, 151; Kammer 152; Liber censuum 141, 152, 243. – Lehnshof der Capitane 36. – Päpstl. Lehnshoheit: Normannen/Sizilien 22 f., 38 f., 69, 71–73, 241; Aragón 73; Kroatien-Dalmatien 26, 159; England 24, 76, 243; Mathildische Güter 44; Kaisertum 62, 152. – Schutz-, Zinsverhältnisse [218]: Aragón-Navarra, Barcelona 29; Kiev, Böhmen, Ungarn 26; Bulgarien 79. – Vexillum (s. Petri) 23 f. – P. und Städte (außer Rom) 48, 62, 64, 73, 101. – *S. auch* Bannspruch, Bischof, Freiheit, Inquisition, Kaiser, Kanzler, Kirchenrecht, Kirchenstaat, Krieg, Legaten, Patricius, Patrimonium Petri, Petrus (Hl.), Wahl, Zins
Paraklet, Kl. bei Nogent, 10
Paris 45, 54, 76; B. s. Petrus Lombardus. – Schulen: Genovevaberg 10; Notre-Dame 14; Universität 10, 84, 114 f. – Vertrag (1229) 80. – Hof s. Frankreich
Parlament 133, 139 f.
Parma 27, 37, 66
Paschalis II. (Rainerius aus Bieda), Papst (1099–1118) 32 f., 48 f., 54, 105, 132 f., 242
Paschalis III. (Guido von Crema), (Gegen-)Papst (1164–1168) 51, 63, 243
Passaginer 8
Patarener 8
Pataria s. Ariald, Mailand
Patriarchen (Rom, Konstantinopel, Alexandrien, Antiochien, Jerusalem) 1, 83. – Patriarchatsplan Adalberts von Bremen 17 f. – *S. auch* Aquileja, Grado-Venedig
Patricius Romanorum: Kaiser 18, (21), 25, 28; Adel 37
Patrimonium Petri 37, 73. – *S. auch* Kirchenstaat
Patristik (Kirchenväter) 10, 12, 106, 111, 122 f.
Patronat s. Stifterrecht
Paul V. (Camillo Borghese), Papst (1605–1621) 29

Paulus, Apostel, Hl. 130
Pavia: Synode (1046) 18; Konzil (1160) 63, 242
Pax(bewegung) 5–9, 18 f., 101, 118, 156, 160; ksl. Aufruf 101; Ritter, Bürger, Bauern in den Friedenstexten 115–118; Volk 5, 101; placitum Dei 22. – Gottesfrieden 29, 35, 49, 97, 157 – Landfrieden (Königs-, Reichs-, Fürstenfrieden) 32, 45, 47 f., 118, 148, 156–158, 242; Herzog u. L. 156–158. – Stadtfrieden 15, 48, 120, 156. – Strafrecht 115
Peene (Fl.) 43
Pegauer Annalist 153
Peloponnes 79
Pentapolis 37, 73
Persien 1. – Pers. Golf 31
Perugia 84
Peter I., Kg. von Navarra und Aragón (1094–1104) 236
Peter II., Kg. von Aragón (1196–1213) 80, 237
Peter I. (Orseolo), Kg. von Ungarn (1038–1041, 1044–1046) 15
Peter von Castelnau, päpstl. Legat 80
Peter von Blois 52
Petersberg *s.* Erfurt
Petronila, Tochter Ramiros II. von Aragón, Gem. Raimund Berengars IV. von Barcelona und Aragón 52, 237
Petrus, Apostelfürst 1, 6, 22 f., 25–27, 110 f., 131, 134
Petrus Damiani, Kardinalb. von Ostia (1057–1072) 12, 19 f., 22, 24
Petrus Lombardus, B. von Paris (1159–1160) 12
Petrus Venerabilis, Abt von Cluny (1122–1156) 35, 123, 125
Petrus Abaelard *s.* Abaelard
Petrus von Benevent 10
Petrus Helias 11
Petrus Pierleoni 35. – *S. auch* Anaklet II.
Petschenegen 19, 31, 55 f.
Pfaffe Konrad *s.* Konrad
Pfalzgf. bei Rhein 17, 43, 69, 154, 158; *s. auch* Heinrich V. von Braunschweig, Hermann von Stahleck
Pfalzen 17, 90, 92, 148
Pfandsicherung 95 f.
Pfarrei 117, 120
Pfründen(wesen) 82, 152
Philologie 11
Philosophie/Methodologie 11 f., 97, 120–125
Philipp, Hzg. von Schwaben (1196–1208), dt. Kg. (1198–1208) 70, 72–75, 78, 103, 153, 231, 243
Philipp I., Kg. von Frankreich (1060–1108) 25, 32, 45, 131, 234
Philipp II. August, Kg. von Frankreich (1180–1223) 47 f., 51, 67–69, 72, 74–76, 78, 126, 145, 233, 235, 243
Philipp, Kg. von Schweden (1112–1118) 233
Philipp von Heinsberg, Eb. von Köln (1167–1191) 66 f.
Philipp von Elsaß, Graf von Flandern (1168–1191) 69
Phrygien (Gebirgspässe) 67
Piacenza 30, 62, 66, 161. – Synode (1095) 31
Picardie 89
Pierleoni (röm. Adelsfamilie) 35 f., 39. – *S. auch* Anaklet II., Jordan
Pilger/Wallfahrt 7, 31 f., 35, 51, 55, 68, 93, 101–103, 124. – Gerichtliche Buße 66. – Bruderschaft 114. – Peregrinatio der Magister und Scholaren 114
Pippinische Schenkung 25, 37
Pisa: Hafen 4. – Wirtschaft und Politik 24, 37, 39, 62, 64, 75, 103; staufische Privilegien 63, 69. – Stadtrecht, Seerecht 160. – B. 25. – Dom, Campo Santo 103. – *S. auch* Schiffahrt
Plantagenets 46
Pleißenland 147
Podestà 147 f.
Poitiers 7. – Hof 13. – B. *s.* Gilbert
Poitou, Gf. 46, 72
Polen 16 f., 26, 54, 60, 70, 83, 139, 238; Fsm. 57. – *S. auch* Boleslaw I., II., III., IV., Kasimir I., II., Leszek V., Mieszko III., IV., Wladislaw I., II., III.
Polozk 59
Polowzer (Kumanen) 56
Pommern 57, 60. – Mission 44
Pomündung 37
Ponte Mammolo („Pravileg" 1111) 33, 133, 242
Porretaner 11
Porträt 124 f.
Portugal 52, 54, 236 f., 242. – Gf. *s.* Heinrich, Therese
Posen 57

Praemonstratenser 7, 35, 44, 54, 78, 84, 105. – *S. auch* Prémontré.
Prag B. 26; *s. auch* Severus. – Judengemeinde 31. – Prager Deutsche 161
Predigt 8, 82–84, 106 f. – Kreuzzugspredigt 30, 60. – Wanderpredigt 7, 29, 105
Preise 95. – Gerechter Preis 97
Prémontré, Kl. 242
Přemysliden 16. – *S. auch* Böhmen
Preßburg 55
Preußen 58
Pribislaw von Brandenburg, Hevellerfürst (1127–1150) 44
Pribislaw, Obodritenfürst (1160–1178) 44
Priester *s.* Klerus
Prignitz 44
Privileg (Rechtsverleihung) 159. – P. für die Deutschen in Prag 161. – *S. auch* Papst, Siedlung
Prophetie 108
Prouille, Priorat 83
Provence 107. – Gf. 52, 79. – Häfen 54. – Kunst (Skulptur) 124. – *S. auch* Trobadors
Prozeßordnung/-recht 82 f., 160, 163
Pseudoisidor 18, 121
Psychologie 11, 13 f.
Publizistik (Streitschriften) 29, 130, 132 f. – Rechtsliteratur 162 f.
Pyrenäen 4, 93, 156. – Pyrenäenhalbinsel 52

Raab 55
Radicofani (Paß) 37, 73
Radulf Glaber *s.* Rodulf Glaber
Rätien 42
Raimund, Gf. von Burgund († 1107) 236
Raimund IV. von St. Gilles, Gf. von Toulouse (1088–1105), Gf. (I.) von Tripolis (1099–1105) 32
Raimund V., Gf. von Toulouse (1148–1194) 47
Raimund VI., Gf. von Toulouse u. St. Gilles (1194–1222) 79 f.
Raimund VII. Gf. von Toulouse (1222–1249) 80
Raimund Berengar I., Gf. von Barcelona (1035–1076) 160
Raimund Berengar IV., Gf. von Barcelona und (II.) von Provence (1131–1162), Kg. von Aragón (1151–1162) 52, 237
Raimund-Roger, Graf von Foix (1188–1223) 80
Rainald von Dassel, kaiserl. Kanzler, Eb. von Köln (1159–1167) 62 f., 242
Rainulf II., Gf. von Aversa (1045–1047/48) 15
Ramiro I., Kg. von Aragón (1035–1063) 236
Ramiro II., Kg. von Aragón (1134–1137) 236
Ramiro Sánchez, Señor de Monzón (1104–1116) 236
Ranulf de Glanvill, iustitiarius Heinrichs II. von England 50, 52, 162
Rat (Räte): an Fürstenhöfen 24 f., 27, 46, 59, 61, 77, 128, 140–142, 144–147, 151; städtisch (Konsuln, Senat) 36 f., 44, 59, 63, 66 f., 71, 124, 149, 160; universitär 115
Ratzeburg, B. 44
Ravenna 73. – Exarchat 37
Ravensburg 42
Recht 9 f., 61, 115, 117, 128 f., 138, 147. – R. und Schrift 159–163. – Privat/öffentlich 127. – *S. auch* Consuetudines, Dienst-, Handels-, Hof-, Kirchen-, Land-, Lehn-, Magdeburger R., Römisches R., Sächsisches R., See-, Stadt-, Stifter-, Straf-, Volksrecht, Freiheit, Gesetzgebung, Lex, Rechtswissenschaft, Reform, Siedlung, Willkür
Rechtsempfinden 115, 160
Rechtsfähigkeit *s.* Freiheit
Rechtsgenossen 5, 76 f., 128, 150, 156, 158, 160 f.
Rechtswissenschaft (Juristen) 9 f., 38, 41, 61 f., 84, 97, 120 f., 123, 136, 145, 151, 161–163. – Kanonistik/Dekretistik 1, 10, 29, 121, 162 f. – Zivilistik (Legistik) 10, 121, 162. – Feudistik 162. – Spiegler 52, 128, 162. – *S. auch* Alexander III., Bologna, Bulgarus, Burchard von Worms, Gervasius, Gilbert Foliot, Gratian, Hugo, Huguccio, Innozenz III., Irnerius, Ivo, Jacobus, Martinus, Rufinus, Vacarius
Reconquista *s.* Krieg
Reform/Erneuerung: Mönchtum 7 f., 18, 101, 109 f., 157; Clunisierung 19, 24, 109. – Klerus, Kanoniker 8, 18 f., 101, 105, 109, 157. – Reformatio pacis 101. – Kaiserl. Reform 18. – Reformadel 47.

– Allgem. (gregorianische) Reform der Kirche 1, 4, 25–29, 44, 93, 100, 111, 133, 241; Theologie 11; Glaubenserneuerung 111; Freiheitsbewegung 6 f., 101, 110, 120; (italienische) Revolution 109; Recht 109, 111, 163; Kurie 151; reformatio universalis ecclesiae (4. Lateranum) 81 f. – Kreuzzug 30, 103; Häresie 79; Sklaverei 100; Wissenschaft 97. – *S. auch* Konzilien, Synoden, Patristik, Renaissance
Regalien: s. Petri 23; der Kaiser 34 f., 44, 62, 66, 95, 133, 135, 148, 150, 156
Regen (Fl.) 43
Regensburg 55, 99
Regentschaft 42, 63, 72; Kaiserin Agnes 21–(23); Sachsen: Richenza 43; Sizilien: Adelasia 38; Konstanze 70, 72, 152 f.; (Sibylle) 70. – *S. auch* Familiaren
Region(alismus) 9, 42, 54, 77, 110, 116–118, 143, 156, 159
Reggio 27, 66
Register 25, 73 f., 137 f., 141, 151
Reich 128, 158. – Deutsches Reich *s.* Deutschland; Oströmisches Reich *s.* Byzanz; Römisches Reich 130 f.; *s. sonst* Kaiser. – *S. auch* Italien, Reichskirche
Reichskirche (ottonisch-salisch-staufisch) 16–19, 29, 34 f., 44 f. (62), 111. – Adel u. R. 110; servitium regis 147; Anspruch in Skandinavien 2, 58; Vergleich mit Frankreich 132
Reichtum 97, 105
Reims 46 f., 69. – Eb. *s.* Manasse, Wilhelm. – Stadt 48. – Schule 10. – Synoden: (1049) 16, 19, 101; (1119) 34, 134
Rekuperationen 73 f., 137. – *S. auch* Kirchenstaat
Religiosentum 7 f., 104
Reliquien(verehrung) 13, 78, 82, 98
Rems-Fils-Gebiet 42
Renaissance des 12. Jh. 13, 117, 121, 123–127
Reordination (wegen Ungültigkeit von Weihen) 19 (29)
Repräsentation 82 f., 140 f., 149 f., 154
Reval 59 f.
Rhein(tal) 31, 42, 91, 107. – Rheinlande 28, 81. – Rhein-Main-Raum 43
Rhône(raum) 4, 52, 116
Ribuarien 158 f.
Richard I. Löwenherz, Kg. von England (1189–1199) 47, 50 f., 68–70, 96, 143, 235, 243
Richard, Gf. von Aversa (1050–1078), Fürst von Capua (1058–1078) 22
Richard, Gf. von Cornwall, dt. Kg. (1257–1272) 235
Richard von Ely (FitzNeal), Schatzmeister Heinrichs II. von England, B. von London (1189–1198) 52, 143
Richard de Lucy, iustitiarius Heinrichs II. von England 50
Richenza, Gem. Ks. Lothars III. 43
Ries 42
Riga 2, 59
Ritter(tum) 6, 46–48, 97, 99 f., 102, 104, 115–117, 140; miles christianus 110; Kreuzritter 68, 78. – Hof 138, 144; Lehnrecht 15, 155. – Stadt (Valvassoren) 6, 36–38, 53 f., 84, 100, 149 f., 155. – Kultur 14, 113, 116 f., 125
Ritterorden 84, 102, 117. – Deutscher Orden 2, 58, 60; Johanniter 60; Schwertbrüder 2; Spanische Orden 53 f., 80, 102, 150; Templer 60, 102
Robert, Kg. von Frankreich (996–1031) 8
Robert Guiscard, Hzg. von Apulien, Kalabrien und Sizilien (1059–1085) 15, 22, 24–26, 28 f., 38, 232, 241
Robert II. Kurzhose, Hzg. der Normandie (1087–1106) 33, 45, 234
Robert II., Fürst von Capua (1127–1157) 39
Robert, Earl of Leicester, iustitiarius Heinrichs II. von England 50
Robert von Loritello (erw. 1074/75) 25
Robert von Molesme, Abt von Cîteaux (1098–1111) 7, 241
Robert von Arbrissel 7, 125
Rodulf Glaber 101, 104
Rodung 88 f., 99, 118. – *S. auch* Siedlung
Römisches Recht 10, 51, 94, 108, 113, 121, 126, 135 f., 153, 157, 161 f. – *S. auch* Rechtswissenschaft
Roger I., Gf. von Sizilien u. Kalabrien (1061–1101) 24, 29, 38, 232
Roger II., Gf. von Sizilien und Kalabrien (1105–1130), Hzg. von Apulien (1127–1130), Kg. von Sizilien (1130–1154) 36, 38–41, 60, 145 f., 161 f., 232, 242 f.
Roger, Hzg. von Apulien (um 1132–1148) 232

Roger Borsa, Hzg. von Apulien (1085–1111) 232
Roger von Helmarshausen *s.* Anonymus Theophilus
Rohstoffe (Export/Import) 4, 54, 56, 94
Roland Bandinelli, Kanzler der Röm. Kirche 40, 62. – *S. auch* Alexander III.
Rom: Römische Kirche 20 f., 24, 33 f., 55; Sitz des Papstes 17, 19 f., 22, 28 f., 39, 67, 74, 80, 83, 150–152, 241; Kaiserstadt 63, 125, 243; Pilgerziel 7. – Klerus und Volk 23; Adel 21, 35 f.; Regionarnotare 151; Engelsburg 28. – Titelkirchen 19; S. Giovanni in Laterano 82; S. Pietro 35, 61. – Laterankonzilien 1, 35 f., 65, 81–84, 107, 112, 140, 243 f.; Synoden (1046) 18, 241; (1049) 19; Fastensynoden der Zeit Gregors VII. 26–28, 130; (1112) 33; Reform in Rom 109. – Stadtherrschaft (Gericht) 18, 36, 150 f.; Kommune/Senat 36 f., 44, 61, 63, 67, 124. – Romgedanke 20, 125; Kapitol 37; Antiken(verehrung) 124. – *S. auch* Papst
Romagna 37, 70, 73
Romanik *s.* Architektur
Roncaglia (Reichstag 1158) 62, 135 f., 148, 242
Roskilde 59. – B. *s.* Absalon
Rouen, Hof 46. – Établissements de Rouen 160. – Vertrag (1164) 63
Roussillon 52
Rudolf von Rheinfelden, Hzg. von Schwaben (1057–1079), dt. (Gegen-)Kg. (1077–80) 24, 26–28, 30, 124, 131, 237, 241
Rügen 59 f.
Rufinus, B. von Assisi (1179–1182) 65
Rumseldschukisches Sultanat von Iconium/Konya *s.* Iconium/Konya
Runnymeade (Versammlung 1215) 77, 140
Rupert von Deutz 12, 122
Rupertsberg (bei Bingen), Kl. 12
Rurikiden 56. – *S. auch* Kiev
Russen 4, 55, 57. – *S. auch* Kiev
Rußland 54, 56, 70, 88, 90, 139, 161
Ruthenen 79

Saale 90
Sachsen (als Siedler) 55
Sachsen, Hzg. 16, 24, 28, 42 f., 154, 158. – *S. auch* Albrecht der Bär, Bernhard, Heinrich der Löwe, Heinrich der Stolze, Lothar von Supplinburg
Sächsische Ostmark (Lausitz) 43
Sächsisches Recht 58
St. Andrews, B. *s.* Eadmer
St. Blasien, Kl. 24, 109
St. Denis, Kl. 10, 14, 32, 46, 49; *s. auch* Suger. – Freundschaftsbund (1107) 48
St. Edmunds, Kl. 26
St. Félix-de-Caraman (Katharersynode 1167) 79
St. Gallen, Kl. 91
St. Jean-de-Losne 63, 242
St. Omer 69
St. Simeon 93
St. Victor vor Paris, Stift/Schule 10, 13
Saintogne 46
Sakramente(nlehre) 12, 19, 35, 81, 107, 113. – Katharer 107
Saladin, Ejjubidensultan (1171–1193) 2, 68, 102, 243
Saleph (Fl.) 68
Salerno 28, 36, 39. – Fsm. 15. – Hohe Schule 10, 114, 161
Salier 4, 17, 230
Salisbury 52, 143
Salomo, Kg. von Ungarn (1063–1074) 26, 230
Salona (Synode 1076) 26
Saluzzo, Mgf. 37
Salvatierra 80
Samos 79
Sancha, Tochter Alfons' V. von León, Gem. Ferdinands I. von Kastilien und León 236
Sancha, Tochter Alfons' VII. von Kastilien und León, Gem. Alfons' II. von Aragón 237
Sancho I. Ramirez, Kg. von Aragón und (V.) Navarra (1063/76–1094) 24, 236
Sancho II., Kg. von Kastilien (1065–1072) 236
Sancho III., Kg. von Kastilien (1157/58) 237
Sancho III. der Ältere, Kg. von Pamplona-Navarra und Aragón (1000–1035) 3, 236
Sancho IV., Kg. von Navarra (1054–1076) 236
Sancho VI., Kg. von Navarra (1150–1194) 236
Sancho VII. (der Starke), Kg. von Navarra (1194–1234) 80, 237

Sancho, Sohn Garcias' V. von Navarra 236
Sancho I., Kg. von Portugal (1185–1211) 237
Sandomir 57
Santiago de Compostela 7, 93. – Orden 53
Saragossa 53
Sarazenen *s.* Araber
Sardinien 25, 37
Satzung 5, 160
Savoyen, Gf. 37, 50
Saxo Grammaticus 59
Schauenburger 44, 69
Schiffahrt: Sicherung im Mittelmeer 4; Skandinavier 58. – Handel, Fracht(verträge) 68, 78, 81, 93. – Flottenhilfe: Byzanz 71; Frankreich 76; Genua 69–71; Pisa 24, 69 f.; Venedig 64. – Embargo für Schiffsbaumaterial (65) 82. – *S. auch* Seestädte
Schismen: päpstliche 1; (1046) 18; (Cadalus 1061) 23; (Wibert 1080) 28, 30, 32; (Burdinus 1118) 34; (Petrus Pierleoni; anakletisches Sch.) 35 f., 39, 44, 129, 242; (1159–1180) 40, 50–52, 54, 62–65, 242. – Kirchenspaltung 1054: 1, 20, 241
Schlesien 16, 55, 57
Schleswig 59
Schottland 3, 49, 83. – Kirche 243
Schulen/(Früh-)Scholastik 9–13, 33, 114, 120–123, 132. – Schulgeld 65. – Judenschulen 104
Schutz: der Wallfahrer 35. – Städte als Schutzpfeiler 54. – *S. auch* Freiheit, Herrschaft, Vogtei
Schwaben, Hzg. 17, 28, 42, 75, 109, 157 f.; *s. auch* Berthold von Rheinfelden, Berthold II. von Zähringen, Friedrich I., II., IV., V., VI., Philipp, Rudolf von Rheinfelden
Schwarzes Meer 2, 56, 79
Schwarzwald 3, 91
Schweden 17, 25, 58, 233
Schwerin, Gf. 44. – B. 44
Sebastiano Ziani, Doge von Venedig (1172–1178) 64
Seelsorge 18, 83, 107. – *S. auch* Predigt
Seerecht 160
Seestädte (Häfen) 61. – Mittelmeer 2, 4 f., 64, 94; westl. Mittelmeer 54; Stapelplätze in Syrien 93; venezianische Stützpunkte 79. – Nordsee 76. – Ostsee 2, 59
Segeberg, Stift 44
Seidenindustrie 5
Seine 31, 45
Seldschuken 1, 25, 31, 60. – *S. auch* Alp Arslan, Kilidsch Arslan II., Rumseldschukisches Sultanat, Iconium
Seleukia 68
Seneschal/Dapifer (Sonderstellung) 47, 73, 138, 143, 154
Senlis 14, 45
Sens 14, 48, 50
Sentenzenbücher 12
Sepúlveda (Fuero) 54
Serben 79
Serbien 67
Severus, B. von Prag (1031–1067) 16
Sevilla 80. – *S. auch* Abbadiden
Sexualität 113
Sheriff/County 50, 142
Siebenbürgen 55
Siedlung (Neuland): 3, 88–93, 117 f. – Ostsiedlung 3, 43, 59, 89 f., 135; Baltikum 89; Kiev 56; Polen 57 f.; Ungarn 55. – Spanien 3, 53 f., 89. – Recht/Privileg 48, 53, 118, 160
Siegburg, Kl. 24
Siegfried I., Eb. von Mainz (1060–1084) 22, 27
Siena 22, 37, 62
Sigebert von Gembloux 12, 133
Sigtuna im Mälarsee 59
Sigurd I., Kg. von Norwegen (1103–1130) 233
Sigurd II., Kg. von Norwegen (1136–1155) 233
Sigurd Laward, Sohn Swerkers von Norwegen 233
Silber 5, 17, 55, 95 f.
Silvester II. (Gerbert von Aurillac), Papst (999–1003) 18
Silvester III. (Johannes aus der Sabina), (Gegen-)Papst (1045/6) 18
Simon, Gf. von Kalabrien und Sizilien (1101–1105) 232
Simon, Baron von Montfort (1181–1218), Earl of Leicester (1206–1218), Hzg. von Narbonne (1216–1218) 80 f., 83, 235
Simonie 7, 18, 27 f., 34 f., 82, 101, 115; Humberts Bücher Adversus Simoniacos 21; städt. Einung gegen Simonie 22; An-

klagen in Rom 24; Vorwurf gegen den frz. Kg. 25. – *S. auch* Reordination
Siponto (Schlacht 1053) 20
Sirmion 55
Sizilien (und Süditalien): Normannen 2, 4, 15, 19 f., 22–25, 29–31, 35–41, 241; Großgf. 38; dux von Apulien, Kalabrien, Sizilien 38; *s. auch* Robert Guiscard, Roger I., II., Simon. – Norm. Kg. 2, 36, 39–41, 61–65, 94, 96, 116, 142, 232, 243 f.; Hof 38, 41, 51 f., 55, 96, 141, 145 f., 148; dynast. Ehen 50, 232. – Staufisches Kg. 68–75, 83, 136, 146, 152. – Monarchia Sicula 29 (40). – *S. auch* Italien, Papst
Skandinavien 2, 17, 25, 58–60. – Handel 4; Niederlassung in Novgorod 56; Gemeinde in Visby 59. – Kirche 58 f.; Skandinavier auf dem 4. Lateranum 83
Sklaven(handel) 26, 53, 65, 81, 100
Skulptur 14, 124
Slaven 2, 43 f., 59, 119, 242
Slowaken 55
Slowenen 55
Sobjeslaw I., Hzg. von Böhmen (1125–1140) 239
Sobjeslaw II., Hzg. von Böhmen (1173–1178) 239
Söldner (Brabanzonen) 5, 19, 55, 63, 71, 138 f., 143, 155
Soissons 48
Souveränität 127, 161, 163. – Volkss. 131
Spanien 2 f.; Islam 10, 102; Gotik 14; Wissenschaftsvermittlung 123. – Kge. 52–54, 80, 150; Verhältnis zum Apostol. Stuhl 24 f., 29, 73; Imperator 52. – Siedlung 3, 53 f., 89; Gemeinschaftsbewußtsein 102. – *S. auch* Aragón, Kastilien, León, Navarra, Portugal; Krieg, Ritterorden
Speyer 75. – Dom 14. – Fürstenerklärung (1199) 73
Speyergau 42
Spiegler *s.* Rechtswissenschaft
Spiritualien 32, 132
Spitignew II., Hzg. von Böhmen (1055–1061) 239
Spoleto, B. 27. – Hzg. 37, 39, 45, 73, 75. – *S. auch* Konrad von Urslingen, Welf VI.
Spolienrecht 33, 67, 71
Sponheimer 147
Staat 51, 127, 147, 159–163. – Staatenbildung 2
Stabilitas loci 84
Stablo-Malmédy, Doppelkl. *s.* Wibald
Stadt: Begriff 92, 119 f.; Borough 92; Idealbilder 102, 120. – Urbanisierung/Urbanität 3, 13, 56, 84 f., 87 f., 90–93, 95, 109, 113, 120; Fachleute 9 f., 114. – Städtebau/-gründung 5, 59 f., 63, 66, 88, 92, 120; Zerstörung 37, 63, 66. – Topographie 92. – Städte und Kg./Ks. 24, 33 f., 38, 48, 54, 62–65, 69, 74, 77, 92 f., 120, 140, 147, 150. – Territorialisierung 156. – *S. auch* Bürger, Gemeinde, Ritter, Städtebünde, Stände, Stadtstaat, Stadtrecht, Zentralorte
Stadtrecht 5, 54, 58, 119 f., 160 f. – Stadtgericht 6, 120. – *S. auch* Freiheit, Établissements, Fueros, Pax, Siedlung
Stadtstaaten (Kommunen) *s.* Italien
Städtebünde 30, 63, 66, 150
Stämme 41, 128, 148, 154, 158
Stände(-Entwicklung) 6, 9, 115, 139–141, 155 f., 162. – Deutschland 128 f., 140, 147; Bischofsstädte 48, 150. – Flandrische Städte 45, 140, 150. – Frankreich 46, 48, 129, 140, 149. – Häretiker 107. – Ital. Kommunen 149 f. – Orden 140. – Römische Kurie 20 f., 141. – Sizilien 146. – Urkunden: Coulaines (843) 140; Charta libertatum Heinrichs I. (1100) 33, 133, 140; Konkordate 32–35, 132–134; Alfons' IX. von León (1188) 54, 140, 150; Magna Charta 77, 140, 144, 149 f., 244; Goldene Bulle Andreas' II. von Ungarn (1225) 55; Karls IV. (1356) 154
Stahleck 43
Staines 77
Stamfordbridge (Schlacht 1066) 24
Staufer: Haus 42 f., 237; byzantin.-staufische Verschwägerungen 40, 103; staufisch-kastilischer Ehevertrag 150; sizilischer Erbfall 2; Hzg. von Schwaben 28, 30. – „Staat" der Staufer 128, 147 f., 157 f.; staufische Reichsidee 134 f. – *S. auch* Kaiser, Welfen
Stavanger, Dom 14
Steiermark, Hzg. 66. – *S. auch* Leopold V.
Stenkil, Kg. von Schweden (1060–1066) 233
Stephan IX. (Friedrich von Monte Cassino)

Papst (1057–1058) 21
Stephan von Blois, Kg. von England (1135–1154) 46, 49 f., 144, 234
Stephan d. Hl., Kg. von Ungarn (997–1038) 15, 55
Stephan II., Kg. von Ungarn (1114–1131) 240
Stephan III., Kg. von Ungarn (1161, 1163–1172/3) 55, 240
Stephan IV., Kg. von Ungarn (1162/3) 240
Stephan Langton, Eb. von Canterbury (1207–1228) 76 f.
Stephan II. Heinrich, Gf. von Blois (1089–1102) 234
Stettin 43
Steuer 5, 77, 82, 143, 155; Fodrum/tributum 66, 148. – Kreuzzugssteuer 77 f., 82. – Byzanz 68, 71
Stifter(recht): Eigenkirchen-, Patronatsrecht 7, 13, 65, 109 f., 121. – Stifterchronik 13, 112. – *S. auch* Vogtei
Stigand, Eb. von Canterbury (1052–1070) 33
Strafrecht 115, 136, 160 f.
Studium 9 f., 54, 109, 125
Subsidien 5, 75 f., 96, 155
Südjütland *s.* Knut Laward
Suger, Abt von St. Denis 40, 46 f., 96, 125, 127, 129, 145
Suidger, B. von Bamberg (1040–1047) 241; *s. auch* Clemens II.
Supplinburger 42, 159
Susa 63
Sutri (Synode 1046) 1, 18, 129, 241. – Verhandlungen (1111) 133, 242
Suzdal'-Vladimir, Fsm. 56 f. – *S. auch* Andrei Bogoljubski
Sven I. Gabelbart, Kg. von Dänemark (986–1014) 233
Sven II. Estridsson, Kg. von Dänemark (1047–1076) 17, 25, 233
Sven III., Kg. von Dänemark (1147–1157) 233
Sven, Kg. von Norwegen (1030–1035) 233
Swatawa, Tochter Kasimirs I. von Polen, Gem. Wratislaws II. von Böhmen 239
Swerker (Sverrir) Sigurdsson, Kg. von Norwegen (1184–1202) 59, 233
Swerker I., Kg. von Schweden (1134–1156) 58, 233
Swerker II., Kg. von Schweden (1196–1208) 233
Synode(n): Generals. 21; in Deutschland (1061) 23; Provinzialsynoden 82; der Katharer 79. – Brixen (1080) 28, 241; Clermont (1095) 30, 132, 241; Dôle (1162) 62; Drontheim (1163) 58; Konstantinopel (1054) 20; London (1143) 49; Mainz (1049) 19; (1085) 29; Mantua (1064) 23, 241; Melfi (1059) 241; Pavia (1046) 18; Piacenza (1095) 31; Reims (1049) 16, 19, 101; (1119) 34, 134; Rom (1046) 18, 241; Fastensynoden unter Gregor VII. 26–28, 130; Lateran (1049) 19, (1112) 33; Salona (1076) 26; Sutri (1046) 1, 18, 129, 241; Tours (1163) 63; Troyes (1107) 32, 241; Vercelli (1050) 19
Syracus 29
Syrien 30 f. – Syrische Küste 68
Székler 55

Tajo (Fl.) 53 f., 80
Tancred von Lecce, Kg. von Sizilien (1189–1194) 68–70, 145, 232, 243
Tancred, Fürst von Bari und Tarent (um 1132–1147) 232
Tancred von Hauteville († 1041) 232
Tarent, Fsm. *s.* Tancred, Wilhelm III. von Sizilien
Tataren 2, 57
Taufe und Königssalbung 71, 152
Technik (Erfindungen) 3, 14, 89 f.
Tejo (Fl.) 52
Temporalien 132 f.
Temudschin (Dschingis-Chan), Mongolenchan (1206–1227) 243
Terracina 39. – Papstwahl (1088) 29
Territorium/Landesherrschaft 9, 37 f., 42 bis 44, 46 f., 49, 51, 65 f., 129, 149, 155–157, 160
Theiß (Fl.) 3
Theobald, Eb. von Canterbury (1139–1161) 50
Theobald III., Gf. von der Champagne (1197–1201) 78
Theoderich von Chartres 12
Theodor I. Laskaris, Kaiser von Nicaea (1205–1222) 83
Theodora, Ksin. von Byzanz (1055–1056) 30
Theodora, Nichte Ks. Manuels I., Gem. Hzg. Heinrichs I. Jasomirgott von Österreich 40
Theokratie (Gottesgnadentum) 75, 77, 111,

127, 129, 135
Theologie (Theologen) 10–12, 97, 107, 111, 120, 122 f. – Theologenprozesse 12, 122
Therese, Regentin von Portugal (1112–1128) 235
Thessalonike 67, 71. – Vertrag (1148), 61, 242
Thing 59
Thomas Morosini, (lat.) Patriarch von Konstantinopel (1204–1211) 78
Thomas Becket, Eb. von Canterbury (1162–1170) 50 f., 63, 243. – Thomasschrein 51
Thomas Brown, baro de scaccario 52
Thomas von Celano 108
Thrakien 79
Thron (als Symbol der Staatlichkeit) 9, 73, 135, 137. – Thronstreit 28, 42, 49, 55, 58 f., 72–76, 78, 135, 137, 243
Thüringen 72, 74. – Landgraf 158. – *S. auch* Elisabeth
Tiberias 2
Tilleda 43
Tirol, Gf. 37
Tivoli 37, 63
Toledo 52 f., 80. – Eb. 52, 81
Toleranz 38, 41, 103, 107
Tortona 63
Tortosa 53, 62
Toskana 4, 73, 90, 94, 109, 118. – *S. auch* Tuszien
Toulouse 49, 79 f., 83. – Dominikanerkloster 84. – Gf. von Toulouse und St. Gilles 79; *s. auch* Raimund IV., V., VI., VII.
Touraine, Gf. 46, 76
Tournai 76
Tours (Synode 1163) 63. – Schule 10. – Eb. *s.* Hildebert von Lavardin
Transalbingien 60
Translatio imperii 138
Transport/Verkehr 3 f., 93
Trapezunt, Ks. 79
Treuga Dei 5 f.
Treviso 66
Tribur (Fürstenversammlung 1076) 27, 241
Tribut: Polen an Böhmen 16, 57; Gotland an den dänischen Kg. 59; Byzanz an Heinrich VI. 71
Trient, B. 37. – Konzil (1545–1563) 83
Trier, Eb. 67; *s. auch* Albero. – Stadt 119; Judengemeinde 31
Trifels 69
Trinitätslehre 12, 81
Tripolis (Libanon) 30, 68, 77. – Gf. 32, 71
Tripolis (Libyen) 71
Trnovo 79
Trobadors 13 f., 52, 126
Troia, B. *s.* Walter von Pagliara
Troyes, Hof 13, 46 f. – Synode (1107) 32, 241
Tuch(industrie, -handel)/Weberei 4 f., 8, 56, 64, 84, 94. – Webstuhl 88
Tunis 71
Turkestan 1
Turkvölker 31, 67
Turov, Fsm. *s.* Jaropolk
Tusculaner (röm. Adelsfamilie) 21, 36
Tusculum 136
Tuszien, Mgf. 37, 45, 70. – *S. auch* Beatrix, Gottfried der Bärtige, Heinrich der Stolze, Welf VI., Canossa
Twer, Fsm. 57
Tyrann 131
Tyrus 68. – Eb. *s.* Wilhelm

Übersetzung 123
Ugo de Gambolato, iudex von Pavia 162
Ulixbona *s.* Lissabon
Unfreiheit/Leibeigenschaft 98, 118. – Servi 99 f., 115 f., 118. – *S. auch* Dienst
Ungarn 2. – Kg. 54 f., 78 f., 68, 141, 240; Verhältnis zum Reich 15–17, 70; zur Römischen Kirche 19, 26, 29, 83. – Hof 55, 96, 141. – Stände 55. – Silberbergbau 5
Universalgeschichte 12
Universalienstreit 11
Universität (Hohe Schulen) 9 f., 13, 84, 97, 112, 114 f., 121–123. – Gerichtsstand der Scholaren 115
Uppsala, Eb. 58
Urban II. (Odo de Lagery), Papst (1088–1099) 7, 29–32, 48, 52, 102, 105, 132, 134, 152, 241
Urban III. (Humbert Crivelli), Papst (1185–1187) 67
Urraca, Tochter Alfons' I. Heinrich von Portugal, Gem. Ferdinands II. von León 237
Urraca, Tochter Alfons' VI. von Kastilien und León, Gem. 1. Raimunds von Bur-

gund 2. Alfons' I. von Navarra und Aragón 236

Vacarius, Rechtslehrer 51, 162
Vaganten(lieder) 52, 100, 124
Valdes, Peter 8. – *S. auch* Waldenser
Valencia, Kg. 53 f.
Valenciennes, Mgf. 16
Vallombrosa, Kl. 7
Valvassoren *s.* Ritter
Vansee 31
Veče 56
Venedig, Republik 4, 20, 25, 40, 54 f., 61–65, 78, 94–96, 161, 243; Doge(nhof) 20, 52, 149; *s. auch* Enrico Dandolo, Sebastiano Ziani. – Patriarch von Grado-Venedig 20, 25, 65; *s. auch* Dominicus (Marango; Silvio); San Marco 14, 20. – Beziehungen zum Reich (Kaiserprivilegien) 20, 65, 96; Chrysobull (1082) 4, 30, 64. – Grossus 95. – Friedensvertrag (1177) 40, 65 f., 243
Venetien 30
Verbundsysteme 94
Vercelli 66. – Synode (1050) 19
Vermandois, Gf. 46, 69
Verona 66. – B. 27. – Veroneser Bund (1164) 63
Verwaltung 162; an Höfen 9, 38, 41, 46 f., 49, 55, 119, 132, 141 f., 145–148. – Provinziallokal 41, 46 f., 92, 145 f. – Städtisch 37. – Besoldung 155
Verwandtschaft 113 f.
Vexin 45–47
Vicenza 66
Viehzucht 54, 91, 94
Vienne, Eb. *s.* Guido
Vikariat 17, 23, 25, 49
Viktor II. (Gebhard, B. von Eichstätt), Papst (1055–1057) 21
Viktor III. (Desiderius von Monte Cassino), Papst (1087) 28, 103
Viktor IV. (Oktavian Monticello), Papst (1159–1164) 50, 63, 242
Viktoriner 12, 122, 127
Villehardouin, Gottfried von, Marschall der Champagne 78
Visby 59
Viterbo 75
Vizelin, B. von Oldenburg (1119–1154) 44
Vladimir II. Monomach, Großfürst von Kiev (1113–1125) 56
Vladimir, Fsm. 57
Völkerrecht 104
Völkerwanderungen 2
Vogtei 19, 24, 51, 156 f. – Kaiser als Vogt der Kirche 18, 136
Volk: plebs, populus (unter den Rittern) 15, 37. – Volksversammlung 139; populus Romanus 36, 44; von Mailand 42; veče in Rußland 56; Thing in Dänemark 59; in Schweden 58. – V. als Land 156. – Klerus und V. 22–25; Verdrängung des populus aus der Bischofswahl 101. – *S. auch* Souveränität, Pax
Volksrecht 115, 139, 146, 159
Volkssprache 13, 33, 41, 103, 123, 140
Vorbehaltsklausel 136, 161

Waffenrecht 6, 118
Wahl: kanonische 19, 32, 82, 131, 138; Mitwirkung des Königs 33 f., 40; Verdrängung des populus 101. – Königswahl (Kur) 9, 27 f., 41 f., 45, 47, 49, 58, 62, 69, 72, 74, 96, 128 f., 131, 153 f., 243; Sohneskur 153; Kaiserwahl 75, 81, 137, 153. – Grafen-(Fürsten-)Wahl 150. – Papstwahl 18, 21–23, 25, 29, 35 f., 38, 62 f., 65, 67, 151. – Wahlanzeige 45. – Wahlversprechungen 28, 41, 74 f., 131. – *S. auch* Kurfürsten
Waldemar I. der Große, Kg. von Dänemark (1157–1182) 58–60, 233, 242
Waldemar II., Kg. von Dänemark (1202–1241) 74, 233
Waldenser 8, 83, 106 f.
Waldsassen, Kl. 43
Wales 3, 49, 76, 105
Walter von Pagliara, B. von Troia (1189–1200) und Catania (1208–1229), sizilischer Kanzler (1195–1197, 1198–1221/29) 73
Walter Map 52, 125, 138
Walther von der Vogelweide 14
Wassenberg bei Köln (Schlacht 1206) 74
Wazo, B. von Lüttich (1042–1048) 18
Wehrpflicht 77
Wein 87, 91
Weingarten, Kl. 17, 42
Weistum 160
Welf III., Hzg. von Kärnten (1047–1055) 17
Welf IV. (I.), Hzg. von Bayern (1070–1101) 30, 230

Welf V. (II.), Hzg. von Bayern (1101–1120) 29, 230
Welf VI., Mgf. von Tuszien, Hzg. von Spoleto (1152–1191) 40, 43, 45, 65, 159, 230
Welf VII. († 1167) 230
Welfen 17, 30, 42–45, 237; Prozeß (1180) 66; Reichsfürstenstand (1235) 159; Hof 103; süddt. Erbe 70. – W. u. Staufer 43, 45, 64–66, 69, 72, 135; W. u. England/Köln 50, 72, 153; W. u. Sizilien 40. – Welfenfurcht 42; Welfenmythos 72
Welfesholz, Schlacht (1115) 34
Wells 14
Weltbild (Geschichtsbild) 88 f., 102, 120
Wenden *s.* Kreuzzug
Wenzel I., Kg. von Böhmen (1230–1253) 231
Weser (Fl.) 91. – Weserbrüche 160
Westfranken 16
Westgoten 3, 52
Westminster 241. – Vertrag (1107) 33
Westpommern 57
Wettiner 44. – *S. auch* Konrad
Wibald, Abt von Stablo und Malmedy (1130–1158), Corvey (1146–1158) 135
Wibert von Ravenna *s.* Clemens III.
Wichmann, B. von Naumburg (1149 bis 1152), Eb. von Magdeburg (1152–1192) 45
Widerstand(srecht) 27 f., 77, 127, 131
Wido, Eb. von Mailand (1045–1071) 22
Wido, B. von Ferrara (vor 1086– vor 1104) 132
Wilhelm I. der Eroberer, Hzg. der Normandie (1035–1087), Kg. von England (1066–1087) 16, 24, 33, 234, 241
Wilhelm II., Kg. von England (1087–1100) 29, 33, 234
Wilhelm I., Kg. von Sizilien (1154–1166) 40, 62 f., 232
Wilhelm II., Kg. von Sizilien (1166–1189) 52, 64, 67 f., 232, 235
Wilhelm III., König von Sizilien (1194), Fürst von Tarent (1194– um 1198) 145, 232
Wilhelm, Eb. von Reims (1176–1202). – Charta Wilhelmiana (1182) 48
Wilhelm, Eb. von Tyrus (1175–1186) 65, 103
Wilhelm von Champeaux, B. von Châlons-sur-Marne (1113–1121) 10
Wilhelm, Hzg. von Apulien (1111–1127) 39, 232
Wilhelm IX., Hzg. von Aquitanien (1086–1126) 234
Wilhelm X., Hzg. von Aquitanien (1127–1137) 46, 234
Wilhelm inclitus, Sohn Roberts II. von der Normandie 234
Wilhelm, Graf von Holland (1203–1222) 76
Wilhelm von Conches 12
Wilhelm von Poitiers 131
William of Malmesbury 52
William of Newburgh 52
Willkür/Kore 114, 118, 160
Winchester, B. *s.* Heinrich
Windsor 77
Wipo 17
Wiprecht, Gf. von Groitzsch, Mgf. d. Lausitz (1117–1124) und von Meißen (1123–1124) 160
Wirtschaft 87–97, 107, 120, 155. – *S. auch* Handel
Wladislaw I., Hzg. von Polen (1079–1102) 57, 238, 242
Wladislaw II. der Vertriebene, Hzg. von Polen, Senior (1138–1146) 57, 238
Wladislaw III., Hzg. von Polen, Senior (1202, 1227–1229) 238
Wladislaw I., Hzg. von Böhmen (1109–1117, 1121–1125) 239
Wladislaw II., Hzg. (1140–1158) u. Kg. von Böhmen (1158–1173) 239
Wolfram von Eschenbach 14, 103
Wolga 56
Wolhynien 57
Wolle 87, 94
Wollin, B. 44, 57
Worms: Synode (1076) 27, 130, 241. – B. *s.* Burchard. – Wormser Konkordat (1122) 34 f., 38, 44, 129–131, 134, 140, 242. – Judengemeinde 31.
Wormsgau 42
Wratislaw II. von Böhmen, Hzg. (1061–1085) u. Kg. von Böhmen (1085–1092) 29, 239
Würzburg 66. – B. 42, 158 f. – Hof-(Reichs-)Tage (1121) 34; (1122) 134; (1165) 63, 243; (1180) 66
Wüstungen 91
Wulfhild, Gem. Heinrichs des Schwarzen von Bayern 230

Xanten, Judengemeinde 31

York, Eb. 83

Zähringer 30, 158 f. – *S. auch* Berthold II., Konrad I.
Zamora 52
Zara 78. – Eb. 65
Zbigniew, Fürst von Großpolen (1099–1107) 57
Zehnt(streit) 24, 81 f.
Zelgenwirtschaft 90
Zensualen(recht) 6, 99, 101, 118 f.
Zentralorte 3, 54, 92 f. – Stadt und Land 3, 88, 90–93, 107, 117, 120
Zins(verbote) 5, 82, 97. – Zins an St. Peter 23, 26, 29, 76. – *S. auch* Tribut, Zensualen
Zips 55
Ziriden 4, 39; *s. auch* Hasan
Zisterzienser 29, 81; Armutsbewegung 7, 105; Z. und Cluniazenser 14 (Architektur), 105; Schisma (1130) 35; Ungarn 54; Schweden 58; Kreuzzugssteuer 78; Albigenser 80; Wirtschaft 91, 94; Generalkapitel 82, 140; Aelred 13. – *S. auch* Bernhard von Clairvaux
Zivilistik (Legistik) *s.* Rechtswissenschaft
Zölibat (gegen Priesterehe und Nikolaitismus) 19, 22, 27 f., 101, 113
Zoll(recht) 5, 82, 94 f., 156, 160
Zürich 30
Zunft 114
Zvonimir-Demetrius, Kg. von Kroatien und Dalmatien (1076–1089) 26, 54, 159, 240
Zweikaiserproblem 2, 4, 19, 23, 34, 39 f., 44, 61, 71
Zweikampf 115, 118
Zweischwerterlehre (Gelasius' I.) 135, 138
Zwin (bei Brügge) 76
Zypern 68, 71